제주큰굿 연구

문무병 지음

황금알

〈기메제작〉

〈기메고사〉

〈큰대 세우기〉

〈초감제〉

〈관청할망 인사〉

〈초신맞이〉

〈초상계〉

〈추물공연〉

〈관세우〉

〈보세감상〉

〈초공본풀이〉

〈이공본풀이〉

〈삼공본풀이〉

〈세경본풀이〉

〈불도맞이〉

〈초이공맞이〉상차림

〈초공메어듦〉

〈초공신질치기〉

〈이공 꽃질치기〉

〈공시풀이〉

〈초공 메어듦〉

〈본향놀림〉

〈제비쌀점〉

〈제오상계〉

〈시왕맞이〉

〈방광침〉

〈차사본풀이〉

〈시왕도올림〉

〈질치기〉

〈액막이〉

〈산신놀이〉

〈시왕메어듦〉

〈본향놀림〉

〈약밥약술〉

〈당주맞이 질치기〉

〈물놀이〉

〈고분멩두 질치기〉

〈삼시왕 메어듦〉

〈삼공맞이 초감제〉

〈전상놀이〉

〈석살림〉

〈관청할망인사〉

〈만지장본풀이〉

〈상단숙임〉

〈문전본풀이〉

〈본향드리〉

〈영개돌려세움〉　　　　　　　　　　　〈군웅만판〉

〈큰대지움〉

〈안팟공시 신갈림〉

〈가수리 · 뒤맞이〉

〈요왕맞이〉

〈영감놀이〉

〈배방선〉

제주큰굿 연구

머리말

『제주큰굿 연구』는 필자가 굿을 연구한 '1980년부터 2018년까지' 38년의 인생도 함께 담겨 있다. 굿 공부 한다며 다녔던 심방집 큰굿, 일주일 해야 끝나는 사가의 큰굿. '이레굿'의 두 배가 넘는 심방집 큰굿은 굿하는 심방(밧공시)과 배우는 심방(안공시) 해서 심방도 두 배, 악기도 두 배, 명두도 두 배, 안팟 연물도 두 배로 안과 밖에서 치기 때문에 굿하는 데 걸리는 시간도 두 배가 되어 '두이레 열나흘 굿'이라 한다. 하지만 굿은 보통 보름을 넘겨 16일 17일 동안 이어진다. 끝이 보이지 않을듯하다가 정말 크고 신령한 느낌을 주며 비로소 막을 내리는 제주큰굿.

이 책은 심방집 큰굿의 전 과정이 담긴 이론서이며 동시에 2011년 성읍리 마방집에서 있었던 정공철 심방의 초역례 신굿을 정리한 자료서이다. 두 얼개의 완성은 '제주큰굿 연구'의 의미를 비로소 갖추는 첫 작품이다. 『제주큰굿 연구』는 필자가 만난 돌아가신 심방도지사 도황수 급 큰심방들인 강봉원, 정주병, 박인주, 안사인, 진부옥, 이중춘, 한생소, 김명선, 강신숙, 문성남, 김영수, 양창보, 정태진, 오방근, 정공철 심방, 고(故) 옛 선생님들께서 평생 굿을 하며 남긴 굿사전[巫堂書]이 집약되어 있다.

필자가 1972년 당조사를 시작으로 굿 연구를 시작하여 1980년 도황수 안사인 옛 선생을 따라 우도에 가서 젊은 망자의 영혼을 맺어주는 무혼굿을 보며 일주일 동안 비새같이 울었던 시절, 나는 서른 살, 서순실 심방은 스무 살 나이었다. 그렇게 심방의 길로 들어섰고 지금은 큰심방으로 정공철의 초신길을 밟아주었다.

　그러나 정공철 심방은 고인이 되어 저승 삼시왕으로 떠나고 없다. 사람이 죽어서 가는 곳은 저승, 열시왕(十王)이라 하며, 심방이 죽어서 가는 곳은 하늘옥황 삼천천제석궁 삼시왕(三十王)이라 한다. 그는 지금도 삼시왕에서 신길을 걷고 있을듯하다. 누구나 이렇게 떠나가지만 고(故) 옛 선생님들에 대한 기억은 선명하다.

　2011년 5월 5일 음력 4월 초사흘에 제주도 무형문화재 제2호 〈영감놀이〉와 제13호 〈큰굿〉의 보유자였던 큰심방 이중춘 옹이 향년 여든 세에 지병으로 별세하였다. 그는 자타가 공인하는 당대의 큰심방이었으므로, 무조신(巫祖神) 초공 '젯부기 삼형제'가 다스린다는 하늘옥황 삼천천제석궁에 가셨을 거다. 그는 구좌읍 행원에 사셨으므로 행원 어른, 행원 삼촌으로 불렸고, 심방 중에 제일 큰심방이란 의미에서 도황수로 칭송되었다. 선생이 세상을 떠나시던 날, 동쪽 하늘 올레에서는 큰심방 옛선생들이 삼시왕길을 닦고 있었는지, 연물소리 요란했고, 소미가 뿌리는 하얀 나비 하올하올 날고, 이중춘 삼촌은 나비다리[白蝶橋]를 건너는 듯했는데, 어두운 밤 비구름이 나비다리 가리고 견우성은 우리들 시야에서 사라져버렸다. 그리고 뒷날은 서순실 누이한테서 기별이 왔다. 삼촌이 돌아가셨다고. 그렇게 이 시대의 심방 큰 어른 이중춘 옹은 타계하셨다.

　그는 1932년 11월 3일 제주시 구좌읍 행원리에서 태어났고, 무업에 종사한 지 50년이 넘는 대심방이었다. 그의 집안은 행원에서 25대째 외가

쪽으로 이어져 오는 세습무다. 그는 어머니가 굿하러 갈 때면 따라가 굿을 배웠고, 굿판에서 듣게 되는 연물 소리나 본풀이는 특별히 공부를 하지 않았는데도 한번 들으면 잊어버리지를 않았다. 그는 어머니와 이모와 다니며 굿을 배웠는데 굿을 안 하면 이유도 없이 몸이 아팠고 병원 약도 듣지 않았다. 그러나 굿을 시작하면 언제 그랬냐는 듯이 몸이 건강해지곤 했다. 그는 안사인 옹 등 동료 큰심방들이 하는 굿판을 쫓아다닐 때부터 큰심방으로 이름이 나기 시작했다. 현재 그가 모시고 있는 명도는 집안 대대로 내려오는 명도로 어머니가 돌아가시면서 물려받은 명도다. 그는 당주맞이를 비롯한 큰굿의 1인자이지만 특히 해녀들이 바다에서 작업하다 놀랠 경우 하는 '추는굿'에 영험하기로 자타 공인이다.

그는 죽기 전에 자신이 알고 있는 제주굿에 대한 모든 것을 후배들에게 전수해주고 싶어 했는데 이제 세상을 떠나셨다. 그의 〈큰굿〉과 〈영감놀이〉는 20년 전부터 김녕의 서순실 심방이 전승하고 있었다. 이제 이중춘 삼촌이 갑작스러운 임종을 접하며 큰굿을 비롯한 제주의 무형문화재 전승의 위기를 실감한다. '무당서 3,000권'으로 전해오는 저승법으로 15일 동안 풀어내는 신굿, 심방집 큰굿은 앞으로 누가하며 누가 대를 이을 것인가? 다행히 이중춘 심방이 했던 큰굿을 채록한 자료 "1986년 10월 13일(음력 9월 10일)부터 10월 26일(음 9월 23일) 동안의 14일과 10월 29일 가수리까지" 15일간 연행되었던 신촌리 김윤수 심방집의 신굿, 그리고 "1994년 10월 21일부터 동김녕리 서순실 댁에서 8일 동안의 중당클굿을 '삼석울림' 때부터 마지막날 '돗제'가 끝날 때까지" 비디오 채록을 하였고, 그 자료를 정리하고 공개할 수 있었던 것은 그나마 다행으로 생각한다.

2018년 12월 15일 한해가 또 가기 전에 성읍리 마방집에서 있었던 정공철 심방의 초역례 신굿의 보고서를 기반으로 『제주큰굿 연구』를 세상에 보낸다. 이 책은 오랫동안 함께 굿판을 돌아다니며 동고동락하던 김기삼의 사진과 원고 교정과 자료정리를 하여준 강순희 선생의 도움이 너무 컸다. 그리고 20년 전 『바람의 축제, 칠머리당 영등굿』을 내 주었던 인연으로 2018년 세모에 700쪽의 돈 안 되는 인문서 한 권을 쾌히 내주신 황금알출판사 김영탁 시인의 고마움도 잘 안다. 또한, 이 책은 제주 큰굿의 정리와 복원에 뜻을 같이했던 굿예술 출판 행정가 박경훈, 정공철의 그림자 시인 김수열 등이 있었고, KBS 제주 출신 김동주 사장의 추진력이 있었기에 대사업이 완성됐고 책까지 나오게 됐다고 생각한다. 그리고 성읍리 마방집 굿판에는 굿을 시작하여 굿이 끝날 때까지 내 곁을 떠나지 않고 내 주위를 맴돌던 '나비 한 마리'가 있었다. 그 존재를 나도 몰랐는데 큰심방 서순실은 대뜸 알고 "아이고, 언니도 왓수과" 하며 말을 걸었다. 꿈속에 보았다며 나를 불러 "언니가 선생님 만나레 미여지벵뒤에서 기다린다"며 서심방은 '영게 돌려세우는 날' 미여지벵뒤에서의 이별을 준비하여 당신의 '옷 한 벌과 짚신 한 켤레'를 준비해 주었던 서순실 큰심방의 가르침이 있었기에 큰굿을 무사히 마칠 수 있었던 것 같다.

그리고 삼시왕에 있을 공철아! 눈물 한 놈아. 이젠 그만 울곡!

2018년 12월
제주신화연구소에서
문무병

차 례

2부 제주 큰굿의 실제

1부
제주의 큰굿

1. 큰굿은 어떤 굿일까

제주 사람들이 생각하는 굿은 어떤 것일까. 마을마다 높은 교회당이 생기고, 세상이 미신이라 폄하하는 무속. 그런데도 덩덩 북을 울리고 춤을 추며 굿을 하는 이유는 무얼까? 집안에 우환이 있거나 병든 환자가 생길 때, 이래도 저래도 되는 것이 없을 때, 굿이나 한번 했으면 하고 생각하는 이유는 어디에 있을까. 원통하고 맺힌 것이 그리 많아 죽기 전에 '굿이나 한번 해 주면 더 이상 바랄 게 없다'는 나이 든 어른들이 한 번쯤은 그려보는 굿판은 정말 살 맛 나는 '살판'인가.

아무튼 굿은 이승의 삶을 마감하고 새로운 저승에서의 삶을 희구하는 인간적 욕구이며, 죽음을 준비하는 의식(儀式)임이 틀림없다. 죽음을 생각하며 현실을 정리하는 의식, '새로운 질서'로 되돌아가고자 하는 귀소본능(歸巢本能)이 바로 굿이다. 굿은 절망과 한계를 처절하게 경험한 평범한 사람들이 실컷 울어버리고 싶은 한풀이이며, 마음껏 터뜨리고 싶은 억제된 감정의 폭로이며, 그래서 다시 새롭게 살고자 하는 생의 의지이다. 그러므로 문화적 관습 속에서 제주 사람들은 주위에 많은 신들이 있어서 인간을 보살펴 준다고 믿고 굿을 한다.

이 세상에 나와 저세상으로 갈 때까지 가시적이며 유한한 시·공간에 간혀 있는 삶은 과거의 죽은 조상들, 신들의 보살핌을 받으며 신들과 함께 살고 있다. 굿은 인간에게 문제가 있을 때 신들을 맞이하여 기원하고 대접하여 보내는 의식이다. 굿을 하여 신들을 맞이하려면 신들이 사는 세계(=저승)와 인간이 사는 세계(=이승)가 만나는 지점이 필요하다. 이 지점은 저승의 시간과 공간, 이승의 시간과 공간이 겹쳐지는 곳으로 시간의 축으로 보면 제일(祭日)이며, 공간의 축으로 보면 굿판이다. 그러므로 굿을 하는 시공간은 인간이 주기적으로 신을 만날 수 있도록 한 세시풍속이 되며, 축제가 되는 것이다. 인간이 신들을 만나 더불어 놀고 즐기는 해방의 순간들이 모여서 굿을 만들고 축제를 벌인다. 큰굿은 굿판에 큰 대를 세워 하늘에서 내려오는 신들을 맞이하는 축제이다.

사방팔방에 대를 세우고 또 대를 들고 흔들며 신들을 맞이한다. 쭈뼛 쭈뼛 살아있는 깃발을 세우고 하늘과 땅에 다리를 놓는다. 죽어 있는 모든 것에 생명을 불어넣고, 만날 수 없는 영신혼백들과 만나 맺힌 것을 풀고 더불어 살아나는 해원(解冤)·상생(相生)의 시간, 추모의 시간이 곧 굿판이다. 시간과 공간이 끝없이 열려 광활한 4차원의 우주 속에 서서 사람들은 모든 속박에서 벗어나고, 과거의 시간으로 걸어가 죽은 아버지 누이 그리고 삼촌 조카를 만나 시간과 공간을 초월한 축제의 장을 펼쳐 낸다. 그것이 제주 사람들만의 축제, 곧 굿이다.

'왕대 죽대 자죽대' 생죽(生竹) 대를 잘라 큰대의 깃발을 달면, 모든 것은 되살아난다. 내가 살아 있어 축제이며, 죽은 이들을 만나서 축제다. 사람의 눈으로 저승의 세계를 보고, 사람의 눈으로 저승의 사람들과 만날 수 있기 때문에 축제인 것이다. 얼마나 황홀하고 신나는 일인가. 실컷 울 수 있는 자유가 있다. 실컷 울 수 없는 세상은 비극적이지만, 울 수 있는 자유를 누릴 수 있는 시간은 대자유다. 그렇게 세상은 우주적이고 사람은 대자유를 누릴 수 있는 그런 시간을 우리는 축제라 하는 것이다. 예술을 한답시고 무슨 이벤트 행사를 한다고 축제는 아니다. 다만 인간의 모든 행위가, 그것이 예술이든 망자를 위해 분향하는 일이든 산 자들이 망인을 위해 할 수 있는 의미 있는 행위일 때, 그것은 굿으로 되살아나는 역사 맞이 축제가 되는 것이다.

축제는 사람을 현실의 공간 속에 가둬놓지 않고, 새날 새 아침과 지난 세월의 어둠을 열어 놓는다. 그것은 제주의 굿에서는 보통 다리를 놓는다. "길을 닦는다"고 한다. 과거와 현재 시간을 넘나들 수 있어 죽은 조상들을 만날 수 있고, 이승과 저승에 다리를 놓아 세상은 하나의 우주가 되고, 과거의 일 때문에 서로 반목하고 미워하는 통 좁은 인간의 간힌 현실을 털어 버리고 무한히 자유로워지는 상생의 시간에 동참하게 된다. 축제의 깃발은 사람을 하늘과 통하게 하고 신명 나게 한다. 깃발은 과거와 현재를 잇는 역사의 강물에 다리를 놓는 것이다. 새로운 세상을 만나기 위해, 설운 님 오시는 가시밭길 치워 닦아 나비 다리를 놓는 것이다. 하얀 광목천을 깔아놓은 다리, '나비 다리'는 날개 돋은 나비 훨훨 날아서 견우와 직녀가 만난다는 오작교처럼 구천을 떠도는 영령들, 저승도 못 가고 이승에도 못 와 잡귀로 떠도는 영혼영신들을 당당하고 홀가분한 마음으로 저승 상마을로 떠나시라고 저승문을 열어준다.

제주의 굿에서 심방은 한결같이 동백꽃을 들고 춤을 춘다. 동백꽃은 음지에서 핀다. 빨갛고 질긴 목숨이다. 그것은 끈질긴 생명을 상징하는 생명꽃이며, 죽음을 되살리는 환생꽃이며, 자자손손 제주사람들을 가지가지 송이송이 번성시킬 번성꽃이다. 삶과 죽음의 원리, '꽃풀이'가 제주도의 굿이 특징이기도 하다.

2. 정체성의 토대로서의 굿판

1) 우주관(宇宙觀)-하늘과 땅

굿은 어둠(무질서)으로부터 밝음(질서)으로 급가르는(구분하는) 천지창조의 과정과 인간 역사의 시초를 설명하는 초감제(初監祭)로 시작된다. 〈초감제〉는 집 밖에 큰대를 세우고, 큰대를 통하여 신이 하늘에서부터 내려오게 하는 청신(請神)·하강(下降) 의례이다. 초감제는 〈베포도업(配布都邑)〉으로부터 시작되는데, 〈베포도업〉은 자연의 생겨난 이치를 노래하는 '베포[配布]친다'(나누어 펼치다)와 인문사상의 발생을 차례차례 설명해 나가는 '도업[都邑]친다'(도읍하다. 새로 생겨남을 알리다)의 합성어다. 그러므로 〈베포도업〉은 하늘과 땅, 그리고 굿을 하는 장소가 이루어진 태초의 시간, 처음 지구가 생겨난 '시작'을 말한다. 그러므로 〈베포도업〉은 하늘과 땅이 구분되지 않는 천지혼합의 캄캄한 어둠으로부터 대명천지가 밝아오는 천지개벽으로의 전이과정을 춤과 무악으로 진행해 나가는 시작굿[請神儀禮]을 뜻한다.

〈베포도업(配布都邑)〉

천지(天地)가 혼합(混合)이 되어 옵니다.

천지혼합시(天地混合時) 도업입니다. (악무)

천지혼합시 도업 제(祭次)를 이르니,

천지가 개벽(開闢)이 되어 옵니다.

천지개벽시 도업입니다. (악무)

천지개벽시 도업 제(祭次)를 이르니,

상갑자년(上甲子年) 갑자월(甲子月) 갑자일(甲子日) 갑자시(甲子時)엔

밤도 와왁(깜깜한) 한 덩어리요,

낮도 와왁(깜깜한) 한 덩어린데,

을축년(乙丑年)은 을축월(乙丑月) 을축일(乙丑日) 을축시(乙丑時)엔

천가(天開)엔 자(子會)하시고

지가(地開)엔 축(丑會)하시고

인가(人開)엔 인(寅會)하시니[1]

하늘 머린 지돋우고[2]

땅의 머린 지낮추니,

하늘론 청이슬이 내리고,

땅으론 물이슬이 솟아나,

떡징같이[3] 금이 생겨나,

갑을동방(甲乙東方)은 늬엄(잇몸) 들고[4]

경신서방(庚申西方)은 촐릴(꼬리를) 들고

병정남방(丙丁南方)은 놀 갤(날개를) 들고

임계북방(壬癸北方)은 활길(활개를) 들어

이 하늘에 이 금이 생겨나

대명천지(大明天地) 밝은 날 되어 옵니다.

---

1) ᄌ하시고 … 축하시고 … 인하시난 : "子會하시고 … 丑會하시고 寅會하시난"이 訛傳된 것.
2) '지돋우고'의 '돋우다'는 '지-'는 巫歌에 특징적으로 쓰이는 접두사.
3) 떡징은 시루떡을 찔 때 소를 넣어 뗄 수 있게 한 층계.
4) 잇몸 들어. 열리는 모습의 표현.

동성개문(東星開門) 수성개문(西星開門)

삼경개문(三更開門)입니다. (악무와 요령)

삼경개문(三更開門) 제(祭次)를 이르니,

천고일은 명하고(天高日明)

지후초목(地厚草木) 황해수(黃海水)하니

검고 희고 높은 건 하늘이요,

무거웁고 산발(散發)한 건 땅이 되고,

깊고 깊은 물은 대해 바다가 되었구나.

맑고 청량(淸涼)하니,

갑을동방(甲乙東方)은 견우성(牽牛星)

경진서방(庚辰西方)은 직녀성(織女星)

병정남방(丙丁南方)은 노인성(老人星)

임계북방(壬癸北方)은 태금성(太金星)

삼태육성(三太六星) 선후성별(先後星別),

별자리는 칠원성군(七元星君)[5] 님,

북두칠성(北斗七星) 대성군(太星君)

원성군(元星君)은 진성군(直星君)

옥성군(繆星君)은 강성군(綱星君)

기성군(紀星君)님은 별성군 도업하니[6]

월광(月光) 일광(日光)을 도업하니,

삼십삼천(三十三天) 서른 세(三十三) 하늘

도업입니다[7]. (악무)

(심방은 장고 앞에 앉아서 계속 창을 이어 나간다.)

---

5) 북두칠성.
6) 북두칠원성군은 대성군(北斗大聖貪狼星君), 원성군(北斗元聖巨門星君), 직성군(北斗直聖祿存星君), 무성군(北斗繆聖文曲星君), 강성군(北斗綱聖廉貞星君), 기성군(北斗紀聖武曲星君), 개성군(北斗開聖破軍星君) 등이다.
7) 제주도·제주전통문화연구소 간, 『제주도큰굿자료-1994년 동김녕 중당클굿』, 2000. 2. 24. pp.31-33. 원문 표준어역.

• 도업이라는 것은

　천지개벽(天地開闢)은 하늘과 땅이 열리고 천지가 분간되어 갈 때고, 동성개
문(東城開門)은 동으로부터 먼저 밝았다는 겁니다. 수성개문(西城開門)은 서쪽
으로 해가 지어갔다. 그다음에 우주가 이루어지니 칠원성군(七元星君) 별이 뜨
고, 달(月光)이 뜨고, 해(日光)가 뜨고, 산과 물이 나누어지고, 그다음 산과 물
이 굽이나니까(구분되니까) 성인(聖人)이 나게 되었지요. 성인으로는 태고라 천
황씨가 나게 되었죠. 천황씨(天皇氏)는 이목덕(以木德)으로 왕을 해서 도업했으
며, 지황씨가 솟아나서 화덕(火德)으로 왕을 하고, 인황씨가 솟아나서 분장구
조해서 범 50세에 45,600년이 되었습니다. 굿을 할 때, 도업이라 하여 지구
가 생겨서 해가 나고 달이 나고 산이 되고 물이 되고 이런 것을 차례차례 엮어
오잖습니까. 굴매(그림자)를 봐서 시간을 알고, 밤과 낮을 분간하고, 4계절 입
춘, 상달 등 4계절을 마련하고, 삼백육십오일 팔천칠백예순 시간법을 가르치
고 그렇게 해 가지고, 그다음에 주안씨 열헌씨 갈청씨 호용씨 혼돈씨가 낳고,
그다음에 하우(夏禹王) 상탕(商湯王) 주문왕(周文王) 삼황이 낳아서 지금 시국같
이 너도 권력 좋다 나도 권력 좋다 싸움해가니 하늘에서 성인 공자님을 탄생
시켜 서역 주역을 만들어 악한 사람을 선하게 만들고, 책을 짓고 글을 배우도
록 하였다는 겁니다. 그런데 서귀포의 심방들은 "천지혼합도 살려옵서 천지개
벽도 살려옵서" 합니다. 도업하는 차례를 신으로 아는 겁니다. 그렇지 않지요.
신이 아니지요. 도업이란 거는[8]

　제주사람의 우주관을 이루는 천지는 어떻게 이루어져 있을까. '떡층같
이 금이 생겨' 음양상통으로 우주가 개벽하였다는 현세적 천지개벽관(天地
開闢觀)은 무속적 세계관의 표현이다. 청이슬 흑이슬이 흘러서 하늘과 땅
은 분리되었으니, 물은 혼돈에서 질서로, 혼합에서 분리로, 우주개벽 천
지창조의 "굽 가르는 물(境界를 가르는 물)"인 것이다. 하늘에서 땅으로, 땅
에서 하늘로 '움직이는 물'은 수직적 이동에 의한 층위의 구분으로 우주의

---

8) 1994. 10. 24. 동김녕 중당클굿에서 이중춘 옹과의 대담.

창조를 실행하는 것이다. 태초에 천지혼합의 혼돈으로부터 물은 끊임없이 수직적으로 움직이면서 천지를 분리하고 우주를 창조한 원동력으로 작용하고 있다[9].

그런데 천지혼합이란 우주가 창조되기 이전의 혼돈을 뜻하기도 하지만, '싸움' '갈등' '난장판'을 뜻하는 말로 흔히 쓰인다. 정신이 혼미할 때나, 상황 판단이 잘 서지 않는 미궁, 병을 얻어 육신이 뒤엉켜 병의 원인을 캐내지 못하는 상태, 서로 얽혀 뒤죽박죽된 싸움판에서 해결의 실마리를 얻지 못한 그야말로 '왁왁한(깜깜한) 상태'를 천지혼합의 난장이라 한다. 이러한 병·전쟁·광증·부정·살(煞) 등의 이승의 혼란이 굿을 통하여 질서의 세계로 청정하게 평정된다면, 이때의 물은 혼돈에서 질서로 '곱 가르는 물(구분하는 물)'이 되는 것이다. 굿의 초감제에 천지혼합에서 하늘과 땅이 나누어지고, 인간이 태어나고, 해와 달이 탄생하여 우주의 질서가 잡혀가는 과정을 보여주는 것은 인간사회의 혼돈, 즉 갈등이나 질병을 화해하고 조정하여 새로운 질서의 세계, 성(聖)의 세계로 환원시키는 힘으로 작용하고 있는 것이다.

이와 같이 우주창조에 앞서 원질(原質)로서의 혼돈의 상정은 인류의 근원적이고 보편적인 관념의 하나다. 그것은 무질서나 혼돈이 아니라 그것 없이는 우주와 만물의 생성을 기대할 수 없는 창조의 원동력, 즉 음과 양, 하늘과 땅, 남과 여, 인간과 동물, 악과 선, 성(聖)과 속(俗), 문화와 자연 등의 양속성이 분화되지 않은 상태인 원초의 합일체, 완전성으로 생각할 수 있다.[10] 따라서 물은 가능성의 우주적인 총계를 상징한다. 그것은 모든 형태에 선행하며, 모든 창조를 뒷받침한다.[11] 천지혼합에서부터 "하늘에서

---

9) 문무병, '제주도의 생수설화와 물법신앙,' 『탐라문화』 12, 탐라문화연구소 1992. pp.104-106.
10) 왕빈, 『신화학입문』, 금란출판사, 1980, PP.77-78.
11) M. Eliade(이은봉 역), 『聖과 俗』, 학민사, 1983, P.100.

는 청이슬이 내리고, 땅에서는 흑이슬이 솟아나 서로 합수되어 음양상통
으로 만물이 생성"되었다는 '굽 가르는 물' 이미지는 물이 생명의 원천, 창
조의 모태로 작용하고 있다[12].

2) 생사관(生死觀)-이승과 저승

살아있는 사람들의 세계는 이승이며, 죽은 사람들이 사는 세계는 저승
이다. 모든 사람은 이승에 한 생(一生)을 살고, 죽어서 저승에 가 새로운
삶을 살게 된다. 굿은 이승에 사는 사람과 저승에 사는 신들 사이를 연결
시켜주는 고리인 셈이다. 제주도 굿의 초감제에서 노래하는 〈천지왕본풀
이〉는 해와 달이 생겨난 이유, 저승을 차지한 대별왕과 이승을 차지한 소
별왕의 이야기를 통하여 저승법과 이승법이 생겨난 이유를 말해 준다.

하늘과 땅이 갈린 뒤 갑을 동방에서 먼동이 트기 시작했다. 이때 하늘의 옥
황상제 천지왕이 해도 둘 달도 둘을 내보내어 천지는 활짝 개벽이 되었다. 그
러나 하늘에 해와 달이 둘이 떠 있으므로 낮에는 백성들이 더워 죽고, 밤에는
얼어 죽었다. 초목과 새, 짐승이 말을 하고, 귀신과 인간의 구별이 없는 무질
서한 세상이었다. 천지왕은 세상의 질서를 바로잡기 위하여 고민하던 중 꿈을
꾸었는데, 해와 달을 하나씩 삼키는 꿈이었다.
하늘의 천지왕은 땅의 총맹부인과 천정배필을 맺고자 지상으로 내려온다.
총맹부인은 가난하였기 때문에 쌀을 꿔다 천지왕을 위해 밥을 짓는다. 수명
장자는 마음씨가 고약하였기 때문에 쌀에 모래를 섞어 꿔 준다. 밥을 먹다
돌을 씹은 천지왕은 벼락, 우뢰, 불의 사자를 보내 수명장자 집을 불태워 버

---

12) 문무병, 앞의 글.

렸다. 불탄 집에 사람이 죽었으니 원혼을 달래기 위해 굿을 했는데, 이것이 〈불찍굿〉이다. 수명장자의 아들딸에게도 벌을 내렸는데, 딸은 팥벌레, 아들은 솔개가 되었다.

천지왕은 합궁일을 받아 천정배필을 맺고, 두 아들이 태어나면 대별왕, 소별왕이라 이름을 지으라 하고, 박씨 두 알을 징표로 주고 하늘로 올라가 버렸다. 총맹부인은 두 아들을 낳았다. 아들이 자라나서 아버지가 누구냐고 묻자 하늘의 천지왕임을 일러주고 박씨를 내주며 아버지를 찾아가라 한다. 두 형제는 박씨를 심어 이 줄기를 타고 하늘나라에 올라간다. 두 아들을 맞은 천지왕은 이승은 마음씨 착한 형 대별왕이 차지하고, 저승은 마음씨 나쁜 동생 소별왕이 차지해서 이승과 저승의 질서를 바로잡으라 한다. 이승을 차지하고 싶은 동생 소별왕은 수수께끼 시합을 하여 이긴 사람이 이승을 차지하자고 한다. 형이 이긴다. 동생은 다시 꽃가꾸기 시합을 제안한다. 형의 꽃은 자라 번성꽃이 되고 동생의 꽃은 시들어 검뉴울꽃(이울어 가는 꽃)이 된다. 그러나 형이 잠든 틈에 꽃을 바꿔 놓아, 결국 동생 소별왕이 이승을 차지하고, 대별왕은 저승을 차지하게 되었다.

마음씨 나쁜 동생 소별왕이 이승을 차지하고 보니, 하늘에는 해도 둘, 달도 둘이라 백성들이 낮에는 더워 죽고, 밤에는 얼어 죽었다. 새·짐승이 말을 하고 귀신과 생인의 분별이 없었다. 게다가 인간 세상에는 살인·역적·도둑·간통이 많고 질서가 말이 아니었다. 소별왕은 혼란을 바로 잡지 못해 형에게 간청한다. 마음 착한 형 대별왕은 뒤에 오는 해와 달을 쏘아 동해와 서해 바다에 던졌다. 새·짐승은 송피 가루 닷 말 닷 되를 뿌리니 혀가 굳어져 말을 못하고 사람만 말하게 되었다. 귀신과 생인은 저울로 달아서 백 근이 차는 것은 생인, 못 차는 것은 귀신으로 분별하였다. 이리하여 자연의 질서를 바로잡아 주었으나 인간 세상의 질서는 바로잡아 주지 않고 가 버렸다. 그러므로 오늘날도 인간 세상엔 역적·살인·도둑·간음이 많은 법이고 저승법은 맑고 공정한 법이다[13].

---

13) 문무병, 「제주도무속신화」, 칠머리당굿보존회간, 1998. pp.16-18.

신화에 의하면, 천지왕과 총명부인 사이에 태어난 두 형제 즉, 마음씨 좋은 형 대별왕이 이승을 차지하고, 마음씨 나쁜 동생 소별왕이 저승을 차지했으면, 우리들이 사는 이승은 질서가 바른 세상이었을 텐데, 마음씨 나쁜 동생이 나쁜 머리(잔꾀)를 써서 이승을 차지했기 때문에 이승은 무질서한 세상이 되었고, 저승은 맑고 공정한 세상이 되었다는 이야기다. 그러므로 굿은 이승의 무질서를 다스리는 불공정한 법의 부당한 처사에 의하여, 한이 맺히고 병든 환자를 저승의 맑고 공정한 법으로 바로잡는 것이다. 이를 위해 이승의 사람들은 신의 길을 만들어야 한다. 신길을 닦고, 신길을 바로잡아야 한다. 다리가 놓이기 전 그 길은 가시밭길(荊棘)이다. 이 길을 닦아 하얀 광목천을 깔았을 때, 신길은 완성된다. 그 길은 신과 인간이 만나는 길이며, 망자가 이승의 미련을 버리고 저승으로 고이 갈 수 있는 길이다. 이때 비로소 신의 질서를 좇아 이승의 질서를 회복하는 것이다[14]. 그때 비로소 병든 이승 사람들도 치유되며 병이 낫는다.

3) 세계관(世界觀)-시간과 공간

굿을 하는 시간과 공간은 어떤 의미를 지니고 있는가. 굿을 하는 시간인 제일(祭日)과 굿을 하는 장소인 굿판은 제주 사람들의 우주관과 세계에 대한 경험적 인식에서 생겨났다. 굿을 하는 시간은 심방이 다리를 놓아 과거에 살던 조상의 영혼들과 현재를 사는 자손들, 망자와 생인이 만나서 이

---

14) 문무병, '4 · 3과 해원굿,' 1998.

야기하는, 과거와 현재가 공존하는 시간이다. 이러한 시간이 제일(祭日)이다. 그러면 이승의 시간과 저승의 시간은 어떻게 다른가. 제주도의 〈차사본풀이〉에 의하면, 강림이가 염라대왕을 잡기 위하여 저승 갔다 온 시간은 3일인데, 저승에서 이승으로 돌아와 보니, 부인은 강림이 죽어서 3년상을 치르고 나서 첫 제사를 하는 날이 되었다. 강림차사가 저승에서 보낸 3일은 이승의 3년인 셈이다. 저승에서 강림이 하루를 보낼 때, 강림의 부인은 강림의 소상를 치렀고, 이틀을 보낼 때, 부인은 대상을 치렀고, 사흘 만에 돌아오니, 부인은 첫 제사를 하고 있었다.

그리고 제주도의 신화 〈초공본풀이〉에 의하면, 최초의 심방 선생인 유정승의 따님이 예순일곱 살에 자부장자의 뚤을 살리기 위해 굿을 하다 혼절하여 저승 삼시왕에 가서 10년 동안 굿 공부를 하고 돌아오니 이승 삼하늘의 시간은 10일이 지났다. 이는 신들의 세계에도 또 다른 시간개념이 존재함을 뜻한다. 이와 같이 영혼이나 귀신이 사는 저승의 시간과 육신이 사는 현실의 시간은 다르다. 신과 인간이 만나는 제일(祭日)은 이승의 시간과 저승의 시간이 교차하는 지점이며, 신과 인간이 만나는 시간이다.

그러면 신과 인간이 만나는 굿판(祭場)은 어떤 공간 개념이 설정해 놓은 무대인가. 제주도의 굿에서는 굿을 시작할 때마다, 굿하는 시간과 장소를 알리는 〈날과 국 섬김〉을 한다.

〈날과 국 섬김〉[15]

날(日)은 갈라 어느 날, 달(月)은 갈라 어느 달이오며,

어느 고을 어떠한 인간들이 이 공사(公事)를 올리느냐 하오면,

---

15) 문무병, 『제주도 무속신화』(1998), pp. 82-85.
　　여기 수록된 초감제의 〈날과 국 섬김〉을 현대어로 풀이한 내용임.

국(國)은 갈라 갑니다[16].

해단국도 국이요, 달단국(韃靼國)도 국이외다.

주위는 팔만(周圍 八蠻) 십이지 제국(十二之諸國)인데,

동양 삼국 서양 각국을 마련하니,

강남은 천자대국(天子大國), 일본은 주년소국,

천하해동(天下海東) 대한민국 되옵니다.

첫 서울은 송태조 개판하고[17],

둘째 서울은 스님 서울[18], 셋째는 한성(漢城) 서울,

넷째는 왜정(倭政) 삼십육 년은 경성(京城) 서울,

다섯째 우리나라 이태왕[19] 오백 년 국이 등등할 때[20] 바로 올라 상 서울

안동밧골, 좌동밧골, 먹자고을, 모시정골

수박골, 불칸대궐[21] 마련하고,

경상도는 칠십칠관, 전라도 오십삼관, 충청도 삼십삼관,

일제주(一濟州)는 이거제(二巨濟)[22], 삼진도(三珍島), 사남해(四南海),

오강화(五江華) 땅, 육한도(六莞島),

그중 큰 섬 제주도인데,

장강 청수 사백리(四百里) 물로 빙빙 테두리 두른 섬이외다.

산은 갈라 한라산(漢拏山), 성산[23] 가면 일출봉(日出峯), 대정[24] 가면 산방산,

땅은 보니 노고짓(鹿下地)땅, 물은 갈라 황해수(黃海水),

저 산 앞은 당오백(堂五百) 이 산 앞은 절오백(寺五百)[25],

---

16) 굿하는 장소를 말하는 대목에서 주변에 있는 나라를 열거하는 것은 굿하는 장소가 제주도이
고, 제주도는 우주의 중심에 놓여 있다는 것이다.

17) '송태조'는 '송도'의 와음. '개판하다'는 '판을 열다' 즉, 나라를 세우다.

18) 숭(僧)님→스님 서울, 무학 대사가 점지한 한양(?).

19) 태조 이성계.

20) 나라가 태평성대인 때, '등등'은 '둥둥'과 같이 즐거워서 치는 북소리(?).

21) '-골'은 '고을' '-대궐'은 '대고을' 그리고 고을 이름은 확실히 모르면서 비슷하게 나열한 듯.

22) '일제주는 이거제'는 '일제주, 이거제'의 기억하기 쉬운 나열법.

23) 북제주군 성산면(城山面).

24) 남제주군 대정읍.

25) 제주도에는 신당도 오백, 절간도 오백이 있다. 당과 절이 많다는 의미를 내포한다.

어승생(御乘生岳)[26] 단골머리[27] 아흔아홉(九十九谷),

백록담(白鹿潭) 오백장군(五百將軍) 오백선생(五百先生)[28] 마련하고

한 골(谷) 부족하여 범도 곰도 왕도 나지 못한 섬이외다.

영평 팔년(永平八年) 을축년(乙丑年). 을축 삼월 열사흘날,

모인굴(毛興穴) 삼성혈(삼성혈)에서,

자시(子時)에는 고을라(高乙那),

축시(丑時)에는 양을라(良乙那),

인시(寅時)에는 부을라(夫乙那)가 태어나,

고량부(高良夫) 삼성친(三姓親)이 도업하고,

대정 고을 대정 현감(縣監), 정의 고을 원님,

명월 만호(明月萬戶)[29], 모관(牧內) 판관(判官)[30],

삼 고을(三州) 사관장법(四官長法)[31] 마련하고,

도장(都帳) 갈라 삼도장,

동소문 밖은 서른 여덟 마을,

서소문 밖(西小門外) 나서면 마흔 여덟 마을,

면(面)은 갈라 십삼면(十三面)이외다.

대정(大靜縣)은 이십칠도(二十七里), 정의(旌義縣) 땅은 삼십팔리(三十八里),

군(濟州郡) 모관(牧內)[32]은 팔십여리(八十餘里),

영내읍중(營內邑中) 도성 삼문(都城三門)[33]은 일사당(一祠堂),

들어서면 제주시는 동문 밖[34]

---

26) 제주시 해안리경에 있는 산.

27) 골머리봉, '단-'은 접두어,

28) 한라산 어승생악(御乘生岳)은 아흔아홉 골짜기로 이루어졌다. 그래서 한 골짜기가 부족하여 이곳에는 왕도, 범도, 곰도 나지 않는 곳이 되었다는 전설과 함께 제주의 명소인 영주십경(瀛州十景) 중 영실기암(瀛室奇巖)으로 불리는 명승지이다. 여기에 있는 기이한 바위들은 천지 창조의 여신(女神) '설문대할망'의 500명 아들로 '오백 장군'이라 부른다.

29) 명월진, 차귀진, 별방진, 서귀진의 수장(首將)을 만호(萬戶)라 하였다.

30) '모관'은 '제주목(濟州牧)의 안', 제주목에는 목사와 판관이 있어 백성을 다스렸다.

31) 사관(四官)은 판관(判官), 현감(縣監), 만호(萬戶), 조방장(助防將).

32) 제주군의 목(牧) 안.

33) 제주 읍성(邑城)에는 동문(東門), 남문(南門), 서문(西門)이 있었다.

34) 동문 밖, 제주 읍성 동쪽.

조천읍(朝天邑) 위쪽 중산촌(中山間村) 와흘상동이외다.

천구백사십팔 번지(千九百四十八番地).

대로(大路) 가면, 대로 연경(連徑)[35] 소로(小路) 삼경(三徑)[36]

소로 삼경 삼거리 길 윗녘 위쪽

이거 친정 부모 사는 주당(住堂)이외다[37].

〈날과국 섬김〉은 굿하는 장소, 땅에 대한 풀이로서 〈땅풀이〉의 의미를 지니고 있다. 땅은 크게 보면 세계이며, 작게 보면 굿판이다. 그리하여 제주도를 중심에 두고 만국(蠻國)이라는 미개하고 작은 나라도 나라라는 전제 아래 주변에 있는 국가로 인식하고 하나하나 열명하여 가는 제주인의 수평적 세계관이 전개된다. 주위에는 여덟 개의 미개한 작은 나라와 12개의 제도가 정비된 큰 나라가 있으며, 그중 동양에는 3국이 있고, 서양 여러 나라가 있다. 동양 3국은 중국 천자대국, 일본 주년소국, 우리나라 해동 조선국이다. 그다음에는 해동조선국의 도읍 변천통한 역사를 서술하고, 그다음에 팔도의 인문지리적 환경과, 제주도가 조선국의 섬으로서 제일 큰 섬이라 하고 있다. 이러한 서술 방식은 제주가 변방이 아니라 "제주도는 우주의 중심에 있다."는 제주인의 세계관이 반영되고 있는 〈땅풀이〉이다. 그다음에 탐라국 시조신화를 통한 민족의식과 독립국가 의식, 무교와 불교가 융성한 곳이라는 종교적 지역성을 강조하고, 제주도를 한라산을 중심으로 하여 인문 지리적 행정적 사정을 노래함으로써 굿판의 공간을 풀이하고 있다. 굿판은 결국 우주의 중심이다. 굿하는 자리인 이 집안의 사정을 이야기하는 〈연유닦음〉 이전까지의 〈날과국 섬김〉에서 보여주는 공간의식은 굿판이 세계의 중심에 있다는 제주 사람들의 세계관과 함

---

35) 이어진 길.

36) 세거리 길.

37) 집입니다.

께, 굿하는 자리가 하늘과 땅, 이승과 저승이 만나는 곳이라는 제주인의 우주관을 포함하여, 굿판에는 저승과 이승이 공존하며, 신들이 내려와 인간과 만날 수 있는 입체적인 공간이라는 제주인의 공간 개념이 나타나고 있다.

4) 굿판(祭場)의 구조와 신관(神觀)

그러면 신들은 어디에 있으며 어디로 내려오는가. 내려온 신들은 누가 모시고 제장으로 들어오는가. 들어온 신들을 어디에 모시는가. 이러한 절차를 알려면 굿의 제장(祭場)에 대한 이해가 필요하다. 신들은 하늘에 있다. 굿판에 굿을 하는 큰대(旗)를 세우면, 신들은 하늘에서 내려온다. 굿을 하려면, 굿을 하는 도구(巫具)로서 "삼천기덕(旗), 일만제기(巫具), 궁전 궁납(樂器)"이 필요하다. 그 중 '삼천기덕'은 제장에 설비하는 모든 기(旗)와 '기메전지[38]'를 말한다.

- **기메전지**

당반지[39](삼색), 살장 말고 종이를 접은 것도 살장[40]. 기메를 만드는 것은 "팔만금사진 ㄴ람지법 기초발연" 하는 것이다. 살장에도 사람모양으로 오리는 경우가 있는데, 그것은 멋으로 만드는 거다. 옛날 질칠 때(길을 닦을 때)도 저승대를 세우면 그걸 한 가닥씩 두갤 붙였다. 양 문 닫는 것처럼. 요즈음은 양 문(門)을 같이 오려서 두 갤 붙여버린다.

---

38) 굿에 사용되는 깃발과 지류(紙類).
39) 살창과 살창 사이에 다는 일종의 살창.
40) 살창(窓), 신을 가두는 방의 살창.

"팔만금새진 기초발연했습니다"해서 심방이 연유를 하는데, "팔만금새진을 ㄴ람지법으로 기초발연했습니다." 하는 말은 일만팔천신도가 상당으로 당클을 매어 가지고 전제석궁[三千天帝釋宮]을 향해 악기를 울리면 전제석궁을 위한 굿이 되고, 시왕(十王) 당클에 악기 소리를 울리면 시왕을 대상으로 한 굿이 되며, 본향 당클에 올리려면 "팔만금새진을 어간해가지고 당반전지[41] 기메전지를 바꾸면서 위(位) 오릅소서" 한다. 신도 앞에는 맑고 청량한 것이 신도법이기 때문에 색깔 있는 종이를 쓰지 않지만, 물색(物色)을 사용하는 것은 보기 좋게 하는 것뿐이다. 색을 쓰면 신도 앞은 맑고 청량한 게 아니다. 소지원정 드릴 때도 "백소지 백권장입니다." 하는데, 옛날 어른들도 이렇게 당클매고 기메를 한 것은 '팔만금사진'을 말한 것이고, 그것도 원칙대로 하면 '기메전지'는 종이를 다 이렇게 하얀 백지로 달아매어야 한다. 옛날은 무명으로 했지만 지금은 시렁목이라도 해서 쫙 팔만금사진을 두른다. 그것이 어느 대목에 내리냐 하면 '제우제산' 할 때, 흩어지십시오 할 때. 양궁 숙여 가지고[42] '제우제산' 할 때, "팔만금사진도 걷으러 가자." 해서 팔만금사진을 걷으면, 조상들이 갈 사름은 가고 나머지 남을 조상들은 남게 된다[43].

• 당클과 천지월덕기

당클 하나는 제석궁(三千天帝釋宮), 하나는 시왕(十王), 하나는 문전(門前·本鄕), 하나는 마을·영신(靈神) 당클이다. 큰굿이 아니면 저승 십이대왕을 청하지 못한다. 삼시왕하고 열시왕만 청하는 거다. 저승 십이대왕을 청하려면 천지월덕기를 세워야 한다. 4당클 매서 굿을 하려면, "천지월덕 이망죽 상단 ㄴ람지법을 설연했습니다."하여 상단기를 하고, 또 중당클에는 "천지월덕을 어간했습니다."라고 해야 한다. 좌독생명[44] 우독생명[45] 하는 것은 좌우돗긴데,

---

41) 제장을 장식하는 살창과 당반지, 발지전에여울지, 청서초롱 등.
42) 양궁숙임. 삼천천제석궁 당클과 열두시왕당클을 양궁이라 한다. '양궁숙임'은 이 두 당클에 모신 신들을 위한 굿의 제차(祭次)가 끝나면, 밖에 세운 큰대를 거두는 것이다.
43) 1994년 10월 25일, 서순실 댁 중당클굿 둘째 날 수심방 이중춘 옹과의 대담.
44) 큰대 왼쪽에 세우는 좌도기(左都旗).
45) 큰대 오른쪽에 세우는 우도기(右都旗).

저승은 재판관이 문서를 가지고 가운데 앉으면, 좌도나철 우도나철 책실(冊室)들이 좌우정배한다. 그러니 비서들이지. 바로 직속. 천지월덕기를 세우면, 조상들이 다 그걸 가늠하면서 내리라 하는 것이며, 큰굿을 한다는 표시이다. 천지월덕기는 젯부기 삼형제 넋을 뜻하기도 한다. 기 위쪽의 기는 하늘에 알리는 표시이고, 또 봉우리 세 개 한 것은 젯부기 삼형제를 표시한 것이다. 이렇게 벌여 놓은 것은 양손과 어깨를 표시한 것이며, 지를 싸서 달아맨 것은 말안장을 표시한 거고, 거기 요령을 달아맨 것은 왕방울을 표시한 것이다. 왜 심방집이든 사가집이든간에 젯부기 삼형제를 표시하느냐? 심방의 기능이 익숙해지면 그런 질문이 나올 수가 있다. 왜 그런 표실 하느냐 하면 신도법은 젯부기 삼형제가 만든 법이기 때문이다. 신도법은 바로 그것을 표시하는 것이고. 그것을 표시해서 조상들이 그곳으로 내리시라는 거지.[46]

• 이승 삼하늘[47]

젯부기 삼형제를 낳게 된 원인은 주접선생, 부처님의 제자, 성인으로 노가단풍 자주멩왕 아기씨와의 사이에 임신을 하였다. 노가단풍자지멩왕 아기씨는 젯부기 삼형제를 낳았고, 과거를 했지만 어머니는 삼천선비들에게 죽임을 당하였다. 삼형제는 어머니를 살리려고 심방이 되어야만 했다. 삼형제는 어머니를 살린 후 어머님은 삼하늘을 지키라 했다.

젯부기 삼형제가 저승 삼시왕에 올라가 지키고 이승 삼하늘은 노가단풍자지멩왕 아기씨가 지킨다. 삼하늘은 서강베포땅이다. 서강베포땅과 젯부기 삼형제를 낳고 기른 불도땅과는 다르다. 불도땅은 노가단풍자지멩왕 아기씨가 황금산주접선생을 찾아가니까 아기를 임신했으니, 중은 살림 사는 법이 없으니 불도땅에 내려가서 네 몸을 가르라(해산하라)했던 곳이다.[48]

---

46) 1994년 10월 25일, 서순실 댁 중당클굿 둘째 날 수심방 이중춘 옹과의 대담.
47) 하늘과 땅의 중간쯤에 있다. 이곳이 무조의 어머니와 악기의 신들이 있는 신전(神殿)이다.
48) 1994년 10월 25일, 서순실 댁 중당클굿 둘째 날 수심방 이중춘 옹과의 대담.

3. 제주도의 큰굿과 심방

〈큰굿〉은 경륜이 있는 큰 심방을 수심방(首巫)으로 하여, 굿법을 지키며 연행되는 "차례차례 재차례굿"이다. 〈큰굿〉은 전 무구를 사용하고, 그굿의 목적에 필요한 모든 의례를 연속적으로 다하는 일종의 종합제이며, 4~5명 이상의 심방이 동원되어 4~5일, 심지어는 '두 이레 열나흘' 동안하게 되는 규모가 큰굿이기 때문에 〈큰굿〉이라고도 하지만, 누구나 인정하는 큰 심방 즉, '문서를 아는 심방'이 '맑고 공정한 저승법' 즉, 굿법에 따라 제대로 하는 중요한 굿이기 때문에 〈큰굿〉이라 하는 것이다. 제주도의굿을 굿법에 따라 제대로 하는 심방은 현재 4~5명에 불과하다. 심각한 문제가 아닐 수 없다. 규모가 큰 굿을 맡아서 할 수 있는 심방은 많다. 그러나 굿법에 따른 완벽한 굿을 하기 때문에 규모가 커지고, 비용이 들며, 시간도 '두 이레 열나흘'로 길어질 수밖에 없는 '차례차례 재차례굿'으로 〈큰굿〉을 할 수 있는 심방은 점점 찾아보기 드물게 되어가고 있다.

제주도의 〈큰굿〉은 심방 집에서 하는 '신굿'과 사가(私家)에서 하는 '큰굿'이 있다. 신굿은 사가(私家)에서 '당클'을 사방(四方)에 매어서 하는 큰굿인 4당클굿(四祭棚祭)에, 심방 집에서 신길을 바로잡기 위하여 당주(堂主)의 길을 닦는 〈당주맞이〉의 여러 제차가 삽입되어 복합적으로 이루어진 총체적인 굿을 말한다. 따라서 〈신굿〉은 제주도의 〈큰굿〉 중의 〈큰굿〉이며, '차례차례 재차례굿'으로 제주도 굿의 모든 형식과 내용이 다 들어 있으며, 완벽한 굿의 체계와 질서를 가진 굿의 종합이다. 결국 제주도의 〈큰굿〉을 할 줄 아는 심방은 무조(巫祖) 신화 〈초공본풀이〉와 그 속에 담긴 굿의 원리를 바르게 전승하며, 굿법에 따라 개인집에서는 〈큰굿〉을, 심방집에서는 〈신굿〉을 집행할 수 있는 능력의 보유자이어야 한다.

만일 심방이 굿법에 어긋난 굿을 하게 되면, 단골 신앙민들에게 "문서(文書) 없는 심방"이라고 배척당하게 되며, 심방 조직 속에서도 '큰 심방'으로 인정받을 수 없다. 그러기 때문에 심방들은 제대로 하는 굿을 배우기 위하여 〈신굿(당주맞이)〉이라는 큰굿을 세 번하여야 한다. 이러한 완벽한 큰굿, '차례차례 재차례굿'을 원리대로 재현함으로써 굿법에 대한 토론과 원로들의 상담을 거쳐 지금까지 잘못 배운 오류를 시정하면서 굿법을 보완하고 전승시켜 나간다. 그러므로 굿 형식은 그 자체 안에 고정체계를 가지고 전승되는 것이다. 이러한 원리에 의해 지금도 큰굿을 하려면 '두 이레 열나흘 굿'으로 낮도 이레, 밤도 이레, 합하여 14일 동안 굿을 진행한다는 것이다.

〈큰굿〉을 제대로 하는 심방은 굿법을 아는 심방이다. 제대로 하는 굿법은 '굿의 원리'를 말하며, 굿의 원리는 '굿본'이 되는 〈본풀이〉에 근거한다. 모든 굿은 '굿의 뿌리'인 〈본풀이〉에 입각하여 진행하는데, 심방마다 〈본풀이〉에 대한 '풀이'가 달라질 수 있고, 단골 신앙민인 제주(祭主)가 처한 상황에 따라 굿을 하여 풀어야 할 문제가 달라지기 때문에 굿법이 되는 〈본풀이〉에 대한 해석이 달라질 수 있다. 이는 이승법으로 말하면, 검사와 변호사의 법 해석이 달라지는 것과 같다. 그런 의미에서 굿을 집행하는 심방은 저승법 또는 굿법을 굿을 맡긴 제주 입장에서 풀이하는 '변호사'라 할 수 있다. 심방은 인간이 굿을 할 수밖에 없는 간절한 사연을 신에게 아뢰고, 굿법에 따라 굿을 하여 인간의 문제를 풀어주는 '신의 아이'이며, '신의 형방(刑房)'이다.

• 영매(靈媒) · 점사(占師)의 기능

내가 하는 굿은 바로 옛날 어른들 하던 식 그대로 하기 때문에 알기 쉽고 또 해석하기도 쉽고, 시왕 지방이 있으니까 이건 시왕으로 가는구나 하는 것도 알고, 삼시왕으로 가는 것도 알고. 굿의 제일 중요한 것은 전달하는 신들에 대한 구분이 정확해야 된다. 심방이라면 귀신과 생인 사이에서 놀아 가지고 귀신에게 전달하여 축원할 땐 축원하고, 귀신에서 전서 받은 걸 인간에게 말해 주고, 즉 말하자면 중간역할이지. '귀신 신자 모방 자(神方)' 귀신이 가는 데 다닌다는 것이 '신방'이다. 귀신을 일단 청하면, 어떤 연유로, 육하원칙 그대로 언제 누가 어디서 무엇을 어떻게 왜 했느냐 하는 식으로 굿을 해야 된다. "무엇 때문에 청합니다. 어떤 기원을 드립니다. 또 그것이 좋겠는지 좋지 않겠는지 판단을 내려주십시오 하며, 한 녘으론 변호사 역할도 하고 판사 역할도 하는 것이 신(神)인데, 판사 역할 하는 것을 바로 전달도 하고, 검사 역할 하는 것도 죄를 일단 줘버렸으니, 환자가 있는 집이라면, 죄를 주었으니, 이 사람은 어떠 어떠한 연유로 지금까지, 순실이네 집 같으면, 심방을 해서 벌어먹었지만, 채 아래 쌀은 아기들 구명도식 시키고 채 위에 쌀은 연삼년 모아 놓고 조상의 공을 갚고, 역가를 바치려 했는데 여태까지 못했습니다 하면, 그래서 죄를 주는 것은 검사 역할이고, 판사 역할은 옥황상제로부터 각도마다 다 다르기 때문에 각도마다 그 판사 역할 하는 사람들이 변호사가 심방이니깐 그런 거를 어떻게 좀 봐 주십사 해서 부탁하는 것이다. 그러면 심방은 좋겠는가 나쁘겠는가, 봐주겠는지 봐주지 않을 건지를 판단하는 그런 뜻이 되지.

심방이 굿을 하다 보면 머릿속에 번쩍하는 그 뭐가 있다. 그거는 심방이라야 그런 느낌을 느낄 수가 있는데, 그럴 때 영감을 얻고, 조상에서 산판으로 판단을 해 가지고 느낌도 받고. 자기도 생각지 않는 그런 말이 나올 때가 있고. 굿에 열중하다 보면, 중간에 자기가 얘기하려 생각도 않은 말이 엉뚱하게 나오는 경우도 있다. 이런 걸 종합적으로 판단해서 결정한다. "멩두 조상은 정확히 알려줍니다." 정확히 주는데 그에 대한 판단을 잘하느냐 못하느냐에 심방이 잘한다. 못한다. 수덕(修德)이 있다. 수덕이 없다가 정해진다.[49]

• 멩두의 내력

심방이 수덕이 있다 하는 것은 멩두로써 점을 칠 때, 모시고 다니는 멩두 조상이라는 신이 바르게 판단해주기 때문에, 길을 바르게 잡아 주면 아픈 사람 병도 고치고, 수덕이 있다는 판단이 나오게 된다. 또 한 가지는 조상 멩두는 반드시 이것은 어떤 것이다 판단해 주는데, 그것을 잘 해득 못 해 가지고 본주에게 전갈을 잘못 해버리게 되면 잘못되는 것이다. 멩두가 다 엎어졌다고 나쁜 것도 아니고 갈라졌다고 해서 좋은 것도 아니고, 반반이라 해서 또 좋은 것도 아니다. 왜냐하면 자기가 모셔 다니는 멩두의 길을 잘 알아야 된다. 나의 멩두(이중춘 옹)는 우리 외가로부터 나까지 스물다섯 대가 내려왔으니까 스물다섯 대 동안에 내려온 역사가 있기 때문에, 다음 후계자에게 얘기할 때는 이 명도가 어떻게 지면 어떤 뜻이다. 중병 든 데 가서는 어떻게 지면 그 환자가 살아나고 어떻게 지면 그 환자는 살아나지 않는다는 걸 전수하게 되었다. 어머니나 아버지가 이 멩두가 어떻게 지면 어떤 뜻이다 라는 것을 말해 주었다. 그러니 네가 점을 칠 때라도 그렇게 얘기하라. 보통 좋으면 그저 외상잔 하나 마련해줍서 이렇게 보통 하는데, 그 말이 첫말에 딱 지어서 외상잔 막음을 주면 좋지만, 그렇지 않고 천문이 하나 엎어지나 갈라지면 나쁘다고 판단되는 수도 있다.[50]

심방은 민중의 한을 풀어주기 위하여 굿 또는 이에 준하는 의례를 집행하는 직능자이다. 심방의 직능은 몇 가지로 나뉜다. ① 사제(司祭)의 직능, ② 점사(占師)의 직능, ③ 신탁(神託)과 영매(靈媒)의 직능, ④ 주의(呪醫)의 직능, ⑤ 예인광대의 직능.

---

49) 1994년 10월 25일, 서순실 댁 중당클굿 둘째 날 수심방 이중춘 옹과의 대담.
50) 1994년 10월 25일, 서순실 댁 중당클굿 둘째 날 수심방 이중춘 옹과의 대담.

사제로서의 직능은 심방이 신과 인간의 중간적 위치에서 인간이 바라는 것을 신에게 전하고, 신의 의지를 인간에게 유리하게 돌려놓는 의례 행위인 것이다. 이것이 바로 사제로서의 직능이다. 점사로서의 직능은 굿을 해나가는 도중에 〈신칼〉 〈산판〉 등 조상으로부터 물려받은 명도를 가지고 점을 치거나 〈쌀〉 등을 이용하여 점을 쳐서 신의 뜻을 알아낸다. 이것은 바로 점사의 직능인 것이다. 멩두마다 그 내력이 있고, 멩두 점은 곧 조상이 전해주는 신의 뜻이 담겨 있어, 단순한 점괘가 아니라 신의 뜻이 담겨 있는 것이며, 이러한 신의 뜻을 해석하는 일 또한 심방의 능력이 된다. 신탁 · 영매의 직능은 굿을 하는 도중, 심방은 그때그때 점을 쳐서 신령의 뜻을 제주(祭主)에게 전하는데, 이때 심방은 신령을 빙의(憑依)해서 그 신령의 말을 직접 하는 것처럼 말하며, 듣는 사람은 그것을 참으로 신령의 이야기라 믿고, 신령이 심방의 입을 빌려서 말하고 있다고 생각한다. 이것이 신탁 · 영매의 직능이라 할 만한 것이다. 주의(呪醫)로서의 직능은 질병을 치료하는 직능이다. 심방이 고칠 수 있는 병은 혼이 육체에서 이탈함으로써 일어나는 병, 신령이 노여워하여 내린 병, 악귀가 접하여 일어난 병, 정명(定命)이 다 되어 일어난 병이다. 그 치료 방법은 굿을 통한 초자연적 방법이고, 침구나 투약 등의 치료는 하지 않는다. 마지막으로 예인(藝人) 광대로서의 직능이다. 심방이 하는 모든 굿은 노래 · 춤 · 장단 · 신화 · 연극 등 모든 요소로 이루어져 있다. 이와 같이 심방은 예능을 통하여 굿을 집행한다. 따라서 심방은 주술 종교적 직능자이면서 연예인적 직능도 수행하는 셈이다.

그러므로 심방이 굿을 잘한다는 말은 굿법을 아는 것이 원칙이지만 사제자로서 '영험과 수덕'을 갖추고 있어서, 굿을 청한 집안이나 마을 사람들의 연유 즉, 굿을 할 수밖에 없는 사연을 신을 청하여 잘 전달하고, 무점(巫占)을 잘 쳐서, 신의 뜻을 〈분부사룀〉[51]으로 제주(祭主)에게 잘 전달하여, 제주의 가슴을 찌르는 그럴듯한 사설로써 마음에 맺힌 응어리를 풀어줄 수 있는 능력이 뛰어나다는 말이다. 심방은 구성진 소리와 푸짐한 해학과 자연스러운 춤으로써 민중의 가슴에 맺힌 한을 풀어줄 수 있는 능력을 소유하고 있다. 이러한 능력은 인생의 풍부한 경험, 민중과 더불어 살아온 고통스러운 삶의 의미를 터득하고 있기 때문이다. 그러므로 〈큰굿〉을 할 줄 아는 심방은 '영급[靈驗] 좋고 수덕(修德) 좋은 심방'으로서 덕을 갖추어야 한다.

〈큰굿〉을 할 수 있는 심방은 제주의 무속신 1만8천 신들을 청하여 모시고, 맞이하여 기원하며, 대접하고 즐겁게 신인동락, 가무오신하는 모든 절차, 제주의 굿에 나타나는 여러 가지 〈본풀이〉〈맞이〉〈놀이〉들을 완벽하게 연행할 수 있는 자로서 '무당서 삼천권'으로 공부한 최초의 심방 '유정승 따님아기'의 굿법을 공부하여 전승하고 있는 사람이며, 제주 굿의 '살아있는 종합 연행 백과사전'이라 할 수 있다. 결국 〈큰굿〉을 할 줄 알고, 제대로 할 수 있는 심방은 '초공본풀이'에 근거하여 심방 집의 큰굿인 '신굿'을 완벽하게 할 수 있는 심방이다. 그런데 그런 기능을 보유하여 혼자 독단적으로 〈큰굿〉 전체를 완벽하게 집행할 수 있는 심방은 거의 없다. 지금 남아있는 큰 심방들의 재능과 장기를 모아야 〈신굿〉이나 〈큰굿〉의 틀을 완성할 수 있다. 〈초공본풀이〉에 의하면, 하늘 삼천천제석궁에 갇힌 어머니를 살려내기 위하여 과거를 반납하고, 멩두를 짓고 처음 굿을 한 젯부기 삼형제 이야기, 이 삼형제와 악기의 신 '너사무너도령' 삼형제가 의형제를 맺은 이야기, 서강베포땅에 신전집을 짓고 악기의 신 너사무너도령 삼형제에게 어머니를 모시게 한 이야기, 양반 유정승의 똘에게 팔자를 그

---

51) 신의 이야기를 심방이 신의 입장에서 전달하는 이야기.

르치게 하여 무당서 3천 권을 내어주고 굿을 배워 후대의 심방들에게 굿법을 전수시킨 이야기가 나온다.

굿을 할 때 춤을 추는 심방과 악기를 두드리는 소미의 관계는 무조신 젯부기 삼형제와 악기의 신 너사무너도령의 팔자동관은 유학형제 법[52]에 의한다. 심방이 굿법을 말할 때 그렇게 말한다. 젯부기 삼형제는 알고 보면, 아버지도 없고 어머니도 없는 고아나 다름없다. 어머니는 지붕 위에 갇혀버리고 아버지는 황금산 주접선생인데, 아는 곳은 외할아버지 사는 곳밖에 없었다. 외할아버지가 사는 웨진(外親) 땅에 갔다 오다 보니, 너사무 삼형제가 하염없이 울고 있었다. "너희들은 어떤 아인데 그리 슬피 우느냐." 하니까, "우리는 부모도 없고 조상도 없고 일가친척도 없어, 갈 데 올 데 없어 울고 있습니다." 하니, 그때 젯부기 삼형제가 "우리와 똑같은 몸이로구나." "그렇다면 우리 형제법이나 마련하자." 그래서 어머니 본메본장 '물멩지 단소꼿 웨오둘러 질러서 노단굴로 내와가지고(물명주 단속옷 왼쪽으로 들어가 오른쪽으로 나와서)' 육형제를 맺었다. 그리고 황금산에 올라가서 황금산에서 삼천기덕(三千旗德) 일만제기(一萬祭器)를 다 가지고 서강베포땅에 내려와 신전집을 지었다. 그 신전집이 바로 집안의 당주와 같다. 펭ㅈ나무(탱자나무) 유ㅈ나무(유자나무) 신폭낭(팽나무)을 베어다가 초간주(初間柱) 이간주(二間柱) 삼간주(三間柱)를 세워서 ㅂ름도벽 뜻도벽(바람벽)을 막고, 육고비 동심절을 맺어서는 "너희들 여기 있으면, 먹여 살릴 사람이 올 테니 여기서 기다리라."하였다. 기다리면 나타날 먹여 살릴 사람이 누구냐 하면 바로 유정승 따님이다. "어머님은 이승 삼 하늘에 살고 계십시오."하고, 삼형제(삼시왕)는 하늘로 올라갔다.

삼시왕에 올라가다 보니, 유정승의 똘은 서강베포 땅 어주애삼녹거리에서 놀고 있었다. 삼시왕은 또 아방국(아버지가 계신 땅 황금산)에 들어가 육간제비를 타다가 유정승 똘에게 주고 전생팔자를 그르치게 하고 나서 삼시왕에 올라가 버렸던 것이다. 육간제비를 주운 유정승의 똘은 일곱 살에 눈이 멀었다

52) 무조신과 악기의 신 모두 팔자를 그르쳐 굿을 했고(八字同官), 굿을 하기 위하여 '한 배 형제'가 되는 의식을 행하여 의형제를 맺었다(儒學兄弟).

열일곱 살에 눈이 뜨이고, 스물 일곱에는 또 눈이 멀었다. 서른 일곱에 눈을 뜨고 하다가, 예순 일곱에는 눈은 멀었으나 미래를 예견하는 신안(神眼)[53]을 얻게 되었다. 그리고 어주애삼녹거리 자부장자 집에 가 죽어가는 아기가 굿을 하면 살 수 있다는 걸 예언했고, 유정승의 똘은 "굿을 해달라"는 부탁을 받았다. 그러나 앞이 캄캄했다. 굿하는 법을 몰랐던 거다. 굿을 하다 수레법망에 잡혀가지고[54] 서강베포땅 신전집에 가 엎드려 절을 하니, 저승 삼시왕이 하늘에서 보고 신전집을 지키는 너사무너도령 삼형제에게 하는 말이, "저기 엎드려 있는 자는 어떤 신녀냐?"하니까, 너사무 삼형제가 가서 "어떤 어른입니까"하고 물으니, "난 유정승의 똘인데, 일곱 살에 육간제비를 주워 눈이 머는 병을 얻고, 굿을 하게 되었는데 굿법을 몰라 수레법망에 잡혀 이리 되었습니다."고 했다. 이 말을 들은 삼시왕에서는 유정승의 똘을 물명주 전대로 걸려 올려 가지고 약밥약술(藥飯藥酒)을 먹이고 어인타인(御印打印)을 맞히고 수레삼봉 막음을 두어서, 서강베포땅에 내려보내 너사무너도령이 지키는 삼천기덕(三千旗德) 일만제기(一萬祭器) 궁전궁납(宮中宮樂)이 있으니 이 제기와 악기들을 가지고 너사무너도령을 데리고 가서 자부장자집의 굿을 하라고 명을 내렸다. 그래서 삼하늘에 내려왔다. 서강베포땅이 삼하늘이니, 그곳에 내려 삼천기덕 일만제기 연물 다 가지고 너사무 삼형제 데리고 가서 아랫녘의 자부장자네 집의 첫 공싯상을 받아 굿을 했다. 그래서 유정승 똘은 이른 일곱에 이 세상에서 처음 굿을 한 최초의 심방이 되었다.[55]

너사무너도령은 유정승 따님이 하는 그 첫 번째 굿에서 처음 울었던 선생(악기의 신)이다. 울랑국범천왕은 북을 말한다. 굿을 할 때 사설에서 보면, "본멩두도 살아올 듯, 신멩두도 살아올 듯, 살아살축 삼멩두도 살아올 듯, 대제김 소제김 울랑국범천왕, 삼천기덕 일만제기 궁전궁납 살아올 듯하다. 상당 원불수룩 굿이외다." 여기서 본멩두, 신멩두, 살아살축 삼멩두는 젯부기 삼형제를 말하는 것이고, 울랑국범천왕이라 한 것은 북이고, 대양[징]이나 설

---

53) 예견하는 능력, 점치는 능력.
54) '수레법망에 잡혔다'는 것은 저승법에 걸렸다. 저승에 잡혀갔다는 의미가 담겨 있다.
55) 1994년 10월 25일, 서순실 댁 중당큰굿 둘째 날 수심방 이중춘 옹과의 대담.

쉐 두드리는 사람은 너사무 삼형제를 뜻한다. 그러니 "상당 원불수룩을 해서 공을 드리면 전새남 육마을 나수와 줍서(생기게 해 주십소서)."하고 기원을 드리게 된다. '전새남'이란 말은 큰굿을 말하는 것이고, '육마을'이라 하면, 비념(비나리) 같은 작은 굿이 생기게 해달라고 비는 것이다.

처음 멩두를 지은 자는 동해바다 쉐철이 아들이다. 동해바다 쉐철이 아들은 쇠를 녹여 무구를 만든 신이다. 무구가 어떻게 만들어졌느냐하면, 황금산이 영기 신령으로 하늘옥황에서 '정명녹이'를 내려 보냈다. 이는 쇠철을 녹이는 업을 하는 대장장이의 신이다. 정명녹이는 하늘에서 내려와 '동이와당 쉐철이 아들(동해바다 쇠철이 아들)' 불러다 무구를 짓게 했다. 동해바다 쇠철이 아들은 정명록의 제자다. 쇳물은 아무래도 바다에서 나오니, 모든 것이 다 바다에서부터 이루어지는 것이므로 작은 도가니, 큰 도가니를 만들어서 무구를 짓게 했다.[56]

〈큰굿〉을 집행하는 심방은 어떤 사람인가. 굿은 신과 인간의 종속관계에서 신과 인간의 평등 관계로의 이행 과정이다. 굿이 자연과 인간, 신과 인간, 인간과 인간이 더불어 즐기는 〈놀이〉일 때, 굿은 제의에서 연극으로 바뀐다. 굿이 적어도 〈놀이〉 또는 〈연극〉이라고 하기 위해서는 신과 인간의 종속관계—관념의 질서—를 해체하고 신과 인간의 평등 관계가 유지되어야 한다. 신과 인간이 동참하여 판을 벌이는 굿판에서 신은 신앙 민중들의 조상이며, 그들 속에 내재해 있고, 심방은 판을 조정하는 배우가 되고 신앙민은 관객이 된다. 심방은 신을 대신하여 죽은 조상의 말을 들려주기도 하고, 신앙민은 심방의 말을 죽은 조상에게서 직접 듣는 것처럼 심방의 말을 듣는다. 그리고 맺힌 한(恨)을 푼다. 맺힌 한을 풀어내는 것이 굿의 원리다.

〈시왕맞이〉를 하여 죽은 영혼들의 길을 닦아주고 '저승 상마을'로 보낼

---

56) 1994년 10. 25일, 서순실 댁 중당큰굿 둘째 날 수심방 이중춘 옹과의 대담.

때, 심방의 입을 빌려 말하는 '분부사룀'을 〈영개울림〉이라 한다. 이는 죽은 영혼이 그 서러움을 울면서 말하기 때문에 〈영개울림〉이라 한다. '영개'는 영혼의 뜻이고, '울림'은 '울게 함(泣)'의 뜻이다. 심방은 이 〈영개울림〉을 할 때, 죽은 영혼을 청해 놓고, "심방의 입을 빌려 말한다."라고 하면서 영혼의 생전의 심회, 죽어 갈 때의 서러움, 저승에서의 생활, 근친들에 대한 부탁의 말들을 울면서 말한다. 그러면 그 근친들은 영혼이 직접 이야기하는 것을 듣고 울음을 터뜨리게 된다. 이때 심방은 사령(死靈)의 역할을 하는 것이 아니라 심방이 곧 죽은 사령이다. 그러므로 신과 직접 대면한 인간과 신과의 비극적 상황에 대한 아이덴티티가 이루어져 서로 울면서 한을 풀어나가는 것이 〈영개울림〉이다. 즉 죽은 사령이 (1) 울면서 이야기하면, (2) 그 이야기를 인간이 울면서 듣는 것이 '영개울림'에 의한 '한풀이'이다.

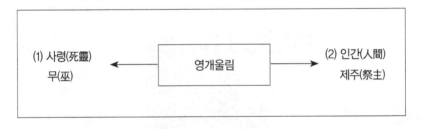

굿에서 〈영개울림〉은 과거의 삶과 현재의 삶을 화합하고 절충하며, 시정하고 개선하며 창조한다. 왜냐하면 시간의 개념이 해체된 마당에서 민중사를 엮어 온 수많은 인물들은 오늘의 민중과 상면하고 그들의 삶의 체험은 〈영개울림〉을 통하여 영적인 교류를 하기 때문이다. 심방은 영개[靈魂]을 잘 울려야 '영급 좋고 수덕 좋은' 심방이 된다.

안공시와 밧공시
(굿을 배우는 심방과 굿을 하러 온 심방)

질서를 찾는 싸움

굿을 하는 문제
'병 또는 스록'

4. 굿의 역사

제주도 전통문화는 무속신앙에 뿌리를 두고 있다. 단군신화가 조선의 건국시조신화인 것처럼 탐라국 건국시조신화인 '삼성신화'는 마을 설촌의 당본풀이에 뿌리를 두고 발전한 것이며, 거기에는 탐라인의 무속적 세계관이 반영되어 있다. 제주도는 아직도 무속신앙을 토대로 탐라국의 뿌리를 지탱하고 있다. 이러한 무속신앙은 탐라국이 고려에 복속되고, 고려 시대에 불교가 전래된 이후에도 제주도의 대표적인 한라산 신령을 수호하는 신당(神堂)인 '광양당(廣壤堂)'을 국가가 국행사전(國行祀典)의 호국신사(護國神社)로 지정하여 보호·육성하였던 것처럼 불교와 종교적 마찰 없이 무불습합(巫佛濕合)의 형태로 발전되어 '당 오백 절 오백'의 사회 통념을 만들어 왔고, 그러한 사회통념은 오늘날까지도 제주 사람들이 무속신앙을 불교로 인식하게 했으며, 종교활동도 '당에도 가고 절에도 간다'고 표현하여 무속과 불교를 구분하지 않게 하였다.

그러나 조선시대에 들어와서는 유교적인 봉건 지배 이데올로기를 강화하기 위하여 위정자에 의하여 무속은 사회적인 폐습이 되었으며, 심방[巫堂]은 한갓 이러한 폐습을 조장하는 불한당으로 인식되어 배척의 대상이 되었으며, 종교적 탄압을 받았다. 이형상의 『남환박물지』에 의하면, "섬의 곳곳에 돌과 나무로 당을 만들고, 매년 정월 초하루부터 보름에 이르기까지 심방[巫堂]들은 독기(纛旗)를 앞에 모시고 나희를 꾸며 꽹과리와 북을 치며, 깃발과 창검을 앞세워 온 동네를 돌아다니면, 관원 이하 온 마을 사람들이 다투어 물품과 곡식을 바쳐 제사를 드린다. 사람들은 누구나 질병과 생사화복을 음신(陰神)에게 구하여 극복하려 하므로 자연 무당들의 횡포가 심하고, 그 무리 또한 많아 백성들의 피폐가 크다. 이들은 일반 사람들에게 재물을 강요하고 신당에 소를 잡아 제사를 지내며 심지어는 마소를 탈취하는 등의 행패가 극심하였다. 이에 지역주민들의 호응을 얻어 신당 129개소와 신당에 관계되는 기물 의복까지 부수고 불살랐다. 이에 무당들이 스스로 그 일에 손을 떼고 농사일에 종사하게 되었다."[57]하여 제주 무격배들의 혹세무민(惑世誣民)의 폐단을 지적하고[58], "당하니[堂漢]는 마을의 신당을 맡아 모시는 심방이다. 이들이 서로 계를 만들어 굿을 하며 백성들에게서 뺏어 먹고 소를 잡아 신당에 올리는 등 그 폐단이 큰데, 그 계의 수가 천이 넘는다"고 했다.

이러한 유학자들의 무속에 대한 부정적 인식 속에서 조선시대의 무속 신앙의 형태를 짐작케 하는 것은 여러 곳에서 발견된다. 김정(1486-1521)의 『제주풍토록』은 남무심다(男巫甚多) "남자 무당이 매우 많다"고 지적하고 있으며, 김상헌(1570-1652)의 『남사록』에는 "이 지방 풍속엔 예로부터 여무(女巫)가 없고, 귀신을 모시고 기도하는 일은 다 남자 무당이 한다"고 전하며, 이것이 신라 화랑의 유풍이라고 흥미 있는 견해까지 덧붙이고 있다.[59] 이는 제주도에서는 남자무당이 〈큰굿〉을 집전하는 사제자로서 대표성을 지적한 것이다. 그리고 심방의 사회적 직능에 대해서도, 『제주풍토

---

57) 이형상, 『남환박물』 풍속조(風俗條).
58) 男覡女巫 揚揚意氣 使無賴之輩 稱 以堂漢 互相結契 其數過千 或討食於 閭閻 或屠牛於神堂.
59) 餘留州日 聞客舍外民家作巫事 卽掌致巫人 一優塞男子也 問其故 土俗自古無女巫 凡祀鬼禱神 之事 皆男巫爲之云 比必新羅花郎之遺風.

록』, 『남사록』, 『탐라지』 등에 "사람이 병이 나면 귀신이 노여워한 때문이라 하고, 약 쓰기를 두려워한다"고 했다. 이는 질병 치료에 굿이 필요했음을 말하는 것이며, "병액 득상화복에 대하여 신에게 물어본다(病厄 得喪禍福 一聽於神)"라는 표현은 길흉화복 모든 일을 신탁에 의해 점을 쳐서 신에게 들었다는 말이 된다.

조선시대 조정의 강력한 탄압에도 불구하고 전통적인 제주사회는 병을 고치거나, 마을의 부정을 막거나, 제재초복(除災招福)의 일상생활에서 심방을 청하여 굿을 해야만 했던 무속신앙이 주종을 이루었으며, 어떤 형태로든 존속할 수밖에 없었던 사실을 말해주고 있는 것이다.

그러나 이러한 탄압은 일제강점기에 들어오면, 민족문화를 말살하고 '황국신민'을 만들기 위하여, 당에 가는 대신 '신사참배'를 강행하는 정책으로 변하여 가혹한 탄압을 자행하였으며, 이로 인해 전통적인 당굿은 물론, 입춘굿놀이와 같은 전통 굿놀이가 전승이 끊기게 되는 지경에 이르렀다. 마을의 당나무를 자르고 불사르는 경우까지 있었다. 이어서 박정희 대통령의 새마을 운동은 또 하나의 우리문화 말살정책이었다. 마을의 포제나 당굿, 집안에서 하는 큰굿을 우리의 전통문화유산이라 하지 않고 '미신'이라고 폄하하고 부정하여 무차별 탄압하였다. 일제와 다를 바 없는 전통문화의 탄압은 전승의 단절로 이어졌다. 그 시대에 퇴폐·향락적이며 저질의 서구 자본주의 소비문화가 상대적으로 분별없이 우리 전통문화를 잠식하면서, '악화(西歐文化)가 양화(傳統文化)를 구축'하고 말았다. 그리하여 전통적인 예능인으로서 심방질[巫業]은 할 수 없게 되었고, 생활이 어려웠으며, 직업을 바꾸어야 했다. 오늘날 〈큰굿〉을 집행할 수 있는 굿법이 스승으로부터 제자에게 전승되지 못하고 전승여건 자체를 무력화시켜 버린 원인은 거기에 있었다.

굿법은 굿을 원리대로 즉 '굿ᄃ리' 또는 '굿의 제차(祭次)'를 어기지 않고 지켜가며 '차례차례 재 차례'로 굿을 하는 방법이다. 이것은 최초의 심방 선생 '유정승 따님아기(유씨부인)'가 삼시왕[巫祖神]에게서 받아 배운 '무당서 삼천 권'에 근거한다고 한다. 무당서(巫堂書)는 굿법을 적은 신화적인 책이다. 다만 굿법의 전승방법이 춤이나 연물 치는 법, 무가의 창법과 본풀이 등이라면 입으로 또는 행동으로 전승되는 것이기 때문에, 무당서의 굿법은 유씨 부인에게 가르쳐 준 원래의 굿하는 방법이다. 족보 있는 심방은 심방의 내력을 노래하는 '공시풀이'에서 유씨 부인으로부터 계승되었고 이를 계승하여 자신의 무업을 계승시켜 준 '옛선생'의 계보를 노래한다. 이러한 계보의 정당성은 자신이 배운 굿법의 정당성이기도 하다. 그러므로 족보 있는, 즉 오랫동안 대를 이어온 세습무가 제주도의 큰심방이 되는 것이다.

그런데 전통적으로 〈큰굿〉이 이처럼 완벽한 굿법을 전승해온 데는 심방청이라 불렀던 무격집단 안에 제도와 전승 방법이 있었음이 중요하다. 신의 덕에 '먹고, 입고, 자고, 행동발신 하는' 무격집단의 우두머리를 도황수라 한다. 조선시대 행정의 수장을 제주목의 목사라고 한다면, 무격집단의 우두머리가 도황수다. '황수'는 관아에 심부름하는 '행수'의 와전이라 하지만, 그것은 조선사회의 계급적 천시에서 온 것이며, '황수(皇手)'는 큰심방을 뜻하며, '도황수'는 큰심방 중의 큰심방, 심방집단의 원로들 중 가장 '웃어른'이란 뜻이다. 무격이라고 하는 사제 집단의 우두머리로서 도황수는 〈큰굿〉을 하는 굿판에 참여하여 '굿법'대로 굿을 하는가를 평가하고 처벌하는 권한을 갖고 있다.

따라서 〈큰굿〉은 원로 심방들의 참관 아래 이루어진다. 수심방이 굿을 진행해 나가면, 참관하고 있는 원로 심방들은 '차례차례 재차례굿'을 굿법에 따라 하고 있는가를 심사한다. 굿법에 어긋난 굿을 하면 호되게 욕을 하고 처음부터 다시 원리에 적합한 굿을 하도록 요구한다. 이러한 과정을 통하여 굿을 하는 심방은 토론과 원로들의 상담을 거쳐 지금까지 잘못 배운 오류를 시정하면서 굿법을 보완하고 전승시켜 왔다. 제주도의 〈큰굿〉은 굿판에서 항상 '굿을 제대로 하는가'를 참관하여 심사하는 과정이 있었기 때문에 형식과 내용이 풍부한 '두 이레 열나흘 굿'을 전승할 수 있었다.

특히 심방집에서는 신굿이라는 〈큰굿〉을 하여 신에게 역가(役價)를 바쳐야 한다. 심방은 신을 모시어 생활하는 무업의 종사자다. 즉 "신의 덕에 입고, 먹고, 자고, 행동발신" 해 왔기 때문에 그 대가를 신에게 다시 바치는 것이 심방 집에서 하는 〈큰굿〉이다. 심방이 '벌어먹은 역가(役價)', 즉 심방질을 하여 벌어들인 수입의 일부를 신에게 바치는 역례(役禮)이다. 심방은 역례를 바친 횟수만큼 심방 사회에서 심방으로 인정을 받는다. 초역례를 바치면 하신충, 이역례를 바치면 중신충, 삼역례를 바치면 상신충에 오른다. 그러므로 큰 심방이 되려면 굿도 물론 잘해야겠지만, 신에게 역가를 바치는 신굿을 3회 이상 해야 한다. 심방은 역례를 행함으로써 자신이 벌어먹은 것의 일부를 심방 사회에 환원하는 것이다. 그리고 벌어먹은 역가를 신에게 바치는 역례의 횟수만큼 심방 사회에서 큰 심방으로의 충위 상승을 인정받게 되는 것이다. 이러한 신굿을 '신 길을 바로잡는' 〈당주맞이〉라고 하는데, 심방은 자기 집에서 스승이 되는 원로 심방을 청하여 〈큰굿〉을 하여, 스승으로부터 옛법 대로의 굿을 배우며, 수심방이 인도하는 대로, 굿법에 따라 굿을 하며, 심방의 정도를 가는 것이 〈신굿〉이기도 하다.

이처럼 제주도의 〈큰굿〉은 완벽한 질서에 따라 전승되어 왔기 때문에, 〈큰굿〉을 할 수 있는 큰심방이 많아야 하며, 큰심방은 어느 정도가 되어야 굿법을 아는 심방인가를 판단할 수 있는 규정이 있어야 한다. 그러기에 제주도의 〈큰굿〉을 완벽하게 연행할 수 있는 큰심방을 정하여 과거에 있었던 도황수의 역할을 해야 한다. 큰심방 중의 큰심방이 있어야 한다. 그

것이 〈큰굿〉의 기능보유자를 선택하고 그를 중심으로 〈큰굿〉을 완벽하게
복원 · 정리해야할 당위성인 것이다.

5. 큰굿 열두 석

제(祭)를 진행하는 절차를 '젯다리'라 한다. 굿을 아는 심방은 어김없이 제의(祭儀)의 절차에 따라 작은 굿 하나라도 빠뜨림 없이 낮도 이레, 밤도 이레 두 이레 열나흘 동안 하는 큰굿, '차례차례 재차례굿'을 완벽하게 실연할 수 있는 자이다.

> 무속은 근거가 없고, 정확성을 잘 안 띤다. 이 때문에 굿을 할 때는 한계를 정확히 해야 한다. 구분을 잘하라, 우리 제주말로는 "금을 잘 갈르라." "도리(橋)를 잘 갈르라." 옛날에도 선생님들이 말하기를 "도리를 잘하라 잘 배우라" 했는데, 이는 굿의 절차를 말하는 것이다. 한계를 구별하라는 말이다.[60]

제주도의 큰굿은 30여 개의 소 제차(祭次)로 이루어진다. 한편, 제주도의 큰굿도 〈석살림굿〉을 기준으로 해서 보면 '굿 열두 석'이라 할 수 있다. 〈석살림굿〉은 굿의 막판에, 조상신의 신화인 〈군웅(軍雄)본풀이〉를 노래하여, 군웅의 셋째 아들이 송낙을 쓰고 백팔염주를 목에 걸고 은바라 · 옥바라 · 자주바라를 들고 심방이 되어 굿을 하게 된 내력을 노래하고, 집안

---

60) 1994년 10월 25일, 서순실 댁 중당큰굿 둘째 날 수심방 이중춘 옹과의 대담.

의 조상신을 찬양하는 조상신 본풀이로써 〈군웅덕담〉을 노래한 뒤, 집안의 모든 조상들을 모시고, 그 신들을 놀고 가게 하는(娛神) 굿을 하는데, 이 석살림굿을 〈군웅석시〉라고도 한다. 〈석살림굿〉은 큰굿에는 열두 석(席), 작은 굿에서는 여섯 석, 앉은 제에는 삼 석을 놀린다고 한다.

큰굿 열두 석은 〈초감제〉에도 군웅석시 놀리고, 〈초신맞이〉에도 군웅석시 놀리고, 〈불도맞이〉에도 군웅석시, 〈일월맞이〉에도 군웅석시, 〈초공맞이〉〈이공맞이〉에도 군웅석시, 〈석시〉에도 석시를 놀리니, 그것도 세 번 놀리면 열 석. 또 군웅만판 할 때도 있고, 그걸 다 합친 것이 열두 석입니다. 석살림굿의 시작은 "일월, 삼진 지왕제석입니다."하고 굿하는 심방이 이르면, 소미(小巫)들이 "넋사로다."라고 대답한다. 그렇게 시작하는 굿이 석살림굿이고, 이런 굿을 열두 번 하는 것이 큰굿이지요. 맞이굿에서는 안방으로 '신다리'를 매어 들어 석살리는 거니까 제주도의 굿은 크게 보면 12개의 맞이굿으로 되어있는 것이라 할 수 있지요. 굿도 실은 여러 석시(석살림굿)이고 대개 굿은 〈초감제〉〈초신맞이〉〈초상계〉〈초공맞이〉〈이공맞이〉〈삼공맞이〉〈시왕맞이〉, 또 〈제오상계〉〈젯상계〉〈불도맞이〉〈일월맞이〉로 이루어지며, 〈산신놀이〉〈영감놀이〉〈요왕맞이〉는 굿의 한 석에 들어가는 것이 아니다. 한 신만을 맞이하여 위하는 굿이 〈맞이굿〉이다.[61]

따라서 제주도의 큰굿은 열두 본풀이를 굿본으로 하여, 석살림굿을 열두 번 하는 열두 석(十二席), 열두 마당의 굿이라 할 수 있다.

초공, 이공, 삼공의 초공은 궁(宮)이다. 그런데 왜 초궁 이공 삼공을 한 가지로 다루느냐 하면, 초궁은 신풀이, 이공은 꽃풀이, 삼공은 노풀이, 전상풀이란 뜻이다. 전상풀이기 때문에 신풀이라 하면 신 받은 사람이 굿을 하고, 또 이공

---

61) 1994년 10월 24일, 서순실 댁 동김녕 중당클굿 첫날 이중춘 옹과의 대담.

꽃풀이라 하면 서천서역국에 꽃을 거느려야 생불을 주고, 삼공은 전상이 있어야 들락퀴고. 글하기도 전상이요 활하기도 전상이요 무슨 것도 전상이요 하며 심방들이 막 그렇게 말합니다. 나는 초공은 어떤 신이다, 이공은 어떤 신이다, 삼공은 어떤 신이다 이것만 말하지, 다른 말은 하지 않습니다. 난 굿할 때 잡된 말, 쓸 데 없는 말은 안 합니다. 그건 제주도 심방들, 세인이 다 인정합니다. 그런데 초궁, 이공, 삼공은 한 가지 결연으로 삼합이 조화가 되기 때문에 같은 신은 아니라도 같이 논다고 하는 그런 뜻이 있다. 세경 같은 건 농사에 대한 본풀이고. 차사본이란 것은 강림차사, 인간을 저승으로 데려가는 그 본풀이고, 문전본이란 것은 아까 말한 문전과 조왕 그런 본풀이고, 칠성본은 칠성에 대한 본풀이고. 할마님 본은 삼싱할망에 대한 본풀이고, 지장본은 지장에 대한 본풀이이다. 본풀이가 다 그때마다 다른데, 저는 굿하면서도 초공본 하나만 비슷이 맞아갑니다. 아무것도 모르는 사람이라도 그 초공본을 확실히 알면 과연 이것은 이런 것이다 하는 느낌을 알 수 있는 것이 초공본입니다. 또 이공본은 반반 느낌이 갑니다. 삼공본은 완전히 거지생활 같은 그런 본이기 때문에 그것은 하나의 놀이극입니다.[62]

굿은 굿법을 지키며 전승되는 연희 양식이다. 제주도의 굿은 우주의 모형으로 당클을 만들고, 모든 신을 일제히 모셔들이는 〈초감제〉부터 시작한다. 〈초감제〉는 '하늘-땅'이라는 신과 인간의 거리를 좁히는 하강의식(下降儀式)이다. 신의 하강은 지상의 성역화(聖域化)를 이루는 동시에 연극적으로는 공간 · 시간 · 장소의 현장성을 드러내어 보여준다. 〈초감제〉가 끝나면, 당클에 모셔진 신들을 그 지위에 따라 상위신에서 하위신에 이르기까지 차례대로 개별의례(個別儀禮)를 치러 나가게 되는데, 그 방식은 〈본풀이〉 〈맞이〉 〈놀이〉의 세 가지 형식을 취한다. 그러나 하나의 신격에 대해서는 '초공 본을 풀어 초공맞이' '영감 본을 풀어 영감놀이'와 같이 '본

---

62) 1994년 10월 25일, 서순실 댁 중당클굿 둘째 날 수심방 이중춘 옹과의 대담.

풀이+맞이' 또는 '본풀이+놀이'로 진행되며, 여기에서 본풀이는 〈맞이〉나 〈놀이〉의 대본 역할을 하고 있다.

〈초감제〉
모든 굿에서 맨 처음 하는 하늘궁전의
1만 8천 신들을 청하여 굿판에 모시는 청신의례

〈관세우〉
신들이 내려와 제장 당클에 좌정한 날부터
신들이 하늘에 오르기 전까지 아침에 일어나
세수하고 의관을 정제하는 일

〈새ᄃ림〉
하늘 은하 봉천수 맑은 물로
제장의 부정을 씻는 일

〈군문열림〉
심방이 하늘 신궁의 문을 여는 일

6. 큰굿은 제주 민중예술의 종합이다

〈큰굿〉은 제주도 민중예술의 종합이다. 〈큰굿〉을 집행하는 심방이 예능인이라면, 심방의 춤과 소리를 통하여 전해지는 신의 언어인 '영개울림'이나 '무점'에서는 민중의 집단적인 미의식이 발현될 수 있어야 한다. 그러한 점에서 〈큰굿〉 속에서 우리는 제주인의 정서와 집단적 미의식을 찾을 수 있다.

첫째, 굿은 민중의 경험적 정서를 표현한다. 민중의 정서는 경험적이다. 민중은 삶의 역사와 체험을 공유하고 있다. 같은 시대에, 같은 정치적 상황에서, 같은 생산 활동을 하기 때문에 의식구조나 행동 양식이 동일하며, 어떤 생각들을 가지고 있는가, 외부로부터의 자극에 어떻게 반응하는가 하는 사상과 느낌이 일치한다. 따라서 제주인은 굿을 통하여 탯줄을 사른 '태손 땅'으로의 자연회귀성(自然回歸性), 삶의 위기의식에서 오는 ㅈ낭정신, 노동의 고통에서 벗어나려는 '이어도'의 낙원사상, 자손의 번영을 위한 무덤 자리와 새 땅을 찾으려는 '풍수신앙' 들도 모두 생활 경험에서 나온 사상 체계를 이루어 왔다.

둘째, 굿은 민중의 생산적 정서를 표현한다. 민중의 정서는 생산적이다. 생산적 정서란 노동을 통하여 삶의 참맛, 생산 현장에서 노래를 부르고,

일을 하면서 춤을 추어, 노동의 고통을 덜고, 노동 그 자체를 강화하는 '노동의 신명'을 말한다. 노동이 생산 활동이며 삶의 연장 수단이라면, 노동의 고통을 더는 휴식이나 삶의 긴장을 푸는 놀이, 그리고 노동 그 자체를 강화시켜 주는 일노래들은 육체적인 노동의 고통을 극복하게 하고 삶의 의욕과 활력을 불어넣는다. 이것이 바로 노동의 정서다. 노동의 정서는 서로 어울려 일하는 수눌음 정신으로부터 발현되는 집단신명이다. 공동의 생산과 분배, 그리고 두레 노동을 중심으로 한 '수눌음 정신'은 노동현장 또는 지역현장을 집단화하여, 계(契)나 접(接)을 조직하고, 노동을 함께 하면서 '미(美)=노동' '미(美)=생산'이 되는 생산적 일노래와 생산적 굿놀이를 통하여 공동체의 일체감과 집단 신명을 공유하고 있는 것이다. 이러한 노동의 정서는 "넉넉하고, 푸지고, 건강하며, 살판나는 아름다움"이며, '뜸든 의장'[63]에서 배어 나오는 땀내 나는 아름다움인 것이다.

셋째, 굿은 민중의 비판적 정서를 표현한다. 민중의 정서는 비판적이다. 비판적 정서는 부정(否定)과 저항과 싸움을 통하여 얻게 되는 변증법적 정서다. 민중의 현실 인식은 삶의 압제에 대한 저항성, 삶의 태도의 진지성, 생존의 치열성, 생의 인식의 비극성을 보인다. 진지하고 치열한 삶의 태도가 한계에 달했을 때 오는 생의 인식의 비극성은 민중의 비판적 정서를 풍부하게 한다. 생의 인식의 비극성을 극복하게 하는 굿의 기능으로 '한풀이'를 들 수 있다. 굿에서 〈영개울림〉 〈군웅놀림〉 〈서우젯소리〉 〈방올굿〉 등은 '한풀이'를 내용으로 한다. 민중의 한 많은 삶은 '눈물수건'을 들고, 눈물을 흘리고, 눈물을 닦음으로써 엄청난 비극을 딛고 일어서는 것이다. 이와 같이 생의 비극적 인식은 삶의 체념과 포기가 아니라 저주와 독설, 풍자와 해학 속에 힘을 얻어내고, 부정(否定)을 통하여 현실을 극복

---

63) 땀 배인 옷.

해 내는 신명이 여기에 있는 것이다. 이는 비극적 상황에 정면으로 대응하여 얻어내는 해방의 정서이며, 변증법적 정서인 것이다.

〈역가올림〉
신에게 올리는 역례

〈나수움〉
대상신의 다리를 안과 밖이 당기다가
결국 당주 방으로 메어드는 일

〈석살림〉
굿 한 석이 끝날 때마다 신과 인간이 함께 노는
신인동락의 굿

〈쌀점〉
돈을 놓은 쌀그릇을 앞에 놓고
쌀알을 던져 산을 받는 일

2부
제주 큰굿의 실제

2011년 정공철 심방 신굿

일시: 2011년 10월 12일 ~ 10월 28일

장소 : 서귀포시 표선면 성읍민속마을 마방집

1. 성읍리 마방집 큰굿의 성립

심방집 큰굿은 무조신(巫祖神) 삼시왕[=초공(初公)=젯부기 삼형제=본멩두·신멩두·살아살축삼멩두]이 과거에 급제했으나 벼슬을 반납하고 팔자를 그르쳐 심방의 길을 택했던 것처럼 심방 일을 선택했기 때문에 신(神)을 의지하여 살아, 신의 덕에 먹고 입고 행동발신(行動發身)하게 되었으니 심방 일(神役)을 하게 해주어 고맙다고 무조신에게 바치는 '역가올림(役價)'이라는 〈초역례(役禮)〉였다. 2011년 10월에 성사된 정공철 심방의 초역례는 많은 사람들의 노력으로 이루어진, 30여년 만에 어렵게 이루어진 심방집 큰굿, 큰굿 중의 큰굿이었다. 30여 년 동안 축적해 온 연구 자료를 바탕으로 원로 양창보 심방이 전승해온 〈심방굿놀이〉와 서순실 심방의 스승 안사인, 이중춘 심방으로부터 전승해온 〈큰굿〉의 역량을 모아 부족하면 부족한 대로 어렵지만 큰굿의 얼개를 완성할 수 있었다. 이렇게 실연된 〈정공철 심방 초역례 바치는 큰굿〉은 우리 제주도가 쌓아온 큰굿 문화유산의 얼개를 조명할 소중한 기회였으며, 굿을 꿈꾸는 제주인들이 함께하여 30여 년 만에 이루어 낸 성과물임을 자랑스럽게 생각한다.

2. 큰굿의 준비

1) 멩두물림

(10월 4일 화요일, 음력 9. 8.)
- ① 제주시 애월읍 하귀2리 1740-1번지 양창보 심방댁
  ② 제주시 조천읍 북촌리 1151-2번지 정공철 심방댁
- 참여 심방 : 양창보, 서순실, 정공철

명도는 〈초공본풀이〉의 주인공인 무조 삼형제를 상징하는 신물이다. 제주도 심방의 사제권은 혈연에 의한 세습이 주를 이루지만, 스승과 제자 사이에서도 이루어진다. 자신이 모시고 있던 명도를 물려준다는 것은 단순히 명도라는 신물을 물려준다는 의미 이외에도 자신이 매고 있는 당을 함께 물려준다는 의미를 가진다. 정공철 심방은 부모가 심방이 아니기 때문에 양창보 심방의 명도를 물려받게 되었다. 이로써 혈연적인 부자 관계는 아니지만, 새로운 부자 관계가 성립된 것이다. 심방들은 명도를 '조상'이라 부르며 무업을 하는 것을 "조상을 업고 다닌다"고 한다. 양창보 심방은 명도물림을 "명도는 어디서부터 왔다, 공철이한테 준다 하는 얘기 하는 것"이라고 설명했다.

명도물림굿은 명도의 내력을 밝히고 명도를 물려준다는 사실을 신한테

고하는 내용의 의례이다. 원래는 당주연맞이를 해야 하지만, 며칠 후에 신굿을 할 것이기 때문에 이번 굿에서는 간단하게 했다.

양창보 심방의 명도는 원래 이달춘 심방의 것을 물려받은 것이다. 이달춘 심방의 스승이었던 김녕 황씨 선생이 30년 정도 모시고 다니던 명도를 이달춘에게 물려주었으며, 이달춘이 다시 몇십 년을 모시다가 양창보 심방에게 물려주었다. 이 명도는 그 역사가 300년이 넘었으며, 이 명도를 가지고 심방집 굿만 50군데 정도를 다녔다고 한다. 양창보 심방이 물려받은 이후에도 서순실, 강창하, 양심방네집, 세화리 심씨, 이묘생, 대포리 등 6번이나 심방집 굿을 했다.

김윤보 심방의 가시어멍이던 한옥녀가 이 명도를 가져가서 김녕의 당을 모두 메려고 욕심을 냈다. 하지만 워낙 큰 명도라 이기지를 못해서 병이 들었다. 그때 청수에 살던 할망이 "주인이 나그네가 되고, 나그네가 주인이 되었느냐."고 나무랐다. 그 말을 들은 한옥녀가 양창보 심방에게 "동생 날 살리려거든 이 조상을 물려라."고 했다. 이때 양창보 심방의 나이가 46세였다. 그렇게 해서 양창보 심방에게 명도가 오게 되었다. 이후 명도와 함께 김녕과 서당을 다 물려받았지만 양창보 심방이 김녕에 살지 않았기 때문에 당도 물리지 않았다고 한다.

양창보 심방의 명도에 대한 애정과 믿음은 각별했다. "명도는 물리면, 당주만 물리면 안 모시는 게 좋아. 명도를 불려야 명도가 크게 된다. 저 명도는 원래 욕심이 쎄서, 한 밧 하면 두 밧 넘어가게 한다. 명도를 알아서 업어가라 하는 거지." "저 명도를 물려서 일본에 들어갔을 때 서귀포 을숙이한테 잠시 업어 댕기라했더니, 그때 많이 벌어먹었다. 하지만 그 멩두 없어지니까 일을 안 다닌다." 자신이 그의 스승에게서 물려받아 한평생을 업고 다니면서 신의 덕으로 입고 먹고 행동발신 하였듯이, 그의 명도를 물려받을 심방 또한 그러한 마음으로 무업(巫業)을 이어가길 바라는 간절함

이 담겨 있다. 또한 신을 제대로 섬기지 않았을 때 일어날 수도 있는 불상사에 대해서도 경계하고 있다.

굿은 먼저 양창보 심방 집에서 시작되었다. 10시 30분경에 정공철 심방이 먼저 도착하고, 그 뒤를 이어 서순실 심방이 도착했다. 굿을 시작하기 전에 오늘의 굿을 주관하게 될 서순실 심방이 양창보 심방의 명도 내력에 대해 묻고, 이어서 정공철 심방의 살아온 내력과 가족 관계 등을 물었다.

양창보 심방은 25살부터 조상을 업어서 78세인 지금까지 53년 동안 심방으로 살아왔으며, 지금 모시고 있는 명도 또한 32년을 모셔 온 것이어서 물려주려고 하니 마음이 좋지 않아 지난밤에 잠을 제대로 이루지 못했다고 한다. 또 어제 저녁에 필요 없는 것들을 정리하려고 불을 피웠다가 집에 불이 날 뻔했다는 얘기를 했다. 이에 서순실 심방이 당주를 지운 다음에 불살라야지 그러지 않아서 불이 옮겨붙은 것이며, 이 조상을 모셔 가고 나면, 꿈사리 나쁜 것도 없어지고 몸 괴로운 것도 없어질 것이라고 했다. 정공철 심방도 최근에는 굿하는 꿈만 꾸게 되는데, 굿을 하러 가야 하는데 무구가 없어서 굿을 차리지 못하는 꿈을 계속 꾼다고 했다. 서 심방은 "당주를 모셔갔을 때는 아무런 의지가 없어. 오늘부터 의지가 있어야 한다. 이 조상을 모셔서 평생을 살겠다는 의지가 있어야 한다."고 당부의 말을 한다.

11시 40분, 당주에 향을 피우고 초를 켠 다음 서순실 심방이 요령을 흔들고 절을 한 뒤, "연양당주 삼시왕 조상님전 비념입니다."라는 말로 시작하여 양창보 심방의 팔자 그르친 내력을 읊어 나간다. 눈이 멀어 지팡이를 들고 제주도 전역을 굿을 보러 다닌 사연, 제주도를 3바퀴나 돌며 귀로 굿하는 것을 들으며 배운 내력, 양씨, 홍씨 선생께 어머니가 굿하러 데려가 달라고 부탁해서 작은 굿을 하기 시작했고, 추물공연, 새두림, 본풀이를 귀로 배워서 29세에 김씨 선생이 굿하러 갈 때 접심방으로 들어갔고 그 굿에서 처음으로 〈초공맞이〉의 초공질을 치고서야 떳떳한 심방으로 굿을 하러 다니기 시작했음을 말한다. 이후 조상을 물려받아 오늘날까지 굿하러 다니며 먹고 살아온 내력을 읊어간다.

이어서 정공철 심방의 내력이 이어진다. 성은 정씨로 쉰두살로 팔자 그르치게 되었다는 사연, 한라산 놀이패 활동, 굿 연구, 무형문화재 71호 칠머리당굿보존회 사무장 등으로 살아오면서 간장 썩으며 속 썩으며 의지가 없이 다니다가, 오늘 이렇게 부모조상 인연을 맺어 신줄 연줄 발루어 성읍리 가서 큰굿하게 되었다는 내력을 소개한다. 마지막으로 "불휘없는 송애가 납네까, 당주전 몸받은 조상이라, 양단어깨 매여내여 북촌으로 가 설연허여, 조상이여 섭섭하게 생각지 맙서." 하며 양창보 심방의 조상을 북촌으로 모셔 가게 됨을 당주에 고한다. 수심방이 이제 이 집안 안에 당주를 지우고자 하오니, "양단어깨에 강림합서. 쉬운두살 모두 가져 가고저 하옵네다."라고 말하고, 양창보 심방과 정공철 심방이 함께 당주에 절을 올린다.

마지막으로 〈산판점〉과 〈신칼점〉을 치고 분부를 사뢴다. 조심 할 일을 알려주고 난 뒤에, "조상은 벌써 떴수다예."라고 말한다.(12:45 양창보 심방집 굿이 끝남)

안채포에 명도 조상과 연물, 무복 등을 싸고 당주를 지운다. 이때 명도 외에도 '조상다리'는 특별히 보내줘야 하는 것이라고 한다.

당주를 모셨던 장롱과 신물들을 차에 싣고 북촌리 정공철 심방 집으로 이동했다. 먼저 안방 한쪽에 장롱을 놓고 당주를 설연한 다음, 각종 기메를 만들고 음식을 준비했다. 3시 45분 굿을 시작했는데, 이때는 정공철 심방의 내력을 중심으로 연유를 닦아 나갔다. 다음으로 어제까지만 해도 의지 없이 지내다가, 오늘 신주집 당주집을 무어다 놓았으니 저승 삼시왕과 이승 삼하늘로부터 시작해서 심방 선생님들까지 모두 이 당주에 응하여 강림하라고 기원하다.(5시 25분 명도물림굿이 모두 끝났다.)

• 기메제작 준비 •

2) 굿 준비와 기메고사

(10월 12일 수요일, 음력 9. 16.)

〈기메고사〉

- 7:30~8:10
- 양창보

성읍민속마을의 마방집은 마루방이 넓고 마당도 커서 굿하기에 적합 할 뿐 아니라, 팽나무 고목 여러 그루가 집 한쪽에 자리 잡고 있어서 신성한 분위기를 풍겼다. 또한 성읍 마을의 본향당신인 관청할망을 모신 관청할 망당이 바로 앞에 자리하고 있어서 굿이 진행되는 보름의 긴 시간 동안 본 향당에서 무탈하게 잘 지켜주리라는 막연한 믿음까지 갖게 했다.

굿은 일상적인 시공간을 신성한 시공간으로 바꾸는 것에서부터 시작 된다. 그러므로 본격적인 굿이 시작되기 전에 신들을 모셔 들일 제청을 설 연하고, 신들이 내려올 대를 만들고 신께 대접할 음식과 각종 무구들을 준 비해야 한다. 이날은 오전부터 심방들이 모여서 내일부터 시작될 큰굿의 준비를 본격적으로 시작했다. 심방뿐만 아니라 마을사람들과 kbs방송국 의 촬영팀, 연구자들도 모두 나와서 각자 해야 할 일들을 확인하고 준비과 정을 도왔다.

기메전지는 굿판을 장식하여 신들의 세상으로 만들고, 신들이 하늘에서 내려와 현실세계의 인간들과 감응하게 하는 굿판의 상징물이다. 신을 인 도하는 깃발이며 신의 역할을 수행하는 신체이기도 하고, 신의 자리 또는 신의 영역, 신의 권위를 나타내는 징표이며 동시에 굿을 할 때 쓰이는 소 도구이자 신의 세계, 신들이 사는 궁전의 무대장치라 할 수 있다. 이러한 기메전지는 굿판의 구조와 위치에 따라 신의 영역, 신체, 무대장치, 기타 여러 가지 의미를 지니게 되고, 바람에 흔들리면서 현실적인 의미까지 합쳐져 굿판의 아름다움을 완성한다.

먼저 마루와 당주방과 군웅일월 방에 당클을 매고, 지전을 만들어서 제장을 장식한다. 한쪽에서는 굿에 사용될 각종 깃발과 지전 등을 만들고, 수심방은 굿에 사용될 그릇과 과일이며 떡 등이 부족한 것은 없는지 확인하고, 부족한 것들을 준비하도록 지시한다. 본주는 축원문과 집안 조상들의 이름 등 여러 종류의 열명을 작성한다. 본주의 고향인 모슬포 본향, 집안 일월조상, 성읍리 본향도 따로 정리한다. 이때 수심방과 본주 사이에

• 제청 상차림 •

여러 가지 이야기가 오간다. 초감제에 거느릴 영가와 시왕맞이 때 올릴 영가들을 나누어서 정리하고, 성편과 외편으로 집안의 돌아가신 조상들을 한 명 한 명 거느리며 확인하기도 한다. 본주는 수심방에게 가족의 내력을 미리 알려주는데, 돌아가신 분들의 시련에 대해서도 자세하게 알려준다. 군대 제대를 앞두고 바다에 빠져 죽은 서룬 동생 이야기부터, 고생고생하며 살다 간 서룬 어머니와 아버지, 30대에 술 마시다 돌아가신 외삼촌, 군대 가서 죽은 사촌동생, 아기도 없이 혼자 외롭게 살다가셨기에 아버지 제사에 같이 상을 차리는 고모할머니에 대한 이야기들이 나왔다. 이런 과정을 거치면서 본주 가족의 역사는 지금까지의 이승 방식이 아닌, 전생 팔자 그르친 심방세계의 관점에서 새롭게 정리된다.

집안의 굿 준비가 어느 정도 진행되고 나면, 마당으로 나와 큰대를 만들기 시작한다. 좌돗기와 우돗기를 만들고 고운 물색을 자르고 이어서 큰대를 만든다. 대통기, 좌돗기, 우돗기의 삼대를 세우는 굿을 "삼대세운굿"이라고 하는데, 이때는 네당클을 매기 때문에 '네당클굿' 또는 '사당클굿'이라고도 한다. 이처럼 "삼대세운굿" 또는 "사당클굿"은 큰굿 중의 큰굿이라 할 수 있다.

기메를 다 마르고 나면, 기메코亽상 앞에 안팎공시상을 놓고 그 앞에 양창보 심방이 장고를 놓고 앉아서 기메코亽를 시작한다. "기메 몰랐수다 기ㅁ름잔 선성님들 한잔씩 합서" 등의 잔 드리는 말을 하며 각 선생들에게 술을 올리는 것이다. 이때 안팎공시를 구별하는데 처음에는 밧공시부터 "잔받읍서" 하며 술을 올리고, 다음으로 안공시에 술을 올린다. 심방집에 굿을 하러 가면 반드시 기메코亽를 올린다고 한다. 굿 준비가 끝났으니 내일부터 굿이 시작됨을 신께 미리 알리는 의미를 가지고 있다. 제를 올리는 시간이 따로 정해진 것은 아니며 기메를 다 마른 후에 '기메코亽'를 지내는데, 그 뒤에 삼석울림, 대세우기를 한 다음에 초감제가 시작된다.

〈기메고사〉

3. 큰굿의 시작

1) 첫째 날 : 《큰대 세우기》《초감제》
(10월 13일 목요일, 음력 9월 17일)

첫째 날의 굿은 〈큰대 세우기〉로부터 시작해서 〈초감제〉로 이어졌다. 〈초감제〉는 모든 굿에서 맨 처음에 하늘 궁전의 1만8천 신들을 청하여 굿판(祭廳)에 모시는 '청신의례'이다. 그런데 큰굿의 맨 처음 하는 〈초감제〉는 신들이 내려오는 하늘올레 역할을 한다. 이때 우주를 여는 우주목(宇宙木)을 상징하는 큰대를 굿청 마당에 세운다. 무조신 젯부기 삼형제를 상징하는 수직 세마디의 동백가지, 천신(天神) 용(龍)을 상징하는 둥인 대통기, 하늘을 뜻하는 큰대와 땅과 사람을 상징하는 좌둣기와 우둣기를 큰대 좌우에 세우는데, 이는 세 개의 큰 신궁의 깃발을 세움으로써 굿의 시작을 알리는 시작굿이며, 종합적인 청신의례의 의미를 지니게 된다.

큰대를 세우는 과정은 신의 하강로를 만든다는 상징적인 의미를 덧붙이지 않더라도 충분히 장관을 이루었다. 하늘과 땅이라는 두 개의 수평적 세계 사이에 큰대라는 수직적 구조물이 자리 잡는 순간, 성읍민속마을 마방집은 어제의 그곳이 아닌 신들의 임시 좌정처라는 새로운 시공간적 의미를 획득하게 되는 것이다. 큰대와 좌우돗기를 중심으로 울긋불긋 한 천과 무명다리들이 바람에 흔들리는 장면과 함께 은은하게 퍼지는 향냄새, 강하게 귀를 자극하는 연물소리까지, 이 모든 것이 그곳에 있는 사람들로 하여금 특별한 감동을 하도록 만들었다.

큰대를 세운 뒤에는 본주와 수심방이 함께 사방을 돌며 절을 한다. 이제부터 굿이 시작됨을 제청에 좌정해 계신 일만팔천 신전님께 아뢰는 것이다. 그런 다음에는 본격적인 청신의례인 〈초감제〉에 앞서 본주와 참여 심방들 사이에 간단하게 굿에 대한 의논이 이어졌다. 누가 어떤 굿을 맡아서 할 것이며, 오늘 굿은 어디까지 해서 마칠 것인지에 대해 전체적인 의논을 하는 것이다. 그런 다음 〈초감제〉가 시작되는데, 하늘의 신과 땅의 신뿐만 아니라 집안의 일월조상과 심방 선생들까지 모두 차례차례로 모셔 들여야 하기 때문에 전 과정이 오랜 시간에 걸쳐 진행된다.

굿판에 모인 사람들마다 큰굿에 대한 경험과 느낌은 모두 다를 것이다. 성읍마을 어른들은 이 마을에서 큰굿을 한 지가 오래되었는데 이런 기회에 굿을 보게 되어 너무 반갑다고도 했고, 어렸을 때 큰굿 하는 것을 많이 봤다는 어른들도 계셨다. 또 제주도에 살면서도 큰굿이 무엇인지 몰랐다는 사람, 제주도 굿을 많이 보았지만 이런 규모의 굿을 보기는 처음이라는 사람, 성읍민속마을에 우연히 들렀다가 이게 지금 뭐하는 것이냐고 묻는 사람까지 제각각의 굿에 대한 다른 경험을 가지고 있었다. 또한 이 굿을 통해 느끼는 바도 제각각일 것이다. 하지만 이런 모두의 마음을 관통하는 그 무엇은 분명했다. 오늘의 이 굿이 무사히 잘 끝나서 본주의 소망이 이루어지기를 바라는 마음, 그런 진심들이 흘러서 〈초감제〉의 시간은 떠들썩하기보다는 경건함을 느끼게 했다.

《큰대 세우기》

　　수심방 서순실과 본주 정공철이 큰대 앞에 나란히 서서 진행하며, 주위에 소미들은 버릿줄을 당겨 대를 세운다. 이어서 수심방은 〈큰대 세운 연유〉를 말한다. 어떻게 하여 큰대를 세워 큰굿을 하게 되었는가를 말하고, "천신기(큰대)는 지낮춥니다. 흑신기(좌우돗기)는 지도툽니다. 염랫대(큰대) 설연합니다. 좌우돗기도 설연합니다."하여 큰대는 하늘과 땅을 잇는 다리임을 설명하게 된다.

〈큰대 세우기〉

〈초감제〉

《초감제》

- 11:20〜
- 서순실

큰대를 세운 뒤, 각호각당에 배례가 끝나면, 큰심방은 본주와 맞절을 하며 "굿 잘해 줍서"하며 서로 부탁한다. 이어서 초감제는 8개의 작은 제차(祭次)로 진행되는데, 하늘과 땅, 해와 달이 어떻게 생겨났으며, 인간의 세계, 나라와 마을이 어떻게 시작되었는가를 말해주는 〈베포도업〉, 굿하는 시간과 장소를 우주적으로 설명해 나가는 〈날과국 섬김〉, "왜 굿을 하게 되었는가"를 밝히는 〈연유닦음〉 등으로 이어진다.

■ 초감제 본문

〈각호각당 배례〉

(오춘옥 심방 향로 들고 오른쪽에 서고, 왼쪽에는 가운데 수심방 서순실, 하역례를 올리는 본주 정공철이 신칼을 들고 나란히 서서 각당각호에 엎드려 절을 한다.)

(무악) (삼천천제석궁으로 돌아삽서. 엎드려 삼배한다.)
(무악) (천제석궁당클, 다음엔 당주당클에, 안방 일월조상 상으로 계속 절을 해 나간다)

수심방: 안공시에 잔들여줍서. 잔들입서. 잔을 올린다. (서심방과 정심방 잔을 올린다. 서심방은 하역례를 올리는 정공철에게 자리에

가 앉으라 하고, 혼자서 진행해 나가다. 양창보 심방을 찾았는데 없다. 수심방은 정심방과 마주 앉아 오늘 굿의 의미를 전달한다.)

수심방: 쾌자 입고 심방의 길을 걸어오면서 배왔던 거, 못 배왔던 거, 이 굿 끝나나면 참고 헙서. 굿을 시작하기는 힘들어도 시작하는 마음은 끝까지 마무리를 잘 시켜서, 또 아지방이 이 길을 걸어오면서 내가 이것은 안 봐서 모르는 거 닮으면 내가 잘못하는 일이 있다면, 아지방이건 아지망이건 "영허는 거 아니꽈?" 의논해 주고 또 우리 심방들이 스쳐지나 가면서 말 한마디라도 신경 상허는 일이 있어도, 본주가 이해하시고 해서 굿을 잘해보게 예. 경허고 이제부터는 마음을 단단히 먹읍서. 어제까지만 해도 없었는데 이제부터는 의지가 생기는 겁니다. 아방 어멍 어신 애기는 죽고, 아방 어멍 있는 애긴 기십(기)이 살아. 마찬가지라. 아방 어멍이 없었는데 아방 어멍이 생겼으니까 이젠 어디 가드래도 떳떳하다. 심방의 자격으로 굿을 하고 있다. 내가 잘 못하는 거는 다음에는 참고적으로 들어서 악착같이 배웁서. 기십이라는 게 기죽지 말고 이 굿을 했으니까 자신감을 가져서 굿 잘하게 예.

(양창보에게) 삼촌. 영 굿 허쿠다. 삼촌이 31년 전에 '신질(신길) 을 발롸주난(바르게 잡아주니) 31년 만에 나도 이 굿을 하게 되었고 삼촌이 힘들어도 제자들을 잘 이끌어 주고, 잘 가르쳐주고, 삼촌 부탁할게요. 경허고 삼촌네영 언니네영 아지방네 참, 우리 남아있는 사람으로서 이 굿은 지켜야 될 게 아닙니까? 보름동안 성심성의껏 웃으며 이 형제간들이랑 진짜 돌아서서 아팠다 하지 말고 같이 손잡고 같이 가게 예? 잘 부탁허쿠다. (소미들에게도 절을 한다)

정심방: 부탁허쿠다. KBS 선생님네도 잘 부탁허쿠다.

〈날과국 섬김〉

   (악무) (요령을 들고 흔들며)

수심방: 날이외다. 어느 날. 에– 달이외다. 어느 달.

        장내는 어느 장내, 수년 장내 (요령)

        올 금년. 해는 갈라갑기는 신묘년입니다.

        달을 갈라갑긴 원 전생에 팔자궂어 (요령)

        상구월 에에 원구월 초여드레 본멩두가 솟아나고,

        신구월은 열여드레 신멩두가 솟아나고 (요령)

        상구월 스무여드레는 살아살축 삼멩두가 솟아난

        원 전생 팔자궂은 애산 열여드레 옥항으로 서른 세 하늘

        초체 울려 초공하늘 (요령)

        이체 울려 이공하늘 (요령)

        삼체 울려 삼공하늘로 (요령)

        서른 세 하늘에 쇠북소리 울려 이 제청 설연하고,

        국은 대한민국 제주도는 제주시는 동문밧은 나서니

        조천읍은 북촌리 1151-2 삼녹거리(세거리)

        탱자생인 길 절당잡이 유자생인 길 팽자나문 뷔어다

        마흔여둡 초 간주를 설연하고

        유자나문 뷔어다 서른여둡 이 간주를 설연하고

        신폭남은 뷔어다 스물여둡 삼 간주를 설연허고 (요령)

        바람부는 바람도벽을 막고, 뜻드난 뜻도벽을 막고,

        동산새별 상 간주를 막고 동심절은 구비첩첩

        마은여둡 모람장, 서른여둡 비꼴장, 스물여둡 고무살장

        솝솝드리 연향당주집 궁전집을 무언(지어)

        궁의 아들 삼형제 놓은 연줄 유정승 따님애기 놓은 연줄 (요령)

〈연유닦음〉

　　하신충입니다. 정씨로 공짜 철짜 씁니다. 경자생 쉰둘님 받은 공섭네다.

　　서처고단한 아이 혈연단신한 아이 당줏아기 몸줏아기 삼천여궁녀

　　정연담이 21살, 정수정 12살 받은 공서 올리니

　　밥이 없어 하는 이 공서 아닙니다.

　　옷이 없어 하는 이 공서 아닙니다.

　　옷과 밥은 답답하면 공서가고 목마른 백성은 물을 찾고

　　조상 없는 자손이 있습니까.

　　뿌리없는 송이가 납니까. 칡도 거두려면 뿌리로 거둬야

　　그 칡은 거두는 법입니다.

　　이 천당을 무어(지어) 첫동 한상 동성방에 이왕 올리면

　　천신공덕하저 만신공양하저 일만일신 위로적선하고

　　아자 동네 살아 만선 대우를 하려 영하여 이 제청 설연하고 (요령)

　　성은 정씨로 선대부모의 땅은 대정 정씨 주당에서 큰아들로 소생하여

　　어릴 적부터 죽억살악 죽억살악 영허는 게

　　중학교에 간 천주교를 믿언 다니다가 대학교 가니

　　큰굿 작은 굿 굿하는 디 연구자로 뎅기고,

　　연극하고 놀이굿하러 뎅견,

　　초년에 21살 어머님 이별하고, 12살에 어멍도 생이별하고

　　한 잔 술이엔 하면 산도 넘겨 물도 넘겨 하며 사니

　　조은 금전 벌어도 끝끝낸 나한테 엇고,

　　무형문화재 71호에 사무장으로 몇 년 동안 일하였수다.

　　4 · 3에 행사 질쳐가고 심방들과 노념놀아 하여가니

　　이 전생을 그르치난 서른다섯 나는 해에

　　성은 김씨로 병술생 내외간이 나영같이 심빙질허레 다니겐 허난

90

형님 아시야 허멍, 큰굿나도 글라(가자)

성주풀이 귀양풀이 일월맞이 불도맞이 푸다시 행사나도 글랜허민

안채포[64] 옷가방 들렁 같이같이 뎅기멍

북두드림, 대양두드림, 설쉐두드림, 장구두드림

이 당반 매는 거, 기매 매는 거, 제청 차리는 거, 잔 내는 거 배웁고,

새ᄃ림, 추물공연, 푸다시 배웁고, 석살림굿 배웁고,

첫 쾌자 입기는 와산리 굿 가난,

굿 잘 허염저 건의우품[65] 나난,

일본도 오랜허난 몇 년 전부터 일본 동경으로 오사카로

일본으로 굿하러 뎅기고 정의 대정도 착하다 얌전하다고

남자 소미로 오랜허민 오토바이 탕 뎅기고

목안(제주시)서도 오라하면,

비온 날, 눈 온 날, 안개 낀 날, 바람분 날 없이

오토바이 타 아정 뎅기멍 삼시왕에 거부랑이 많고,

삼시왕에 허가 없이 굿허레 뎅기고,

허가 없이 쾌자입고 관대 입고 굿해여가난,

궁의 행실하자, 궁의 밥을 먹자, 궁의 옷을 입자 경허는 것이

서처고단하고 혈연단신한 팔재굿인 형제간들은

52살 양반의 집에 사당공쟁이가 나난,

뿌리어신 심방은 조상 의지가 없고

팔자 굿인 형제간 의지가 없으니

연 17년 동안 남모른 울음도 남모른 간장도 썩고

청량헌 것은 하늘이고 무겁고 산발헌 건 땅입니다.

---

64) 굿할 때 가지고 다니는 무구를 담는 포.
65) 권위와 품위.

먼동 금동 밝은 날 되엇수다.

수성개문 동성개문 환경지개문은 도업허난

삼하늘 삼십삼천 흐르는 세 하늘만 도업을 제이르난,

노프고 검고 흰건 높고 청량한 것은 하늘이고,

검고 삼발하고 어두운 것은 땅입디다.

천궁일월 황해수 되엇수다.

노프고 높은 건 팔도명산.

함경도라 벡두산, 평안도라 묘향산, 황해도라 구월산,

강원도는 금강산, 경기도는 삼각산, 충청도는 계룡산,

경상도는 태벡산, 전라도라 지리산, 제주도는 할로영산,

팔도명산 산도포 도업허난,

기프고 기픈 것은

동해용왕 청요왕, 서의요왕 벡요왕,

남의 요왕 적요왕, 북의 요왕 흑요왕 중앙 황신요왕

조금산은 수미산 수금산은

동의요왕 광덕왕, 서의요왕 광인왕

남의요왕 광신왕, 북의 요왕 광해왕

사만사천 용신 물베포 도업허난

요 하늘은 요금실 별이 먼저 솟아나니

갑을동방 동산세별 견우성 경진서방 직녀성

경오남방 노인성, 해저북방 태금성은

공 태자엔 으뜸 원자 원성군, 참진 자엔 진성군

실마목자 벼리 강자 강성군 길어기자

짓할 세별 짓두 세별 별자리 촛이멍

성군님도 도업을 제이르난

월광님도 도업 일광님도 도업

• 각호각당에 인사 •

• 베포도업 •

〈천지왕 본풀이〉

천지왕은 지부왕 총명부인 되옵디다.

천지왕이 총명부인안티 내리난

총명부인님 밥 한상 올림소리 하시난

제인들어 제인장제 만년들어 만년장제 집에

남의 밭 곡실 들런 쌀 한 되를 빌레가난

대미쌀엔 대몰레 소미쌀엔 소몰레 섞언 주난에

집이오란 한벌 두벌 세번을 씻어 놓고

밥 한상을 차려놓고 들어가니

천지왕님 첫 숟가락에 머흘이 들옵데다.

총명부인님아. 정성을 드려도 첫 숟가락에 머흘이 들엄수과.

그게 아닙니다. 천년들어 천년장제 만년들어 만년장제가

쌀 한 뒷박 빌레 가민,

놈을 꾸어줄 때 되를 깎아 꾸어주고

찾을 땐 가득이 받으곡

궂인 쌀은 아래 놓고

좋은 쌀은 우의 덮고 꾸어주었다

곤 곡식으로 받고

대미쌀엔 대몰레 소미쌀엔 소몰레 섞어 주니까 와서

초불 이불 삼불을 씻어 밥 한상을 차렸수다 이-

어허이, 이 밥이랑 나의 뒤에 일천명의 저 군사 오천명의 저 군졸

적시 실명법으로 마련헙서.

그날 밤은 그새 외와근 옥항드레 오르젠

총명부인 곧는 말이 오늘밤에 밴 애기 이름 성명이나 지어주고 갑서.

에에, 천지왕 곡석 세 방울 내어주며 이 곡식을 심어서

한 박줄랑 지붕드레 줄 번고, 두 콕줄[66]랑 지붕더레 줄이 번으면
찾앙 보냅서 아들 형제 낳건 먼저 난 건 대별왕, 말째 난 건 소별왕,
뚤 형제 낳건 먼저 난 건 대똘왕 말째 난 건 소똘왕,
이– 총명부인 아긴 나난에 이름이나 지읍센 허연
천지왕 님은 옥황으로 오릅디다 이–
에 에 총명부인 아긴 나난 아들 형제 납디다.
먼저 난 건 대별왕 말째 난 건 소별왕 낳았구나.
열다섯 십오세가 당허난 아방북도 도투고 어멍북도 도톼가난
설운 나 형님아. 수치꺾엉(수수께기풀어) 마련허게.
어서 기영허라.
설운 형님아. 어떤 낭은 동지섯달 설한풍 백눈 우의 낙엽이 떨어지고
어떤 낭은 낙엽이 아니 떨어지옵니까.
설운 나 동생아.
속이 여믄 나무는 잎이 아니 떨어지고,
속이 구린 낭은 잎이 떨어진다.
나 형님아. 모른 소리 맙서. 왕대모작 모디모디 속이 구려도
동지섯달 설한풍에 잎이 아니 떨어지고,
머구낭은 속이 ᄋ물어도 잎이 떨어집니다.
그러나 수치꺾엉 형이 지옵디다.

(장고)

설운 나 형님아. 굴헝에 메는 높아지고

---

66) 박줄.

동산에 메는 메가 쫄릅니까.
설운 나 동생아 비가 오면 동산에 물은 굴헝드레 지난
수분이 많안 메가 길어지고
동산에 메는 물을 못 먹으난 메가 짧아진다니,
설운 나 성님 모른 소리 맙서.
우리 인간 사람은 낮이 위에 이서도 서른댓자 수패머리 되엇수다.

(장고)

수치 꺾어 지여간다.
오라 우리, 꽃씨나 심엉 우리 꽃빈장이나 해보게.
경헙서. 백몰레 밧디 은수반에 꽃씨를 들이칩디다.

(장고)

대별왕 꽃은 불휘는 외불휘요
가지가지 동드레 벋은 가지 서드레 뻗은 가지
남으로 벋은 가지 북으로 벋은 가지
중앙드레 벋은 가지가지 송애송애
봉오린 꽃은 피난 종지만썩 사발만썩 버럭버럭 허여간다.

(장고)

소별왕은 은소반에 꽃씨 들이치니 불휘도 외불휘 송이도 외송이

봉오린 맷형 꽃은 피어 가난 검뉴울꽃[67]이 되어가는구나.

(장고)

대별왕은 무정눈에 잠을 자고 소별왕은 일어난 형님 꽃사발을 바꾸난
설운 성님아. 일어납서. 꽃빈장 허여보게.
대별왕이 일어난 나 동생아, 늘랑 이승 어멍 차지하라마는
널로부터 응큼하고 도둑마음 먹으난
이승에 살제 허민 살인, 역적, 도둑, 방화, 강간 많으리라.
남자 열다섯 넘으면 남의 여자 굽어보고
여자 열다섯이 넘어 가민 남의 남자 굽어보게
인간의 법을 마련허라
저승법은 죽는 날 춤실 같은 법이로구나.
참신정월 정해일에 박 씨 세 방울 심으난
한 콕줄은 두 콕줄은 지붕으로 줄이 벋어가니 옥황드레 오르자.
그 법으로 아직까진 제주도 정월나면
정해일(丁亥日)에 포제하는 법입니다. 이-
대별왕이 옥황드레 오르자
말 모른 새 가막새 길짐승 조조조
구신불어 생인대답 생인불어 구신대답 해였구나.
송피 가루 석 섬 닷 말 가져단 허트난
말 모른 푸십새, 날짐승 길짐승 말은 맷혀간다.
옥항에 올르나네 용의 용상이 이십데다.

---

67) 이울어 가는 꽃.

용의 용상드레 탄 한쪽 뿔을 올라사난
우르릉 우르릉 우르릉 이 용상아, 저 용상아
아무가 타도 용상의 임자여.
한쪽 뿔은 끊어단 하늘 천자님은 연구름 타고
대국 천자님은 코끼리 용상을 타고,
우리나라 용상은 용의 용상을 타는 법입니다.

(장고)

에헤 에, 천지왕도 도업. 지부왕 총명부인 도업
대별왕은 저승법, 소별왕은 이승법,
남정중 이중내 마련하는 도업입네다.
인충도 삼백이요 묘충도 삼백이요
비충도 삼백이요,
만물의 영장은 인간이로대
삼십삼천 도솔천왕 도시왕도 도업을 제이르난

〈십오성인 도업〉
태고라 천왕씨가 솟아나난 왕하니 헌제는 무유이왕허난
1만8천 신 도업을 하니,
일월삼신 도임허고,
지황씨가 솟아나난 화덕으로 왕허난 형제는 열한형제
목화초목금수가 초생하고
인황씨가 솟아나 형제는 아홉 형제 분장도읍허니
삼천팔백세에 만 오천 육백 년 도읍했습니다.

(장고)

그 뒤로

유화 유소씨는 솟아나 나무 새와 집을 지어

그물치어 사냥법 가르치고

수인씨가 솟아나 나무를 깨어다 불을 얻어 불화식법 마련하고

여화씨가 솟아나 가죽으로 옷을 만들어 입는 법 가리치난

태호 복희씨 솟아나난 성은 풍성이라 사신인수합디다.

머리는 사람머리 몸뚱이 뱀의 몸이 됩디다.

팔괘를 그려 글을 남자 여자 시집장가 가는 법,

음과 양을 가르치니

그 후젠

염제 신농씨 솟아나니, 성은 강성이라근

인신은 머리는 소에 머리 몸뚱이는 사람 몸이 되어

떼비와 농잠대를 지어 농사짓고

백가지 풀의 맛을 보아 한약 조제법을 마련하였습니다.

(장고)

황제 헌원씨가 솟아나난 성은 희성이라

방패를 지어 창을 지어 난릴 막고

감장 목에 배를 지어 저 바당을 건너가고 건너오고

수레를 지어 먼 데를 통행하게 허엿수다.

전오 고양씨 솟아나난 책력을 지어놓고

입춘상들 봄 여름 가을 겨울

1년은 열두 달 날은 365일 하루는 스물 네 시간

하늘에 굴메(그림자)지어 시간 보양 사는 법을 가르쳤습니다.

주완씨는 연원씨 고양씨는 혼돈씨 갈천씨는 금천씨도 도읍허난

하우왕 상탕 주무왕 춘추전국시대

풍성 강성 이성 십오성인님도 도업입고

염라대왕님 저승 진법도 가르쳤수다.

천왕베포도업

지황베포도업

인황베포도업

초감제 연드리 십오성인 도업입네다.

〈날과국 섬김〉

　날은 갈라 갑니다. 날은 어느 전 날이옵고

　달은 갈라 갑니다. 달은 어느 전 달이오며,

　장네는 수년장네

　올금년 해는 갈라 갑기는 신묘년

　전승굿인 상구월 열일뤳날

　이 제청 설연합긴

　국은 갈라 갑니다.

　해톤국은 달단국 주리팔만 십이 제국

　강남 드난 천자국 일본드난 주년국

　우리 국은 천하 대한민국

　첫서울은 송태조 개국허난

　둘째는 신임허고 셋째는 한성서울

넷째는 왜정삼십육년이고

다섯째는 조부올라 상서울 마련허고

안동반꼴 좌동밤골 먹자꼴은 수박꼴

모시정꼴 불탄대궐

경상도는 칠십칠관, 전라도는 오십삼관

충청도는 삼십삼관,

일제주는 이거제, 삼남해는 사진도,

오강화는 육칸도

그 중 제일 큰 섬은 제줍니다.

저 산 앞은 당 오백, 이 산 앞은 절 오백

어싱생은 단골머리 아흔아홉 골머리

한골 어서 곰도 신도 왕도 범도 못 나던 섬입네다.

산은 갈라 갑네다.

할로영산 땅은 금천지는 노고짓땅 물은 황해수

〈탐라국 도업〉

영평 8년 모흥굴 고량부는 삼성왕 도읍허고,

항파두리 짐통정 만리토성 둘르난

정의 이십칠도 대정 일경 38리

주의 모관 80여리 마련허니

옛날 섬 도(島)째 길 도(道)짜로 바꿨수다.

길 도짜는 2006년 1월 1일 제주특별도가 승격허였습네다.

제주시 동문밧은 나서민 조천읍은 북촌린데

1151-2번지 가지 높은 신전집 지애너른 절당집

어주애 삼록거리 서강베포땅 팽자생인길 유자생인길

팽자남은 베어다 마흔여덟 상간주 마련하고

유자낭은 베어다 서른여덟 이간주

신폭낭은 베어다 스물여덟 하간주를 지어놓아

바람부난 바람도벽 뜻드난 뜻도벽

동산새별 신영 상간주 연양 당주 육고비

동심절 고비첩첩 놀리고

마흔여덟 모람장,

서른여덟 비꼴장,

스물여덟 고무살장

숩숩드리 고사근(오려) 붙였수다.

삼시왕의 덕으로 유정승 따님애기 놓은 연줄로

당줏집을 짓고 몸줏집을 짓고

황씨 임씨 이씨,

이씨 선생님 임씨 양씨 선생님

부모조상 모셔 사는 집입니다.

하신충은 서처 고단하고 혈연단신하고

조상들이 해당 재산 물려준 일도 아닙고

좋은 금전이랑 물려준 일 아니고,

난 날 난 시 나 복력 나 팔자가 날 울리난

대공단에 삭발 절간법당 들어강 부처님도 공양 못 허고

좋은 전생 35살에 좋은 전생 그르치난

올희 52살 당주집을 무언[68]

오늘은 당당한 하신충드레 올려줍센 삼시왕드레 역가올리난

---

68) 차려, 마련하여.

이름은 정공철 경자생 52살 불상한 설운 애기 받은 공섭니다.

불쌍한 설운 아깁니다.

아버님 놔뒨 어명 따라 육지 간 살안

큰똘아기

정연담이 21살 정수정이 12살 받은 공섭니다.

이녁집 놓아두고 표선면은 성읍리 이집이 오란

이 천당을 무언

낮도 보름 밤도 보름

영청 서천제미공연을 올리저 허심네다 이

〈연유닦음〉

어떵허신 일롭서 이 공서를 올립니까 허시거던

밥이 어신 이 공서 아닙네다.

옷이 없어서 이 공서도 아닙네다.

옷광 밥은 빌어도 밥입네다, 얻어서도 옷입네다마는

천지는 지간하고 만물은 지중허고

유인에 최고 오륜지사 인간지사라,

가장 귀하고 아름다운 건 우리 인간 벳에 더 있습니까.

춘추는 연연록입니다. 말모른 푸십세 이월 설한풍

백눈이 낙엽이 되어도 멩년 춘삼월 돌아오면

잎은 피어 청산이 되고 (운다)

꽃은 피어 화산이 되고

명사십리 해당화는 제 몸 자랑하건마는

왕의손 귀불귀요 우리야 인간은

이 세상에 불담으레 온 인생

ᄇ름부는 날은 촛불같은 인생이라

살다 살다근 멩이 부족 되어

저승서 염라대왕님 오랜허민

두귀착 페와근 저승가건 이 세상에 도라환생 못하는

토란잎에 이슬만도 못한 건 우리 인생인데

저승이 멀어도 창문 바꼇 저승이고

명왕질이 멀어도 창문 바꼇 신바랑 돌려노민 명왕질인데

저승보다 머나면 강남길이 멀어도 강남갔던 제비도

이제 저제 오란 첫 상강에 당하면

멀고면 강남길로 다시 돌아가고

동양삼국 서양각국 일본 주년국이 먼다 한들

돈벌엉 고향산천 찾앙오고

인간에 독한 죄 지엉 감옥에 잇당도 형을 마치면

부모형제 찾앙 집으로 오건마는

우리 인간은 천석궁이 부재 만석궁이 부재

어린아이 젊어 청춘 백발노인 한번 가면

이 세상 돌아 환생 못하는

토란잎에 이슬만도 못 헌 건 인간이 아닙네까.

어떵헌 사실로서 구시월이 당허영

땅에 쇠북소리 울려 축원원정 올립긴

옛날도 답답허민 송사를 가는 법입네다.

목마른 백성은 물을 찾는 법 아닙니까.

조상어신 조순이 이십네까.

자손어시 후손을 볼 수가 잇십네까.

뿌리없는 송애가 납니까.

줄기도 거두젠허민 뿌리로 걷는 법입니다. 이-

이간 주당 안에 하신충입니다.

부모조상 선대 부모 고향땅은 대정읍은 상모린데

할아버님 대에 좋은 몸천 탄생허난

아바지는 사형제 가운데 52살 낳아준 아버진 말쩻아바집니다.

설운 아바지 윤택에 장가들어서 윤씨 어머님 오라근 똘 하나 나난

서너 네 살 나난에 윤씨 어머님 몸에 신병 난 돌아가불언

아바지 살아 생존 때에 저 똘애기 두세 네 살에 품에 품언

가속 정허영 오민 입도 구속 받으카부댄

입도 못올리카부댄 가속 정허지 안 허연 입돌 키웁다가

설운 아바지 고씨 어머니 인연 되연 오라근 52살을 낳고

설운 동생들 4형제를 나난 52살은 4형제 가운데 큰아들이 되옵니다.

이 아들 나난 낮역시 같이 밤역시 같이

우는 정끼같이 경징 경세를 내여 가난

아이고 걸음마를 배와가난 죽억살악 죽억살악허난

아이고 이거 큰아들에 잘못허당 큰일이 이실거고

허는 일이엔 헌댄 허는 약 구해당 멕영 살리젠

골채영 삽이영 몇번 들렁 죽어시카부댄

묻으레 가당 보민 살아낭 오고, 영 해여가난

살려 놓은 것이 52살 중학교 가 가난

설운 불상한 아바지도 갑자기 아파근

굿하는 거엔 헌 건 다 허고 병원에도 다 가 봐도

설운 나 낳아준 고씨 어머니 이 남편네 하건 살리젠

하건 살리젠 없는 살림에 버문 몸빼 벗인 날 엇고, 골갱이 노은 날 엇고

아이고 나 답답허댄 나 가불민

이 아이들 다섯 오누이 어떵 살코.

큰 아방도 독허고 셋아방 족은 아방도 독하고 어떵허민 조코.

이번 참악 저번 참악 하는 게 간장이 물이 되고

홧증같이 살증같이 하던 어머님도 저승 가불고

설운 아바지도 신병나난 아들이영 똘이영

아바지 살리젠 뎅기단 보난에

설운 아버지 신병으로 병은 못 고쳐 가난

52살이 천주교에 들어가난 아이고 큰아들 천주교 가난

우리들도 천주교나 믿어보게 천주교 믿언 뎅겨가난

식게멩질도 천주교식으로 허고

아바지도 죽엉가난 천주교식으로 천주교공동묘지 가고

어머님도 저승가난 천주교공동묘지에 묻어두고

고등학교 졸업허연 대학 졸업허난에

난 날 난 시 나 팔자가 날 울려 이력 아니 되고

연극 좋아하고 풍악 좋아허난 저 몸천

큰굿 하는 데, 족은굿 하는 데 간 연구자 생활허멍

큰굿 공연에 출동허여근 공연도 하고 해 가는 게

얌전허난 굿하러 오랜허민 오토바이 탕 가방 들렁

정의대정으로 모관으로 인연 인연이 되난

일본 굿 글랜허난 말 모르고 길 모르고 열에 한천 넘는 일본땅에 가면

어딜 가나 아장 굿헐 땐 말명 소리영 굿 잘해 가난

아이고 착허고 굿도 잘 하는구나 하여

연10년동안을 일본에서 오멍가멍을 하였수다.

조상복이 이시면 부모복도 있고

부모복이 이시면 형제간 복도 있고,

형제간 복이 이시민 처가속 복도 이실거

조상들한테 조은 재산 못 물리고,

부모복은 부모들 살단 저승 가부난

하니바람 샛바람 의지가 어선

어떵허고 형제간들은 우엣 형이민 도와나 줍센헌다

아랫동생이난 의지 못 허난 의지헐 곳 어시난

처가속도 나 복력 나 팔자 날 울리난

정연담 21살 어머니 연인되연 살림 사난

이 가속 이 살림을 든든한 살림을 살 걸

조상에서 초년 고생을 다 엎으랜 허연

이 가속도 이 똘아기 긴 이별을 하여서

어딜 가리 인연 안연 만나는 게 12살 나준 어멍 만난

저 똘 하나 나난 아이고 남의 조름에 강

큰굿도 허영 오랑 품 받앙 오랑 손에 심지고

성주풀이 귀양풀이 강 왕 손에 심져 놓아도

말 모른 금전이 남은 번다고 해도

갈산질산 간디 온디 어선

깨진 항아리에 물이 어서지듯이

점점 살기가 곤란하고

아이고 남들은 말하기 좋댄

아이고 정공철이 돈 벌어도 무싱거 핸 써 부럼서

신구간 되어가민 날 가속 대령 들어갈 집 어성

오장 간장 다 썩고 일천눈물 다 솟고,

그렇다고 누구안티 강 하소연 헐 디 엇고

어떤 땐 밤이 누웡 곰곰드리 생각하면,

나가 전생에 무슨 죄를 지었는가, 악하게도 살지 못한 난데.

에 에 나가 고비고비 인생고비가 영도 힘들고 고달프고

산은 오르닥지 노프고 굴형은 내리닥지 길이 되고

우의 형들이나 아래 아시들이나 만나민

아이고 정신 차려 살라하여도

누게가 52살 속마음을 압니까.

한라산에 눈 묻고 한라산에 불붙는 건 제주도민이나 다 알주

52살 가슴에 먹장같이 실피 묻은 것은 어느 누게가 압니까.

아이고 나 복력이랑 옛날 선생님네들토

오죽해여사 심방질허영 남보단 잘 살고 남보단 멩질게 삽네까.

이 심방질 안 해도 잘 먹고 잘 사는 세상인데

날 모르신 선생님네 정이월 칼날같은 바람살에 이삼사월 진진

오뉴월은 조작볕에 등으로 더운 땀이 나고 동지섯달 설한풍에

백눈 우에 청사초롱 불을 밝혀 비온날 요즘 세상은 차도 타고

영허주마는 청사초롱 불을 밝혀 바깥 연변 강

굿막은 땐 굿마다 산천마다 찾아 뎅기고

등으로 짐지엉 안채포 지영 뎅겼수다.

52살 되연 나난 아이고 복색옷 페와도

옛날 선생님네 아이고

남이나 보왕 심방이엔 헐까보아 굿허레 강 오민

밤내로 빨아 길에 말리고,

경허여도 52살은 복색옷 가속없어도 세탁소에 가민 차려주고

영허명 오랜허민 술 먹엉 일어낭 못갈 때도

팔자궂인 형제간들 오랜허민 오토바이 탕 오늘까지

간장 썩어 삼년 눈 어둑어 삼년

귀 막아도 삼년 말 몰라도 삼년

연17년 동안 뎅기멍

아이고 소리도 많이 드렁 뎅겼수다.

욕도 하영 들엉 다녔수다. 눈물도 하영 삼켰수다.

안채포 옷가방도 지영 뎅겼수다.

영허난에 이때까지 의지가 시난 양씨 설운 부모님이

아이고 이레 오라 나 아들허게

아이고 기영헙서. 나 아바지허게

양부모 삼았습니다.

이 조상을 모션 당주 설연허난,

이때까지 조상 의지어시 사난,

당주설연허여 너무 무정을 허난,

이왕에 허가 어시, 삼시왕에 허가 어시

삼천기덕 일만제기 멩도멩철 지언 심방질 허영 뎅기난

이번참에 초역례를 바치저, 초역례 초신질을 발루져[69],

약밥약술[70] 어인타인[71] 수레막음 옥린목린(玉印木印) 수레막음 막아근

남주와지 적쾌자 홍포관대 조심친

삼천기덕 일만제기 멩두멩철

청포잘리 어줌줌치 받안 당당허게 하신충더레

지를 부쳐줍센 영허여근

이 천당을 무언 이 공연을 올리난

---

69) 바로 잡자고.

70) 심방의 자격이 있다고 신이 내리는 약밥과 약술.

71) 황제의 도장을 찍어준 임명장.

하느님 공은 천덕이요, 지하님 공은 은덕이요.

부모님 공은 구천만덕 아닙니까.

삼시왕에 역가 올리저 삼하늘에 역가 올리저

고 엣선생님에 역가 올리저 부모조상님 역가 올리저

이 주장을 올리난에 할마님 안티 수룩원정 올려근

불쌍헌 우리 큰뜰 21살 아까운 12살 입도 형제 수룩 잘드령

남의 산천 태왕 이족 갈지라도

뜰손자 오망삭삭 소생시켜줍센 허고

12살 난 애기 불공도 적삼 올리건 잘 수룩드령

할망신디 고맙수댄, 할마님에 서천제미공연 올리고,

칠원성군님에 서천제미공연을 올리고,

동해용궁할마님 연반물치매 진녹색 저고리

걸랫베 감에 인정을 잘 걸어

이동저동 유기재물 유곽 조은 딜로 잘 전송허영

12살 키와줍센허영 할마님전에 수룩원정 올리고

초 · 이공연맞이로 잘 올리고, 놀고오던 시왕 쉬고 오던 시왕

염라대왕 염라국에 저승은 열두대왕 청허고

12대왕에 몸받은 본관처사님을 청하여

시왕님에서 돌아앉앙 석시석시 조은 원정 올리건

준지 너븐 금마답드레 신수퍼[72] 시겨근 죄를 다 풀려나 줍서.

대명왕 처사에 방액 올려근

이 조순 금년 내년은 나가믄 곱게 내와나 줍서.

대명왕 처사님에 인정을 걸고 삼시왕으로 저승 삼시왕을 청하고

---

72) 신을 모아.

이승 삼하늘을 청하고 삼시왕에 몸받은 멩두멩감 삼처사님 청하여

삼시왕에 역가를 올리고 삼하늘에 역가를 올리고

멩두멩감 삼처사에 이 자손 홍포 관대 올려

삼재를 곱게 막아줍센허고

이 세상에 오라근 아아 살다살다 저승간 선대부모 조상 영혼님네

저승에서 기러기 연줄 저 용상같은 지레⁷³⁾에

노용삼같은 고운 양지⁷⁴⁾

서산백옥같은 얼굴에 관디청에 눈물

주홍화반에 연주지듯 올때에라근

비새같이 울멍 하늘가린 은주랑철죽대 지프고

아바지 어머니 천주교공동묘지에서 십자가 등에 진거 부려근

부모님네 놀던 부모 아바지네 외가에 윤씨부모 외가에

고씨부모 외가에 영혼들 저승호상 차려근

어주리 비주리 놈비개 탈밧남 이덤불 저덤불

높은 동산 낮은 굴형 삼천칠백 멀고먼 길이로구나.

아버지 어머니 귀양 못 내불고 저승가난

서러운 아버지 어머니 귀양풀려

이 아들 이 굿허영 이 조상 모셩 뎅기멍 굿허는디 마다

아버지도 거느리고 어머니도 거느리고 설운 동생 거느릴 때마다

아들머리 쯤에 길을 뽈롸⁷⁵⁾줍서.

이 가슴을 풀리저 저승사남 올리고

삼시왕 연맞이로 초역례를 바치저

---

73) 키.
74) 얼굴.
75) 바로 잡아.

유정승따님애기 노은 연줄로
52살도 초역례 초신질 불롸근[76]
약밥약술 타고 영허젠 협네다.
곱은멩두질은 곱게 시왕곱은연질을 치와
낮도 보름 밤도 보름
두 밤낮 보름 밤낮 한 달 동안 원성기도 올리젠 햄수다.
얼굴 모른 조상님네도 의논협서 공론협서.
정가를 할 데를 잘 시켜근,
종이도 네귀를 둘러 내는 법입니다.
수 만석도 모여들면 가벼우는 법입니다.
하늘이 높아야 땅에 비가 내리는 법이 아닙네까.
삼천선비 놀고간 디는 간장판에 글을 두고 가고
새가 놀고 간 디는 짓을 두고 가는 법입니다.
삼시왕 삼하늘 고 엣선생 조상부모 왔다 간디는
이조순 말명다리 시겨근
엇는 언담 엇는 수덕을 내와줍서.
가정에 풍파를 막아줍센 영허여 공을 드렴수다.
공든 탑이 무너집네까. 인정 싯경 팝네까.
봄이 오면 꽃 소식도 들려오는 법이라근
천하 성인 공부자도 이부산에 빌어났수다.
진나라 왕의손도 부성산에 빌어난 법이 있습니다.
불쌍헌 설운 정네 52살에 이 천당 무어[77] 공들이고
하늘같이 높은 덕을 내리옵서.

---

76) 바로 잡아서.
77) 지어, 만들어.

지하같이 너른 덕을 도와줍셍 허여

인명에 축허고 제명에 부족할 일

천살은 지살 인살은 수중살, 금년살

모든 살기를 다 제초를 시켜줍서.

삼시왕에서 삼하늘에서 고 엣 선생님에서

몸받은 부모조상 안공시 조상님 머리쯤에 무어

임정국 삼시당 하나님

성진땅은 황금산 외진땅은 적금산

성진땅은 황금산 주접선생님

천하 임정국 대감 지하 짐진국 부인님

이산 앞은 발이나 벋고 저산 앞은 줄이 벋어

왕대월산 금하늘 노가단풍 자주명왕 아기씨

원구월 초여드레 본멩두로 윙이자랑

신구월 열여드레 신멩두도 윙이자랑

상구월 스무요드레 살아살축 삼멩두도 윙이자랑

아방어신 아기들 키왕 15세가 당허난

삼천서당에 글공부 가젠허난 돈 어선

삼천서당에 물지기 벼루지기 굴묵지기로 드러간

넘어가멍 글하나 외웁고 넘어오멍 글하나 외웁고

삼천선비들 하늘천 따지 배우는 (소리)

삼형제는 붓도 엇고 종이도 엇고 벼루도 어시난

굴묵에 재를 홈판 손바닥으로 눌런 하늘천 따지 그 글을 배완

서울이라 상시관더레 일만선비와 과거보레 올라 가난

삼시왕의 영급신령으로 앞이 가는 선비들은

글도 장원 활도 장원 떨어지고

삼형제는 글도 장원 활도 장원 급제를 할로구나
구름쌀에 ᄇ름쌀에 삼천선비가 이 말을 들언 공론을 헙디다.
저것들 데령갔당 당할 거난
가단 보민 배나무 배좌수집이 당허난
삼천선비들 굽은디 굽엉 나무 우의 올르민
우리 돈 ᄒ냥씩 거둬 주켄허난 걸랑 기영헙서.
어 어 배낭 우의 올려두원
삼천선비는 서울 상시관에 올라가멍
동문 서문 남문 다 줌가붑디다. 이-
이 아이들 삼형젠 올라가도 못 허고 내려오도 못 해여근
그날 저녁 황금산이 주접선생님 영급신령으로 선몽을 시킵디다.
청룡 백룡 황룡이 얼켜진 듯 감아진 듯
배좌수가 나와서 귀신이냐 생인이냐 옥출경을 읽으난
사람이건 사다리를 탕 어서 내려오라.
내려오난, 밥을 뽕그랭이 먹고 빈정거리고
서울 상시관드레 올라가단 보난
청만주아미가 외워둘러 질을 갈르난 필아곡절하다.
청비게 흑비게 소라비게 비러비게 드는 법을 설연하고
동문 서문 남문 다 잡아부난
팥죽 할망신디 간 풀죽 ᄒ 사발씩 먹고
그럭저럭 이말저말 하며 해는 다 지완
수양버들낭에 간 보난
팥죽할망 안티 선몽시키길
어저께 와난 아이들 왔것랑 팥죽 쑤엉 멕이고,
종이전에 강 종일 구하고, 붓전에 강 붓을 구하고,

벼루전에 강 벼릏 구하고, 먹전에 강 먹을 구해 주라
선몽을 시켰구나,
팥죽 산 멕이고 좋이 먹을 주난.
큰 형님은 쓴 천도천황,
셋형님은 쓴 지도지황,
족은 아신 쓴 인도인황을
외손지 동헌마당 드러간 무릅 알더레 놓읍디다.
과거 줄만한 선비가 어섯구나.
이 글은 누가 썼느냐.
이글 쓴 사람 불러오면 과거 준댄 하니
시왕수향버들 아래 강 보난 궁의아들 삼형제 이섯구나.
오랜 데령가난, "너가 쓴 글이냐."
붓을 발가락에 젭견 저레 활활 써 가난
아 착한 선비로구나 이. 그만허면 과거 줄 만허다.
과거 문선급제 장원급제 팔도도장원을 시킵데다.
과거를 내어주난 삼천선비가 말하기를
중의 아들은 과걸주고 왜 우린 과거를 안줍니까.
그때엔 배옥상 차려 난 돼지고기하고 술을 내주난
그때 그걸 먹었으면 심방들도 이런 천대 안 받을 걸
그때에 술과 고기 아니 먹언 상 알드레 노난
중의 아이들이엔 과거 낙방시키난
과거 줄 만헌 선비가 어섯구나.
연추문을 맞추면 과거주켄 허난 경허난 아무도 못 맞추난
우리 과거 안 해줘도 좋수다.
한 번 기술이나 부려 보쿠다. 이―

큰성님은 우의 맞춰간다.
셋성님은 아래 맞춰간다.
족은 아신 청동같은 팔뚝으로 확허게 겨누완 때리난
연주문이 활을 한복판을 마전 퉁허게 널어지난
중의 아들 삼형제 너무 별나게 났저
삼천선비들은 노가단풍 자주명왕 아기씨를
물명지전대로 지픈 궁에 가둡디다. 이-
이 아기들 과거 주난 어수애 비수애 상도래기 놀매물색
벌련뒷게 연가매 호신체를 들러간다.
선베 후베 행군군대 피리단자 옥단자 비비둥당 받아둥당
과거허멍 어주애삼녹거리 서강베포땅드레 내려오람시난
느진덕이 정하님안티 물멩지 단소곳 본매본짱 묻어두고
품펜지 가정 강 너네 상전들 종반문서 시켜주켄 허난
느진덕이 정하님은 머리 풀어 산디찌께기로 머리 무껀
아이고 아이고 허멍 어주에삼녹거리 서강베포땅에서 만났구나.
아이고 상전님네 햄도 너무 해염수다.
과거엔 말은 뭔 말이꽈.
큰상전님 그저녁 죽언 출병막 출련 품펜지 가전 오랐수다.
어멍 어멍 우리 어멍
어멍어신디 이 과걸 허민 멋 허리야.
어수애도 돌아가라 비수애도 삼만관속 육방하인 돌려두고
우리 어멍 아방어신 우리덜 킵젠허난 전신ᄆ음 먹었구나.
행경벗언 웃튼 두건쓰고 두루막 벗언 두에 둘러매고
단소곳 둘렁 어딜 가코 머구낭 꺾건 방장대 짚펀 간
어머님 간 출병막을 열언 보난

어멍 본메본짱 이게 단소콧이로구나.

아이고 젯부기 삼형제 어멍 물멩지 단소곳 가정근

어딜가민 조코 웨진 땅을 춫앙가난

나 아기들아 아방 춫이고 어멍 춫이커들랑

황금산을 춫앙가렌허난

배석자리 내어주난 신자리 법도 마련허고,

가단보난 삼녹거리에 너사미 삼형제가 비새ㄱ치 울엄시난

아이고 설운 아기들아. 무사 울엄시니.

우린 일가도 엇고 괸당도 엇고 부모도 어십네다.

불쌍헌 아기들이여. 오라 우리 육형제를 맺어보게.

울멍 물멩지 단소곳 노단쪽으로 들어가난 왼쪽으로 나와근

육항열을 무언[78] 형제들 여기 이시렌 허연

황금산을 올라가고, 에이 에 절 삼배 올려가난,

나 아기가 아니여.

어멍허민 아방 애기우꽈.

양반풀앙 무반삼으라.

오라 대공단에 머리 삭발허렌 허난

이게 젯부기 삼형제가 차지한 초전싱을 그르친 불상한 정네

정씨로 정공철이 52살은 초전싱은 35살

아이고 심방질이 영 힘들고 고달프고 간장 썩을 줄 알았수과

전승을 그르천 대공단에 머리삭발허여

하늘 굴른 굴송낙 지애 굴은 굴장삼

아강베포접두잘리 호름줌치 매연 절삼배 올리난

_____

78) 맺어.

아이구 나 아기들아 어멍 초지커드랑 심방질 허랜허난
어멍 추지쿠다.
설운 아기들아, 굴미굴산 아야산 신산곳을 도올르라.
신산곳을 도올라 물사오기 셋사오기 똘롸다
아버지 절간법당 북을 설연하고
이첫봉은 똘롸다 울랑국을 설연하고,
셋체북은 똘롸다 삼동멕이 설운 장귀 요솟부체
열두 가막쇠 든변 난변 메와근
서산 벡몰래왓디 옥황에 정명녹이 ㄴ립데다.
동해바다 쉐철이 아들 불러간다.
아끈 도간 한 도간 아끈 지게 한 지게 아끈 몰래 한 몰래
남천문에 남상잔을 새기저 설운 애기들 촞이멍 촞이멍
하늘보멍 오랐구나 하늘 천(天)자
땅으로 걸으멍 오랐구나 따지(地) 자.
물으멍 물으멍 오랐구나 물을 문(問)자
해보멍 오랐구나 달보멍 오랐구나 일월 삼멩두
남천문에 남상잔 객츨 새겨 놓안

(장고)

설운 내 아기들아.
상시관에 올르난 무엇이 좋아냐.
배옥상이 좁데다. 도임상이 조습다.
느랑은 초감제상 받아보라. 그것보다 더 좋다.
셋아들은 무엇이 좋아니.

배임상도 좋고 도임상 좋아도

어수애 비수애

상도래기 놀매옷이

벌련뒷개 연가매 호신재가 좋습디다.

늘랑 초신맞이 허여보라 그것보다 더 좋나.

족은 아들은 멋이 좋아니.

도임상도 좋고 어수애도 좋아도

나는 삼만관속 육방하인 좁데다.

피리단자 옥단자 행열소리가 좋습디다.

시왕대를 짚엉 홍포관대 조심띠 차령

시왕맞이 하여보라 그것보다 더 좋덴허난

이 아이들 삼형제 어멍 춫젠허난 봉을 삼안

초체울려 초고하늘

이체울려 이공하늘

삼체울려 삼공하늘

옥항드레 쇠북소리 울령

짚은 궁에 간 어멍 야튼 궁드레 내울립서.

야픈 궁에 간 어멍 시님 초공드레 내울립서.

곱곱허난 어머님이 오랐구나 어머님 홀목심언

아이고 어머님아 어머님아

어머님 찾젠허난 양반팔안 심방질을 하였수댄 허난

혼저 그릅서 어주애삼녹거리 서강베포땅을 내리난

펭자생인길 유자생인길 내련

펭자남을 베어다 마흔여둡 초간주

유자남을 베어다 서른여둡 이간주

신폭낭을 베어다 스물여덥 하간주를 무언

바람불어오라 가난 바람도벽을 막고

뜻들어오라 가난 뜻도벽을 막고

동산새별 신영상간주 연양당주

육고비 동심절을 고비첩첩이 우올련

마흔여돕 모람장

서른여돕 비꼴장

스물여돕 고무살장,

솝솝드리 고사붙여,

어머님아. 우리 보고프거들랑

동산새별 신영상간주 새별보멍 우리 생각헙서.

어머님은 너사무녀도령허고 조용히 이시민 신전집이 이시민 찾아오쿠다.

찾아올 자손 있수겐 허멍 삼시왕더레 올라가젠허난

양반의 원수를 어떵 갚으리.

양반잡으레 오는 칼은 여든닷단 칼이고

중인 잡으레 오는 칼은 이른닷단 칼이로고나.

팔자 궂인 형제간들 데리레 오는 칼은 흔 닷돈 칼이로구나.

시왕대번지 설연허여두고 삼시왕더레 올라가저

올라가단 보난 유정승뜨님애기가 일곱 살에 놀암구나.

아이고 양반의 웬수 갚으젠 헌게 잘 되었구나.

황금산에 올라간 아버지안티 고르난

파란공에 육간제비 채와둥 가랜허난,

파란공에 육간제빌 체우난,

유정승의 따님애기 그걸 가전 놀단 집에 들어갈 땐

물팡돌에 놔둥 가고 영허는게

열일곱 살은 나난 병으로 눈 어둑고

스물일곱 나난 눈뜨고 서른여듭 되난 눈 어둡고

마흔일곱 나난 눈뜨고 쉰일곱 나난 눈 어둡고

예순일곱 나난 눈뜨고

아이고 정신이나 차리젠 다니단 보난

아랫녁은 아랫녁에 내려가단 보난

울음소리가 난디 들어간

팔자 궂인 아이 다녑수다.

팔자고 사주고 우리집의 외똘애기 초소렴행 묶었뎅 허난

영해봅서 진맥이나 지퍼보게.

맥은 지프난에 아기 속맥은 살고 겉맥만 죽었수다.

굿허쿠뎬허연 백지알대김허영 신놀립서.

일문전드레 상차려 낭 날은 어시난 먼 올레로 보난

공신이 내려온다 가신이 내려온다

첫말이 공서는 공서외다.

백지알 초고비 이고비 삼고비 네고비 다섯고비

백지알 여섯고비 꺾어근 나 나가 불민

아기가 소한 게끔 물엉 살아날 거우다.

경헐거난 살아나민 내일랑 굿허쿠댄

굿허레 오클랑,

남천문밧 유정승의 따님애기엔 허영

나를 찾아오랜 해동 오란

어주애삼녹거리에

거리 미치광이도 아니고 두린 사름도 아니고

한 십년동안 뎅기단 보난 유정승 따님애기 안티

자복장자 집에서 굿허여 도랜 오난
시왕법난에 잡히난 삼시왕에선
저 문밖에 엎드린 건 누게냐. 부정이 만허다.
유정승의 따님애깁니다.
삼선향으로 부정 가이라.
아이고 물멩지 전대로 목을 걸리라
물멩지 전대로 목을 걸려 올리난
꽃가마 저울릴 때 저울로 저울리난 100근 냥이 못 차난
무당서를 내어주멍 신전집이 강 통달허영 오랜허난
유정승 따님애기 신전집이 간 무당서를 다 통달허연
따시 삼시왕에 간 엎대허난,
유정싱 따님애기 저디 업대허였수다.
물멩지 전대로 걸려 올리라
꽃가마 저울리는 저울로 저울리난 100근이 참데다.
저승 삼시왕에서 약밥약술 내여주라. 약밥약술을 먹어간다.
어인타인 아방주던 개천문으로 어인을 눌리라
어멍주던 개상전으로 타인을 눌리라
수레감봉 옥닌목닌(玉印木印) 어인타인 수레감봉 막안
이제라근 홍포관대도 내어주라. 조심띠도 내어주라.
남수와지 적쾌지도 내어주라 삼천기덕 일만제기도 내어주라
궁전궁납도 내어주라. 명도명철도 내어주라. 명도명철 내어주난
글제비청 내어주라. 신소미도 내어주라.
신줄 연줄 고비연줄 당베 절베 아산신베 거둬당
노단둑지에서 왼둑지레 감아맛고 풀어마젓더니
니나난니 니나난니로 노래허멍 간

웃적에 자복장자집이 간 전새남굿 허연

이른일곱에 대천겁을 저울리난

삼시왕에 종명을 허엿수다.

이 조상 내운 연줄로 하늘로 유정승또님애기 놓은 연줄로

옛날 부모조상 고 엣선생님네

52살도 초전생을 그르쳔 뎅기는디

굿하는 이번 참에 역가올려 초승질을 발루건

삼시왕에서 이 자손 앞 임댕이 느린 의견 뒷이맹이 빠른 의견

글 재주 내웁서 활 재주 내웁서. 좋은 재주 내와줍서

말명ᄃ리 내와줍서.

목청도 올롓당 내롓당 고비고비 잘 꺼끄게 합서.

어디강 몸받은 신공싯상 받앙 갔거들랑,

초레초레 말명도 잘허게 헙서.

점서도 잘 판단 잘 허게 헙서.

없는 언담도 내웁서. 업는 수덕도 내웁서.

몸짓 좋은 선생님에 몸짓도 좋게 헙서.

춤 잘추는 선생님네 춤도 잘 추게 도와줍서.

이번 이굿허건 당주모상 조상모시난 황씨 임씨 이씨 이씨 선생

임씨선생 양씨선생님 조상에 덕으로

가지 높은 단골 부재단골 팔목진 단골 내웁서.

마은ᄋ돕 상단골, 서른 ᄋ돕 중단골, 스물 ᄋ돕 하단골

재민수안단골 자손들 내와근 이때까진 단골도

고비때까진 조상도 어성 행사 강 맡아도

그대로 행사 못허난 이제랑 행사도 하영 맡아근

나 마음대로 내 조상 모셩 당당헌 소미들 대령 댕기게끔

삼시왕에서 삼하늘에서
유정승 따님애기 고 옛선생님에서 도와주어근에
당줏아기들도 편안하게 헙서.
아이고 조상 모셔당 크게 큰집을 바램니까.
조상모신 집을 허영 식게멩질도 허고
신구간 되민 이집 저집 뎅기게 마랑
몸받은 조상님아. 거부량 안허쿠다.
52살 아침이 일어나민 창문열고 향불도 잘 피우고,
술도 잘 비왕 올리고 돈 벌엉 세 가지로 벌개 헙서
지장산 세밋물 솟아나듯이 돈 벌엉 한푼 두푼 모아근
이녁집이엔 조상 당주모시고 손 모양 잠잘 집 아기들 오민
남의 집이 아닌 이녁집에 자게
아이고 아시하고 아지망 식게멩질 때 찾앙뎅기게 마랑
아시영 아지망들이영 성네집이 오라근에
모다 아자근 살게끔 삼시왕에서 도와줍센 영허여근
이 지장을 일룹습니다. 아 아 옛선생님네
그 옛날에 잘도 잘도 고생해여신디
궁의 아들 삼형제 문선급제 장원급제 팔도 도장원 허난
시국이 좋아지고 나라에서도 무속신앙도 인간문화재가 탄생을 허난
인간문화재 71호 영감놀이 제주큰굿 지정받아그네
아이고 영감놀이여, 큰굿이여 인간문화재 지정받아그네
문화재71호 인간문화재가 탄생허난
월급도 받앙 살고 전수생 이수생들도
이굿 배우젠 열심히 열심히 해염수다.
영허난 삼시왕에서 이번에 내려근 고 옛선생님네에서영 다 내령

앞으로 우리 세대에 이굿 해나건 굿이라도 1년에 한번
대행사로 허젠 마음 먹엄수다.
삼시왕에서도 도와줍서.
영해연 이 지장을 일뢋습네다.
이 집의 내년 앞으로 3년 펜안시켜줍센 영해연
관청에는 변호사법 신전에는 선집사 매겼수다.
신의 성방은 김녕 살암수다.
열네살 나는 해부터 이전생을 그르치난
곧 스물 나는 해에 신질을 뽈롸
안집이 간 쳇공싯상 받아아지고
이 신질 삼신질 대역례를 바쳤수다.
신의 성방이 은진무릅 제비꿀련 삼동마기 설운 장기
ᄋᆞᆺ부체 열두 가막세 든변 난변 제왓수다.
깊은 궁은 내올리고 얕은 궁은 신의 신 가슴을 열어
초감제 연도리로 ᄎᆞ레ᄎᆞ레 연ᄎᆞ레로
천보답상드레 신도업을 하저하십네다.
신도업 드립네다.
천상천하 영실당 누병대천 노는 신전님
산섭물섭 나무돌굽 노는 신전
노랑빗발 새빗발 노는 신전
일만일천 백관님도 청대고고리 가늠허멍
깃발보멍 연발보멍 울북울정 가늠허고 연당상넬 가늠허고
초감제 천보답상더레 다들 신도업 드립네다.
풍성 강성 희성 15성인님도 신도업 드립니다.
임신 중에 올라서면 청룡산대불법 천지옥항상제님도

내려사면 지부대천대왕 산 차지는 산왕대사

물 차지는

동해요왕 청요왕

서해요왕 백요왕

남해요왕 적요왕

북해요왕 흑요왕

중앙용황 황신요왕님

사만사천 요왕님도 신도업 드립니다.

절 차지는 서산대사 육한대서 ㅅ명당 전하님도

신도업 드립니다.

천왕불도 할마님 지황불도 할마님 인황불도 할마님

석카산은 서불법 여래신전 명진국 할마님

할마님은 상갑자년 삼진정월 초사흘날 금세상에

어멍 배안에 배울 걸 다 배완 금세상에 탄생을 허난

남방사주 봉애바지 백방사주 접저고리

진녹색저고리 멩지 줄장옷

줄을 매고

양산 족도리 물매감태에 아름ㄱ득 조은 붓에

천장에 벼룻돌 만장에 먹을 굴아 사월 초파일 날

노각성조부연줄로 옥항에 올르난

할마님 누룩으로 눌린 땅을 무으난

문안에 지국을 하고

문베끗디는 구덕삼싱 걸레삼싱 업개삼싱을 거느리난

할마님은 해ㄷ국 둘튼국 주리팔만 12제국을 마련허여

산천영기를 보아 산천이 조은 집은 아들을 낳게ㅎ고

산천이 부족헌 집은 뜰을 낮게 하고

아방몸에 흰피를 내리웁고 어멍몸에 감은피를 내리웁고

굼도리 방석 애미 젖줄을 등경 종이붓을 씌완

둘은 차가민 촘씰 고세가정 들어가멍

검지 벗언 곤지에 걸고 비단이불 걷엉 돗자리 꼴앙

할마님 은결같은 손으로 금결같은 손으로

늦뜬 건 봇뜹고 봇뜬 건 늦추아근 청이슬 내리면

동드레 머리헌 아긴 동부재

서드레 머리헌 아긴 서개남

남드레 머리헌 아긴 남장수

북드레 머리헌 아긴 북단명법을 마련허연

초사흘 초일뤠 열사흘 열일뤠 스무사흘 스무일뤠 생진일을 마련허난

할마님이 15까지 고읍게 잘 키왕

십오세 넘으민 할마님이 물러사는 법입니다.

할마님도 고맙수다.

52살이 할마님 덕택에 정침이 선대선조 부모조상

유래전득시킬 아들애기는 어서도

똘아기 21살 곱닥헌 아기 21살꼬지 컸수다.

족은 똘은 12살이우다.

할마님도 신도업을 드리건 12살 곱게 잘 키와줍서.

할마님 공은 52살이 어떵 다 갚습니까.

쉰흔 두자 수패머리를 끈엉 짚신을 삼앙

용변기를 감앙올린들 할마님공을 다 갚으멍

만리장성을 둘러 두 손 합장허여 무릎이 부서지도록 허배헌들

할마님 공을 어떻게 다 갚을 수 있습니까.

할마님 불도연맞이허영 서천제미공연 잘 올리겠습니다.
할마님도 신도업드립니다.
얼굴초진 혼합별금상 서신국이마누라님 신도업드립니다.
날궁달궁 일궁월궁 시님상전
초공아방 임정국 상시당 하나님은
초공 임정국 상시당 하나님 초공 임정국 성진땅은 황금산
외진땅은 적금산 초공아방 황금산이 주접선생님
초공 외하르방 천하 임정국 대감님 지하 짐진국 부인님
이산 앞은 발이 벋고 저산 앞은 줄이 벋고 왕대월산 금하늘
노가단풍 자주명왕 아기씨
본멩두 신멩두 삼멩두 궁의 아들 삼멩두
너사무너도령 남천문밧 유정승ᄄ님애기 거느리어
초공은 신불휩네다. 안초공은 밧초공님도 신도업 드립네다.
이공도천도산국님 청대왕도 상시당 북대왕도 상시당
원진국 대감 김진국의 대왕님 사라도령 월강부인 원강암이
꽃감관 꽃생인 할락궁이 거느리어근 이공은 꽃불휩니다.
안이공은 밧이공도 신도업 드립네다.
삼공안땅 주년국님은
웃상식은 강이영성 이서불 알상식은 궁아궁전 어실부인
은장아기 놋장아기 가믄장아기 마퉁이 삼형제 거느려
나님같은 전상 드님ᄀ튼 전상 신정국이 전상님
글허기도 전상이여 활허기도 전상 농사짓기 전상이여,
어어 심방하기도 전상이여
굿허레 뎅기는디 공부하는 학자들도 전상이여
카메러들렁 찍는 것도 전상, 전상 아난 것이 어디 십네까.

이 주당 52살 술 혼 잔 먹엉 뎅기는 것도 전상이여
굿허레 가쿠뎬허영 아니 가는 것도 전상이로구나.
살림 살젠허민 못 살켄 허는 것도 전상이로구나.
나쁜 전상이랑 오늘 천지왕 골목드레 내놀리고
어질고 선허고 착하고 전상
돈벌 전상이랑 안으로 메살리어
삼공안당은 노전상 노불휩니다.
안삼공 밧삼공님도 초감제 연도리로 신도업 드립네다.

(장고)

에−
살아 목심 츳지도 시왕전입네다. 죽어 목심 츳지도 시왕전입니다.
원앙감사 원병사 시왕감사 신병서 짐추염라는 태산대왕
범?튼 ㅅ천대왕 초제 진광대왕, 이제 초관대왕,
제3은 송제대왕, 제4는 오관대왕 제5는 염라대왕
여섯은 번성대왕, 일곱은 태산대왕 ᄋ돕은 평등대왕
아홉 도시대왕 열시왕님도 신도업 드립니다.
지장대왕 생불대왕 좌독생명 우독생명 십오동자판관
십육 사자님 이십은 소판관 제왕간님도 신도업 드립네다.
안으로 하신충 52살 몸받은
안당주전으로 삼시왕도 신도업 드립네다.
시왕당도 신도업 삼하늘도 신도업
고 옛선생님도 신도업 드립네다.
당주하르바님 당주할마님 당주아바지 당주어머니

당주도령 당주아미

당주벨감님도 초감제 연도리 신도업 드립네다.

마흔여돕 초간주

서른여돕 이간주

스물여돕 하간주님도

초감제 연도리로 신도업 드립네다.

천왕멩감 지황멩감 인황멩감

동의 청멩감 서의 벡멩감

남의 적멩감 북의 흑멩감

중앙 항신멩감님 신도업 드립니다.

산신멩감 선왕멩간 책불멩감 신도업 드립네다.

당주멩감 이른요돕 도멩감 신도업 드립니다.

천왕체사 지황체사 인황체사님 월직사제 일직사제 시직ᄉ제

옥황금부도사님 저승이원사제님 이승강림차사님

멩두멩감 삼처사님 대명왕처사님 신도업 드립네다.

눈이불거 황ᄉ제 코가불거 모람사데 입이불거 악심처서

본당처서 신당처서 절량처서 도약처서

화덕처서 일곱은 귀양 아홉 신앙

수멩이아들 수멩이덕들 덕거진 초감제 연다리로 신도업 드립네다.

초공일월 상세경 신중마누라님 신도업 드리저

상세경은 염제신농씨

중세경은 문도령 하세경은 자청비

세경장남 세경백모래청 거느리어

상세경 신중마누라님도 신도업 드립니다.

직부일월 상세경 신중마누라님도 신도업 드립니다.

(장고)

에헤헤 일월이여 군웅일월 삼진제석님은
군웅하르방 천앙제석 군웅할마님 지항제석 군웅아바지 낙수게남
군웅 어머니 서수게남 아들이사 삼형제 솟아나난
큰아들은 동의요왕 ㅊ질허고 셋아들은 서의요왕을 초질허고
족은아들은 조은 전성 팔자 그르치니 대공단에 머리삭발을 허니
줄줄러라 미녕 두루마기 한산모시 바지 저고리 벌통 행경 백녹버선
하늘 ㄱ른 굴송낙 지애 ㄱ른 굴장삼
아강베포 직부잘리 주롬줌치
노단손엔 금바랑 윈손에는 옥바랑을 들고
강남더레 응허난 강남가면 황제군웅
일본더레 응허난 일본가면 소제군웅
삼시번을 끊으난 우리나라 대왕대비 서대비 놀던 일월
물아랜 사신요왕 물우엔 요왕이요 인물 쪽지 벵풍에
네귀 접사 물멩지나 강명지 서양베는 새미녕
고리비단 한비단 능라도리
황매물색 삼색물색 놀던 일월 신도업을 드립니다.
이 정칩의 52살은 어떵헌 조상이 이신 줄 모르켄 영허염수다.
한씨 일월님도 신도업 드립니다. 선왕신도 신도업
불도일월 쿵타탕 신도업 드립니다.
고씨어머님 펜으로 윤씨 어머님 펜으로 할마님은 남평문씨
창령 성씨 할마니 이씨 할마니 펜으로 일월조상님네들도
신도업 드립네다.

산신님은 아방국은 구엄쟁이 어멍궁은 신엄쟁이 두리 알은 문씨 영감

지달피 감테 마세기총 거느리고 언설 단설 농피녹설 그립던 산신조상

나중에 시왕맞이 남으민 산신놀이 훼양놀이 허젠 허연수다,

산신님도 신도업 드립니다.

선왕님은 선흘곳은 아기씨선왕 뙤미곳은 도령선왕

대정곳은 영감선왕 완돈 가면 덕판선왕 육진가면 진대선왕 잔대선왕

일본가면 곰배선왕 가미상이 선왕님

서울이라 먹자고을 허정승이 아들 일곱성제 나난에

허터지면 열네 동서 모여지면 일곱 동서

야 허민 천리 여 허민 만리가던 선왕님은

함경도 벡두산 두만초지 평안도 묘향산은 대동강 초지

황해도 구월산은 임진강 초지 강원도 금강산 해금강을 초지허고

경기도 삼각산 한강줄기 충청도 계룡산 금강줄기

경상도 태벽산은 낙동강에 놀고

절라도 지리산 영산강 목포 유달산 노념허고

제주도 할라영산 물장오리 테역장오리 어시생은 ᄉ해 바당 초질허니

갓만 부뜬 새페리 짓만 부뜬 도포 오장삼은 데팡거리

ᄒ착 손엔 ᄒ뽐 못 헌 곰방대 연불 신불을 들러근

할로영산에 오랑 ᄒ 가닥은 일출봉에 ᄒ 가닥은 삼방산에

펭아진 존제 매아진 존제 어승생 단골머리 아흔아홉 골머리로

제주도 ᄉ벽리 주의 안을 설현하던 선왕님도 신도업 드령

굿 ᄆ치민 가수리 뒤맞이로 요왕맞이허고 질치고 영감놀이 허영

52살이 무형문화재 71호 사무실에 이실 때부터 행사맡앙 뎅기멍

선왕님 덕에 먹고 입고 행공발신허는

선왕님. 우로적선허쿠다.

상선 중선 하선 무어 저 할로산에 초기연발

웃드른 산유자 해각으론 우미 전각으로 전배독선 실렁 선앙님,

잘 우로적선 잘허쿠다.

선왕님도 신도업 드립니다.

에 에 선왕님 신도업 드립니다.

명이난 일월이여,

당주도 일월 몸주도 일월 신영간주 일월

마흔여덥 초간주에 놀던 일월,

서른여덥 이간주에 놀던 일월

스물여덥 하간주에 놀던 일월.

어주애삼록거리 서강베포땅에 놀던 일월,

펭자생인 길에 유자 성인질에 놀던 일월,

일월 삼천기덕 일만제기 멩두멩철 놀던 일월,

아강베포 직부잘리에 호름줌치에 놀던 일월님도,

초감제연ᄃ리로 신도업 드립니다.

에 에 제주시 조천읍 북촌리 1115-2 번지에

일문전 하나님은 성주님 오방신장

곰덕 조왕할마님도 안칠성은 밧칠성도

안팟지방 조왕님 올레토신님도 보름날 굿허레 감시난 옵센허난

집이완 몸 받은 조상도 신도업 드립네다.

문전모른 공사가 있습니까.

이집 몸 받은 일문전 하나님은 성주님도 신도업 드립니다.

오방신장님도 신도업 드립니다.

안칠성은 밧칠성 내외칠성님도 신도업 드립니다.

초덕은 초대조왕 이대조왕 삼대조왕

청대조왕 백대조왕 적대조왕 흑대조왕

팔만사천 조왕님도 신도업 드령

굿 모칠 때꼬지

하다 가스 솥에나 버너에나 조왕할망에 ㅅ록들게 마랑

밥도 설게 ㅎ지 말고 ㅈ순도 놀라게 ㅎ지 말고

조왕할마님도 신도업 드립니다.

각항지방 땅에 토신님도

올레지기 정살지기 주목지신님도 신도업 드립니다.

낳는 날 생산ㅊ지 죽는 날 호적 장적 물고 ㅊ지 헌 한집님

칡도 걷우젠허믄 불휘로 걷워사 그 칡을 걷우는 법입니다.

우선 선대선조 부모 조상땅은

서사니물 개로육서또 한집님 신도업 드립니다.

이모오른 안할마님 ㅂ름웃도 삼천백매

어모부인 ㅂ름밧디 배 돌려오던 서낭당 한집님

북촌 강 그 땅에 물을 먹고 행공발신 허엿수다.

북촌 몸받은 노산주 웃손당은 금백주 셋손당은 세명주

알손당은 소로소천국은 가지 갈라온 한집님도 신도업 드립니다.

큰아들은 거멀 문국성

둘체는 정의 광정당 셋째는 시내왓당

넷째는 본산국 다섯째는 어시름비시름

오솟잴 토산한집 일곱첸 궤뇌기 오돕첸 시월도병서

아홉첸 성읍 감낭하르방 산신할마님도 신도업 드립니다.

조상의 연줄로 줄이 벋엇습니다.

김녕은 큰도안전 큰도부인 안성세기 밧성세기

ㄴ모리 일뤠한집

한개하르바님 내외간

남당 허씨하르방 내외간 사개하르방 내외

태자님은 김녕 조상연줄로 뒤맞이 헐때믄

벌어먹은 역가 벌어쓴 역가 밧갈쇠 네발 공사 올리젠 허염수다.

조상은 먹으면 먹은 값 쓰면 쓴 값 헙네다.

쓰젠 허난에 선도업 드립네다.

제주도 사백리 주리 안은 마련하던 웃손당은 금백주님

셋손당 세명주 알손당은 소로소천국은

큰아들은 거멀 문국성 둘째는 정의 광정당

셋째는 시내왓당 넷째는 본산국 다섯째 어시릭 비식

ᄋ솟째 수산한집 일곱짼 궤뇌기 ᄋ돕째는 시월도병서

아홉첸 서너한 감낭하르방 산신님도 신도업 드립니다.

동의 동산 앞 한집님은 알당은 ᄋ드레 한집

좋은 전생을 그르천 다니난

본향덕에 먹고 입고 행공발신허난

자기보전 악기보전 한집님 제위치 애기상 그려놓았수다.

아기나청 상마을 업개나청 중마을 어가나차 중방광

강씨성방 맺혀오던 마흔여둡 상방울

오씨성방 맺혀오던 서른여둡 중방울

한씨성방 맺혀오던 스물여둡 하방울 거느리어

신도업 드립네다,

상청가면 상마을

중청가면 중마을

하청가면 하마을입네다.

주문도청 영게영신님,

이세상에 오란 살다살다
멩이 부족허연 저싱은 가난
세경땅에 엄토감장허난 비오는양 눈오는냥
부름불어 가는양 곤 얼굴은 골은 썩어 시내방천 물이 되고
고운 뼈는 썩엉 진토에 묻히난 저세상에서 삼혼정
옥항에서 쇠북소리 울려 옵센허난
기러기 연줄같은 건삼긑은 자레에
노용삼같은 고운 얼굴 서산 벡옥같은 양지에
관디청같은 눈물이로구나.
주홍아반에 연디지듯 올때랑은 비새긑이 울멍 오라도
백발노인 영혼들은 은주랑 철죽대보고
젊은 청춘 영혼들이랑 부모조상 질 일도 엇고
아기 영혼들이랑 앞이 세워근 어서들 삼혼정 어서 옵서.
성읍리 일관헌이우다.
금마답에 저승 이망주 신수푸난 청대고고리 가늠허멍
영혼님들 깃발보멍 연발보멍 울북울정 가늠허멍 옵서.
홍자 주자 씁네다.
21살에 칠월 스무아흐레 혼인잔치 허난
처가속은 발 가는 양 가불고
21살에 이 세상을 떠나난
불쌍한 얼굴모른 김씨 어머님
사혼을 허난 칠월 스무아흐렛날
사혼합제허는 설운 셋아버지 설운 어머니
이 조캐 고운 호상 촐려노앙
저승 사남허젠 허염수다 신도업 드립네다.

낳아주던 불상한 아버지 병자 주자 쓰난

서른ㅇ섯 아들 세 형제 가운데 말젯아들로 난

아이고 강단허고 독한 성들 아시들 통에 들언

가슴에 천이 한이 맺히고 아기들 대로 가슴에 한이 맺히고

이 큰아들랑 아이고 윤칩이 장가 들언 저 뚤 하나 나난

어릴 때 서너 네 살에 윤씨 처가속 죽어 불고

아이고 이 애기 어떵 키우코

어멍 기린 애기 호근 살젠허난

가속 정허영 살민 아기 구속받으카부덴

쿰[79]에 품어근 설운 아바지 (운다) 아까운 뚤 아니 울리젠

저 뚤아기 키우단 키우당 그끝네 그끝네 손잡앙 못사난

52살 낳은 어머니 오라근 어멍 그린 애기 쿰에 품언

저 아들 사형제 낳고 나 쿰에 쿰엉[80] 살당 가젠허난

강단헌 서성제간 아이고 아이고

가난헌 살림ㄲ지 살젠허난 버문 옷 벗인 날 엇고

아이고 답답헐 때엔 아멩이나 아멩이나 가불젠 하다가

나 나가불민 이것들 아이거 족은 어멍손에 구속받을 생각허멍

이거 참고 저거 참고 어떵허고 (운다)

아이고 어멍기린 애기 키왕 뚤 시집보내고

52살 죽억살악 죽억살악 아이고 주고온 밧어시

아기 살리젠 허단 이 애기 살려놓고

저 남편네 신병을 만나난 살리젠 허던보난 아니되고

서울까지 가도 병명 엇고 영허여가는게

---

79) 품.
80) 품엉.

설운 어머님도 고씨 부모 어머님 이 세상을

윤씨 어머님이 문자 순자 51살 나는 해에

정칠월 초이틀날 저세상 가 불고

큰어머님도 인자 봉자 ♀솟설에 초닷셋날 떠나불고

불상한 아버지 이 아이들 으지허젠 허난

성도 의지 안되고

아시도 의지 안되고

불상한 누이동생들 의지허멍 살아 보는게

아버지 어머니 산 때에 52살 심방질 헐 줄도 모르고

중학교 가가난 천주교에 들어가난

아이고 큰아들 천주교 나가난

우리도 천주교에 다니켄허연 세례받고 영허연

아버님 병자 주자 66살에 스무여드렛날 저승 가난

나준 아버지 나준 어머니 부모님은 천주교 공동묘지에 간 묻어불고

오늘까지라도 천주교 공동묘지에 이십니다.

35살에 심방질을 허난

아바지도 생각 모디모디 어머님도 생각 모디모디

아이고 일본 굿허레 갈 때면 일본 간 동생 찾앙 뎅기고

식게멩질 돌아와 가민 모슬포 아시 집드레 가고

누님은 누님대로 형제가 갈산질산 흐터지고

불상헌 동생은 21살에 죽어불고 영허난

아이고 불상한 아버지

(운다)

어머님네 신도업허건 오랑

아까운 나아덜 심방질허영 시왕앞으로 귀양풀령

질치엉 안네크메 애산가심 풀립서.

먹장곹이 무딘 가심 풀려근 아바지도 신도업

어머님 나주던 어머님도 신도업 드립니다.

불상한 족은 아버지 문자 주자 쓰난

구월 열ᄒ룻날 올리 저승갔습니다.

족은 아버지 산 때여사 마음 아픈 일이 있어도

다 구신에 길은 애산가슴을 풀리는 거 아니우까.

족은 아버지도 신도업 드립네다.

불상헌 설운 동생 광자 수자 쓰난 22살 나는 해에

아이고 바당에 갔단 정칠월 초사흘날

신체는 ᄇ름밧디 올라 완 불상헌 나 동생

살아있는 동생들은 가멍오멍 식

게멩질때도 강 만나고 일본도 갈 때민 만나고

돈도 벌어지민 강 만나고

이거 용돈도 쓰랜허영 주고 허주마는

아이고 불상한 광수 동생 (운다) 영혼님

아바지 홀목 심고 어머님 홀목 심고 동싱들

아이고 시왕 앞으로 사남해 주젠 허염수다.

아이고 살아시민 장개도 강 아들도 나고 똘도 나고 허컬

불상한 설운 내 동생아, 아이고 옵센 허민 얼굴을 보아지카

아아 아 가심에 병이 된게 먹창곹이 이열 실피 묻은 가슴이여

불상한 설운 큰고모님, 창자 열자.

고모부님 오자 성자 구자 쓰는 고모부님.

외로운 고모님네 애고 이 조케들 보민 불상허고

아깝게 여겨주던 생각해짐네까

고모부 생각은 잊을수가 이십네까.

족은고모는 구자 열자 족은 고모부도 두자 전자 쓰는 이우다.

이 고모들이 돈도 주고 먹을 것도 주고 울멍 가시믄 달래어도 주고

허던 설운 고모님도 신도업 드립네다.

아아 설운 고씨 어머니 25살에 저승은 가난

아이고 외손지 똘 하나 나고 얼굴 모른 윤씨 똘 시집오랑

아들 성제들 나난 하난 똘은 이 손지들 가슴에 나 손지들

아이고 나 아까운 손지들아 돈도 주고 먹을 것도 주고 허던

외할아버님은, 외가의 땅은 중문면 상예리가 됩네다.

군위 오씨 설운 할마니 외삼춘은 제주 고씨우다.

30살 나던 해에 혼 잔 술이엔 허문 산도 가저 물도 넘어가저 하여근

저승간 설운 외가에 영혼도

호상옷 츨려근 저승 사남 올리젠 허염수다.

나주던 파평 윤씨 외할아버님 고향은 안덕면 사계리우다.

설운 외할마니 설운 이모님 인자 복자 쓰난 태평리우다.

이모부는 양씨 아이고 이모 이모부님 이 조케들 가슴에

아깝고 사랑허게 허여주던 외가에 부모 조상들

나가 이번 참 옷 하영 질 안 치민 평생 한이 맺힐 일이라

아이구 이번 참에랑 큰누님 생각하고 나 외가 생각허영

누게 의지허영 삽네까. 내가 부모조상 영혼님께

팔자 궂친 자순 질처안네젠 허염수다.

불상헌 사촌동생 용자 성자 일선 군인가난

군복무 끝네 못마치고

저승간 총각머리 등에 진 설운 동생이영 질치영 안녕

어주릿질 비주릿질 눈비영은 한탈나무 가시덤불 띠덤불질

높은 동산 깎아내리옵고 낮은 굴형 높으게 도꾸와

저 초산 노강댓질 금박 올린 질이로다.

와랑치랑 돋는 흔마음 흔굴레 우리 동생 ㄷ리노아

노픈 동산 홀목 심엉 올려줍센

낮인 굴형 홀목심엉 내롸 주렌허고

가당가당 지치건 이구산에 올랑

아픈 종애 아픈 다리 쉬영 가고 목마르건 촌 냉수 실턴 가심 즌질룹서

영해여 질 아니 해치는 영가 큰고모 할마님 이팔청춘에 시집 완

일부종사 다 못 해연 인간에 오라간 후손도 엇고

어디강 들으민 청춘에 간 무방친헌 고모할마님이엔 곳고

허던 고모할마님도 호상출령 안네고

큰고모님 셋고모님

아홉 살에 서천꽃밧디 간 고모님도

신도업 드립니다.

저승질은 멀고 험란헌 질 검무도산이요

날센 칼날 연꽃으로 화하시고

한탄지옥 얼음물 한탄지옥이라근

온천수로 변하고

한빙지옥 얼음물은 온천수로 변하고

독사지옥이라근 청나븨 백나븨 몸에 환생하고

철상지옥 모진 고문이랑 반아용상 태웁고

흑간지옥 암흑은 일광님 월광남 밝은 빛을 비추어

저승 열대왕 열지옥 열불에 힘을 얻어근

세계세계 극락세계 왕생극락 지를 붙여 줍센허난

양사돈 육마을 영혼님네 신도업 드립니다.

신공시로 도내리면 안밧공시이우다 정씨로 하신충
몸받은 안공시 서씨로 신축생 몸받은 밧공시로
삼시왕 삼하늘 남천문밧 유정승ᄄ님애기 고 옛선셍님네들도
안밧공시로 신도업 드립니다.
안공시로 도내리면 질 그리치게 허던 선생님네 신도업드립니다.
양씨부모 아바지 몸을 받은 부모조상 선생님 신도업 드립네다.
황씨 이 조상은 김녕이우다 황씨선성 임씨선생 이씨선생님
이씨 하르바님 임씨 하르바님 할마님 양씨 할마님 신도업 드립네다.
안공시로 심방 정씨가 아닙니까.
아바지여 난 나주던 어머니여
설운 동생도 선생질 아니라도 이는 부모의지
뚤은 틀리지 누겔 의지헙네까.
아버지 어머님도 천주교에서 몸에 십자가를 다 때붙고
앞으로 멫년 어시민 철리허여당
납골당에 놓젠 마음을 먹엄시난
전생 그르친 애기 몸받은 안공시레 다들 신도업 드립니다.
양씨 수양아버지 몸받은 부모조상 선생님네도
안공시로 신도업 드립니다.
밧공시로 신의성방 몸받은 신공시로
신의 성방도 난날 난시
팔저가 험악허여 열네살 나던 해부떠
어머님 전생 그르천 뎅기난에 홀목 심언 어머님과 뎅기난
설운 어머님 신의 성방 곧 스물 나는 해에
산대 틀언 초역례를 바쳤수다. 안칩이 강 첫 공시상 받앗수다.
이 신질도 발룹고 삼신질도 발룹고 대역례도 바쳤수다.

불상헌 설운 어머니 이뚤 심방질 내웁젠 허난 고셍허던 설운 어머니
몸받은 신공시레 이 뚤 맞앙 운동협서
간장 썩던 어머님 살 썩던 어머님 이 뚤의 신가심도 풀려그네
어머님네 신도업 드립니다.
신외편 김씨마루나 영급좋은 책불조상 임씨할마님
몸받은 영급조은 삼불도님 외잔하르바님 몸을 받은
족은책불 몸받은 하르바님
책불 고모 할마님 몸받은 삼불도도
신공시로 신도업 드립니다.
어머님 47 나던 해에 초셍질 발롸주던 선생님은
조천 정씨 하르바님 신도업 드립네다.
몸받은 조상님은 벵뒤 진밧가름
멀코실낭 상가지서 솟아난 고씨 대선생님
설운 성님 안씨 김씨 선생님 서김녕 임씨 대장간
아끈도간 한도간 아끈지기 한지기
아끈몰레 한몰레
고운 본매를 노난
개천문은 살의살성이 들언 경기도 금포 공예사에 간
고은 본매 놓았습네다. 어어어 신도업 드립네다.
설운 임씨 삼촌도 신도업 드립니다.
신의 성방은 설운 양씨 삼촌님이 초신질 발롸주었습니다.
안공시에 몸받은 선생님이 신의 성방의 초신질을 발롹수다.
신도업 드립니다.
이신질은 정씨 하르바님 발롹수다.
설운 삼신질도 이씨부모 삼촌

부모조상 발롸수다.

설운 안사인 설운 부모님도 신의 성방

곧 스물 나는 해에 인간문화재 71호 되난 아이고 나똘허라.

데령 뎅기멍 굿배와 주고 연물 두두는거 배와주던

설운 안씨 설운 부모님도 신도업 드립니다.

한씨 설운 삼촌님도 신도업 드립니다.

고씨 설운 고씨 큰어머니 신도업 드립니다.

심방 정시 아니우다. 신의 성방 낳주던

설운 서씨부모 설운 아버지도 신도업 드립니다.

설운 이씨 부모님 아이고 23년 전의

아이고 삼촌님 굿배와 줍센허난

큰굿 놔뒁오라 족은굿.

굿허여가민 연필허고 잡기장 가정다니멍

다 써근 나상 굿허여가민 굿다허영 나시민

순실아 요건 저영허고 요건 영해야 된다

나 이실 때 공부배와그네

나 죽어비어도 심방축에 강

기십 죽지마랑 굿잘 해여사 된덴허영

굿 배와주고 (운다) 뎅기멍 순실아 나 죽거들랑

나 조상이랑 박물관드레 보내어주고

나 난 아이들은 분시 모르난

잘 허여도렌 허연

죽기 전 삼일 전에 완 순실아 나죽거들랑

나 질처주고 조상일랑 박물관더레 보내주렌 허난

아이고 3일만에 저승갈 줄 누게가 알앗수과

아이고 삼촌 참앙 이십서 애기 아팡 서울 이서부난

가민 잘허영 안네쿠덴 허연

3일만에 삼시왕에 종명을 해야근

아이고 조상은 나가 모셩다니젠은 했수다마는

아이고 설운 삼촌님 유언을 해여신디

말을 아니들민 아니될거 닮고

조상님은 서울 국립박물관에 간 모셨수다.

질치엉 안네고 영허였수다

설운 삼촌님아.

산 때에 제주도 삼제 털엉 큰굿 헐 때면

큰심방으로 마음 먹언 잇단

삼촌님 산 때에 허젠 문씨 조순 박씨 조순이 암만허물어사

동서남북으로 인연을 촛저 촛저 허여도 못 해여신디

아이고 삼촌님 삼시왕에 종명허난 삼시왕에서 도와주난

이번 참은 KBS에서 후원해 주고

전통문화연구소에서

박씨 자손 문씨 자손이

열정성을 다하여 이 굿허염수다 허난

이씨 부모 설운 삼촌님도 이 큰굿 잘 배와청 놔두난

이름 조은 서순실이 삼촌 덕택에

큰대 세완 큰굿허레 오랏수다.

몸 받은 밧공시레 신수퍼 드립네다.

조상님은 할마님은 육간제비 존제비여 현씨일월

멩씨 큰아버지 최씨 부모님도 신도업 드립니다.

이씨 하르바님 한씨 할마님 정씨 할마님도 신도업 드립니다.

설운 이씨 부모님 오씨 부모님

아이고 설운 한씨 삼촌님 이건 친정 땅이우다.

이름 조은 한일춘이 성읍리 사람들은 모른 사람 없습니다.

신도업 드립니다.

종달이 시왕박씨 할마님 얼굴 모른 지애 하르바님 김씨 할마님

일본서 삼시왕에 종명한 김만보 하르바님 신도업 드립네다.

종달이 외진편 삼촌댓까지 스물다섯대 유래전득헌

청군복답 조상님 외진 할마님

막녀 할마님도 신도업 드립네다.

신촌 큰물당 김씨할마니 엿개 낙수통경문씨영감님

도련드르 큰굴 조만호 조철방씨 원당오름 가매 웃판

열운이 그등애 멩오한전 멩오부인 도래모살 박씨 부모님

질친밧도 박씨 하르바님 쉐죽은밧 김씨 할마님

월정 빙겡이 박씨 할마니

골막 게우모루 문씨 지리대천문에 놀던 조상

진구조 웃대 하르바님 형제도

선질머리 외진조상 문밧거리 외진 조상

통거리도 외진 조상 김녕 큰삼춘네 내외간 큰누님네 내외간

숭건이 아방 내외간 이씨 설운 삼촌님

초신질 이신질 삼신질 발롸준

선생님은 안공시 몸받은 부모조상들이우다.

초신질 이신질 삼신질 발롸준

선생님네 신도업 드립니다 이—

흔어께에 오랏습니다. 양씨로 억만들어 올해 이른ᄋ돕

당주하님 김씨로 혼ᄋ든 내외간 몸받은 부모조상

안밧공시로 신도업 드립니다.
정씨 오라바님 불상허난 열세네 살부터 전생을 그르치난
굿 잘허난 몸이 아파도 이질로 뎅기단 오랏읍니다.
이씨 설운 성님 부베간 몸받은 부모조상 선생님네
처부모 조상님네들 신도업 드립니다.
설운 강씨 삼촌님 몸받은 아이구 설운 한씨 삼촌님도
아이고 순실아 순실아 허멍 큰굿 죽은굿 나도 오랜허멍
곹이 뎅기고 허멍 아이고 삼촌님
어서들 친 부모같이 의지행 솔목심엉 다념수다.
한씨 설운 삼촌님.
책불조상님 부모 육간제비 조상이영
친정 큰아버지 나준 아버지
불상헌 동저독녀 설운 동생 몸받은 조상 삼맹두 조상
친정 어머니 홍씨 편으로 어머니 몸받은 조상
허씨선생 옛선생 세화 해녀박물관에 모셨수다.
신도업 드립니다.
한 어깨에 오랏수다. 한씨 아지바님.
몸받은 나경판에 놀던 책불조상님
아버지 어머니 삼부처 몸받은 일월삼맹두에
당주 부모조상 선생님네 신도업 드립네다.
오씨 설운 성님 몸받은 원당할마니
전성그르친 아버지 어머니 설운 언니영
강씨 선생 김씨 선생 한씨 선생님 시부모 아버지
몸받은 부모조상 선생님네도 신도업 드립니다.
송씨로 34살 전득허고 활이라근 외할마니 놓은 연줄

어머님 놓은 연줄로 아이고 살젠 허난 병 버치고

어멍 심방질 허는 거 보멍

어멍 정월 나민 정월ㅋㅅ뎅기젠 허민

어멍 굿 뎅기는 거 보멍

어멍 모상 뎅겨가난 자꾸 몸 아팡

안 아프난 어머니 나도 심방질 허쿠덴허난

난 어멍도 가심이 먹먹허고 (운다) 아이고 저 남편네 아직 젊고

아기들도 아직 열 살 미만이고 영해여도

심방질허레 뎅겨가난 몸이 많이 아프난

남편도 아이고 처가속 아프난 뭐엔 말 못하고 허난

이번 참도 어멍은 아니 오라도 어머니 나 동생아

나 호나 보는 게 우리똘 혼디 홀목심엉

굿도 배와주고 경허렌 허여근

나도 외롭고 저 조캐 데령뎅기멍 굿배와 주젠 허영 오랏수다.

어머님 몸받은 조상은 시네안도 임씨 선생 시네 밧도 임씨 선생

물동산 최씨 선생 신도업 드립니다.

외진 부모 하르바님 할마님. 책불조상이영 신도업 드립니다.

몸 받은 조상님은 한질에서 유래전득헌 조상님

최씨 선생 송씨 할마님 송씨 선생님

영순이 어멍 영순이네 신도업 드립니다.

양씨 설운 할마님도 아이고 동문밧 권위 웃품나고

굿 잘허고 소리 좋고 언담 좋은

문씨, 양씨 할마님네 신도업 드립니다.

고씨 설운 하르바님도 엣날에 심방집의

굿가민 맹두점도 잘맞고

강씨 하르바님은 당주연맞이 잘허고

이공맞이 종달이 김씨할마님네 권위 웃품나게 잘 해나난

고씨 말젯하르바님네 저 손지 조름으로

신공시로 신도업 드립니다.

이 성읍리도 안팟공시로

옛날 무을굿 허던 고씨 선생님네 양씨 선생님네

양씨 선생님네덜 아이고 설운 왕절 삼촌님네 친정땅입니다.

설운 왕저님도 신도업드립니다.

일로 표선은 내려가면 신씨 대선생님 신도업 드립니다.

신명옥이 선생님 오누이도 신도업 드립니다.

일로 저레가민 남원은 가면 신씨 대선생님,

신금년이 설운 할마님네도 신도업 드립니다.

박수물은 조씨선생님 학선이님도 신도업 드립니다.

서귀포가도 전봉주대 김씨

진봉주대 박생옥이 하르바님네

박희신이 하르바님네 김용주 선생님

서너성제들 신도업을 드립니다.

신대인이 설운 아지바님도 신도업 드립니다.

이름 좋은 오방근이 설운 오라버님도

이 굿 오기 열흘 앞서에

희영헌 두루막 입고 갓 씌고 허연

아이고 이거 삼시왕에 종명허여도

꿈에 아니 씻꾸우단 이 굿 허젠 모음 먹어가난 생전에 곹이

꿈에 선봉을 시켠 방근이 오라버님도 이때꼬지만 살아시민 (운다)

곹이 벗해연 이 굿 헐 걸 삼시왕에 갈지라도

선생님네들이영 안팟공시로 신도업 드립니다.
글로 저레가민 열리가도 김명선이 설운 삼촌님
안덕가민 덕수우다 김석수 설운 삼촌님네 신도업 드립니다.
모실포 가면 다마짱 설운 사돈님네 신도업 드립니다,
한림은 가면 이성용이 삼촌님네 서문밧은 문통경 양씨 대선생님
양씨 선생 뒤에 양씨 선생님네
홍씨 선생님 홍씨 선생님네도 신도업 드립니다.
벵딋하르바님네도 신도업 드립니다.
조아 하귀가면 용규 설운 삼촌님네도 신도업 드립니다.
설운 이만송이 삼촌님네 서문밧 이선생님네 조씨 선생님네
신도업 드립니다.
도그내 문청옥이 선생님네도 신도업 드립니다.
제주시 들어오민 고씨 대선생님 신도업 드립니다.
내팟굴은 김씨 선생 김씨 선생 또 뒤에 김씨 선생
신도업 드립니다.
남문통은 가면 문옥선이 설운 삼촌님네 형제님도
신도업 드립니다.
문성남이 설운 아지바님도 신도업 드립니다.
아이고 대정 설운 삼촌님 살젠 살젠 허당 나이 들어근
삼시왕에 종명허던 설운 대정 삼촌님도 신도업 드립니다.
이름 좋은 강도아 설운 삼촌님 굿 잘허고 소리 좋고
메치 좋던 설운 삼촌님네 신도업 드립니다.
산지 할마님네 김씨 선생님네 홍씨 선생님네
홍상옥이 설운 하르바님네도 신도업 드립니다.
화북은 오면 만근이 하르바님 홍씨 선생님네 신도업 드립니다.

서씨 외진 조상도 신도업 드립니다.

설운 강신숙이 아지바님도 아이고 삼시왕에서

설운 성님아 그룹서 그룹서들 허멍

안팟공시로 신숙이 아지바님 신도업 드립니다.

아버지네 삼형제도 신도업 드립네다.

말젯어머니 홍씨우다. 아이고 설운 홍씨 삼촌도 신도업입니다.

에에 삼양오면 이원신님 양씨 선생 양씨 삼촌님네

철가물개 김씨 선생 김씨 할망 설운 영수 삼촌, 신도업 드립니다.

신촌은 오면, 고씨 할마님도 신도업 드립니다.

도와 드립니다. 김씨 선생 안씨 선생 윤주 삼춘님도

신도업 드립니다.

외다. 조천가도 안씨선생 김씨 선생 설운 정씨 선생

신도업 드립니다.

함덕 오면 김씨 선생님 또 야 김씨 하르바님 김만보 설운 삼촌님

신도업 드립니다.

외다. 상원이 설운 삼촌님네 연춘이 삼촌님네 신도업 드립니다.

외다. 상원이 벵원이 산옥이 과삼춘네들 신도업 드립니다.

북촌 오면 홍씨 선생 김씨 선생

동복은 오면, 고씨 선생님 박인주 설운 삼춘님네 굿 잘하고

언담좋고 소리좋던 설운 삼촌님도 신도업 드립니다.

김녕은 고씨 선생님네 신도업 드립니다.

월정은 베롱개 임씨 선생 벡장빌레 고씨 선생님

튼난거리 김씨 선생 김씨 삼촌

행원 고씨 이씨 강씨 선생님도

초감제 연도리 신도업입네다.

한동 가면 큰머실 큰허씨 족은 허씨선생

허정화 하르바님 강태오 설운 삼춘님네 부베간도 신도업 드립니다.

모살밧도 박씨선생 불그믓도 박씨 모살동산 김씨 선생

신농이 선생님네 금순이 어머니 금옥이 어머니 독개 삼춘님네

송당 하르바님네 내외간도 신도업 드립니다.

상세화리 가면, 정씨 대선생님 신도업 드립니다.

대종이 설운 삼춘님 부베간도 신도업 드립니다.

송당가도 고씨 선생님 신도업 드립니다.

하돈 다 거느렷습니다.

이씨 선생님네 시흥리도 이씨 선생 현씨 선생 신도업 드립니다.

동남가면 정씨 선생 정씨 삼춘님네 한씨 선생 김씨 선생님네

정부두 가면 정씨 선생 한씨 선생 김씨 선생

산내끼 신황수님도 신도업 드립니다.

신풍리 가면 문일이 어머님은 아직 생혼이옵니다.

홍매화 할마님네 신도업 드립니다.

동래 부산 놀던 선생님네들 고중녀 문춘보 개꼬 어머님네

동래 부산 놀던 선생님 일본 주년국 땅에서 놀던 선생님들도

다 신도업 드립니다.

에에 멘공원에 멘황수 도공원에 도황수님

옛날 입춘춘경 치던 선생님네

정의가도 천주 국주 대선생, 모관와도 천주 국주 대선생

신도업 드립네다.

굿 잘하고 언담 좋고 몸짓 좋고 소리 좋던 선생님

안팟공시로 신도업 드립니다.

천문선생 덕환이 상잔선생 덕신이

요랑선생 홍글저대 북선생은 조막손이
장고선생 명철광대 대양선생 와랭이
설쇠선생 이저왕은 나저왕
입춘춘경 하산지옥 울려오던 선생님
천보답에 만보답에 고리동벡 안동벡 좌동벡에 놀던 선생
떡선생은 이애기 밥선생은 저애기
술선생은 이태백이 놀메선생 기메선생 당반선생 자립이
신도업 드립니다.
산이 멩도 천도천명 죽어 멩도 부두대천명 놀아옵던 선생님네
깃발보멍 연발보멍 울정울북 가늠허멍
안팟공시로 신도업 드립니다.
시군문 연도리로 나서면 어시럭이 멩도빨 더시럭이 멩도빨
고부랑 살죽 멩도빨들 당주ᄉ록 몸주ᄉ록 신영간주ᄉ록
월랑국에 범천왕에 대제김에 사리살성 불러주던 멩도빨
어주애삼록거리 서강베포땅 노는 멩도빨
펭자생인 유자생인 질에 노는 멩두빨들
다들 신도업 드립니다.
시군문 연다리에 나서면 할마님 뒤에
걸레삼싱 구덕삼싱 업개삼싱 악살대기 아양대기 오양대기
초공전에 군졸이여 이공전에 군졸이여 삼공전에 군졸이여
시왕뒤에 선베 후베 마후베 걸한 베는 주삼배
기들은 이 창들은 이 행군주대 들은 이들
삼멩감에 삼처사에 노는 군졸들
당주 조상 뒤에 노는 군졸들
상안체에 중안체에 하안체에

전댓귀에 차댓귀에 똘롸오던 멩도빨도 저만정에 군마절진[81]헙서

본당에 군졸 신당에 군졸 오름산에 봉산에

서마구리 귀마구리 말마구리

청칼에 청토실명 흑칼에 흑토실명

백칼에 백토실명질에 도는 실명질 동산질 앞에 노는 실명

저만정에 군마절진들 헙서

일월 조상 두에 요왕군졸 선왕군졸 영감에 참봉에

이애기에 저애기에 몸이 삼고 병이 삼고 두에 놀아오던

임신들 영혼들 저싕 친구들도

저만정에 군마절진 헙서.

동설용엔 군졸이나 서설룡에 군졸이나

남설룡은 북설룡은 거부용신 대용신은

헌좌자기 오대현이 강우벡이 김좌수 난리에

무자년은 4·3사태에 죽엉가던 임신들

남에 엄살 물에 엄살 어서라 벗어라 굶어 가든 임신들

큰낭지기 큰돌지기 언덕지기 수덕지기 납골지기 보람지기들

성읍리 현관 안에 큰굿소리 남구나.

이 현관에 노는 임신들 다들

저만정에 군마절진들 헙서.

낮도 보직 성도 보직 이름 보직 허영

당주 하직허연 동주모션 오란

북촌간 당주 설연해여 가난

이 조순들 굿허젠 허젠 허염구나 꿈에 선몽

---

81) 군마는 한 곳에 대기하라.

비몽사몽 간에 눈에 선몽허던 임신들

저만정에 군마절진 협서.

저만정에 나서면

갑자 을축 병인 정묘 무진 기사

경오 신미 임신 계유 갑술 을해

병자 정축 무인 기묘 경진 신사

임오 계미 갑신 을유 병술 정해

무자 기축 경인 신묘 임진 계사

갑오 을미 병신 정유 무술 기해

경자 신축 임인 계묘 갑진 을사

병오 정미 무신 기유 경술 신해

임자 계축 갑인 을묘 병진 정사

무오 기미 경신 신유 임술 계해

52살이 모슬포에서 대학공부 헐 때에

한잔 술에 의탁허던 임신들

얼굴좋다 ᄆ음좋다 의탁허던 임신들

굿하레 뎅기멍 말명입질에 임신들

일본은 주년국에 굿허레 갈 때에 돌라들던 임신들

혼잔 술을 먹으면 두잔 술을 생각나게 하고

두잔 술을 먹으민 세잔 술이 생각나게 하는 임신

저만정으로 굿 끝나면 떨어진 조상들 어시

배고픈 조상이랑 안네건 젖인 걸랑 먹고 몰른 걸랑 가정

곱을 갈라근 곱을 지영 어서 빨리 가저 영헙네다.

초감제 연다리로 떨어진 조상들 어시 다들 신도업 드립니다.

어허어 초감제연다리로 떨어진 조상들 어시 신도업 드려 있습니다.
안공시 몸받은 조상님과 밧공시 몸받은 조상님네
떨어진 조상들이나
(신칼점)
다들 고맙수다.
신도업이나
(신칼점)
군문을 잡읍서. 고맙습네다.
안공시 몸받은 조상님과 밧공시 몸받은 조상님네
조상님은 다 알암수다. 조순 좇앙 다니단 보난
정의도 다니고 모관도 다니당 보난
이때ᄁᆞ지 조상도 말은 못허여도 신질이야 어딜 갑니까.
절대 조순은 절대 거 불량도 안허고 경헐 거난
안공시로 신수퍼 우급허건 군문을 잡읍서.
신에 심방도 고맙습네다. 밧공시 몸받은 조상님
설운 어머니 영급좋은 책불조상님이영 설운 이씨부모님이영
어어 몸받은 밧공시로 신수퍼 조순 머리쯤 양단어깨
명산 명점을 시켜 갈 때도 군문 올 때도 군문
고맙습네다. 경허민 이번참 신질 발루레 오랏수다.
신질을 곱게 발롸준덴 허건, 고맙습네다.
어어 초감제연다리에 신도업 허엿습네다.
일만팔천 신전님, 준지 너른 금마답 천보답상 만보답상드레
청대고고리 가늠허멍 깃발보멍 연발보멍
울북울정 가늠허멍 청보답상더레 ᄂᆞ리저 허시는디
천리땅 만리길 만리땅 천리길이로구나.

〈물감상〉

오리 안도 부정이요 오리밧도 부정이 갈리준댄 허건

십리안 십리밧 준지너른 금마답 대통기 소통기 지리애기

영산기 좌우도 안으로 스에 12당클 연양당주전

놀매전지 기메전지 당반지 만보답상 부정신

본주지관에 부정신 신의 성방에 능청 부정시

약밥약내 가견내 놀랑내 눌핏내

동경내 부정이 만헌 듯 허십네다.

서울물은 님이 석어 부정되고

산짓물은 궁녀 신녀 손발 씻어 부정되고

김녕 금돈지물은 정동말발굽 씻어 부정되고

산으로 내린 물은 나무돌굽이 썩어 부정되었습네다.

하늘로 내리는 지장새밋물 굽이너븐

초초대접에 솟복하게 떠다가 잠시만 점주해십서.

신소미 나상 부정도 가여 드리겠습니다.

〈새ᄃ림〉

〈푸다시〉

〈새ᄃ림〉

〈새ᄃ림〉은 하늘의 은하 봉천수 맑은 물을 떠다가 제장의 부정을 씻는 〈부정신가임〉, 신이 하강하는 길의 모든 사(邪)를 쫓아, 굿판[祭場]의 부정을 씻어내는 〈새ᄃ림〉, 아픈 환자의 몸을 아프게 하는 병(病), 마음의 부정까지 쫓아내는 〈푸다시〉를 하고 〈젯북제맞이굿〉까지 이어진다.

〈도래둘러맴〉

향로를 들고 춤을 추다가 소미들이 치는 북, 설쇠, 징 앞에서 연물(樂器)이 잘 울리도록 기원하며 향로를 돌리며 춤을 추고, 악기의 신인 '너사무녀도령'을 대접하는 도래상의 돌래떡과 과일 등이 든 채롱을 악기 위에 얹어 놓고 대접하며, 굿판에 모인 구경꾼과 단골들에게도 인정을 받는다.

〈향촉권상〉

〈군문열림〉

〈군문열림〉은 심방이 하늘 신궁의 문을 여는 과정이다. 심방은 감상기라는 생죽(生竹)이 달린 깃발을 들고 신들을 안내하는 춤, 요령춤, 신칼춤, 신에게 고마움을 표현하는 손바닥춤을 춰 신의 뜻을 점치며, 도랑춤(回轉舞) 등 요란하고 격렬한 춤으로 신명 나는 한판을 만든다. 그런 다음, 문이 열린 금을 알아보는 신칼점을 치는 〈산받음〉으로 신의 뜻을 알고 그 분부를 아뢰는 〈분부사룀〉 그리고 모든 신에게 술을 권하는 〈주잔권잔〉을 하고 나면 〈군문열림〉은 끝난다.

〈군문열림〉

(빨간 관복차림 서심방 신칼 들고 신칼 들고 굿문 여는 춤을 춘다.)

(악무)

삼서도군문이로구나.

아아 옥항도성문 동에 청문 서에 백문

남에 적문 북에 흑문 중앙 황신문 돌아보난

안으로 하신충 경자생 52살 몸받은 연양당주문

몸주문 신영간주문이로구나.

옛날 궁의 아들 삼형제 놓은 연줄

어느 정칩의 선대 선조

조상들 하던 일도 아닙니다.

성주성편 외조외편 진내외편 부모조상들 하던 일도 아니고

난 날 난 시 나 복력 나 팔자로 죽억살악 죽억살악

가정풍파 들고 서른다섯 나는 날에 유정승따님아기 놓은 연줄로

이 전생 그르치어

궁에 밥을 먹고 궁에 잠을 자고 궁의 행실을 하고

김씨 성님 병술생 내외간 홀목심엉 뎅기멍

북두드림 장고두드림 대양 설쇠두드림

기메 마르는 거, 당반 매는 거, 제청 차리는 거,

새ᄃ림, 추물공연, 푸다시 배완 곧 마흔 나는 해에

와산 고칩의 간 석시쾌자 입언 석살림굿 허난

일월맞이 불도맞이 질치는 거 초·이공맞이 시왕맞이

매어드는 거 배웁젠 허난

10년이면 강산도 변하는 데 17년을 살젠 허난

산은 오르닥지 길이 노프고 굴헝은 내리닥지 굴헝이고

간정 썩고 살 썩고 이 심방질을 허민

돌아오멍 돌아오멍 이심방질 허젠허난

고생도 하영 허고 눈물도 하영 지고 천대도 하영 받고

악착같이 이 심방질 배왕 신묘년 애산 신구월 초여드레날

하귀 간 양씨 부모 아버지 당주하직 당주 지완

영급좋은 황씨 임씨 이씨 이씨하르방 임씨 할망

양씨 할마님 손때 묻은 이 조상

어어 조상땅은 김녕인데 자손 좇찬 뎅기단 보난

날개 연 만들언 이 세월에 이 조상 업언 사는 집이 강

당주 설연허연 오늘부터 이 당주가

부모 조상이고 아버지고 어머니고 형제간이 되고

조상님네 다들 도와줍서 아이고 52살 설운 정네 불상허고

오유월 염천 물그린 아기덜 똘 성제

어멍신디 키우렌 해동 일본으로 모관 정의 대정으로

굿허레 오렌허민 오토바이 탕 정이월 칼날같은 바람쌀

밤에 밤중이라도 (운다) 오랜허민 오토바이 탕 가고
이 자손 오늘부터랑 조상 의지허영 심방질을 허여도
당주도 엇고 조상도 어시난 바람에도 의지 없고
샛바람에도 의지 어선 남한테 이런 저런 소리 다 듣고
ᄌ들멍 산 이 자손 이번 이굿허멍 안당주에 신수퍼근
가지높은 단골 내와줍서 골목 신 단골 내와줍서
마흔ᄋ돕 상단골
서른ᄋ돕 중단골
스물ᄋ돕 하단골 내세워
조상님네 선생님네
아버지 어머니 천주교 공동묘지에서
오래 기다리게 안해영
이 아들 앞의 발롹 혼저 돈 벌민
공동묘지에서 어머님 좋은 자리들에 모시젠 허염수다.
등에 진 십자가랑 벗엉 당주에 신수퍼
아버지도 도와주고 어머님도 도와주고
설운 동생도 도와주고 영험서.
아이고 조상님은 자손 조름만 조치당 보난 몇 해 몇 십 년
의지 없고 얼마나 깊은 당주에 이선 얼마나 답답허고
목 마르고 애썼수과.
이제랑 이 자손 당주전드레 신수펑
이번 참 신질 발루젠 하십니다.
당주문이여 몸주문이구나.
신영 상간주 문이로구나.
어어 마흔ᄋ돕 초간주문,

서른 9 돕 이간주문,

스물 9 돕 하간주문

어찌되며 모릅니다.

어주애삼록거리 서강베포땅

펭자생인질, 유자생인질, 서강베포땅 문이랑

몸받은 안공시 몸받은 시왕대반지 들러받아

서강베포땅문도 돌아봅니다.

⟨군문돌아봄⟩

　(악무)

간장 석던 조상이여

어허 서강베포땅문도 돌아보자.

　(악무)

조상님 이제라근

잘허쿠다.

신질 잘 발롸줍서.

　(악무)

안공시로도

어허 당주문 몸주문 신영 간주문

서강베포땅 문 돌아보았습니다.
처사님 오는 시군문
본당문은 신당문 일월제석 당주일월 몸주일월
신영 간주일월님은 저승 선대선조 부모조상 영혼님은
시군문 어찌 되며 을수문밧 어찌 되며
하신충 정씨로 52살 몸받은 안공시 신줄 발루레 오랏수다.
신의 성방 몸받은 밧공시로 옛선생님 오는 시군문
각항지방 이른ㅇ돕 시군문도 돌아봅니다.

(악무)

(신방 앉아서 춤을 춘다. 먼저 요령을 흔들고, 신칼점을 하고,
점괘를 보고 "고맙습니다" 절하고, 손춤을 추고 나서, 신칼과 요령
을 들고 일어선다.)

각항지방 이른ㅇ돕 도군문은 돌아보난
문직대장 감옥성내 지영이방 감찰관님
시군문 잡았구나.
시군문연다리에 52살 21살 12살 받은 인정입니다.
발로 재어 발나재 질로 재어 질나재, 일천복은 삼천냥
큰굿 족은굿 성주풀이 귀양풀이 오랜허민 강 벌어온 역갑니다.
벌어 쓴 역갑니다.
삼서도군문 옥항도성문에도 재인정 겁니다.
옥항도성문에 재인정거난
연양당주 몸주 신영간주문에도 17년 동안 뎅기멍

벌어먹은 역가 벌어 쓴 역가 올리건
보름동안 신질 연질 발루젠 허염수다.
신질을 곱게 발뤄근 조상님네 당주전으로
신수퍼 우굽허 어신 단골도 내와줍센
수덕도 내와줍서. 명산 명점 시켜줍서.
말명ᄃ리 젯ᄃ리 내와줍서. 단골도 내세와줍센 허여
벌어먹은 역가 벌어쓴 역가
연향당주문에도 인정 걸레 갑니다.

(악무)

연양당주더레 인정거난
처삿문 본당 신당문 일월제석 영혼영신 앞장에도
안팟공시 각항지방 이른ᄋ돕 도군문에도
인정 걸레 갑니다.

(악무)

(다시 앉아서 신칼점 다시 일어서서)

에헤에, 인정 거난 인정이 과속허다
시군문 열려가라 영이 났습니다.
옛날 옛적 주석삼문은 열두 집사관이 열리는 법입니다.
조상문은 시군문 일문전 개문개탁허난
신감상 들러받아 천항 초군문 지황 이군문

인황 삼시도군문

동의 청문 서의 백문

남의 적문 북의 흑문 중앙 황신문

옥항도성문이랑 밧감상 들러받아 삼시도군문도 열려.

(악무)

열려줍서.

(심방 앉아서 엎드려 양손에 잡은 감상기를 세운다.

감상기를 던지고 신칼을 돌리며 춤을 춘다.

요령을 흔들고 정성들여 신칼점을 하고 점괘를 보고 "고맙습니다"
절하고,

손바닥을 꺾으며 손바닥 춤을 추고 절을 하고 일어선다.)

(악무)

도랑춤(回轉舞)을 춘다.

삼천천제석궁

(요란하게 도랑춤을 추다 앉아서 감상기를 세운다.

감상기를 던지고 요령 흔들고 신칼점하고 손춤을 추고 신칼 들고 일
어선다.)

(악무)

(다시 앉아서 감상기를 세우고 같은 동작 반복)

(악무)

당주문이로구나. 몸주문이로구나.

신영 상간주문이로구나.

마흔ᄋ돕 초간주문,

서른ᄋ돕 중간주문이여,

스물ᄋ돕 하간주이로구나.

어주애삼녹거리 서강베포땅문을 열리저 하십니다.

서강베포땅 문을 열러그네

연양당주전에서 하신충 52살

신질 연질 발롸저 삼시왕에 역가올령

약밥약술을 타저 수리감봉 어인타인을 마청

홍포관대 조심띠 헐루레비 허튼짓

남수화주 적쾌자를 바쳐

연양 당주문을 열리저 몸주문 열리저 허십니다.

연양당주문 몸주문이랑 안감상 들러받아

서강베포땅 문도 열러.

(악무)

도랑춤

(앞아서 신칼점 손춤 등 반복)

〈군문열림〉

서강베포땅문 열려줍서. 연양당주문도 열려줍서.
(당주방에서 신칼점) 고맙수다마는 군문을 줍서. 애둘루지 마랑
애돌지 맙서. 잘허젠 햄수다.

〈분부사룀〉

이른ᄋ돕님아. 조상안티 오랑 절을 헙서.
52살아. 52살아. 이굿 허게 삼천배를 허였구나.
조상에 당주전에 신수푸젠 허난 어딜 의지하리
이때까지 이 조상 나 자손들아.
구신은 먹는 거 같아도 조상은 있구나.
이 조상들이 당주전들에 신수푸젠 허난
영청 바당 구비넙는 일이로구나.
78님도 불상한 정네 곧 여든도 불상헌 정네,

조상도 자손 어시난 불상헌 조상

52살도 의지어시난 불상허고

조상이나 자손이나 어떵허민 조코.

어떵허민 조코 영해염신예.

52살아 심방이 벌어가면 얼마나 벌어가느냐.

먹으면 얼마나 먹느니 제주산은 인정지 산이로구나.

연양당주전으로 17년동안 벌어먹은 역가를 올리라 하는구나.

초역례로 신질을 발루저 발라제 질라제

일천 먹은 삼천냥 인정걸로 당주문 몸주문

(신칼점) "고맙습니다"하고 일어서서

(악무)

당주문 몸주문 신영간주문

서강베포땅문 열었습니다.

처사문이영 일월제석 본당신당 영혼영신

문수문밧 문이로구나.

안공시 밧공시 몸받은 당주문 몸주문

각항지방 이른여둡 도군문이랑 밧감상기

들러받아 도군문도 열려.

(악무)

도랑춤

(앉아서 요령 흔들고 신칼점하고)

아하 아하

각항지방 조상에 절을 78도군문 열럿습니다.

열여주며 아니 열려주며 알 수가 있습니까.

하신충 경자생 몸받은 안공시 부모조상 두루

신의 성방 신축생 동참헙서.

안멩두랑 밧멩두 밧멩두랑 안멩두드레

당주문 몸주문 신영 간주문

서강베포땅문

(악무)

(엽전이 가득 든 양푼을 흔들며 엽전점)

도랑춤

멩두 담읍서.

(다시 멩두점)

잡읍서. 당주문

절 해 낭

시왕대번지(신칼) 아직은 문 열린 그뭇이나

아직은 문 열린 그뭇이난, 첫 번은 아니 핸

당주문 몸주문 열린 그뭇 알았습니다.

아아 조상님네 처서문이 열리게 되면 어찌 될지 모릅니다.

일월조상문 본당신당문이 어찌 될지 모릅니다.

삼본향 문 열린 그뭇도 알아봅니다.

(엽전을 던져 점)

본향에 잘 허쿠다. 일월제석문 열린 그뭇 알아봅니다.

일월제석문(엽전점)

이 조상에, 뭐렌 허염수과. 잘 알앗수다.

52살님아, 잘 생각해봅서.

책불 조상이카. 책을 크게 봐나시카.

할망 뒤에를 다녀나시카.

꼭 집안이 아니라 외가쪽 조상이라도

잘 생각을 허여근

나 어릴 때 죽억살악해부난

선앙벌도 아니고, 책불같이 불도발이영 나타남시난

그걸 잘 생각해영 불도맞이 할 때에는

걸레를 벗겨야 되쿠다.

당주알로 간 나난 알앗수다.

당주문 몸주문 안밧공시 고 옛선생님

문열린 그뭇 아루난 각항지방 이른요둡 열린디

다들 열린 시름은 요 시름을 거둬줍서. (엽전점)

양도막음 와상잔은 아니라 시름이랑 알암수다. (엽전점)

알암시난, 삼시왕 굿문은 좋은 군문이우다마는

안심허렌허건 외상잔 하나 막음을 주어

저것만 이레 줍서. 오늘부터 공부 촌시럽게 맘을 먹언

잘 우로적선 할망 알로 심방 알로 강 걸레를 벗기지 못허민

되엇수다. 불도맞이 헐 데랑 제 걸레를 벗겨 (엽전점)

영 해여불민 시왕대번지에서 (신칼점)

잘 걸레 벳기고 52살 몸받은 조상에서도

〈쇠놀림굿〉

〈산받음〉

군문이 좋수다마는(신칼점)
걱정말라 영허건, 고맙습네다.

〈주잔권잔〉

　천왕초군문 열린디도 인정잔입니다.

　지왕이군문 열린디도 인정잔입니다.

　인왕 삼서도군문 열린디도 인정잔입니다.

　당주문 몸주문 신영간주문 열린디도 인정잔입니다.

　처사문 일월제석문 본당 신당문 열린디

　영혼영신님 대정읍에서 성읍리 일관헌

　이굿 하는 데로 오는 영혼님네 주잔입고

　안공시 부모조상님 밧공시 부모조상님

　문 열린 디도 주잔입고

각항지방 이른ᄋ돕 도군문 열린디 제인정 잔입니다.

산입니다. 어시럭멩두 더시럭멩두 모사멩두

걱어멩두 꼬부랑 살축멩두 주잔은 지넹기난

52살님도 전싱 그르천 뎅기는 몸이난

점사는 알 거난 판단을 하고

이 일 허영 불도맞이 할때랑은 초걸레를 벗견에

해여사주 하나님은 자꾸자꾸 불도빨 버쳔 멩두빨같이

52살님은 경 아니허젠 착한 마음을 먹당 보민

몸 허튼 짓만 해여지고 허튼 말멩이 들어지고

나가 가속을 미왕 멀리 허는 것도 아니고

나난 애기가 미원 어멍안티 때어 논 일도 아니고

남들은 남의 말 허기좋댄 말해도

52살님아. 나 마음속은 누게가 압니까.

이러한 굿인 세발이 들언 악심이 들언 돈도 손해가고

나 몸천이 술 한잔에 정신엇게 하고 허난

불도맞이 헐 때랑 급갈르고

할마님 안티 고맙수덴 허영 이

똘 성제 멀리서도 잘 키워줍셴 잘 굽엉 잘 허고

조상안티도 서방님아 이제랑 안심헙서,

양씨부모가 잘못헌 건 나가 잘 모셩 잘 허쿠덴 영헙서.

산 사람 같으면 모험을 못하는 넋이난

52살님이 이굿하는 날부터

끝나근 집에강 잘모상 어드레 갈땐 장걸엉 조상님아

굿허레 감수다. 양단어깨들에 강림헙셴 허영

뎅겸시민 조상에서도 이제달망은 단골 어실 거 닮아도

이제는 단골도 나올 듯 하고 나 앞에 굿도 날 거고

굿도 나오건 되밀역 내밀력 하지말고

나가 17년동안 궁에 밥을 먹언 어느 한 때라도

성 아니 내린 날 엇고 남의 조름에 강 품받앙 올때에도

성 아니 내릴 때가 엇고 영허영 산 일 생각허영

살암시문 굿도 나고 단골도 나고

이제 달망 의지 어실거 닮아도 벌엉 이녁집허영

조상에 악착같이 나 자존아 나 업엉 뎅기멍

나 자손도 기십하고 나도 기십 살리고

이제부터랑 52살님도 마음을 다짐해여근

나 난 조상은 크게 놀던 조상이난 이 조상에

의지해서 도와줍센 허고 난 절대 남안테 강이라도

이런저런 말을 하여도 디밀리지 마라근

해염시민 심방되여근 너도 엣말 이를 일이 있고

누게 우른 살림이고 누게 우른 세상이우까.

나난 부모도 나 키웁젠허난 지국정성으로 살려주고

나도 우리부모가 사랑하여 살려준 만큼 나 똘들도

어멍 똘랑 간 이승 큰년 저 똘들도 오뉴월 염천에 물그리듯

그리운 수정이 목소리 들으민 가슴이 노릇하고

어떤 땐 전화 받으면 아니 먹젠 하당

또 술도 먹어지고 어린이날 돌아오라가도 아기 보고프고

명절 때 오랑가도 놈들은 차탕 아기 손심엉 멩질먹으레 뎅겨가도

생각이 나고, 하이고 52살 복력은 무신놈의 복력인고

산에 강 조카 물에 강 조카 멫번 멫번 해 봐도 목숨은 길고 기난

이 세상을 동견 살아근 52살님아.

지금 달망은 애기들 몇번 못 봄직허연

애기들 돈 어떵어떵허멍 달랜허민 돈빗지고

보구정허민 보왕오민 며칠은 가고

올해 52살 어떵어떵허멍 55넘고 57이 되 감시믄

그땐 옛말 ᄀ랑 살아질 건가.

이때까지 고생헌거 저승 간 아버지도 매일 울멍 뎅기고

우선 동생이 성 우트레 가가민 조롬에 좇앙 강

성 욕듣거 보멍 천대받으는거 보멍 우리성 동생이 비새같이 울멍

길에 누어도 성 일어나 일어나 허멍 뎅겻구나. 뎅겻구나.

52살님아. 동생이라근 공시상으로 거느리고

때마다 동생안티 도와주렌 허영 축원헙서.

축원헙서. 큰굿 갈 때나 족은굿 갈 때 오토바이 탈 때라도

아방 어멍은 십자가를 등에 지난 조롬에 못 좇아도

이 동생은 조롬에 바짝 똘란 고비고비 힘들 때마다

고비고비 혼자만 앉을 때도 동생이 도왔구나.

놈도 혼자 사는 세상 여기 정네를 아이고 내 손자야.

손자야. 아이구 우리 조상들이 업을 지엇구나.

나 자손아. 오랜허난 우리도 너네 할머니네 강 오람저.

아이고 부모 아버지 우선 고씨 어머니

〈석살림〉

〈바랑탐〉

바라를 치면서 '당당 당당당'하는 2 · 3박의 불교적인 색채가 짙은 '수룩
연물'을 치다가 바라를 어깨 뒤로 던져 점을 쳐 길흉을 점치고, 심방은 신
칼을 들고 도랑춤(回轉舞)을 추다가 신칼점을 치고 마친다.

〈덕담〉

석살림굿에서 "오널 오널 오널은 오널이라,"하고 시작하는 노래를 '덕
담'이라 부른다. 판소리처럼 탁한 소리가 나지 않지만 '좋다'하는 추임새가
들어가는 제주형 판소리를 덕담창이라 한다.

〈할망당 인사〉

2) 둘째 날 : 《초신맞이》《초상계》《추물공연》

(10월 14일 금요일, 음력 9. 18.)

    둘째 날은 첫째 날의 〈초감제〉에 이어서 〈초신맞이〉와 〈초상계〉까지 청신의례를 마치고, 각 문에 오방각기를 달아 신들이 제청 밖으로 나가지 못하게 하는 〈오방각기 시군문 잡음〉을 했다. 그런 다음 신들을 대접하는 〈추물공연〉을 각 당클마다 따로 올렸는데, 삼천천제석궁 → 시왕당클 → 당주당클 → 문전·본향당클 → 마을·영신당클의 순서로 진행했다.

    보통 사가집의 큰굿에서는 청신의례가 하루에 끝나지만, 심방집의 큰굿에서는 시간이 더 오래 걸린다. 청신의례뿐 아니라 심방집의 신굿은 모든 굿을 안팎으로 나누어서 두 번 해야 하기 때문에 곱절의 시간이 걸린다. 큰굿을 할 때 보통 집안에서 하는 굿을 3일 안에 끝내고, 그 뒤에는 밖에서 하는 굿으로 넘어간다. 그런데 첫째 날 〈초감제〉만 하고 굿을 일찍 마쳤기 때문에, 둘째 날은 늦은 시간까지 굿이 이어졌다.

    제주도 굿은 눈으로 보는 것도 중요하지만, 귀로 듣는 것이 더 중요할 때가 많다. 모든 굿이 신화에 강하게 구속되어 있어서 신화의 내용에 귀 기울여야 한다는 사실 이외에도, 굿의 단락 단락이 나누어지는 대목들이 모두 말로 '곱' 갈라지기 때문이다. 하지만 굿판에서 들려오는 언어들은 모두 제주사람들에게는 할머니와 어머니들이 사용하는 고어들이고, 육지 사람들에게는 외계어처럼 느껴지기까지 하는 이해하기 힘든 말들투성이라는 사실을 부인할 수 없다. 사정이 이렇다 보니, 굿에 대한 경험이 거의 없는 초보자들에게 첫째, 둘째 날의 굿은 신비로운 체험이면서 동시에 답답함과 궁금함의 시간이었다. 굿의 대부분이 집안에서 진행되다 보니, 밖에서 마이크를 통해 들려오는 말에 집중할 수밖에 없었다. 좁은 문 사이로 심방과 소미들의 움직임을 살펴야 했고, 알 수 없는 그 낯선 언어들의 의미를 조금이나마 이해하기 위해 여기저기 뛰어다녀야 했다. 특히 멀리 일본에서 굿을 보기 위해 찾아오신 분들의 움직임이 더욱 바빠졌다.

제주도 굿에서 또 하나 귀 기울여야 할 것이 있는데, 그것은 바로 무악(巫樂)인 '연물'이다. 굿판에서 사진을 찍거나 비디오 촬영을 하다 보면, 어디로 튈지 모르는 심방들의 움직임 때문에 자포자기의 심정이 될 때가 있다. 그렇게 마음을 비우고 털썩 자리에 주저앉아 멍하니 굿을 지켜보다 보면, 조금씩 심방의 사설과 음악 소리가 들리고 보이기 시작한다. 때로는 높고 낮게, 또 때로는 빠르고 느리게 변주되는 연물 소리는 단순히 음악이 아니라, 심방들의 움직임과 굿의 흐름을 알려주는 안내서와 같기 때문이다. 안팟연물이 나누어져 있고 그에 따라 심방이 안과 밖을 오가며 굿을 한다는 것, 이런 정도는 한나절만 굿판에 진득하게 앉아있으면 알 수 있는 것이다.

《초신맞이》
- 9:45
- 오춘옥

〈초신맞이〉는 〈초감제〉와 함께 다음에 남은 신들을 재차 청신하는 제차(祭次)다. 〈초감제〉가 모든 신들을 하늘에서 지상으로 내려오게 하는 '군문열림'의 수직 하강의 청신의례라면, 〈초신맞이〉는 하늘에서 내려온 신들과 땅의 신들을 모두 모아 굿판으로 재차 모셔오는 청신의례다. 이때 모든 신을 굿판으로 안내하는 심방은 본향당신의 역할을 하며, 본향당신은 땅의 신을 대표하는 도지사, 토주관이라 한다. 심방이 〈초신맞이〉에서 청신하는 방법은 본향당신이 오리 밖까지 나가서 신들을 모두 제청까지 모셔오는 '신청궤'의 안내 방법과 같다.

〈초신맞이 신청궤〉

〈초신맞이 신청궤〉는 초감제 때 하늘 신궁의 문을 열어 하늘에서 내려온 신들과 땅의 신들을 심방이 '신의 안내를 맡은 감상관'의 자격으로 오리밖까지 나가 신들을 모두 제장에 모셔 들이는 종합적인 〈신청궤〉라 할 수있다.

〈신청궤〉가 끝나면 〈본향듦〉〈토산본향 아기놀림〉으로 이어진다.

초신연맞이로
시군문 열려 분부는 다 사뢰어 있습니다.
저먼정에 부르면 들저 외면 들저
금세 절진하여 옵니다.
초신연맞이로 쌀정미 들어받으며
초편 이편 제 삼편 오리정 신청궤 신메웁니다.
(오춘옥 심방은 쌀이 든 그릇과 신칼을 들고, 움직일 때마다 각호각 상에 신칼로 쌀을 떠서 캐우려 신들을 대접한다.)

(악무)
신칼점

(요령)

초신연맞이 쌀정미 들어 받으며

오리정 신청궤로 신메와 드립니다.

날은 어느 날, 달은 어느 달

금년 해는 신유년

달은 갈르난 전승굿인 신구월달

날은 보니 열이렛날

초감제에 오신 신전

오늘은 열으드레 날입니다.

대한민국 제주도는 서귀포

표선면 성읍리 이 굿을 허염수다.

제주시는 조천읍 북촌에 거주한

성은 정씨 자손인데 52살

좋은 전생 그르쳔

어주애삼록거리 서강베포땅에 신전집을 짓고

가지 높은 신전집 기와 높은 절당집을 지어

이거 35살부터 이 팔자가 궂어 신길로 다녀도

17년을 몰래 다녀도

어느 조상 하나 의지 없이 다니다

올 금년은 당하니 KBS에서영 제주전통문화연구소에서

자료를 남기려고 제주큰굿 보조가 되어

이런 기회가 당허거니

52살 신굿으로 초신길을 발롸 보려

이 성읍 민속마을 이 집을 빌엉

이 자리를 마련했습니다.

성은 보난 서씨 상신충 집사관을 맡견

열이튿날은 들어와

바깥으로 천지염라 이망줏대 신을 수프고

좌우돗기 신을 수퍼

팔만금세진을 메고 나비줄전지를 불려놓고

소통기 대통기 불렷수다.

안으론 사외 열두당클을 줄싸메고

연양당주 어주애삼녹거리 서강베포땅을 어간하여

당주를 어간하고 초감제에 열이튿날 청한 조상

오늘은 열여드렛날 초신맞이로

저만정에 신이굽허 오는 신전

신전님네 불으면 들저 외면 하시는 신전

금새절진 해 옵다.

돌고 오던 시왕 죽어 시왕

원왕감사 원병사 시왕감사 신병사

도시 도병사 김치염나 범 같은 사천왕도

여디저디 신이 수퍼옵니다.

신축에 신메와 드립니다.

보리 본산 진관대왕 신본

이제 초강대왕 뒤에

제삼 송제대왕

제사 오관대왕

제오 염라대왕

제육 변성대왕

제일곱 태산대왕

제팔은 평등대왕

제아홉은 도시대왕

제십 십전대왕

열하나 지장대왕 열둘은 생불대왕

열셋 좌두대왕 열넷 우두대왕

열다섯 동자판관

대왕님도 신메와 드립니다.

열여섯 십륙 사제님도 신메워 드립니다.

천왕멩감 지황멩감 인황멩감

동의 청 서의 백

남의 적 북의 흑

여기 저기 이른여돕 맹감님도

부르면 들저 외면 들저 발동하여 옵니다.

초신맞이로 신메와 드립니다.

시왕 영서멩길 들러 받아

영기랑 멩기 비준하고 멩기랑 영기 비준하여

영서멩기 들러 받으며 삼멩감까지

초펀 이펀 제 삼펀

오리정 신청궤로 신메웁니다.

(악무)

신칼점

어— 시왕영서멩기 들러 받아

(영기 멩기를 들고 춤)

(엽전점)

(도랑춤을 추다 앉아서

신칼점, 일어서서)

천앙처사 지황처사 인항 삼처사

관장님도 신메워 들어가며

안으로 어주애삼록거리 서강베포땅 신전집을 무았수다.

신들 몸받은 연양당주 전으로 부모조상이랑

안으로 안맹감 시왕 영서명기 들러 받으며

오리정신청궤 신멥습니다.

(악무)

연양당주전으로 영서멩기 들러 받으며

(영서명기를 바닥에 세우다 들고 돌며)

도랑춤

(앉아서 신칼점하고 일어서서)

천앙처사 지왕처사 인황처사 삼처사 관장님도

오리정 신청궤 신메웁니다.

자부일월 상세경 중세경 하세경 직부세경

한칠성 직부칠성 일문전까지도

오리정 신청궤로 신메웁니다.

영세할망 아동골 광주부인

낙동골 축일한집 대동산 대동한집님도

신청궤 신메웁니다.

내외 상주상청 형방이방 포도도령 거느려 오던

이 한집님 신 메와드립니다.

우리방 차지하고 끝날 때는 지발로

낮에는 깃발로 밤에는 신불로

목사원님 차지한 한집님도 신메와 드립니다.

이 성읍리 동원할망 안할마니

이 마을에 와서 이굿을 하염수다.

주인 모른 나그네가 이시멍 문전 모른 공사가 있습니까.

토지 직힌 한집님도 초신맞이 신청궤 신메웁니다.

멩두조상 뒤로도 발이 벗고 집사관도 김녕입니다.

김녕 토지 직힌 한집님도 이디 저디 신이굽혀 옵네다.

신메와 드립니다.

〈초신맞이〉

⟨본향듦⟩

웃손당 금백주 셋손당 세명주 알손당 소로소천국님도
신메와 가는 길에 나 오늘은
가는길에 부르면 들저 외면 들저 합니다.
큰도 안전 큰도 부인 뒤엔 안성세기 밧성세기 내외간
천지동네 보름위 소공주 마누라님
노모리 일뤠한집 거느리멍 신메웁니다.
웃손당 금백주 셋손당 세명주 알손당 소로소천국은
아들 간데 열ㅇ돕 자손 스물ㅇ돕
손자방상 이른ㅇ돕 길소시를 거느려 신메와 드립니다.
ㅇ든 모을 차지한 토주 직힌 한집님도
어서 신메와 드립니다.
이 한집은 석자오치 팔찌걸이 일곱자 동개걸이 들러 받고
이 말아 저 말아 아방 주던 고송매 어멍 가던 정성매
밝으면 그지랑 밝은 마을랑
너른 목에 번개치듯 좁은 목엔 벼락치듯
아끈작지 한작지
아끈구둠 한구둠
청동몰발 불러온다 받아들멍
초펀 들자 못내든다
이펀 들자 못내든다
재삼펀으로 각서본향 한집님도 오리정 신청궤 신메웁니다.
(신칼점)
(산받음 엽전점)

오리정 신청궤 신메웁니다.
(본향 들때처럼 활을 쏘는 동작)

(악무)
(사방에 활을 쏜다)

(도랑춤을 추고 신칼점)

석자오치 팔찌거리 일곱자 동게걸이랑
상석 백메더레
(팔찌 동개걸이를 들고 도랑춤을 추며 놀린다)
(신칼점하고 엎드려 절한다)

신메와 들어가며,
마을을 건너 갑니다. 재를 넘어 갑니다.
웃당 일레한집님 애기나청 상마을
업개 중마을 걸레 하마을 일곱애기내청 거느려
알당 여드레한집이랑
강씨 성방 맷혀오던 마흔여둡 상방울
오씨 성방 맷혀오던 서른여둡 중방울
한씨 성방 맷혀오던 스물여둡 하방울 들어 받아
그내친 그 서류에 안으로 초펀 이펀 재삼펀
초신맞이로 신청궤 신메웁니다.
(악무)

〈초신맞이 본항듦〉

〈토산당신놀림〉

　(심방 아기인형을 업고 손에는 방울끈과 구덕을 들었다)

　내일 모레는 신청궤 신메왓수다. 신맞이난 신청궤만 허염수다.

　내일 모레는 초·이공맞이로 안으로 초공 메어드리령

　열두 본주 설정하고 알당한집도 난산국을 풀어

　조상 간장 풀리겠습니다. 흥관계랑 조부감제

　재감수 시켜가며 일월이로구나.

　맑고 맑은 군웅일월조상님도

　부르면 들저 외면 들저 여기저기 국이 근당해 온다

　군웅하르방 군웅할망 군웅아방 군웅어멍

　이 집안 안에 정씨 편으로 군웅일월 52살 경자생 몸받은

당주 몸주 신영간주 일월조상까지
한침 지른 굴송낙 두침 질러 굴장삼
일곱자는 금바랑 옥바랑 호름중치 거느리고
일월조상님이랑 금바랑 옥바랑 둘러 받으며
초펀 이펀 재삼펀 오리정 신청궤 신메웁니다.

(소무 이승순은 애기옷과 방울 등이 든 구덕을 들었다.)

(심방 송낙을 쓰고 바랑을 친다)
(삼색의 다리들을 들고 놀리며 도랑춤)
신메와 들여가며,
선망조상 후망부모 형제일신님
아이고 어느제민 이 자손들 굿 허젠 날 받아가난
조상도 마음이 중천에 뜨고 자손들도 걱정하고
간데 각 온데 각 아이고 성읍리가 어디렌 홉니까.
아이고 자손들랑 조상따라 육지도 가고 외국도 가고 합니다.
성읍민속마을 이거야 민속집 빌언 이 굿 허염수다.
52님 선망조상 후망부모 형제일신님네
어서 옵서 내일모래 옛 시왕 앞으로
저승 새남하여 들리쿠다.
주문도청 마을영혼님도 쌀정미 둘러 받으멍
오리정 신청궤 신메웁니다.

(심방 각상에 신칼점, 소미 쌀정미 캐우린다.)

안공시 경자생 몸받은 안공시 부모

밧공시 상신충 51 몸받은 부모조상 옛날 선생님네

아이고 이거 삼대털어 정의고을 권위난 집이우다

마을에 오란 민속집 빌언 굿헌덴 하고

KBS 방송국에서영 전통문화연구소에서영

조상을 청하여 제주도 큰굿 자료를 남기고

이런 기회에 52살 경자생 정씨 자손 본주자손도

이 자손도 팔자궂엉 뎅겨도 조상 의지없고 하다

이번은 양씨아버지 김씨어머니

이 멩두조상을 업어 와서 당주를 새로 설연하고

어주애삼록거리 서강베포땅 신전집 무언

이제부터는 양단어깨에 52살 강림하고

머리쩡 운동허영 어서 옵서 옛날 선생님네도

수월미 청감주 자소주 계란 안주로

일부 한잔 잔 받읍서.

안공시 조상도 어서 신메웁니다.

밧공시 조상님도 신청계 신메왕

옵서 삼시왕 삼하늘 유정승 따님애기

안공시로 내릴 조상 안공시로

밧공시로 내릴 조상 밧공시로

안팟공시 옛선생님도 일잔 받아들며

오리정 신청궤 신메웁니다.

(신칼점)

들여가며

저의 지신 오방신장 각항지방 불로지신님도

오리정 신청궤 신메웁니다.
마당지신 어귀 정살지신 신메와 드립니다.
천년오른 천보답상
만년오른 만보답상
상별문서 중별문서 하별문서
고리동벽 안동벽 안팟으로 쌍쌍이 받아들멍
가고만사 당들에 들러메멍
안으로 신청궤 신메와 드립니다.
안팟신공시 부모조상님도 삼천어궁또 알로
신청궤 신메와 드립니다. 이-
들여가며
저만정 나서난
초공전 이공전 삼공전
안초공 밧초공 뒤에
안이공 밧이공 뒤에
안삼공 밧삼공 뒤에 노는 임신이여
영기 명기 지기 임신들
꿈에선몽 남가일몽하던 임신들
본당뒤에 신당뒤에 노는 임신들
많이들 금세절진허멍
주잔권잔 들여가며
잔은 개잔개수하여 위올리며
떨어진 조상없이 내립니까.

〈산받음〉

　　초신연맞이로 (산받음)

　　초점사 이점사 삼점사로

　　초신맞이로 떨어진 조상어시 다 내립서.

　　시왕 앞으로 액도 잘 막고 (산받음)

　　굿 시작할 때 마음 갈 때 마음까지

　　잘 허쿠다. 고맙수다.

　　큰심방님 굿했수다. 영 굿했수다.

《초상계》

　– 강대원

　　〈초상계〉는 〈초감제〉 때 하늘에서 내려온 신들과 아직도 하늘에서 내
리지 못한 신들, 지상의 신들을 모두 모아 오리 밖까지 맞이하여 재차 청
신하여 제장으로 모셔오는 〈초신맞이〉를 했어도, 아직도 오지 못한 신들
을 재차 청해 들이는 과정이다. 집안에서 모시던 조상신들, 마을영신들까
지 빠짐없이 재차 청신하여 하늘의 두 궁전인 삼천천제석당클과 시왕당
클, 땅의 두 궁전인 문전본향당클과 마을영신당클과 집안에 모시는 당주
당클까지 나누어 모신 신들을 점검하고, 하나의 신도 미참한 신이 없으면
집안에 임시로 마련한 신궁인 당클에서 굿이 끝날 때까지 청신한 신들이
떠날 수 없도록 문을 잠가두는 청신의례이다.

〈초상계〉

〈오방각기시군문 잡음〉

　〈오방각기 시군문잡음〉은 재차, 삼차까지 청신하여 제장에 들어온 신들을 굿이 끝날 때까지 제청 밖으로 나가지 못하게 하는 것이다. 소미는 문문(門門)마다 안팎 2개씩 '오방각기'라는 기메를 오려 붙이고, 심방은 "오방각기 시군문도 잡으레 갑니다"라는 말을 하며 굿을 한다.

《추물공연》

〈추물공연(出物供宴)〉은 신들을 모시기 위하여 내어놓은 제물, 출물(出物)을 갖추어 대접하는 공연의례를 말한다. 〈추물공연〉은 각 당클에 모신 신들 별로 안팎 공시상을 차려 놓고 앉아서 장고를 치면서 "ᄌ소주에 게 알안주 상받읍서" 즉 술과 계란 안주를 잡숫고 가시라며 옥황상제부터 하위 신까지 젯두리에 따라 신들을 불러 대접해 나간다. 그 순서는 아래와 같다.

〈삼천천제석궁 첫 추물공연〉
　– 강대원

〈시왕당클 추물공연〉
　– 정태진

〈삼천천제석궁 첫 추물공연〉　　　〈시왕당클 추물공연〉

〈당주당클 추물공연〉

〈문전 · 본향당클 추물공연〉

〈마을 · 영신당클 추물공연〉

〈당주당클 추물공연〉

　– 강순선

〈문전 · 본향당클 추물공연〉

　– 오춘옥

〈마을 · 영신당클 추물공연〉

　– 이승순

11:30분 둘째 날 굿 끝남

3) 셋째 날 : 〈관세우〉《보세감상》《초공본풀이》 《이공본풀이》《삼공본풀이》

(10월 15일 토요일, 음력 9. 19.)

셋째 날은 아침에 〈관세우〉로 신들을 깨운 뒤, 그동안 신의 덕으로 벌어먹고 산 것에 대한 감사를 올리는 〈보세감상〉을 했다. 하늘의 신들이 땅으로 내려와 다시 하늘로 올라가기 전까지 매일 아침 〈관세우〉를 해야 한다. 그러나 〈시왕맞이〉까지 해서 하늘 궁의 굿이 모두 끝나고 난 뒤에는 〈관세우〉를 하지 않는다. 〈보세감상〉을 할 때는 그해에 수확한 곡식인 삼곡마량과 폐백들을 올리는 보답상을 차리는데, 이때 본주가 차린 제물들이 부족하다는 트집을 잡으며 이 모든 것이 본주의 죄책에서 비롯되었으므로 그의 죄를 따져 묻고 그것을 풀어주는 '죄목죄상'과 '도지마을굿'을 한다.

아침에 일어나 세수하고 의관을 정제하고 담배 한 대 피우는 신의 모습이 우리네 모습과 너무 닮아 피식 웃음이 나온다. 또한 자신에게 바치는 정성이 부족하다고 삐쳐서 본주에게 생트집을 잡는 신의 모습을 떠올리자니 웃음을 아니 흘릴 수 없다. 하지만 다른 한편으로 생각해 보니, 어느 것 하나도 소홀히 하지 않으려는 인간들의 정성이 느껴진다.

〈관세우〉와 〈보세감상〉이 연극적인 성격의 굿이라면, 뒤에 이어지는 〈초공본풀이〉〈이공본풀이〉〈삼공본풀이〉는 신들의 내력을 풀이하는 신화의례라 할 수 있다. 제주도 굿에는 육지굿에서 볼 수 없는 다양한 신화가 있다. 무속세계의 일반적인 직능을 담당하고 있는 일반신의 본풀이를 비롯하여, 각 마을의 수호신인 본향당신의 본풀이, 각 집안의 수호신인 조상신의 본풀이까지 다양한 종류의 신화들이 전승되고 있다.

이 중에서도 '초공 · 이공 · 삼공신'의 본풀이는 굿에서 가장 근본이 되는 신화라 할 수 있다. 〈초공본풀이〉는 무조신(巫祖神) '젯부기 삼형제'의 내력을 밝히고 있고, 〈이공본풀이〉는 서천꽃밭 주화신(呪花神)의 신화다. 〈삼공본풀이〉는 가믄장아기 신화라고도 하는데, 인간의 운명에 관한 신화라 할 수 있다. 특히 〈초공본풀이〉는 신굿에서 그 중요성이 강조되는데, 〈초공본풀이〉를 많이 구송할수록 좋은 굿이라고 할 정도로 신굿의 처음부터 끝까지 여러 번에 걸쳐서 반복 구송된다. 때로는 신화의례로 때로는 길치기의 한 대목에서 때로는 신화의 내용을 연극적으로 보여주는 등 다양한 방식으로 반복해서 구송된다.

둘째 날의 굿은 연극적인 굿으로 시작해서 이야기굿으로 이어졌는데, 제주도 무속의 다양한 신들을 만나고 그들의 여러 모습을 만날 수 있는 순간이었다.

〈관세우〉

– 7:20~7:42

– 양창보

신을 재차 청신하는 마지막 과정인 〈초상계〉가 끝나고 나면, 모든 신들이 내려와 제장 당클에 좌정하는 날부터 신들이 하늘에 오르기 전까지 심방은 굿을 하는 동안 신들의 침소를 돌보고, 아침 기상과 함께 하루 일과를 준비하는 일, 아침에 일어나 세수하고 의관을 정제하는 일, 차를 마시고 담배를 피우는 일까지 신들이 아침에 일어나 하는 모든 일을 도와야한다. 이를 〈관세우〉라 한다.

에–
동성 개문 제 이릅니다.

(악무)

동성개문
제 이르니, 지나간 밤
이석 삼석 토령 놓아
자리에 메풀어 들어
어허, 초경 이경 사서삼경 깊은 밤 넘어
동에 미여 서에 머리
남방 활기 북방 츌리
지형 각방으로 열려 옵니다.
어–, 먼동 금동 대명천지 밝아 옵니다.
어–, 동성 수성 열려 삼성 개문

(악무)

삼성개문 제 이르니,
옛날 옛적 우리나라 일도도벽
전방 어성 시절에 저녁에는
누엉 자라 영허여
이석 팔석 도령법이 있고
나정 밝아 가면
아침에는 삼십삼천 개폐문 법이

있은 때라
하늘 옥황 들려옵던
금정옥술발 낙쾌 들러받아
가부연당 만서당 일만팔천 신우엄전님전
취침명 기동녁까지 노러 가자.
아ㅡ,

(악무)

취침령 놓난,
자다 깬 어른들 옵네다.
이름 나는 듯,
일어난 앉으니,
생각나는게,
담배 피워난 어른님넨
담배 생각이 나옵디다.
옛날 담배는 나주 용산 걱금초,
중간엔 삼동초, 엽초,
그 다음엔 옛날 봉초로구나.
권연 담배 신식 외국 담배들
꺼내었습니다.
신자님에는 옛날 일곱모작 곰방대
아홉 모작을 간줏대,
열두 모작은 금족대
손에 들고 담배를 담으나

담배불이 뒤솟아 옵네다.
멩게낭 단단숯불 이렁이렁
숯불을 피워 들러
가부연당 만사당 팔천신우 엄전님에
담뱃불도 도올리자.
아아-
(각 당클을 돌며 향로 들고 향로춤)

(악무)

담뱃불 내에 일어나
와한 입성을 입어놓고
이불 개고 요 개고
행착을 못 차리난,
일어나니 생인에는 세수하고
신전은 관세우법이 있습니다.
하늘로 내리는 은하봉천수
산으로 내리는 물
성읍리민 일동이 먹는 수돗물,
굽이 너븐 은대야 아니우다.
향대섭 향날리며 세숫물 받아 들러
거부연당 만사당
각 일만팔천 신우엄전님에
관세우물도 올려.
(술잔을 들고 댓입으로 술을 캐우리고, 물그릇을 들고도 같이 한다.)

(악무)

관세우 물을 도올리난,
추문관 새도청 들어라.
석자 오치 관세우 수건 들러 받아
거부연당 만사당
각 일만팔천 신우엄전님에
관세우 수건도 도올리자.
(넓은 관수건을 놀리며 춤)

(악무)

관세우 수건 도올려 세수 끝에
앉아서 행착을 차려뵙서.
에에-,
남자 어른들은 바지 입고,
버선 신고, 다님 치고, 행전 치고
저고리, 마고자, 조끼 몬 입읍서.
다 들여두고,
부인들은 두루마기 신전은 두루마기 입고,
진양도포 입을 이랑 진양도포 입고
그 위에 관대에 입을 이는 관대에 두고
머리에는 상동낭 용얼레기에 도올리난,
머리 빗읍서, 건탕헙서, 송곳질릅서, 상투참서.

200

부인 의복은 잠벵이 입고

모장죽이 입고, 속치마 입고, 겉치마 입고,

위에는 저고리 입을 이는 저고리 입고,

한삼 입을 이는 한삼 입고,

할마님은 만상 족도리. 호양미 감티씁서.

어어−

행착을 차려 앉으난,

문득 생각이 나는 게,

담배 생각이 나옵데다.

옛날 담배는

나주영산 걱금초라,

또 그 다음엔 삼동초

그 다음엔 엽춥니다.

아아− 봉초하고, 권련 담배하고,

일본 담배하고, 미국 담배,

한국 담배 고급 담배들을

손에 들러 앉으니,

담뱃불 지권상 들러 받아

갑오연당 만서당 일만팔천 신우엄전님에

어어− 담뱃불도 도올립니다.

(향로를 들고 춤, 이는 향불을 올리는 '상촉지권상'이다.)

(악무)

담뱃불 도올리난,

어제, 그저께 먹어난 요기들 아침에 일어나난
해장 생각이 나옵데다.
감주로 잡술 이는 감주로 잡수고,
진청주 잡술 이는 진청주로 잡수고
독한 자소주 성읍리 좁쌀 청주, 고소리술
제주서 나는 한라산 소주 들러 받아
당우연단 만서당 각 일만팔천 신우엄전님에
해장주 잔도 도올리자.
(술잔에 술을 댓섭으로 떠서 캐우리며 춤)

(악무)

해장 주잔 도올리다 남은
주잔들은 내어다 지나간 밤
큰 어른 뒤에는
앞이 선배 뒤에 후배
마후배, 일관노 이기생
삼만관속 육방하인들은
시군문 바깥으로 주잔을 받읍서.
지나간 밤 각 자손들 꿈에 현몽드리고
남가일몽 비몽사몽 하시던
가운데 천변조홰 불러주던 이런 하군졸 들이멍
성읍리 천제 국제 기우제 도청제
마을포제 할 때에 이런 잡신들 받던 시군졸들은
사시연 군문 바깥으로

주잔들 많이 많이 권잔입니다.
주잔은 개수하여
제청에 위올려 들어가며,
본주지관님-
관세우협서. 세수협서.
신의 성방도 세수들 협서.
기자님들도 세수들 허영
다 세수들 하고,
얼굴에 분 바르고, 크림도 바르고
....
보세감상 연다리로
신이 수퍼옵니다.

〈관세우〉

《보세감상》

– 양창보

　〈보세감상〉은 신의 덕택에 벌어 먹고산 것에 대해 보답하는 굿으로 무명, 명주 등을 신에게 올린다. 〈보세감상〉은 그해에 수확한 세 종류의 곡식인 삼곡마량과 폐백들을 갖춘 보답상을 차려놓고 진행되는데, 본주의 정성이 부족하여 잘 차리지 못했다고 본주를 닦달하고 그 죄목을 다스리는 굿이다.

　〈보세감상〉은 본주(제주)가 차린 폐백과 증물, 그리고 정성이 모자란다고 구경꾼과 함께 닦달하는 '죄목죄상'과 그 줴상이라 하며 심방이 광목천으로 양팔을 감아놓고 본주와 심방, 구경꾼에게 인정을 받고 '도지(매듭)'을 풀어나가는 '도지마을굿' 등으로 구성되어 있다. 이때 '도지' '돈지'는 광목을 뚤뚤 말아 놓은 매듭을 말한다. 〈보세감상〉은 연극적 요소가 많으며, 〈젯북제맞이굿〉〈죄목죄상〉〈도지마을굿〉 등으로 이루어진다. 이를 〈보세감상놀이〉라고도 한다.

〈죄목죄상〉

　〈죄목죄상(罪目罪狀)〉은 소미, 구경꾼, 본주에게 돌아가며 굿을 잘 차리지 못한 것은 누구의 죄 때문인가를 문답하고, 결국 본주의 죄임을 규명하여 그 죄를 풀어내는 것이다. 굿을 준비하는 데 따른 여러 가지 죄목을 누가 범했는지 따지는 제차(祭次)다.

〈도지마을굿〉

    심방은 증물인 무명을 두 팔로 재어 제상에 올리려다가 스스로 두 팔목을 꽁꽁 묶이게 해 놓는다. 신칼을 든 두 팔에 광목천을 둘둘 말아 감고 신이 본주의 정성에 흡족하게 풀리지 않고 있음을 보인 뒤에 인정을 더 받아 팔에 감은 천을 풀어내면, 본주의 정성이 그제야 신들을 흡족하게 풀려주기에 충분함을 보여준다.

〈보세감상〉

《초공본풀이》

- 서순실

〈초공본풀이〉는 무조신(巫祖神) '젯부기 삼형제' 본멩두 · 신멩두 · 삼멩두가 하늘 삼천천제석궁에 갇힌 어머니를 살려내기 위해 과거를 반납하고 심방이 되어 굿을 하여 어머니를 살렸다는 신화다. 옛날 천하임정국 지하 김진국 부부는 자식이 없어 법당에 가서 백일불공을 드렸으나, 정성이 백 근을 못 채워 고운 딸아이가 신구월 초여드레[出生] 태어났다. 아이의 이름은 '이산줄이뻗고저산줄이뻗어 왕대월석금하늘 노가단풍(綠下丹楓) 자주명왕 아기씨'라 하였다. 자주명왕 아기씨는 무조 젯부기 삼형제의 어머니 신이다.

《이공본풀이》

- 이승순

〈이공본풀이〉는 서천꽃밭 주화신(呪花神) 신화다. 서천꽃밭에는 꽃감관이 꽃을 지키고 있으며, 착한 아이가 죽으면 서천꽃밭으로 가서 꽃에 물을 주는 일을 한다. 이공신 꽃감관은 생명꽃 · 번성꽃 · 환생꽃을 따다 죽은 자를 살려내기도 하며, 멸망꽃 · 악심꽃을 뿌려 사람을 멸망시키고 죽게도 한다. 이와 같이 생명꽃과 멸망꽃이 있는 곳이 서천꽃밭이다. 심방은 굿을 하여 서천꽃밭[神界] 생명의 주화(呪花)를 따다 굿을 하는 집안(人間界)의 인간을 살려내는 무의(巫醫)의 역할을 한다.

《삼공본풀이》

– 정태진

〈삼공본풀이〉는 가믄장아기 신화라고도 한다. 삼공본풀이는 이승의 생활 이야기이며, 현실의 이야기다. 현실의 이야기이기 때문에 하늘과 땅은 인간 가까이 내려와서 존재한다. 하늘(天)은 윗마을이고, 땅(地)은 아랫마을이다. 윗마을과 아랫마을에 흉년이 들었다. 하늘과 땅의 흉년, 배고픔과 가난이라는 현실의 문제로 전개되는 것이 전상신 신화인 '삼공본풀이'이다.

4). 넷째날 : 〈관세우〉《세경본풀이》《불도맞이》

(10월 16일 일요일, 음력 9. 20.)

넷째 날 아침도 〈관세우〉로 굿이 시작되었다. 마당에는 불도맞이를 위한 당클이 따로 설연되었다. 아침 식사를 마친 뒤에는 강순선 심방이 《세경본풀이》를 구송했는데, 모두들 마당 한구석에 자리를 잡고 자청비 이야기에 귀를 기울였다. 운명을 찾아 나선 용기 있는 여인 자청비의 이야기 자체도 매력적이었지만, 그보다 더 사람들의 마음을 사로잡았던 것은 그 이야기가 심방의 목소리를 통해서 들려왔다는 사실 때문이다. 굿을 시작하는 날 저녁 서로 인사를 나누는 시간이 있었다. 그때 서순실 심방이 강순선 심방을 소개하며, '본풀이의 여왕'이라고 했었다. 그 말이 인사치레의 빈말이 아님을 확인했을 뿐 아니라, 이후 우리들에게 강 심방은 '본풀이의 여왕'으로 자리 잡게 되었다.

굿의 핵심을 한마디로 요약하자면, 삶과 죽음이라 말 할 수 있을 것이다. 이때 〈불도맞이〉가 삶, 즉 생명과 관련이 있다면 〈시왕맞이〉는 죽음을 설명하는 의례라 할 수 있다. 〈불도맞이〉는 아이를 잘 낳게 하고, 아이를 열다섯 십 오 세까지 잘 키워달라고 산육신 '삼싱할망'에게 비는 산육 · 기자의례다. 큰굿의 한 부분으로 행하기도 하지만, 〈불도맞이〉라는 하나의 독립된 굿으로 하기도 한다. 아이를 낳지 못하는 집에서 아이를 낳게 해달라고 기원하는 목적으로 굿을 하기도 하고, 15살 안쪽의 어린아이가 아플 때 하기도 한다.

〈불도맞이〉 안에는 여러 개의 신화가 각각의 기능을 담당하고 있다. 아기를 잘 낳게 하고 열다섯 십오 세까지 아무 탈 없이 잘 자라도록 보살펴주는 산육신은 하늘 옥황 명진국 따님으로 '생불(生佛)할망' '불도(佛道)할망' '삼싱할망'이라 하고, 이와는 반대로 아이를 저승으로 데려가는 저승 할머니는 '동해 용왕의 따님'이라는 '구삼싱' '구할망' '구천왕 구불법 할망'이라 한다. 명진국 따님과 동해용왕 따님의 이야기와 함께 〈불도맞이〉에서는 〈이공본풀이〉가 중요한 기능을 한다. 신성한 힘을 가지고 있는 주화(呪花)들을 직접 눈앞에 보여주기 때문이다.

먼저 집안에 있는 신들을 마당으로 모셔 들이는 초감제와 추물공연이 이어졌다. 초감제가 끝난 뒤, 일반적인 〈불도맞이〉에서는 볼 수 없었던 새로운 내용인 〈걸렛배 베낌〉이 시작되었다. 이는 본주인 정공철 심방의 특별한 사연 때문에 들어간 부분이라 할 수 있다. 정공철 심방은 어렸을 때 몸이 약했다고 한다. 그래서 어머니가 오래오래 살라고 한경면 신창리에 사는 삼싱할망집에 수양아들로 맡겨져 얼마 동안 그 집에서 살았다.

이런 경우에는 아이가 15살이 되기 전에 초걸레, 이걸레, 삼걸레 세 번을 벗겨주는 굿을 해야 하는데, 정 심방 가족이 카톨릭으로 개종하게 되면서 그렇게 하지 못했다. 그러다 보니 걸레를 벗겨주지 않아서 '당주ᄉ록'이 들어 조화를 부려 몸이 자주 아팠다는 것이다. 〈걸렛배 벳낌〉은 어렸을 때 벗지 못한 걸레를 벗겨 당주 액을 막아주는 것으로, 〈액막이〉를 할 때 신창할망 몫으로 옷 한 벌을 준비해 놓고 역가도 올려 신창할망이 몸 받은 조상들을 대접하는 굿이다. 본주에게 돗자리를 씌우고, 수심방이 닭을 들고 서서 "헤쎄 허쎄"라는 말과 함께 간단한 사설을 하며 닭으로 돗자리 위를 닦는다. 그런 다음 돗자리를 벗기고 걸렛배로 본주를 묶어서 수심방이 업어 들인다. 이어서 "신창할마님도 잔받읍서. 옷 한 벌 차려 놓았습네. 어깨 삼싱주잔."이라는 사설과 함께 잔을 올린다. 〈걸렛배 벳낌〉 이후는 일반적인 〈불도맞이〉의 내용과 같았다.

마당굿이 시작된 첫날인 데다 굿한다는 소문이 났는지, 마을 어른들도 한 분 두 분 자리를 잡고 앉아 굿을 보고 계시고, 멀리서 일부러 굿 구경을

오신 분들도 있었다. 〈풀이〉가 신들을 향한 1인칭의 고백이라면, 〈맞이〉
는 배우와 악사, 관객이 끊임없이 소통하고 간섭하는 탈춤의 한 장면과 닮
았다. 그런 과정에서 신화의 내용과 본주의 이야기는 하나의 새로운 이야
기로 탄생하고, 청중들에게는 새로운 각 편의 신화로 기억되는 것이다.

〈관세우〉

- 7:20〜8:00
- 서순실

〈관세우〉

《세경본풀이》

- 9:05~11:55
- 강순선

〈세경본풀이〉는 제주의 농경신화다. 본풀이에 나오는 아름다운 농경신 자청비는 "스스로 여자 되기를 청하여 태어난 아이"라 하여 '자청비'라 불렀다. 제주도 농경신의 신화에서 '세경'은 '세경너븐드르' '땅' 또는 '대지'를 뜻한다. 제주도 사람들에게 땅은 태(胎)를 묻은 '태 사른 땅' 즉 본향(本鄕)이며, 죽어서 묻히는 저승이며, 모든 곡식 '열두 시만국(新萬穀)'의 씨를 뿌려 거둬들이는 생산의 땅이다. 〈세경본풀이〉는 농경과 목축을 생업으로 살아온 제주인의 삶을 반영하고 있다. 〈세경본풀이〉에 의하면 농경신이며 여성영웅신 자청비는 옥황상제에게 오곡의 씨앗을 받아 7월 보름날 인간 세상에 내려왔다. 그리하여 문도령과 자청비는 농신인 세경이 되고 정수남이는 목축신이 되었다.

〈세경본풀이〉

《불도맞이》

- 서순실

〈초감제〉

〈불도맞이〉는 아이를 잘 낳게 하고, 아이를 열다섯 십오 세까지 잘 키워달라고 산육신 '삼싱할망'에게 비는 산육·기자의례다. 〈불도맞이〉는 〈초감제〉에서 먼저 세상에 자연이 생겨나고 세상이 갈리는 〈베포도업〉, 굿하는 시간과 장소를 알리는 〈날과 국 섬김〉, 굿을 하는 사연을 고하는 〈연유닦음〉을 말한 뒤, 이어서 〈새ᄃ림〉을 하고, 〈군문열림〉 → 〈오리정신청궤〉 → 〈주잔권잔〉 → 〈산받아 분부사룀〉 → 〈본향듦〉 → 〈본주절시킴〉을 한다. 그 다음으로 〈추물공연〉 〈수룩침(원불수룩)〉 〈할망다리추

〈초감제〉

낌〉〈구삼싱냄(수레멜망 악심꽃 꺾기)〉〈꽃씨드림(서천꽃밭 물주기)〉〈할 망질침〉〈꽃타래듦〉〈역가올림〉〈할망ᄃ리 나수움〉〈석살림굿〉으로 끝 을 맺는다.

〈새ᄃ림〉

– 이승순

〈초감제 새ᄃ림 물감상〉

〈푸다시〉

〈새ᄃ림 푸다시〉

〈군문열림〉

– 서순실

'군문'은 하늘 신궁의 문이고, 신들이 굿판에 들어오는 '굿문'이다. 심 방이 도랑춤[回轉舞]를 추어 빙글빙글 돌며 신들과 감응하여 하늘 신궁의 문이 모두 열리면, 신들은 이 세상에 하강(下降)하여 내린다. 〈군문열림〉 은 하늘 신궁의 문을 여는 것이며, 열린 하늘 신궁의 문을 통해 신들이 하

〈군문열림〉

강[下降]하여 지상에 내려오게 하는 강신의식[降神儀式]이다.

〈오리정신청궤〉

군문이 열리면 신칼점을 쳐 군문이 열린 금을 알아본 뒤에 심방은 본주에게 신의

〈신청궤〉

뜻을 전하는 〈분부사룀〉을 한다. 이렇게 하여 신에게 술을 권하는 〈주잔권잔〉을 하고 〈추물공연〉에 들어간다.

〈추물공연〉

– 정태진

〈추물공연(出物供宴)〉은 신들을 모시기 위하여 내어놓은 제물, 출물(出

物)을 갖추어 대접하는 공연의례를 말한다. 〈추물공연〉은 각 당클에 모신 신들 별로 안팎 공시상을 차려 앉아서 장고를 치면서 "ᄌ소주에 게 알안주 상받읍서" 즉 술과 계란 안주를 잡숫고 가시라며 옥황상제부터 하위신까지 젯ᄃ리에 따라 신들을 불러 대접해 나간다.

〈추물공연〉

〈걸렛배 베낌〉
　– 서순실

본주 정공철 심방은 어렸을 때 몸이 약해 명이 길게 살라고 한경면 신창리에 사는 삼싱할망집에 수양아들로 맡겨진 적이 있었다. 이는 그때부터 심방의 길에 들어선 것이라 할 수 있다. 신창할망이 그를 키우며 쓰던 걸렛배를 15살 안에 초걸레, 이걸레, 삼걸레 세 번 벗겨주어야 하는데, 정공철 심방이 그 후에

〈걸렛배 베낌〉

카톨릭으로 개종하였으므로 벗겨주지 않았기 때문에 '당주ᄉ록'이 들어 조화를 부려 몸이 자주 아팠다는 것이다. 〈걸렛배 벳김〉은 어렸을 때 벗지 못한 아기 업어 걸릴 때 쓰던 걸렛배를 벗겨 당주 액을 막아주기 위해 〈액

막이)를 할 때, 신창할망 몫으로 옷 한 벌을 준비해 놓고 역가도 올려 신창할망이 몸 받은 조상들을 대접하는 굿이다.

■ **신창할망 걸렛배 베낌 원문**
준지너른 금마당 에-
마당 밟으면 어간삼아 불도연맞이로
옥황 천신 삼불도 맹진국할마니 일광 월광님
별자리 차지한 칠원성군님 이공서천도산국님
73보살님 동해용궁 할마님
안공시로 하신충 52 몸받은 안공시
겸 집사관 신의 성방 몸 받은 밧공시 어간삼아
불도연맞이 옵서 청하여
초아전 큰 공서 열려 있습니다.
신이 굽허 옵니다. 신메와다 석살립니다.

(악무)
사방에 절을 한다.

신메워다 석살리난
날은 어느 날 달은 어느 달
금년 해는 신묘년
달은 갈라갑긴 전싱 궂은 상구월달
오늘은 스무날입니다.
국은 대한민국 제주도는 제주시 조천읍은 북촌리

216

가지높은 신전집 기와높은 절당집

연양당주 삼시왕 삼하늘

유정승 따님애기 고 옛선생님

부모조상 모션 사는 주당인데

원전생 팔자굿은 정씨로 하신충 52살

당줏아기 몸줏아기 21살 12살 받은 공섭니다.

연유도 닦던 연유입니다.

52살님이 35 나는 해에

삼시왕에 녹을 먹고, 삼하늘에 녹을 먹고,

유정승 따님애기 고 옛선생님의 녹을 받아

궁의 밥을 먹고 궁의 잠을 자고,

궁의 행실하여 마흔살 나는 해에

섭시쾌자 입고 석살림굿 배워 1년동안

새ᄃ림 추물공연, 석살림, 일월맞이, 불도맞이

질치는 굿, 시왕맞이하고, 요왕맞이 요왕질 치며

이때까지 삼시왕에 거부량이 많고

허가없이 이 심방질을 하니 이번 참에

당주집을 설연하여

삼시왕에 초역례 초신길을 발롸

약밥약술 어인타인 수레감봉을 맞고

삼천기덕 일만제기 멩두멩철 받고

섭수쾌자 홍포관대 받아

당당한 하신충에서 상신충에 올려줍센 하저

원성기도 올리저 영협긴

천황왕도 내린 날,

지황왕도 내린 날,

인황왕도 내린 날,

삼강지 오륜지법으로 몸받은 당주집에

조상 그릅서 굿허레 감수다.

머리쯤 운동협서. 양단어깨 강림헙센 하여

표선면은 성읍리 민속촌 이 집에

당집은 절당집 신전집을 무어

관청엔 변호사 겸 집사관 메기긴

신의 성방은 구좌읍 김녕 살암수다.

몸받은 연양당주문 열령

조상업언 마을넘고 재넘고 월산 백리 도랑갓 질 넘어

이 주당에 오란 연양당주전 안팟공시 부모조상

낮 알림에 서로 인사하고

준지너른 금마당 마당 밟으며

천신기 흑신기 저승염랏대 천지이망주

대통기 소통기 지리여기 양산기

좌독우독 설연하고

비자나문 상단클

계수나문 중당클

준지나문 하단클

오리같은 참슬베로 말귀같이 네귀 잠쑥 메어

팔만금세진 나람지법 설연하고 연양당주 삼시왕 삼하늘

안당주 밧당주 고 옛 생님을 어간삼아

안팟공시 부모조상 신수푸난

열엿새 날 저녁에 당반설연 기메설연 하니

기마른 데 기메잔 받읍센 기메코사 하엿수다.

열이렛 날

초체울려 초공하늘

이체울려 이공하늘

삼체울려 삼공하늘

33 하늘 문에 쇠북소리 울려

천도천황 지도지황 인도인황 삼강지오륜지법으로

천생기도 지낮추고

흑생기도 지도투난

천지이망주 하늘이 수북하게 칭칭이 신수푸난

좌독기 우독기 신수푸고

대통기는 소통기 지리여기 양산기

나부나부줄전 나부다리 놓아

일문전 천보답상 만보답상 신수퍼

천상천하 영실당 내변도천 가랑빗발 새빗발

노는 일만일신 주문천신 만조백관님은

초감제 연다리로 청대고고리 가늠하고

깃발보고 연발보며 울북울정 연등산일 가늠하며

천보답상더레 신수풉서

신수퍼 각호 각당더레 신수풉센 하여

초감제에 떨어진 조상 초신맞이에 청하고

초신연맞이에 떨어진 조상 초상계 금공서 각도에 올렷수다.

그날 저녁 깊은 밤을 지새워 도령법을 놓고

뒷날 아침 취침령을 울련 관세우 올리고

보세신감상 연다리 죄목죄상 다스리고

안초공 밧초공 부모애기 일부 한잔 상봉하고

안이공 밧이공 안삼공 밧삼공 난산국을 풀언

어제 간밤에 도령법을 놓고 오늘 아침

스무날 취침령을 올련 관세우 올리난

상세경 신중마누라님 직부일월

상세경 신중마누라님 난산국을 풀었습니다.

세경테우리청 지사귀난

준지 너른 금마당으로 불도연맞이 옵서 청허난

조상님네 신이수퍼 옵네다. 신메와 드립니다.

신메와 드리난

어떠한 사실로 축원원정 올립니까.

성은 정씨로 공짜 철짜 쓰난

나이는 52살 생갑은 경자생 부모고양 선영지땅 모슬폰데

아버지 어머니 혈손 나난

어릴 적에 죽억살악 죽억살악 영허난

신창할머님 알로

당주 알로 불도 알로 간 놓난

한달이 넘어가난 학교 갈 때 되난

윤씨 부모 어머니 간 데려와서

이 아기가 그때부터 명도 있고 복도 있고

열다섯 살 넘어가니

어머니도 아무 분시 몰란 당주집 불도집에서

곱게 잘 키왔수덴 허연 역가도 올리고

불도맞이하여 초걸레 이걸레 삼걸레를 벗겨야 되는데

이 자손 낳은 어머님은 살젠허난 이런저런 이런저런 일을 못하여

이번 참은 신질 발루멍 초감제 청할 적에
당주같이 불도같이 살이 비춰난
어떤 일입니까 하니
우리 어머님이 나 키웁젠 허난
신창할망 알로간 놓아낫수다.
영허난에 오늘은 신창할마니 몫으로 옷 한 벌
차려 놓았습니다.
신창할머니 몸받은 조상님 고맙수다 역가 올리고
오늘은 신창할머니 당주 신집 절집을 벗어
굿해 나건 나 낳준 아버지 낳준 어머니
형제간 찾아 가면 장성하여
좋은 전생 그르쳐 다니젠 하염수다
이레 옵서. 역가상도 신창할마니 몸받은 조상님
역가상이영 같이 왕 들룹서.
오 역가상이랑 고맙수덴 하여
역가상도 둘러뵙니다 이-
(역가상을 들고 본주의 답례를 받는다.)

절 세 번 헙서.
신창할머니 고맙습니다.
아 자손 7살에 간 한달 동안 삼시세끼 잘 먹고
멩두 이어 왓수다 복도 이어주젠 왓수다
오늘까지 살젠허단 보난
그때에 초걸레 이걸레 삼걸레를 못 벗긴 게
설운 52살이 여기 왕 앉읍서.

가정에 풍파가 일고, 장가가도 가속이
백년해로 검은머리가 파뿌리 되도록
살젠 하여도 악심이 든 듯 하고,
아기도 물로 씻어도 피로 씻어 내린 듯 하고,
12살 난 아기도 다리에 발목에 성장판이 아파지고 허난
이때까지 거부량한 일도 잘못하였습니다.
미처 생각 못한 일도 잘못하였습니다.
무쇠솥에 화쏘영 먹는 자손 무슨 철부지 압네까.
배고파 밥먹엉 배분 줄 알고
추어 옷 입으면 등따슨 줄 아는 게
우리인간 아닙니까.
저 바당으로 하영 먹엉 물이 짠 줄을 압니까.
신창할머니 덕택에 장성한 줄 알암습니다.
신창할머니 대신 옷 한 벌 올렷수다.
발나제 길나제 눈물수건 땀수건 저승혼패지전
이승은 천지왕 일천목숨은 삼천량 잘 인정 걸쿠다.
신창할머니 몸받은 조상님도 이제랑
52살광 신가심 곱 갈라줍서 영하여.
역가를 올렸습니다.
당주집을 벗어나저 불도집을 벗어나저
오늘은 아버지 어머니 집을 찾앙 가젠 합니다.
저승도 삼시군번 이승도 삼시군번 다 실어 올리자.
아우에 니야 아에 정세(요령)
정세 말과 한 전생은 거둬다가
울랑국에 시름싣거 (요령)

한 전생은 거둬다가 (요령)

제청 방에 올령

(요령)

날이외다. 어느 날이오며

달은 갈라 갑긴 어느 달은

금년 해는 신묘년입네다.

달은 갈라 갑긴

원전싱 팔자궂은

애산 신구월 스무날이외다.

(요령)

옥황 천신 불도연맞이로

하신충 정씨로 52살

저승도 삼시군번 이승도 삼시군번

다스리저 합니다.

얼굴모른 조상님

신창할머니 몸 받은 불도조상님

고맙수댄 허연 이 잔 한잔 올렴수다.

고맙수다. 고맙수다.

신창할마님 덕택으로 명도 복도 이언 살앗수다.

오늘은 초걸레 이걸레 벗어나저 험네다.

이 자손이 어릴 적부터라도

불도악심 같이 책불악심 같이 구천낭 악심 같이

가슴에 맺혀지고 머리로 발끝까지

열두야 신뼈에 감겨다지고

맺혀지었습니다.

오늘 가근 노단어깨에 청비갯증 걷워줍서.
왼 어깨에 흑비갯증도 걷워줍서.
어떤 날 정신 맑고 어떤 날은 한잔 술에
귀신불러 생인 대답하고
생인불러라 귀신대답하고,
눈에는 부연 안개같이 한 안개같이
가슴에 열증같이 홧증같이
영하는 데 데워 단증이여 얼어 천증이여
등이 저리고 가슴이 답답하고
먹으면 체증같이 위로 어깨증같이
알로 설사병같이 전립선에 돋은 걸랑
열두야 신뼈에 신경증같이 관절염같이
쑤시고 절리고 밤이 오면 몸살이 어지럽게 하고
어디 굿허레 갔당도 나쁜 마음 먹게 하고
주전날 참실같은 마음
만주산에부터 솔피낭에 연 걸린거
꽝간세에 불타 붓는거 걷워줍서
저산에 안개 걷듯 물과 기름이랑 곱 갈라가듯이
오뉴월 장마 걷듯 저 바당에 절지어 가듯이
어름 물에랑 냉수지어 가듯이
오늘 당집 벗어나거들랑
무거운 짐 지었당 팡돌에 쉬면
어깨가 벅지근 허듯이
열 말 쌀이건 한 되씩 걷워가듯
한 되 쌀이랑 한 홉씩 걷워가듯

설설이 풀려근 인과 신은 굽을 갈라줍센

이 공원에 간힌 귀신 생인 굽을 갈라

고맙습니다.

(신칼점)

모두 한 조상님

종이도 네귀를 둘러야 발루는 법입니다.

수만 석도 모다 들러야 가벼운 법이나네

천하 성인 공부자도 이고산에 빌엇수다.

진나라 왕이손도 우성산에 빌어 난

52살님 이 굿허영 이 굿허여나글랑

앞 이마에는 모른이견 상통천문허게 협사.

지지혁신허게 합서.

황씨 임씨 이씨 선생님, 이씨 하르바지

임씨 할머니 양씨 할마님

다른 조상들이랑 굽을 갈라주어

형님들이영 이 자손 머리쯤들에

운동해여근 상통천문하고

명산명점 시켜나 줍서.

(신칼점)

(악무)

헛쩨 헛쩨 헛쩨 허난

나고나 가라

천왕메를 데령하라.

지왕메를 데령하라.
인황메를 데령하라.
천앙가면 열두맷징
지왕가면 열한 맷징
인왕가면 아홉 맷징이
동해 가면 청매 맷징
서해 가면 백매 맷징
남해 가면 적매 맷징
북해 가면 흑매 맷징
들었구나
정월이라 상상 맷징
이월이라 영등 맷징
삼월이라 삼질 맷징
사월이라 초파일 맷징
오월이라 단오 맷징
유월이라 유두 멧징
칠월이라 칠석 맷징
팔월이라 추석 맷징
구월이라 봉원 맷징
시월이라 단풍 맷징
동짓달은 자리 아래 자리 우에
이 맷질라 풀어내자.
이 맷질랑 받아그네 풀어네자.
신창할망 불도에 노나 당주에 노나
이 맷질랑 풀어네자.

시왕올라 청너울로
(닭을 잡고 초석을 친다.)
(신칼점)

초석을 풀어 벗긴다.
이 맷질랑 시왕올라 청너울로
아아 어어

(액막이 닭으로 본주를 감고 있는 초석을 치며 어이 어이 외친다.
초석을 벗기면 굿은 끝난다.)

신창할망 이 애기 키우젠 허난
밥 멕이멍 물멕이멍 잠재우멍 옷주멍
키우다 보니 펀펀
어멍 아방 지 형제간들 찾아 떠나버렸네.
아이구 펀펀이로구나.
주잔들랑 내어다
시군문 연다리에 나서면 신창할머니
몸받은 조상님도 잔받읍서,
불도도 잔받읍서.
책불도 잔받읍서.

〈수룩침〉

수룩춤은 제주도 큰굿의 불도맞이에서 아기 낳기를 간절히 비는 '원불수룩제' 즉 '젯북제맞이굿'에서 추는 기원무(祈願舞)이다. 불도맞이 소제차(祭次)인 원불수룩제를 '수룩침'이라 하는데, '수룩'은 수룩재(水陸齋 ; 바다와 육지의 귀신을 위하여 지내는 제사)에서 따온 말이지만, 무속에서는 '법당에 가서 부처님에게 원불수룩(願佛水陸)을 드린다'는 의미로 쓰인다. 따라서 '수룩침'은 '수룩연물(巫樂)을 친다.'는 뜻이다. 심방은 이 연물에 맞춰 '수룩춤'을 추면서 삼승할망(産神)에게 아기(生佛) 낳기를 간절히 기원한다.

〈수룩침〉

〈할망등장춤〉

〈할망다리 추낌〉

〈할망다리 추낌〉은 할머니가 오실 다리를 추키는 것이다. 다리를 추켜야 신길이 된다. 그러므로 '할망다리추낌'은 이 신길을 추킬 때 추는 춤이다. 심방이 광목천(신다리)를 마구 흔들며(추켜서) 뱅글뱅글 돌려서 큰 나선형이 되게 하면, 광목천은 공중을 돌며 제장을 화려하고 생동감 넘치게 한다. 그 다음에는 광목천을 큰 나선형이 되게 돌리다가 다시 힘 있게 한 발 한 발 위로 끌어 올려 뒤로 넘기며 춤을 춘다. 이렇게 하여 광목천(신다리)을 추키면 '신령한 다리'가 만들어지는 것이다. 시각적 효과가 큰 굿춤

〈할망다리 추낌〉 　　　　　　　　〈할망다리 메어듦〉

이라 할 수 있다.

〈수레멜망 악심꽃 꺾음〉

수레멜망 악심꽃 꺾기는 '꺾어맞자'하며 억새로 만든 악심꽃을 양손에
들고 달달달 떨며 "수레멜망 악심꽃은 모두 오독똑
끼 꺾어 맞자"하며 계속 꺾어나간다. (집안에 돌아
가신 영가들의 이름을 거느리며 "○○ 꺾어간 것도
오독도끼 꺾어맞자."는 말을 반복한다.)

〈구삼싱 냄〉 　　　　　　　　〈수레멜망 악심꽃 꺾음〉

〈꽃점〉

〈꽃 타레 듧〉

서천꽃밭, 삼천천제석궁 당클에서 생명꽃(동백꽃)을 따서 손에 들고, 동
백꽃 가지로 머리에 얹은 물동이의 물을 사방에 뿌리며 노래를 부르는 대
목을 〈거부춘심〉이라 한다.

〈할망다리 나수움〉

모든 맞이굿은 마당에 젯상을 따로 차려 진행하는데 특히 심방집 굿
은 안팎 공싯상이 있으므로 굿의 진행도 마당과 마루를 오가며 진행하며
맞이굿의 끝에는 대상신의 다리를 당주방으로 모셔 들인다. 이를 "메어
든다" 또는 "~다리 나수운다"고 한다. "마흔여둡 상청다리, 서른여둡 중
청다리, 스물여둡 하청다리 나숩고 나수자" 하면서 심방은 할망다리를 밖
으로 당기고 본주는 당주 방으로 당겨 결국은 방안으로 메어 들이게 된다.

〈할망다리 나수움〉

〈석살림〉

할망다리를 메어들고 나면 〈석살림굿〉을 하는데, 이 굿은 궤궤잔잔하게 가라앉은 제장에 신명을 불어넣어 신나락하게 하고 신과 제장의 심방과 구경꾼 모두 춤을 추며 노는 뒷풀이굿이다. 이 굿의 순서는 〈향촉권상〉〈바랑탐〉〈덕담〉〈군웅덕담〉〈조상본풀이〉〈탐불〉이나 〈서우제소리〉로 진행된다.

10:20 〈불도맞이〉 끝남

다섯째 날은 맞이굿인 〈초 · 이공맞이〉를 했다. 〈초 · 이공맞이〉는 초공의 신길과 이공의 꽃길을 닦아서 새로운 심방의 신길을 발루는 것으로 심방집 큰굿에서 가장 중요한 굿의 하나라 할 수 있다. 마당에 초 · 이공맞이 상을 차리고 초공다리를 큰대에 묶어서 당주방까지 연결한다. 바람이 많이 불어서 소리가 잘 들리지 않자, 서순실 심방이 바람 방향에 맞춰서 안 팟연물의 위치를 바로 잡았다. 이어서 초감제로 신을 청하고 초공길치기로 들어갔다.

초공길치기는 〈초공본풀이〉의 내용을 근거로 진행된다. 〈초공본풀이〉는 제주도 굿법의 기본이 되는 것으로 모든 굿에서 중요하게 여겨지지만, 특히 신굿에서는 무조신 젯부기 삼형제의 이야기만큼이나 뒷부분에 이어지는 유정승 따님아기의 이야기가 중요하게 다루어진다.

〈초공본풀이〉 속에는 무조신과 최초의 심방이라는 위계가 다른 두 시조(始祖)의 본풀이가 연속되어 있다. 이 연속 구조는 본풀이를 연행하는 심방에게 있어서 신령과 마찬가지로, 자기가 맡은 기능을 앞서 수행한 조상을 섬기고 그 내력을 푸는 것이 모두 다 중요한 것임을 말해준다. 또한 이 두 개의 본풀이는 초월적 존재로 되어가는 이야기라는 점에서 서로 통한다. 삼형제가 어머니를 살림으로써 신성한 존재가 되었듯이, 유정승 따님 또한 장자집 똘아이를 살림으로써 심방으로서 초월적 능력을 얻게 된다. 이처럼 삼형제가 겪는 중요한 과정을 유정승 따님에게 모방하게 함으로써 신성성을 확보하게 하는 것, 이것이 바로 서로 다른 세계에 살고 있으며 위계 또한 다른 존재인 유정승 따님의 이야기가 신화의 후반부에 연속된 이유가 된다.

〈초공 신질치기〉를 마치고 나면 꽃풀이[呪花解]인 〈이공본풀이〉의 할락 궁이가 서천꽃밭에 가서 환생꽃을 따다 어머니 원강암이를 어떻게 살려 내었는가 하는 내용을 〈이공 꽃질치기〉로 풀어나간다. 이때 악심꽃을 다 꺾은 다음에는 올레 밖으로 나가서 던진 뒤에 잔을 드려야 한다. 악심꽃을 꺾어 맞은 뒤에는 동백나무 가지를 양손에 든 소미가 꽃춤을 춘다.

〈초·이공맞이〉가 끝난 뒤에는 정공철 심방의 〈공시풀이〉가 이어졌다. 큰대에 묶었던 초공다리를 풀어서 장고 주위에 둘러놓는데, 이때 다리를 넘어다니면 안 된다고 한다. 신굿에서 새 심방이 처음으로 하는 굿이기에 모든 사람들이 귀 기울여 그의 이야기에 집중했다. 수심방도 뒤에 앉아서 새 심방의 〈공시풀이〉를 들으며 부족한 점은 없는지 잘못된 점은 없는지 살폈다.

"불도연맞이로 초공신줄 이공연줄 외오 들러오난 오단 들러외어 감아 맞고 휘어맞았습네다. 안으로 성은 정씨 신의 아이 병자생 몸받은 부모조 상님네, 밧공시로 성은 서씨 몸받은 안팟공시 부모님 옛선생님네 신공시 베포어간 되었습네다. 신공시 대풀이로 일부 한잔 입네다." 새 심방의 굿 은 이렇게 시작되었다. 이어서 자신의 라이프 스토리를 풀기 시작했다. 먼 저 인간으로서 살아온 이야기를 시작하는데, 태어나서 지금까지 어떻게 살아왔으며 어떤 시련들을 겪었는지가 자세히 소개된다. 다음으로 신의 길을 걷게 된 내력으로 넘어간다. 팔자를 그르쳐 신의 길을 걷게 된 사연 과 몇 살에 누구를 따라 다니며 굿을 배웠는지, 자신이 모시고 있는 조상 의 내력이 어찌 되는지를 고하고, 오늘 이 굿을 하게 된 사연까지가 길게 이어진다.

공시풀이가 이어지는 동안 심방은 몇 번이나 눈물 수건을 들어 눈물을 훔쳐야 했다. 구경꾼들 또한 마찬가지였다. 자세하게는 알지 못했던 그의 가족사가 한 대목 한 대목 구송될 때마다 사람들은 "에고 불쌍해서 어쩌누."하며 함께 마음 아파했다.

주잔권잔이 끝나고 초공다리를 안으로 메어 들였다. 양창보 심방이 본주에게 송낙을 벗고 안공시상 다리에 초공다리를 묶어서 안으로 들어가라고 지시한다. 본주는 당주방에 앉아 있고 수심방은 당주방 앞에 서서 초공다리를 들고 서서 "나수자 나수자"라는 사설을 한다. 본주는 다리를 차곡 차곡 개어서 앞에 놓고, 마지막에 수심방과 본주가 다리를 서로 당긴다. 이어서 산판점과 분부사룀이 이어졌는데, "이 조상은 먹으면 먹은 값 한다."는 분부가 내렸다.

메어듦의 과정이 모두 끝나지 않았는데, 시간은 벌써 10시 30분을 넘기고 있었다. 시간이 너무 늦어지자 심방들이 의논하여 나머지는 내일로 넘기고 다섯째 날의 굿을 마쳤다.

〈관세우〉

- 7:35~8:03
- 강대원

《초 · 이공맞이》

- 양창보

〈초 · 이공맞이〉는 원로 심방 양창보 옹이 집전했다. 〈초 · 이공맞이〉는

〈관세우〉

신방집 큰굿에서 가장 중요한 굿이기 때문에 그가 맡게 된 것이다. 〈초·이공맞이〉는 신풀이(神解)인 〈초공본풀이〉에 입각하여 무조신 '젯부기 삼형제'가 과거를 반납하고 심방이 되어 어머니를 구했으며 하늘에 올라가삼시왕이 되었던 이야기, 유정승 따님에게 무병을 주어 최초의 심방이 되게 한 이야기 등을 〈초공 신질치기〉로 풀어나가며, 꽃풀이[呪花解]인 〈이공본풀이〉의 할락궁이가 서천꽃밭에 가서 환생꽃을 따다 어머니 원강암이를 어떻게 살려내었는가 하는 내용을 〈이공 꽃질치기〉로 풀어나가는 맞이굿이다.

⟨초·이공맞이 초감제⟩

지금까지 진행되어 온 내용을 길게 이야기하고 나서 심방은 베포춤을 추며 굿을 시작한다. ⟨베포도업⟩ ⟨날과국 섬김⟩에 이어 ⟨연유닦음⟩을 한 뒤에 제장에 신들이 다 모이게 하는 '신메웁니다'를 말하며 모든 신들을 모아들인다.

⟨초이공맞이 초감제⟩

⟨새ᄃ림⟩

– 오춘옥

⟨도래둘러맴⟩

악기의 신에게 악기가 잘 울리게 해달라고 비는 굿이다. 심방은 돌래떡과 제물을 담은 쟁반 '돌래차롱'을 들고 춤을 추다가 주위에 인정을 받고

〈새도림〉

〈푸다시〉

악기(연물)가 있는 악사석에 가서
악기 위에 돌래떡을 놓고 제를 지
낸다.

〈젯북제맞이굿〉

"원불당 젯북제맞이 굿입니다."
하며 "당당 당당당" 하는 리듬에 맞
춰서 바랑을 친다.

〈군문열림〉

〈군문열림〉은 하늘 신궁의 문을
여는 것이며, 열린 하늘 신궁의 문
을 통해 신들이 하강(下降)하여 지
상에 내려오게 하는 강신의식(降神儀式)이다.

〈도래둘러맴〉

〈군문열림〉 〈산받음〉

〈쇠놀림굿〉

〈쇠놀림굿〉은 심방집 큰굿에서 굿을 맡아 집행하는 심방들의 멩두(밧 공시)와 본주 심방의 멩두(안공시), 이 안팎 공싯상의 엽전을 모두 놋그릇 에 담아 흔들다가 당주방에 가서 놀리다 도랑춤(回轉舞)을 추고 나서 한 꺼번에 던져 점을 치는 종합적인 무점법(巫占法)이다. 이렇게 점을 쳐 산 을 받으면, 모두가 점괘에 대한 종합적인 풀이를 하여 "신길을 바로 잡 는다.(신질을 발룬다.)"

〈신청궤〉

〈군문열림〉을 하여 하늘에서 내려온 신들을 굿판으로 안내하는 신을 감상관이라 하며, 당신이 감상관의 역할을 한다. 그러나 실제 굿에서는 당 신을 대신하여 심방이 감상관의 역할을 하게 되므로 심방이 하늘에서 내 려온 신들을 굿판[祭場]으로 모시는 것이다. 〈오리정신청궤〉는 심방이 하 늘에서 내려온 신들을 오리 밖에까지 나가 굿판[祭場]으로 안내하여 모셔 오는 청신의례이다.

〈역가올림〉

　- 양창보

　신의 덕택에 심방일을 하여 벌어먹은 보답으로 신에게 바치는 공물로 역(役)의 대가. 역가를 바치는 의식. 이를 역례(役禮)라 한다. 신에게 바치는 폐백. 명주 무명 따위를 쓰는데 이를 '역가' '보답'이라고 한다.

〈방광침〉

　- 이승순

　〈방광침〉은 징을 쳐 영혼을 달래는 의식이다. 〈방광침〉은 〈초·이공맞이〉나 〈시왕맞이〉에서 영혼을 불러내어 달래고 위무하여 부정된 것을 다 풀어서 저승으로 천도하는 기원의식으로 심방은 자리에 서서 울면서 징을 두드리며 진행해 나간다. 방광을 쳐 사(邪-새)를 나가게 하는(내우는) 방광침은 세 번 하는데, 이를 "초방광, 이방광, 삼방광 내운다"고 한다.

〈추물공연〉

　- 이승순

　〈추물공연(出物供宴)〉은 신들을 모시기 위하여 내어놓은 제물, 출물(出物)을 갖추어 대접하는 공연의례를 말한다. 〈추물공연〉은 각 당클에 모신 신들 별로 안팎 공시상을 차려 놓고 앉아서 장고를 치면서 "ᄌᆞ소주에 게알안주 상받읍서" 즉 술과 계란 안주를 잡숫고 가시라며 옥황상제부터 하위신까지 젯ᄃᆞ리에 따라 신들을 불러 대접해 나간다.

〈초공 신질치기〉
– 양창보

〈초공 신질침〉은 〈초공본풀이〉를 연극적으로 풀어나간다. 자주명왕 아기씨는 청너울을 쓰고 스님에게 시주를 내주다 임신을 하게 되고, 부모님께 임신한 사실을 감추려고 분장식하는 대목으로 이어진다. 머리를 빗고 단장을 하는 과정을 해학적으로 표현한다. 세수하는 흉내를 내고, 산판을 두 발 사이에 끼워서 거울로 삼고 화장하는 시늉을 한다. 거울을 본다. 연지를 바르고, 눈썹을 그리고, 신칼채 머리타래처럼 나란히 머리를 펴 머리를 빗으로 빗는다. 다 빗은 머리는 뒤로 넘기고, 빗에서 이를 잡는다. 잡은 이를 입에 넣고 씹는다. 뱉는다. 빗은 머리를 땋는다. 댕기를 묶고, 뒤로 감아 비녀를 꽂는다. 신화의 희극적 연출이다.

(군복차림의 양창보 심방이 신칼을 들고 마당의 초 · 이공맞이상 앞에서 진행)

어어 삼형제가 어주애삼녹거리에 내려선 보니
너사무 너도령 삼형제가 길에서 울엄시난
서로간에 육항렬을 맺었구나.
육항렬을 맺언 유자남과 탱자남 벌목하여 신전집을 지어놓고,
어궁또 어머님을 살릴 집을 설연을 하고
당주전도 설연하고 연당 알도 마련을 하여
육항렬이 신산골을 도올라
목사오기 실사오기 베어다 울랑국에 범천왕에

대제김 소제김 소리 좋은 삼동메기 살장고도 다리도 놓자.
(심방 장고를 들고 소리를 내보며)

(악무)

연양당주 삼시왕님의
줄이 뻣나 발이 뻣나 삼시왕 길도 발롸.
(안밖을 오가며 신칼점)

(악무)

삼시왕 길을 발롸습니다.
어머님 깊은 궁에 들었건
낮은 궁에 나 올려줍서 영허연
낮도 영청 밤도 영청 기도 원정을 드려
어머님이 죄 풀련 나오라
삼천천제석궁 어궁또에 좌정헙서.
영허여 좌정을 헙서 영허난
에에 좌정을 하니 어머님아.
삼천기덕 일만제기 궁전궁납을 어멍궁으로 도올려 두고
삼시왕에 도올라 삼시왕에 실령으로
천아대궐 유정승따님 애기 탄생하여
(영기 명기 들고)
예순일곱 나는 해에
대명천지에 눈어둑아 삼시왕에 도올라

너비재고 길이 제난 백근 장대로 저울리니 근수가 부족허다니
나오란 10년 동안을 도를 닦아 다시 올라가 질을 제난
너비도 맞다 길이도 맞다 합니다.
아아 일천기덕 삼만제기 무르와 가라 영허난
삼만제기 무르와다
안체포 걸며지어 아랫녁에 자복장저 집에 들어가
안으로 열두당클 질사매고
밧으론 천지염라대를 설연하여
삼시왕을 바라나고 바라들어났습니다.
초공 임정국 상시당 가는 딜랑
영사명기랑 사명오초도 사려
(기를 들고 바삐 뛰며)

(악무)

삼시왕에 줄이 벗나 발이 벗나
연양삼시왕길도 발루자.
(신칼점)

에헤 전정록이 내려온다.
동해바다 쇠철이 아들 불러다 아방국이 놓던 천문
"야, 푼을 가져오라."
일월 삼멩두 길을 놓앗십니다.
(소미가 양푼에 엽전 상전을 넣는다.)
아방 주던 개천문이여

어멍 주던 개상잔이여

시왕대반지도

오늘은 초이공연맞이로

본멩두도 다리 놓자.

신멩두도 다리 놓자.

삼멩두도 다리 놓자.

(심방 양푼을 내리고, 소미는 양푼의 술을 뽑는다)

〈쇠놀림굿〉

(악무)

본멩두 신멩두 다릴 놓았습니다.

안으로 들어서면 오늘은 아직은 초공연질이난

몸받은 검집사관 서씨로 신축생 몸받은 설운선생님이랑

앞에서 길 가리키고 신길 연길을 발롸줍서,

어어 성은 정씨로 경자생 몸받은 설운 선생님이랑

아직은 길이 뒤떨어져도 좋습네다.

어어 안멩두 밧멩두 들러 받아 쇠놀림 굿이야.

(심방은 마당에서 상방으로 들어가 양푼을 놀리며 춤을 추다가

당주방에 양푼을 던져 종합 산판점을 한다.)

던지고 나서도 (신칼점)

"앞에 선 것만 놓아."

(심방은 안팟공시의 엽전과 상잔들의 위치를 살피며 신의를 아

〈초공신질치기〉

뢴다.)

(마당에 요령들고 서서)

어어 초공 임정국 상시당 가는 길은
제고비 돌아갔습니다.

〈이공 꽃질치기〉

〈이공서천 도산국 꽃질치기〉는 〈이공 꽃길치기〉라 한다. 심방은 〈이공 본풀이〉를 연극적으로 풀어나가다가 억새 다발로 만든 악심꽃을 다 꺾은 다음, 올레 밖으로 나가서 던지고 잔을 드려야 한다. 그래야 집안의 나쁜 것들이 다 밖으로 나가게 된다.

제가 돌아갑니다. 위가 돌아갑니다.
이공서천도산국 길이 당하였구나.
이공서천도산국 길은 이하에
원진도 상시당 김진국도 상시당
사라국은 사라도령 월강아미 신산만산 할락궁이
천년장자 만년장자
어어 서천꽃밭에 들어가면
황세군관 도세군관 꽃감관은 꽃성인
신녀청 궁녀청들 모든 애기 팔선녀
꽃궁녀청들 거느려 안으로
신이 수퍼사저 허시는데
어어 이공서천도산국 길도 돌아보자.

(악무)

어어 이공서천도산국 질은 돌아보난,
부성산에 사래국도 사라대왕 올습네다.
부자로 잘 살아난 원진국 대감님과

가난하고 서난한 김진국 대감님이 삽데다.

원진국 상시당 각시도 모르고

김진국 상시당 각시도 모릅니다.

어어 이십 스물 삼십 서른은 넘어도

남녀간에 자식없어 탄식하다 우리 절간법당에

수룩드리면 아기를 낳댄허난 수룩 드리러 올라가게.

잘 사는 원진국은 바리바리 주어 싣고 올라가고

김진국 대감님은 가난허난 서난허난 마음으로 실엉 간

원불수룩을 드리고 나오멍 하는 소리가

이거 너가 아들을 낳고 내가 뚤을 낳나

내가 뚤을 낳고 너가 아들을 낳나면

우리 구덕혼사허여 사돈맺는 것이 어떠허냐?

어서 걸랑 기영허렌 언약을 맺어둼,

내려오란 낳는 것이

김진국은 뚤을 낳고

원진국은 아들을 낳았구나.

원진국 아들은 사라도령으로 이름을 짓고

진진국 따님아긴 원강아미로 이름을 지었구나.

이 아기들 영해여 언약을 맺엇더니마는

이 아기들 열다섯 살 넘어가난

사라도령이 하는 말이

아버님아 김진국 대감님 집에 한번 강 봅서.

어떵 허영 가느니. 우린 사돈 맺인 집인디

가 봅서. 가난에 가난하고 서난한

집안에 뚤을 아니 보냈켄 허난

경해여 거절 허난 돌아옵디다.

돌아오젠 허난 다시 한번 더 가 봅서.

두 번을 가면 세 번을 갑서 허난

원강아미가 앚았단 아버님아 어머님아

다시 오랏거든 허겁을 하여 봅서.

팔자와 복력대로 사는 거 아니우까 영허난

에에 세 번을 들려가난 허락을 허연

사돈입제를 하연 인연을 맺었구나.

원강아미는 유태를 앚아 놓고

어딜로 가리오.

꽃감관 꽃생인으로 명이 나난

서천꽃밭에 가젠 허난 나도 같이 가쿠다.

어어 부부간이 가다가다 해는 일락서산에 넘어가고

갈 길은 멀어지고 해는 일락서산에 넘어가난

옵서 우리 긴 밤이나 새고 가게.

어욱밧디 들어가 잠을 자는 것이

초경 때가 넘고,

이경 때가 넘고,

밤중 삼경 때가 넘어가난

천앙닭은 목을 들고 울고

지왕닭은 날개 들고 울고

인앙닭은 지리발발 울어 가난

저건 어디 닭입니까.

이 마을에 제인들어 제인장자

만년들어 만년장자 집의 닭이엔 허난

어디 노시노시 걸음을 못 걸겠습니다.
저 집이 강 종으로 팔아둥 갑서.
얼마나 받으면 되겠느냐.
날랑 돈으로 백냥을 받읍서
뱃속에 아기랑 돈으로 천량을 받읍서
영해여 아전 제인장자 집에 들어가멍
종이나 삽서.
큰뚤 애기 나고 보라.
어어 이종 저종 사지 맙서.
우리의 아방을 죽입니다.
셋뚤 아기 나고 보라.
저 종 사지 맙서.
우리 집에 방을 줄입니다.
작은 뚤애기 나고 보리.
아이고 저 종 삽서.
우리 아버지 심심할 때
그디 강 발이라도 막암직허우다.
어허 돈 백냥 주고 사 아전 들어가
어느 날 밤에 들어간
원강아미 은 방에 누워시난
앞이 어둑어둑 허난
생인이냐 귀신이냐
난 생인이요. 누게가 되느냐.
나는 제인장자로다.
어떵허연 옵데가.

아이고 얼굴은 보난 탐이난 곱닥허길레

이영 오랐노라. 영허난

행실은 어떵헐지 몰라도

밴 아기 낭 오독오독 가져가다 보면

항복을 헙니다. 너네 법제 법대로 허라.

그 아긴 난 다시 앉아가난

아이고 상제님아. 이 아기 걸음을 하여

금마당에 막댕이 탕 노념놀이 하여사

부베간이 만납니다.

그대 대로 허라. 경해연 다시다시 들어가난

이 아기 15살 난 세경놈에

장비를 짊어지연 세경땅에 일허는 거 보여사

부부간에 상봉을 합니다. 경허난,

경허렌 허연 이 아기

세경놈이 장비를 짊어지고 세경땅에 간

농사 농업을 하여

아이고 머리맡에 해당 마께를 놓았단

앞 압전에 날랑 정강머리 때려부난

아이고 아이고 저년한테 속았구나 속았구나

어허 된 머럭이나 죽여보저

하루는 너새끼가 강 아홉말지기 갈고 말류고 볼려동 오랜허난,

아이고 발려돈 오난

아하하 오늘은 멸망일에 강 거두어 오라

줍씨 한 방울씩 몬딱 거두언

한 방울이 떨어지난 살펴보니

장산 개염지가 물언 들어감시난

아아 경 안해도 가는 허리를 밟으난

아이고 꼭 개염지 허리 같이 가는가는 하였구나.

아아 범벅 다섯 짐을 만들어 줍센허여 지어아젼

낮이는 할락궁이랑 멍석 다섯마릴 말류고 졸고

밤이랑 일곱 동이를 꼴라 영허난

그것도 허쿠다.

월강아미랑 낮에는 명주 다섯동이를 사고

밤에랑 일곱동을 담으라

바람을 이기난 그것도 삭삭하게 해가난

아이고 아이고 하루는 비도 촉촉이 오고하는데

할락궁이가 어머님아 어머님아

콩이나 볶아줍서.

뭣하겠느냐 이때까지 뎅기멍

친구벗들한테 얻어먹음이나 허주

한번 주워 본 도레가 없습니다.

콩 볶은덴 허난, 어디 콩이 있느냐.

우리 집이 콩 한 되야 아니 나옵니까.

어어 콩을 볶아감시난,

할락궁이 날려들언

어머니, 올레에서 누게가 불럼수다.

저기 나강 봅서. 세워 두고

빗자루영 숟가락이영 제숙이영 다 곱져둥

어머님아. 콩은 다 타부럿수다.

빨리 옵서. 오라 차린 거 없으니,

어어 급하면 손으로라도 저십네다.

손으로 집젠 허난 어머니 손을 꼬옥 잡안

솥강알러레 눌라 놓고

바른 말을 헙서. 우리 아방 어디 갓수과?

아이고 제인장자가 느네 아방이여.

아니우다. 아니우다.

어머님 간곳 아버님 간 곳 골읍서.

영허영 허여온 말을 골렌 해 가난

느네 아방은 아방은

서천꽃밭 꽃감관 꽃성인으로 들어갓저.

어어어 경허연 범벅 두 덩이리 만들어 줍서.

날 본 말 하지 맙서.

그것을 가지고 그디서 신산만산 할락궁이가 도망을 가는구나.

가다가다 천리둥이 물젠허난

너도 그집의 종이고 나도 종이여. 이거나 먹엉 가라.

범벅 한 덩어리 던져 주난

그거 먹으멍 먹는 틈에

천리를 넘어가고 만리를 넘어가난

발등에 지는 물이 있구나.

잔등에 차는 물이 있구나.

목에 차는 물이 있었구나.

넘어 가는 구나.

어어 서천꽃밭에 올라가는구나.

(악무)

(제청 안으로 들어가며)

(마당에서 신칼점)
어어 서천꽃밭에 도올라
버드나무 상가지에 앉아서
아기들 한 살적에 난 아기, 두 살적에 낳은 아기
열다섯 15세 된 아기들
하도 불상하고 하니 버드나무 위에 앉아둠서
흉험을 주어버리니
벌써 홀연광풍을 들여놓고 악심꽃을 주어가는구나.
이거 누구가 이렇게 하였느냐.
어어 철리동자우다.
잡아오너라.
데려와서 보니
너의 성가는 어디며 외가는 어데냐.
우리 아버님은 사라도령이엔 합니다.
우리 어머님은 원강아미엔 합니다.
나는 신산만산 할락궁이라 합니다.
경해연 아버지와 상봉하여
어허어 경허거들랑
어허어 수레멸망악심꽃을 내어주고
사람 살리는 꽃을 내어주거들랑

〈악심꽃 꺾음〉

　　수레멸망악심꽃을 내어주난
　　제인장자 집에 멸망이 들었구나.
　　족은똘애기 상제님아 날랑 살려줍서. 경허난,
　　아이고, 내가 상전이냐 네가 상전이지
　　영허연, 우리 어멍은 죽였느냐?
　　청대 ㄱ대밧디 간 죽었습니다. 영해연
　　에헤 제인장자 만년장자 집이
　　수레멸망악심악심 길이 어찌되며 몰라온다.
　　한 편 두 편 재삼 편 돌아보자

(악무)

　　(상밑에 있는 악심꽃을 손으로 가리키며)
　　저길 돌아보니
　　못 봢져. 큰상에 있구나.
　　어, 야, 날 보고 야?
　　아이고 돌아보난, 왕상허게 핀거 닮다.
　　요걸 어떵허민 좋고. 큰심방. 저거.
　　그냥 내버리지. 뭐. 나야.
　　이집이 뭐 한 거 이신 사람이라.
　　아방, 아버님, 난 들어보난,
　　아방헌 일을 아들이 아냐고,
　　(치와 버립서게.)
　　지가 지은 죄를 지가 치와?

이거 뭐. 아들을 못 낳면 못 낳지.
게메 말이로고.
야, 차불라.
어생이하고 오생이하고,
강, 팍 차불어. 갈라 먹젠.
나만 가주. 간 보난,
죽으면 죽어도 눈은 못뜨켄 햄싱게.
죽으면 죽어도 눈은 못뜨켄.
요런 트멍에 술을 주면, 좋댄헌다.
옛날 우리 아방 모냥으로 작은 아들 돌아다니걸랑
질에 가멍 술 먹엉 가르쳐낫저.
아아 수레멸망악심 꽃이랑 초풀 따당

(악무)

간 보난, 에에, 혼자만 가게.
가만있자. 게거들랑 벗을 찾아.
김녕가면, 허심방하고 또 여돈이 어멍 똘하고
여돈이 아시허고 저 어드레 가니.
위미리 가면, 오춘옥이 하고
성안 가면 사라봉 사라빌라 가면 정태진이 하고
이승순 서방하고
이집의 사위하고 정집의 아들하고
또 있저.
강씨 서문통 강칩의 똘, 강칩의 메누리

어멍 어멍허는 사람잇주게 죽어부렸주만,

경허고 쓸두루웨허고

강대원이 하고, 창보 아방허고,

하귀 가면 양창보하고 양심방허고

김찬옥이 하고 어멍어멍 하는 놈 하고

이만허면 일허는데 충분허다.

어어 수레멸망악심꽃도 다 잡으라.

(상 쪽으로 가 찾는다.)

(악무)

(띠다발로 만든 악심꽃을 들고)

나가 왔소이다.

자, 왔구나(꽃을 흔들며)

왔소이다. 내가 왔소이다.

수맹이 자손을 빌고, 박수무당이 왔구나.

왔느냐 소리도 (꽃을 흔들며) 어찌하면 좋을꼬.

아아 봐라.(꽃을 흔들며) 하라비 왔는데

문둥이 성님, 말이 없나. 문둥이 성님,

아이구, 이것이 살랑살랑 허꺼가면,

정공철이가 마음 먹엉

눈도 아프고 돌고 뒤로 돌고 해가사

(탁탁 흔들며)

그게 아니고, 나 진짜 굿건 들으라, 이.

나 하고, 정희하고 정공철이 하고 일본을 가시녜.

굿 마천 오란 저기 앞에 보난

저거 마씸. 저거. 핸게.

아이고 저거마씸 정종 한병 이시난, 술이 이시난

한 컵이라도 먹젠, 술만 먹당 일 못한다. 이.

아이고 난 잠자부럿는데 앉안 몬딱 먹어불언.

몬딱 먹으니, 아랑고롱 아랑고롱 헐거 아니가.

붙잡안 비틀거리멍 들어완,

허단 밤길에 나간 돌아다니단

아버지. 아버지. 일어납서.

일어낭 놀레 그릅서.

날 데리고 어딜 가냐 허면

가게에서 맥주 한 병을 불렁 먹는거라.

저 백정놈 술 먹언 청에 정희가 앉아시난

이년들 다 죽여버리겠다고

경허난 거기 있는 여자들은 경찰에 고발허켄 하고

정흰 그때 머리라도 맞아시믄 큰일 날뻔,

크게 다쳐실 건디 맞진 안 허연.

계난 말쩬 경허난

이 사록 저 사록 다 꺾엉 무시것 허여

소용이 없고 요거요거 응응 응응

(악심꽃을 무릎에 놓고 꺾는다)

(악심꽃을 밑에 놓고 홀쩍 뛰며) 밟는다.

밟앙 묻엉, 영허민 (다시 한번) 하나, 둘, 셋(뛰며 밟는다)

아이구, 조큰거 떨어져부러서.

아이구, 나 야들놈.

이레 떨어지나 저레 떨어지나 내불라.
털어지고 안 털어지고 지네집의 가 불거
경헌디 영 잡아도 소용없고
아멩해도 소용없고
공철아. 스룩 팔아 먹을 날이 만만하고
(반쯤 꺾어진 악심꽃을 보며 말한다.)
난, 다 되어시녜. 경허난,
이거 주거들랑 어디 강 모시는가 하니,
쌀 양푼이 하영 가운데 심엉 당주방에 강
영 모셩 놔두라. 와글와글 해가민
동으로 술 들어오고, 서로도 술 들어오고,
양주도 들어오고, 정종도 오고, 청주도 오고.
영허는 거난 요거 요거 요거.
요거 해당 집에 놔두라,
마라. 애비 허는 말도 안 듣는 건 호로자식이여.
꺾어맞자.(몇 가지씩 꺾어 나간다.)
아이고, 안에 들어도 안 될거고.
하면 억지로 지네들 몸 받은 영가혼병님
벳겨가든 것도 꺾어맞자.
야, 이거 이거 이것도 꺾어맞자.
다 벗겨가던 것도 꺾어맞자.
큰아버지 큰어머니 벗겨가던 것도 꺾어맞자.
이 하전에 벗겨가던 것도 꺾어맞자.
다시 재차 아버지 어머니
삼부처간 벗겨가던 것도 꺾어맞자.

오독독끼 꺾어맞자.

나 ᄀ르큼에 셋아방 셋어멍 벗겨가던 것도 꺾어맞자.

요것도 오독독끼 꺾어맞자.

검은 건 글이요 하얀 건 백지요

재차 족은아버지 벗겨가던 것도 꺾어맞자.

동생 벗겨가던 것도 꺾어맞자.

큰고모 벗겨가던 것도 꺾어맞자.(영가의 명단을 보며)

다시 고모부 벗겨가던 것도 꺾어맞자.

작은고모 벗겨가던 것도 꺾어맞자.

고모부 벗겨가던 것도 꺾어맞자.

오독독끼 꺾어맞자.

외하르방 외할망 벗겨가던 것도 꺾어맞자.

오오 구미 오씨로군나 벗겨가던 것도 꺾어맞자.

나 외삼춘 제주고씨 벗겨가던 것도 꺾어맞자.

아아 외조부 벗겨가던 것도 꺾어맞자.

경주 이씨 벗겨가던 것도 꺾어맞자.

할망이로구나 이모님 벗겨가던 것도 꺾어맞자.

이모부님 벗겨가던 것도 꺾어맞자.

어ー 사춘 동생이로구나. 벗겨가던 것도 꺾어맞자.

칠일 영가 고모할망네 벗겨가던 것도 꺾어맞자.

오독독끼 꺾어맞자.

어ー 큰고모 셋고모 벗겨가던 것도 꺾어맞자.

당주 악심꽃도 꺾어맞자. 몸주 악심꽃도 꺾어맞자.

본멩두 신멩두 삼멩두 악심꽃도 꺾어맞자.

집안에 모든 조화를 주고

가정에 풍파를 일으키는 악심꽃도 꺾어맞자.
51 나 아기 병주던 악심꽃도 오독독끼 꺾어맞자.
들여두고, 집안에 화를 부르고 금전에 손해를 주고
싸움을 불러주는 것도 오독독끼 꺾어맞자.
팔저 궂인 형제동간들 벗겨가던 것도
오독독끼 꺾어맞자.
나 난 아기들 난 아기들이멍 다 살아지리야
벗겨가던 꽃도 꺾어맞자.
울랑국 범천왕에 살이살성 불러주던
악심꽃도 꺾어맞자. 꺾어맞자.
집안에 청ᄉ록 흑사록 나무ᄉ록
당주ᄉ록 몸주ᄉ록 일으키는 것도 꺾어맞자.
여기 갔다 봐.
오독독끼 꺾어맞자.
나 머리 곱다 느 머리곱다
청사당번 머리에 동백기름 발라
이런 악심이랑 방안방안 부엌부엌
악심이랑 안에서 바깥으로
어어- 시로방송이여.

(악무)

시로방송을 시켜가며
주잔들랑 내어다
저승가면

수레멸망 악심꽃 구불법 구삼싱들 주잔받앙
어- 악심꽃이랑 서천꽃밭에 도올라
거부춘심 헙네다.
거부춘심을 허난
악심꽃을 제초하니
좋은 문잡이들 허고
향직이하고 정해였구나

〈꽃씨들임-거부춘심〉

서천꽃밭디 꽃씨 들이러 가자.
서천꽃밭에 꽃씨 들연 보난
거부춘심을 하난
큰가지에 잎이 나고 날내가 났구나,
삼월 삼짇날이 당허여
서천꽃밭 도올라 거부춘심이우다.
파릇파릇 환생꽃이 되었구나.
영해연 오늘은
어-아멩해도 안되켜.
저 본주. 우리 강 꽃 도둑질 행 오게.
아들 어시난 어디강 아들 하나 낳고
나도 아들이 어시난 나는 늙언 아들은 못낳는다마는
한번 더 나올거여.
벌을 받으면 좋주.
얼시구나 절시구나 지화자 좋네,

〈이공 꽃질치기〉

(동백꽃이 든 양푼을 들고)

더 좋은 꽃이 있나.

얼시구 좋다 저절시구 좋네,

아니 놀지는 못하리라.

아- 동백꽃 피였구나.

이보다 더 좋은 꽃이 있느냐.

얼시구 절시구 지화자 좋네.

아이구 싱글랑 싱글랑 먼 질을 걸어 가는디

싱글랑 싱글랑 안해.

일락은 서산에 해는 떨어지고

일출동산에 해가 솟아 온다.

경허난 내놔불라.

내 놔불라. 이레 오라.

상드레 오려불라.

(본주는 동백꽃 그릇을 받아 상에 올린다)
말 잘 들으면 우리 아들이여.
번성꽃 꽃씨 타다 우올리고
꽃은 꺾어다 좌우로
신여청 불르라. 궁녀청 불르라.
불러다 팔선녀 신녀청 불러다

〈꽃춤〉

(두 신소미가 동백꽃다발을 들고 부딪치며 꽃춤을 춘다.)

(악무)

초이공질은 다 닦았습니다.
어느 꽃이 떨어지고 안 떨어진 지 모릅니다.
일월 삼멩두로 알아 올려줍니다.
(신칼점)
서천꽃밭 꽃놀이 하였습니다.

〈공시풀이〉

- 정공철

〈공시풀이〉는 멩두(명도) 요령, 신
칼, 산판 등 굿할 때 모시는 명도를 모
신 공싯상 앞에 앉아 본주 심방이 심
방 선생들, 즉 유씨 대선생 이후 모든
심방 조상인 옛 선생들을 청하여 축원
하고 대접하면서 "독두전에 게알안주
상받읍서.(닭고기에 계란안주로 상을 받
으십시오.)"하며 공싯상의 내력, 심방
이 된 내력을 풀어나가는 제차다.

〈공시풀이〉

(장단)

초이공연맞으로 이-,
초공 신줄, 이공 연줄,
외오 둘러 노다, 노다 둘러 외오,
감아 맞고 풀어 맞았습니다.
안으론 성은 정씨 52살
신의 아이 경자생 몸 받은
안공시로 몸 받은 부모조상님과
밧공시로 집사관 성은 서씨 신축생
억만 상신충 몸 받은 안팟공시 부모조상님네
고 옛선생 황수님네 신공시 제 풀이

어간이 되었습니다.
몸 받은 부모조상님네 신공시대풀이로
일부(一杯) 혼 잔이외다.

(장단)

공신은 공신은 가신 공서
저외전 난산은 본은 갈라
옛노연 서준왕 서준 공서,
엄전 지 말씀전 공신말 여쭙니다.
날은 갈라 어느 날
둘은 갈라 어느 전 둘이 오며,
올 금년 수년장제
해론 갈릅기론
이천십일 년도 신묘년
둘은 갈릅기는
원전싱 팔자 궂인 애손 신구월 달
초여드레 본멩두
열여드레 신멩두
스무여드레 살아살축 삼멩두
궁의 아들 삼형제 솟아나던
애산 신구월달 스무ᄒ른 날이 되엇수다.
어느 고을 어떠한 자손이 이 공서며
국도 생겨오던 국이외다.
도장도 앚겨오던 도장인데

도위전 우리나라 대한민국 제주특별자치도
제주시는 동문 바껏 나사면
조천읍은 북촌리 1151번지
가지 높은 절당집 지왜너른 신전집
당주집을 무어 사는 자손인데
원전싱 팔제궂인 신의 아이
저이전 성은 정씨 경자생 52 받은 공서옵고
산천 여공녀 아이,
큰 뚤 21, 족은 뚤 12살 받은 공서외다.
사는 용궁 안에 어떤 따분에 이공서
말씀 올리느냐 영협기는
밥이 업서 밥 줍서, 옷이 업서 옷 줍센 허여
올리는 이 공서 아니외다.
이거 사는 주당은 표선면 성읍민속마을
옛날 마방집 빌언 오란 이 제청 설연협기는
옷광 밥은 없으면
빌어서도 옷이고 얻어서도 밥입니다마는
천지지간 만물중에 유인최귀이니
하늘과 땅 사이 가장 귀한 건
초로(草露)같은 우리들 인간목숨 아닙니까.
춘초는 연년록 왕의 손은 귀불귀법이난
저 산천 만물 푸십새는 금년 오랏다 구시월
동지섣달 모진 설한풍에 낙엽단풍 지엇당도
명년이라 춘삼월 호시절이 근당허면,
죽었던 낭에도 가지마다 송에 돋아나고

꽃도 피고 입도 돋아 청산은 화산되고
원정 말씀 올립기는
신의 아이 성은 정씨
제 몸을 자랑하건마는 우리 인간들은
금세상을 솟아나 이십스물 넘고 삼십서른 근당하여
하늘 꿈은 천덕 지애님 공은 은덕
부모조상 은덕은 호천만극이라
부모조상 은공은 다 못 갚아
그날 운수가 불길허여 어차 한번 쓰러지면
열두 몸에 일곱모작 조근조근 묶어
저 산천 엄토감장허면 명년이 지나도
다시는 인간으로 돌아환생 못하는 게
초로같은 우리들 인간 목숨 아닙니까?
우리 인간들은 칠십은 고래희
팔십이 정명이라 정하였어도
병든 날과 병든 시
잠든 날과 잠든 시
근심걱정 다 제하면 단사십도 못 살앙 가는 게
우리 인생들 촛불같아지고,
아침날 토란잎에 이슬같은 인생들 아닙네까.
이간 군문 안에 불상한 원정 말씀 올립기는
신의 아이 성은 정씨 경자생 52 부모혈족 떨어질 때
대정읍은 모슬포 상모리 3686번지에서
아버님네 형제간 오형제 가운데
나 낳아준 아버님은 말젯아들로 솟아나고

큰아버님 젊은 때 일본 주년국 강 살아불고
셋아버지도 젊어청춘 한 스물 안에 인간 떠나부난
말젯아들로 솟아나도 큰 아들 노릇허고
종손 노릇 다 허고 여이전
정든 부모 몸에 고생고생허멍 입장노릇 허는게
고씨 어머니 만나근 저 누님 단똘애
하나 솟아나 그때엔 나라에 육이오 전쟁 난 때
가속까지 놓아두고 일선 군인 간오란
큰어머님은 신병들언 이울단 저 누님 서너살에
인간 떠나부난 아버님은 이영저영 저 누님 영 허영
홀아방으로 저 똘 하나 의질허영 살아가니
그때엔 작은고모님이 신역 아니 간
흔집이 살고 영 헐 때난
족은고모님신디 맡겨두엉
족은고모님이 키우다시피 허영오단에
족은고모님도 나이 들언 신역 가게 되난
이녁 애기 그눌라 줄 사람 엇고 영허난
신의 아이 낳아준 윤씨 어머님 얻게 되연
부부간 무언 사는 것이 아들 사형제 솟아난
아버님은 강단허여도
어머님은 저 누님 다심 태허염젠 허는 말
안 듣젠허여 이 똘을 아들들 보다
더 생각하고 경허영 살아가는 것이
그 때에 아버진 똘이 여자식이
공부는 허민 뭘 할거넨 허여 중학교도 가지 말라

고등학교도 가지 말라 영허여도

어머님이 들언 중학교 고등학교 다 시키고

나 낳은 아기 네 형제도 아멩이나 내가 고생허영

이 아들들이랑 박헌 놈은 농사는 아니 시키저

그때 후엔 농사만 이 아이들 다섯 오누이

공부시키지 못 헐 거난 농사아니 짓을 때엔

어머님 불체정시 허고 걸름장시 허멍

놈의 식당 놈의 골목마다 다 뎅기멍

놈의 골목 들어강 불체 혼줌이라도

얻어보젠 영해영 집집마다

아니 다녀본 집 어시 다 뎅기멍

좋은 금전 벌어근 아기들 좋은 공부 시켜주젠 허난

아닌 고생 다 허멍 허당보난

누님도 신역 가불고

아들 두형제만 놔둥 살젠허난 아버지 어머니

아닌 고생 다 허멍 살아가는 것이

우이전 젊은 때부터 몸에 병이 들언

저 서울 대학병원까지 간 진찰을 허여도

병명 아니 나오란 이 아버지 올려오젠

좋은 초약이엔 허민 아니 써본 약이 없고

아아ㅡ 영허단 베련보난

당신 몸에는 신병드는 줄을 몰란

다리 아프고 하건 디 다 아판

관절이 다 아프고 핸 병원에 간 진찰을 허난,

간경화엔 허연 병원에 입원을 해여사 뒌덴허연

입원을 허난, 그 때에 입원허연

좋은 금전 드련 좋은 약을 쓰고

좋은 주사를 놓아봐도

가망어선, 신의 아이 24살 나던 해에

불쌍헌 아버지, 아이고, 우리 작은 아시,

중학교 2학년 때, 인간 떠나부난

아, 나 낳아준 어머님도 처가속 다음으로

신의 아이들 네 성제도 하눌이 다음으로 미여지어

영해영 살아가는 것이 아버님도 66 나는 해에

끝네 못 살안 안간 사별 되어부난,

간 베려보난 설운 불상한 말젯동생 이 동생

고등학교 졸업허영 부산 수산대학에 합격을 허여도

그때에 신의 아이도 대학 뎅길 때고

셋동생도 대학 뎅길 때고 영허난 혼 집이

세 형제간 대학을 다닐 수 엇이난

신의 아이 간 설운 동생 위해 내가 1,2년만 이시문

졸업헐거난, 나 졸업할 때까지 군대 갔당 오라근

대학을 입학 허렌허난 기영헙센허연

설운 동생허고 군대 군대 공부허여근

군대에 제대허연 사흘 째 되는 날

친구 벗들과 어울려 저 바당에 놀러간 게

어이구 그게 저승질이 되언 저 요왕에서

인간 사별되여불고 영허시니 세 형제만 남아

어어, 서귀포로, 모슬포로, 제주시로

각리각산허여 사는 것이 신의 아이도 저 마당극 허는 디로만

뎅기단 베려보난 이십 넘고 삼십 서른 넘고

입장모른 결혼허는게 인연 아니되연

첫 살림 선진 이별허여두고, 둘체 사름도 끝네 못 살안

선진 이별허여두고 그때 이후로 이만허면 어떵허민 좋으리

김씨 회장님 얻어 만난 저 무형문화재 71호

칠머리당 영등굿 사무장으로 근무허는 것이

이만허면 어떵허리 불러다 나도 좋은 전성을 그르쳤저

35 되는 해에 신의 아이도 좋은 전성 그르청

신의 밥을 먹저 신의 옷을 입저

신의 좀을 자저 영허연 전승 그르쳐

김씨 회장님 내외간을 어어, 의질허여

연물 두두림, 소리 쓰는 거, 새두리는 거 영,

석살림, 질치는 거영, 다 배왕 살아오는 가운데,

영허여도 의지혈 조상 하나 엇고,

당주도 엇고 영허연 시난,

양씨 부모 아버지 김씨 어머님네도

여러 아이들 낳아도 아이들이 인연 어선

서처고단허난 수양부모 아버지 어머니

부모자식 간을 무어근 저 조상을

물리켄 허연 부모자식 연을 맺어두고,

올 금년은 애산 신구월 달,

초요드렛 날, 저 하귀로 간 몸받은

연양당주에 하직을 허연 몸받은 조상님

신의 아이 머리 쪽에 오몽을 험서.

양단어께에 강림을 험센허여

신의 아이 사는 저 북촌 집으로나

마흔ㅇ돕 상간주

서른ㅇ돕 이간주

스물ㅇ돕 하간주

뜻불어 뜻도벽, 바람불어 바람도벽,

동산세별 동심결 연향 육고비

누울려근 당주집 허여놓고

제주 KBS가 전통연구소의 자문을 받아

제주 큰굿 재현을 하게 되난

신의 아이가 본주로 들어산 내림굿을 받저

초신질을 바치저 몸받은 부모조상님

초역가를 바치저 마음먹고 뜻먹어 의논공론허여

올 금년 애산 신구월 달

몸받은 연향당주 몸주문을 열리고

초집사를 검신녀 억만 도신님 상신충 서씨 아주머니

몸받은 연향당주 몸주문 열려

상안체는 짓우로

중안체는 짓알로

하안체를 거느리고

팔재 굿인 부모 아버지 어머니 삼촌님네

팔재 굿은 유학형제간들 밤을 세워

이 성읍리 옛날 마방집으로

당반설연하고, 기메발동하여,

기메한데 기메잔을 올려 기메고사 하고

뒷날 아척

천지천왕 지도지왕 인도인황

천신기 지ᄂ리고

지신기 지도투와

천지염랫대, 좌돗기 우돗기

지리여기 양산기 나부줄전기

삼강오륜지법으로 줄사메고

안으로 사회연당클 입구자로 추켜매고

초감제 연다리 천보답상 어간을 허여

초감제 연ᄃ리로

천상천하 무변대외 영실당에 노는 신전님네

옵서 옵서 청허여 떨어지고 낙루헌 신전

초신연맞이 넘어 들엇수다.

초상계 연다리로

금동탈 임신 금동을 탑서.

옥동탈 임신 옥등을 탑서.

마니연동 쌍도레 호속매 월매월산 타며

옵서옵서 청하여

연당만당 각호각당으로

우앚이고 좌앚어 맛이 좋은 금공서

설운 원정 넘어들었수다.

어하, 뒷날은 관세우 도령법을 넘어들어

보세신감상 연다리로

저의전 청허신 신전님네

올 발며, 실 발며, 당반전지 발며,

각호각당 만서당드레 도오릅센 허여

자손들 잘못한 죄목죄상 풀려줍센 허여

초시에 이시에 삼시에 바쳐 도지마을 장발팔법

넘어들었수다.

그 뒤로는

원전성 팔자궂인 초공 난산국 넘어들엇수다.

이공 서천도산국 난산국 풀고,

삼공 난산국 넘어들엇수다.

듯날 아적은 세경신중마누라님 난산국을 풀고,

옥황천신 불도연맞이로

천황불도 할마니, 지황불도 할마니, 인황불도 할마니

석신대별상 홍진국마누라님네 알로 ᄂ려

북두칠원성군님에 등장을 들엇수다.

넘어들고, 어어, 옛날은 신전님도

취침을 협서. 우리 신의 아이들도 취침허였당

오늘 아적 개동절에 본주로 들어

초이공연맞이로

부모는 자식을 보저 자식은 부모를 보저

부모자식 상봉을 허여

일부 혼잔 때가 넘어 들었수다.

초공신질, 이공연질 치고 닦았습네다.

좌가 돌고 위가 돌았습네다.

공시대풀이가 어간이 되엇수다.

초공은 신줄, 이공은 연줄,

어어어— 이 인연으로

노다 들어 외어, 외어 들어 노다,

감아 휘어 맞았습니다.
어어 여이전, 공시대풀이로
부모는 아기 보저, 아이는 부모를 보저
얼굴 상봉허여 일부혼잔 하다 남은 건
공시대풀이로 일부혼잔 때가 되었습네다.
아아, 짚은 궁은 야푼궁, 월궁일궁,
초공 임진국 상시당 하늘님네도 일부혼잔 헙서.
초공의 성진땅은 황금산이외다.
외진땅은 적금산이외다.
초공 성 하르바님 성 할마님도
공시대풀이로 일부(一杯) 혼잔 헙서.
초공 외진 하르바님 천하대궐 임진국 대감
외진 할머님은 지하대궐 김진국 부인
초공 아버님은 황금산 도단땅 주접선생님
초공 어머님은 이산 줄이 뻗고 저산 줄이 뻗어
왕대월산 금하늘 노가단풍 자주명왕 아기씨,
일부혼잔 헙서.
궁의 아들 삼형제외다.
애산 신구월 달,
초여드레 본멩두,
열여드레 신멩두,
스무여드레 살아살축 삼멩두,
젯부기 삼형제 공시대풀이로 일부 혼잔 헙서.
어허, 너사무너도령 어머님은
물멩지 단속곳 바라들고 바라나며

274

육항열 무엇수다.

너사무너도령도 공시대풀이로 일부 혼잔 헙서.

초공은 신불휘, 이공은 꽃불휘,

이공서천도산국 상시당도 백계왕도 상시당

원진국 김진국 상시당

사라도령 사라대왕 원강아미 원강부인

신산만산 할락궁이

천년장자 만년장자

꽃감관 꽃성인 황세곤간 도세곤간들

열다섯 15세 미만 이안에 서천꽃밭 가던

청남청 신녀청을 거느리멍

공시대풀이로 잔을 받읍서.

삼공안땅 주년국 노불휘 노전상

글하기도 전상, 활하기도 전상,

장사 사업하고, 농업 농사하는 일도

전상차지웨다. 어허−

팔재가늠허여 이 심방질 허는 것도 전상ᄎ지외다.

웃상실은 강이영성 이서불

알상실은 홍은소천 너설부인

은장아기 놋장아기 가믄장아기

월매 마퉁 신선비들 거느리멍

공시대풀이로 잔을 받아삽서.

안초공은 밧초공

안이공은 밧이공

안삼공은 밧삼공님네

공시대풀이로 잔을 받아삽서.
드려두고, 그 뒤으로
삼시왕에 대명을 받아오던 멩두멩감 삼처서 관장
공시대풀이로 잔을 받읍서.
어의전 열다섯 15세 미만 안에
저승 서천꽃밭 간 아기들 안동하여 가던
구천왕 구불법 도령아미님네도
공시대풀이로 일부 혼잔 헙서.
드려두고, 안팟 신공시로
몸받은 부모조상님네
글선생은 공자외다.
활선생은 거저
심방선생 남천문밧 유씨 대선생님네
공시대풀이로 일부 혼 잔 헙서.
몸받은 신공시 고 옛선생 황수님네 일부 혼 잔 헙서.
밧공시로 성은 서씨로 억만 도신님 상신충
몸을 받아오던 아아, 밧공시로
(조상 적어진 거, 갖다 줍서.)
밧공시 조상, 밧공시로 몸을 받아오던
어어, 조상님네도 공시대풀이로
일부 혼 잔 때가 되었습니다. 잔을 받아삽서.
몸받은 조상님은 밧공시로 신의 아이
밧공시로(오춘옥 심방이 설명)아하, 몸을 받아오던
선생님은 김내편 김씨 하르방 물멩지 단속곳
발아 들고 발아 나멍 육항열 무엇수다.

너사무너도령도 공시대풀이로 일부 ᄒᆞᆫ 잔 협서.

어허, 그 등으로 오는

초공은 신불휘,

이공은 꽃불휘외다.

이공서천도산국 천계왕도 상시당, 북계왕도 상시당,

원진국 상시당, 김진국 상시당,

사라도령 사라대왕 원강아미 원강부인

신산만산할락궁이

천년장자 만년장자

꽃감관 꽃성인, 황세곤간, 도세곤간

열다섯 15세 미만 안에 서천꽃밭 가던

청남청 신녀청들 거느리멍

공시대풀이로 잔을 받읍서.

삼공안땅 주년국이외다.

노불휘 노전상 전상ᄃᆞ리외다.

글허기도 전상, 활하기도 전상,

장사 사업하고, 농사 농업하는 것도 전상ᄎᆞ지외다.

팔자 진념하여 이 심방질허는 것도 전상ᄎᆞ지외다.

웃상실은 강이영성 이서불

알상실은 홍은소천 너설부인

은장아기 놋장아기 가믄장아기

월매 마퉁이 선비들 거느리멍

공시대풀이로 잔을 받아삽서.

안초공 밧초공

안이공은 밧이공,

안삼공 밧삼공님도 공시대풀이로 잔을 받아삽서.

드려두고, 그뒤로 삼시왕에 명을 받아오던

멩두멩감 삼처사 관장

공시대풀이로 잔을 받읍서.

열다섯 15세 미만 안에 저싱유무지왕 서천꽃밭 간 아기들

안동하여 가던 구천왕 구불법 도령아미 처사님네도

공시대풀이로 일부 흔 잔 협서.

드려두고, 안팟 신공시로

몸받은 부모조상님네

글선생은 공자외다.

활선생은 거저

심방선생 남천문밧 유씨대선생님,

공시대풀이로 일부 흔 잔 협서.

몸받은 신공시

옛선생 옛날 황수님네 일부 흔 잡 협서.

밧공시로 성은 서씨로 억만 도신녀 상신충

몸을 받아오던 (조상 적은 거 갔다 줍서)

밧공시 조상, 밧공시로 몸을 받아오던

어허, 조상님네도 공시대풀이로

일부 흔잔 때가 되었습니다. 잔을 받아삽서.

몸받은 조상님은 어허허, 밧공시로 신의 아이

밧공시로 몸을 받아 오던

선생님은 짐 외댁 김씨하르방 책불일월

불도조상 외하르바님 책불 작은하르바님

책불조상님네 고모할마님, 불도조상님네

어머님 초신질 발롸주던 정씨 하르바님네
몸받은 조상님은 벵듸 진밧가름 먹쿠실낭 큰가지에사
솟아나던 고씨대선생, 안씨, 김씨 선생님네,
서김녕도 임씨 대장간 불미 선생님네영
몸받은 조상 초신질 부모 날 낳준 부모
날 나 주엇수다. 어어, 잔 받읍서.
어의전 함씨, 임씨, 이씨 선생님네 임씨 하르바님,
임씨 할마님네, 양씨 할마님네
공시대풀이로 잔을 받읍서.
이 신질 발롸주던 선생님 정씨 하르바님,
잔 받읍서.
안씨 부모 한씨 부모님네
내이전 고씨 큰 어머님, 서씨 부모 아버님네도
공시대풀이로 잔을 받아삽서.
삼신질 발롸주던 대역례 해주던 행원
이씨 선생님네 아직 행원에 있수다.
여이전 공시대풀이로 잔을 받아삽서.
안공시로는 양씨 아버지 몸받은 조상
신의 아이가 유래전득하엿수다.
몸받은 조상님은 저 김녕은 임씨 선생님,
임씨 선생님, 놀굽이 하르바님, 이씨 선생님네,
눌굽이 할마니, 임씨 할마님, 양씨 할마님네,
공시대풀이로 잔을 받읍서.
신의 아이 부모조상 심방 정시 아니외다 마는
문에 문줄 신의 신줄 아닙니까.

부모 아버지 고씨 어머니 윤씨 어머님네
설운 성제간도 공시대풀이로 일부 혼잔 헙서.
밀어두고, 어의전으로 강씨 삼촌
몸받은 선생님네영 한생소 설운 삼촌님도,
공시대풀이로 일부 혼잔 잔을 받아삽서.
미뤄두고, 정씨 형님, 정씨, 이씨 아주머니,
내외간 몸을 받은 부모조상 일월 삼멩두
어진 조상님네도 공시대풀이로 잔을 받아삽서.
그 뒤로, 몸받은 부모조상 삼멩두 어진 조상님도
공시대풀이로 잔을 받아삽서.
도의전, 오씨 아주머니 몸받은 부모조상,
일월삼멩두 어진 조상님도
공시대풀이로 잔을 받아삽서.
홍씨 동생 어머님 연줄로
신의 밥도 먹저, 신의 옷도 입저,
신의 좀을 자져 헙네다.
고씨 아주머니 몸받은 부모조상 일월 삼멩두
어진 조상님도 공시대풀이로 일부 혼잔 헙서.
그 뒤로, 설우시던 김씨 선생님 회장님네 내외간
몸받은 조상님네 김씨 회장님 내외간
신의 아이 질 고르쳐주고 설쇠 두두림,
대양 두두림, 북두두림, 소리 쓰는 법,
쇠두두림이영, 공연허는 거, 질치는 거, 석살림굿 허는 거,
여의전 공선말을 배와주고, 가선말을 배워주고,
부모같이 생각을 허고, 형제간 같이 생각을 허여그네

칠머리당 영등굿 보존회로 허영

영허영 뎅기단에 이번 참에 이 큰굿 헐 때에

동참을 못허여부난 불목지었수다.

몸받은 신공시 옛선생님에서 이 불목을 풀어

화해동참을 시켜나 줍서. 몸받은 부모조상님은

멩두와 장의고을 장의선감 한양고을 한양일월

악심전에 놀던 일월 양씨아미 원액 붙은 조상님네영

양씨 큰할마님, 이씨 불도할마님네도

공시대풀이로 잔을 받아삽서.

큰굿보존회 전수생 이수생 전수장학생

회원들 몸받은 부모조상님네영

철머리당 영등굿에 전수조교 이수생 전수생들

회원들 몸받은 조상 당주전에 있는 선생님네

고씨선생, 홍씨선생님네,

설우시던 안사인 설운 삼촌님네도

이우전으로, 공시대풀이로 일부 혼잔 헙서.

대정면에 놀던 선생,

정의면에 놀던 선생님네

모관에 놀던 선생님네

일부 혼 잔 헙서.

동문 밧은 나서면 저 화북은 이원신 대선생님네도

일부 혼잔 헙서.

드려두고, 강신숙이 설운 삼촌님네

형제간도 일부 혼잔 헙서.

저 삼양은 가물개 이원신 대선생님네

공시대풀이로 일부 혼잔 협서.
설우시던 김영수 설운 삼춘님네
여의전, 저 영등굿 보존회 사무장으로 가시난
북은 영치는 거여, 정 치는거여 허는 말을 행
굿을 하라시던 삼춘님 이젠 나이 들어부난
갈 데도 없다시며, 굿 잘 배워 큰심방 되시라던,
신의 아이한테 굿 잘 배워 큰 심방되라 하고,
듯날 아적, 배에서 바당에 털어져,
요왕에 인간 떠나시고, 시신은 대마도로 올랐젠 하니
소식 들고 신의 아이도 눈이 캄캄허여오던
설우시던 영수 삼춘님도 신의 아이 이번엔
조상물려아전 신질 발룹수다.
발롸줍서. 영수 삼춘님도
공시대풀이로 일부 흔 잔 협서.

〈초공다리 나수움〉

– 서순실

초공다리를 당주방으로 메어드는 굿으로 "나숩고 나수자"하며 신길을
놓았던 다리를 밖에는 수심방이 잡고 안방에는 본주가 잡아 서로 당긴다.
심방은 인정을 받으며 조금씩 양보하고, 본주는 사력을 다하여 안방으로
다리를 당기어 차곡차곡 개어 놓는다. 이를 '메어 든다'고 한다.

6) 여섯째날 : 〈관세우〉〈초이공 메어듦〉〈본향놀림〉 《시왕맞이》〈제오상계〉〈칠성본풀이〉〈석살림〉

(10월 18일 화요일, 음력 9. 22.)

초이공을 메어 들이는 것으로 〈초·이공맞이〉가 완전히 끝났다. 이어서 본향과 군웅을 놀리는 〈본향놀림〉이 이어졌다. 먼저 〈토산당신본풀이〉에 따라 여드레 한집과 일뤠할망의 본을 풀면서 방울풂과 아기놀림이라는 연극적인 굿을 함께 행하고, 그 뒤에 군웅만판을 놀았다.

기원·영신의례는 4당클 중 제1 당클인 '삼천천제석궁' 당클에 좌정한 신들을 맞이하고 기원하는 개별의례로 〈불도맞이〉〈초·이공맞이〉 등이 실연된다. 이러한 굿들은 굿의 원리를 말하는 〈초공본풀이〉, 생명의 원리를 말하는 〈이공본풀이〉, 직업의 원리를 말하는 〈삼공본풀이〉를 굿본으로하여 이루어진 〈맞이굿〉이다. 이러한 맞이굿은 신을 맞이하여 기원하고, 신다리(神橋)를 안방으로 매어 든 다음, 다시 석살림굿을 하여 마치는 것이 특징이다.

〈시왕맞이〉가 시작되기 전에 삼석을 울려 시왕의 신들게 굿하는 사실을 알린다. 〈시왕맞이〉의 삼석을 울린 이후이기 때문에 〈제오상계〉부터는 시왕당클의 굿이 시작되는 것이다. 〈제오상계〉의 의미에 대해 강대원 심방은 시왕이 내려오려고 하니 각 마을마다 토지관(본향한집)이 밖으로 전송 나가는 것이라고 설명했다.

〈제오상계〉는 먼저 초감제로 신들을 청해 들이는데, 〈오리정신청궤〉의 막 판에 저승의 최고신 삼시왕을 비롯한 모든 신들과 삼시왕의 이승 행차에 안내를 맡은 이승의 안내를 맡은 신인 감상관(=本鄉堂神)과 각 고을의 당신, 신당군졸(神堂軍卒)들이 모인 자리에서 가무오신(歌舞娛神)하는 놀이

굿이다. 이때 심방은 본향당신이 되어 "니나난니 난니야"하는 노래를 부르며 연물가락에 맞추어 춤을 추어 신들을 즐겁게 하면, 제장의 모든 구경꾼들도 따라서 노래하고 춤을 춘다.

이어서 굿을 준비하기 위하여, 술을 빚는 노동의 과정을 연출한다. 수심방이 얼굴에 밀가루를 발라 부스럼이 난 험한 모습으로 등장하면, 소무는 "소록이여!"하며 외친다. '소록'은 악(惡), 병(病) 또는 전상의 뜻이며, 수심방의 얼굴에 난 부스럼으로 표출되는 것이다. 이러한 '소록'을 없애기 위해 '뱀을 없애는 굿'을 해야 되며, 굿을 위한 제주(祭酒)를 마련해야 된다. 소무와 수심방에 의해 진행되는 대화는 굿하는 집에서 부지런히 움직이는 노동의 현장을 재현하고 있다. 떡과 가루를 가지고 그릇에 물과 섞어가며 게걸스럽게 만든 술을 가지고 본주의 집안 어른들에게 술을 먹이려 한다. 모든 집안사름들이 안 먹으려 하면, 침 까지 뱉어놓은 더러운 물(=잘 익은 술)을 수심방이 홀짝 홀짝 마셔버린다.

〈제오상계〉의 전상놀이는 장님거지가 등장하는 〈전상놀이〉가 아니다. '전상'이 '전생의 업보'로서 '팔자' '직업' '버릇'이라면, 여기에서의 〈전상놀이〉는 '나쁜 전상'을 내놀리는 놀이다. 놀이의 진행은 고리동반을 수심방이 머리에서부터 얹고, '소록'이라 하면서 발끝까지 내려오는 장면을 연출하며, 이때 떡이 있는 곳은 병의 환부에 해당한다.

〈용놀이〉는 신들을 모시는 당클(선반에 매어놓은 제단)에 청룡·황룡 두 구렁이가 들어서 있다. 시각적 효과를 위해 양쪽 당클에 긴 광목천을 바닥까지 늘어지게 드리워 놓은 것이다. 당클은 하늘이고 바닥은 땅이라면, 구렁이가 머리는 하늘에, 꼬리는 땅에 드리워진 것이며, 이는 신성한 공간인 제장이 부정 탄 것이다. 그러므로 심방은 이 두 구렁이를 술을 먹여 잠들게 하고, 잠이 든 뱀 '천구아구 대맹이'를 신칼로 죽이고, 뱀의 골을 후벼 약으로 파는 뱀장사놀이를 한 뒤, 제장에서 뱀을 치워버리는 순서로 진행된다. 우선 심방의 사설 속에 '천구아구 대맹이'라는 용이 노는 길을 보면, 천지간의 험악한 장소, 불길한 장소다. 이와 같이 용이 노는 곳은 구름이 많은 길, 궂은 바람이 휘몰아치는 길, 무조 삼형제를 유배한 길, 간질간질 병을 옮기는 길, 뻘 많은 구렁텅이다. 따라서 용은 불길하고 사악한 존재, —악·병·사(邪)·살(煞)—전상을 뜻하는 악신이며, 바다로부터 밀려온 외세라 할 수 있겠다. 또 놀이의 내용을 보면, 심방은 용이 어디에 있나를 신칼로 점치고 나서 멀찍이서 엎드려 소무와 대화를 한다. 이렇게 하여 뱀을 발견하면, 제힘으로 뱀을 죽일 자신이 없다 하며 구경꾼과 의논하여 술을 먹이기로 한다. 청룡·황룡이 술을 먹고 잠들게 되면, 그때야 뱀 있는 데로 살며시 기어가서 신칼로 단숨에 뱀을 쳐 죽인다.

뱀장사놀이는 사악한 뱀을 죽여 그 골을 후벼 파서, 인간의 생명을 살려내는 약으로 파는 데 극적 풍자가 있다. 징그러움·무질서·병·악과 같은 무형의 것들을 뱀으로 설정, 주력(呪力)을 가진 신칼로 죽일 때까지 술을 빚고, 뱀에게 술을 먹여 잠들게 하고 죽이는 과정에서 끝맺지 않고, 역설적으로 뱀의 골을 파는 장사를 함으로써, 뱀의 골은 생생력으로 환치되어 정력을 주는 약이 된다. '사람을 죽이고 병을 고치는' 약이라는 뱀골은 '나쁜 전상'으로 제장 밖으로 청소해야 할 것이다.

〈초이공 메어듦〉

〈관세우〉

- 7:50~8:09
- 정태진

〈초이공 메어듦〉

- 서순실

　초공길과 이공길, 신길과 꽃길을 치었던 초이공다리를 당주방으로 메어드는 굿으로 "나숩고 나수자"하며 신길을 놓았던 다리를 밖에는 심방이 잡고 안방에는 본주가 잡아 서로 당긴다. 심방은 인정을 받으며 조금씩 양보하고, 본주는 사력을 다하여 안방으로 다리를 당기어 차곡차곡 개어 놓는다. 이를 '메어 든다'고 한다. 다리를 안방으로 당겨 차곡차곡 개어 놓은 다음은 심방이 집안의 조상을 놀리는 〈석시〉 또는 〈군웅석시〉라는 석살림굿을 한다. 이 과정을 '잉어메살린다' 또는 '메어들여 석살린다'고 한다.

〈본향놀림-방울침〉 〈본향놀림-아기놀림〉

〈본향놀림〉

– 이승순

〈본향놀림〉 또는 〈토산당신놀림〉은 이레할망을 위한 〈아기놀림〉과 여드레할망굿인 〈방울침〉을 한다.

《시왕맞이》

〈시왕맞이〉는 죽음의 문제를 해결하는 굿이다. 심방은 〈영개울림〉을 통하여 사령의 맺힌 한을 풀어 줌으로써 이승에서의 미련과 죄업을 씻어 준다. 그리고 집안에 환자가 있는 경우 "이 주당(住堂) 안에 아무개 몇 살 난 아이 정명이 다하였으니 시왕에서 정명을 보존시켜 달라"고 빌고, 그 대신 천하에 동성·동년·동배의 사름이 있을 터이니 환자 대신 잡아가 달라고 '대명대충(代命代充)'으로 액을 막는 것이다. 따라서 〈시왕맞이〉와 〈질치기〉는 큰굿에서 최고의 절정을 이루는 부분이며, 사령의 길을 잘 치워 닦아 '저승 상마을'로 보내는 사자 천도를 통하여 산 사름[患者]의 병[恨]을 고치는 실제적인 문제를 푸는 단계이다.

〈시왕맞이〉 굿은 〈초감제〉 → 〈천지왕본풀이〉 → 〈토산당신놀림〉 → 〈토산당본풀이〉 → 〈새나움〉 → 〈방광침〉 → 〈추물공연〉으로 이어나 간다. 〈시왕맞이〉의 〈초감제〉는 다른 제차의 〈초감제〉와 달리 〈천지왕본 풀이〉가 완창 되는 것이 특징이다. 또한 〈시왕맞이〉에서는 기원 의례로 망자가 열시왕(지옥)에 떨어지지 않도록 비는 〈방광침〉이 중요한데, 초방 광, 이방광, 막방광 세 번을 친다.

〈제오상계(용놀이)〉
　- 강대원

〈제오상계〉는 굿의 절정이라 할 수 있는 〈시왕맞이〉와 〈삼시왕맞이(당 주연맞이)〉에 들어가는 예비굿으로 아직 미참한 신들을 재차 청하여 모셔

〈제오상계(용놀이)〉

놓고, 화려하고 웅장한 자리에서 신들을 향응 접대하고, 굿을 준비하는 과정을 보여준다. 〈제오상계〉는 ①풍류놀이 → ②방애놀이 → ③전상내놀림 → ④용놀이(갈룡머리) → ⑤뱀장사놀이의 순서로 진행된다.

〈용놀이〉는 신들을 모시는 당클에 청룡·황룡의 두 구렁이가 들어서 있는 모습을 설정하는데, 시각적 효과를 위해 양쪽 당클에 긴 광목천을 바닥까지 늘어지게 드리워 놓은 것이다. 당클이 하늘이고 바닥이 땅이라고 할 때, 구렁이의 머리는 하늘에 꼬리는 땅에 드리워진 것이며, 이는 신성한 제장이 부정 탄 것이 된다. 그러므로 심방은 이 두 구렁이에게 술을 먹여 잠들게 하고, 잠이 든 뱀 '천구아구 대맹이'를 신칼로 죽이고, 뱀의 골을 후벼 파서 약으로 파는 뱀장사 놀이를 한 뒤, 제장에서 뱀을 퇴치하여 치워버리는 순서로 진행된다.

〈제오상계〉는 간단히 하면, 〈시왕맞이〉를 하기 전에 미참한 신들을 재차 청해 불러들이는 청신의례이지만, 격식을 갖추어 하면 〈대사퇴치설화〉를 의례화 한 〈용놀이〉가 '굿중 굿'으로 삽입되는 〈아공이굿(뱀굿)〉이다.

(심방은 백지로 싼 떡, 이공 전상떡 '고리동반'을 머리에 얹고 있다.
여기에서 '고리동반'은 환자에게 병을 일으키는 죽음의 꽃 '스록'
이다.)

양궁 당주삼시왕 어간 되어,
아다시피 '아공이굿'으로 넘어들며,
어-,
지가 돌고 위가 돌아 오랏수다.
고리안동벽, 신동벽 구제시에 굽허옵네다.
전상 뒤에 지가 돌고,
위 돌아갑니다.
오리정신청계 신메우며,

예, 이 집안, 정씨 하신충 대신,
신의 아이, 머리통드레 잉어 맞아
(머리에 얹고 있다)
에에-

(연물)

아야, 아야
경 헐줄 알앗주.
(머리 아픈 시늉)

저런 저년아, 무시거 어떵,
어디강 박치기 했저, 박치기랑 마랑,
다른 새끼 머리, 가만히 놓았고마는
아가 아가 아가
아이고 머리여
아야 머리야. 머리여,
머리 아이고 기가 더
동주살 무신 철망, 아가가
이거, 저
이 집의 본주심방
술 한잔 먹어그네 깨어가면,
아가리, 머리 막 아팡허주게
이거, 전상이엔 허믄.
내려와라.
날들 좀 보시오
날, 날 봐, 나 뭐인 줄 알아?
(아픈 모습 연출)
임뎅이, 풍경 달았거든.
그렇지, 풍경 달려고,
그렇지. 그렇고말고
풍경달아 아고아고
이것도 거 누게 본주 심방님
그거 막걸리 하영 먹어불민
아파하는 거,
내렴저, 내려가난 이,

우선은 이, 응.
성편은 뎅기젠 허민
입 망뎅이, 성편 말은 외편 말이여.
청걸리, 입 망뎅이여.
아이구 입도든 망뎅이여
이거 조왕 동티여
거 그저 무싱것고 저디
일진 바에 간
막 잘못 박아부니까
나도 경해나서
어, 아이구, 내려왐져
뭐, 뭐야, 무신 좋은 약
어디 이신 약이라, 좋은 약은
무시거 저 얼레기 해다근에
얼레기 울렁 무신
코 영해근에, 아고 아고 무신
코, 흥, 흥, 전상
(전상떡 고리동반은 머리에서 코에 내려와 있다.)

전상, 어어 아가리.
아, 아아, 어어,
나 봐. 아픈 게.
아이 아야 아아
못할 말도 햄져.
이것도 뒷징 그추룩, 전상

나 감저 이거,

목 돌아전 죽은 귀신 아이구 걸렸저.

목 돌아전 죽은거, 어디가

목 돌아정 죽은 거 걸리난 이

오늘 여기 오랑 화풀이 허젠

이디 저 본주 어른 단골 심방님 하신충

어디 막 돈벌이 다니당 오민

막걸리 먹어나민 그날은

감기 걸리젠 햄싱가

목 아판,

(병을 주는 전상떡은 목에 걸렸다.)

(전상떡 고리동반을 가슴에 대고)

아이고 마른 땀, 마른디,

아이고 가심 탕탕헌게

아가 아가 나 잘못헌건 어신디

무신거 이거 병인가

아니 심장병인가.

아가가가 점점

경 말해가니,

−병은 고쳐도 사름은 죽어.

약 잘 아네,

(고리동반 배에 대고)

이여 이여 이여 위, 위, 위

일본은 가면 이

한국은 오면 위,

아이고 병원에 간 진찰허난,
아가가가 아가가가
위암인가. 무신거엔
말해 봐, 전달
아이고 배야.
어제 그저께 어떤 놈 날려들언
무싱거 빈찌룩 번쩍허는거, 탁 해단
해동 가버련게마는 아이고
약 말만 말해가면,
─약이 이서. 어름물에 탕 한 사발 먹엉 배때기 거뒁
응.
─바닥에 누엉, 받아들렁
가저시민 전상.
─만상이여, 아이고
잔 소낭 가운데 큰 소낭
야, 이거 보라, 고들고들 했저.
저 선생님 여기 와 봅서들
가운디 고들고들 허는거 안하켄 허고
꺾어져 부러샤, 가운데에
이거 가문제기 이거 가만히 있어.
이것도 전상이여.

성은 정씨로 경자생 하신충
머리팍 아프는 전상도 내놀리자.
이마팍 아프는 전상도 내놀리자.

윈놀래 오른놀레 코에 입에 목에
가슴에 배에 가운디 동네에
아프는 전상이로구나.
천지왕 골목으로
이 동넨 옛날 현감 살아난 동네우다.
성읍 저 대정 또 경 안허면 모관
옛날 원님 모관 판관 살았던 데로
막 먼데 명월 만호 살았던 데로
내놀리고 내놀리자.
(뒷머리를 만지며 돈다)
아이고 메헤
아이고 아이고 아이고 뒷대맹이여
아이고 뒷대맹이, 뒷대맹이 아고
아프다. 아직은 안 내려왔거든
김일성이 김일성한텐 아직 안 내려왔거든
아 아가, 아이 아이
말쩨도 안 왔거든.
이것도 전상

여긴 진짜 김일성이도 걸리고
이거 이거 김일성이도 걸리고
(전상떡으로 뒷목을 만지며)
이것도 또 무싱거니,
말쩨사 아직, 양창보 어디 가싱고.
있으면 들어 볼걸(앉은 자세로)

무싱거엔 잘 말하는데.(일어서며)
아이고 이것도 전상.

야, 오냐. 옳게
꼬부라졌저.
(곱사등 자세로)
아이고 데고 놀암수과?
아고 잘한다.
등창 난건 이? 바당에 강,
거기 강 거기 큰거 잡아당,
거 저 뚜껑 때영,
그디 참기름 놓앙,
참기름 아니고 청 놓고 끓영,
좋긴 좋아도 사름은 죽어.
─사름은 죽어.
병은 좋아도 사름은 죽어,
사름은 죽어불주.
이거 이거 난 모른다.

아이구 내렴저.
일룬, 일룬,
일룬 꽝(접작뼈), 일룬 꽝.
아이구 경 안해도 일본 가난,
아이구 대원이도 오그라졌구나.
하르방은 보안,

이것도 전상.
아이고 밑이영 들렁 허는
알동네 밑지꽝, 밑지꽝,
—똥고망
옛날 원숭이 새끼들 보면, 누는디
아이고 아이고 이것도 전상

예, 뒷대멩이 아픈거 전상이여,
뒷목아지 아픈거 전상이요,
가는 잔등이 밑지꽝 아프는 전상이랑
천지왕 골목드레 내놀리자.

뭐야.
너놈이 씹할 놈이라고.
이 정 맞일 것,
—귀마구리 할망허고
여든 난 할망 아들 나난 흥봔 어떵
그거 빌어도랜. 아따,
—겨난, 여든 난 할망신디 돈 많댄 도둑놈이 간
돈으로 꿰연 방탕이나 해지카부댄,
막 옷 입엉 돋노렌 허난,
아이고, 아니여. 여기 어떤 땐
저 대양이영 북이영 안 두드릴 땐
말을 잘 알아듣는디,
—대양 두드리고 북두리당 보민,

귀막안, 전상.
이것도 전상.
(전상떡 어깨에 대고)
아 이거, 둑지여, 옷둑지.
양, 양자 어멍도 뭐엔 말헙서게.
이 어른들 어디 가네 병들언,
앗샤, 앗샤허멍 전상이로구나.

거림이여.
창보 삼촌 어디 가부러시
대답을 헐 건디 말이여
뭐여, 뭐여.
손거림. 전상.
이것도 전상

접겡이(겨드랑이)
허물 났져. 저디 왐수게. 아야 아야
적겡이 아픈디 무슨 약 좋아.
아야, 아야.

아이고 알르레 갈비뼈
늑막염, 간장염
아이고 전상
이젠 제라헌 일룬이여.
전상

(다리 저는 시늉)

오냐.
우리동네 누게 닮다.
아 이거 됐다. 이젠 이 씨팔 놈의 문디 새끼가
엇, 뭐야.
좋지, 뭐.
아이고, 독신 것도 전상.
이젠 무신 거냐, 옛날에
이거 누게년 죽어부난
다리 한쪽을 돌라단 아니
양쪽을 돌라단 디딜팡 했다던데
허벅, 허벅, 허벅, 허벅,
허벅, 허벅, 허벅, 허벅,

아이고 곽세꽝, 정반꽝, 도리꽝
이것도 씩씩 막 아프주게.
이거 영 오그라들면,
이건 강대원이 각시 들린 것 닮다.
고만이 앉았당 이 발을 펴지 못행
와닥탁 해도 좋아.
이것도 전상.

아이고, 일본가면 종학이 삼촌.
모른척 허영, 아이고, 전겡이.

성문이 꽝, 하르방 각시,
성문이 꽝이엔 허난,
이놈아, 팍. 우리 씨아방 아냐.
너, 아이구,
이것도 전상.

안고모리.
밧고모리 전상
아이고, 발가락.
삼촌. 발가락은 뭐하면 좋아?
쇠국허영 쇠콥에 데경, 아이구 죽어지켜,
아이구, 아이구,
전상, 만상이여.
왼귀에영 팔이여, 족곙이, 일룬, 엉치,
전곙이여, 아랫 종에 아픈거,
이 집의 정씨 하신충 하는 전상이랑
천지왕 골목더레 내놀려
대정 원님살이 명월 만호살이
부가하고 지간데로 내놀리자.
잡것이, 전라도랑
우리 대원이 각시가 서방허영 갔다고
아이구, 병원에 누었어.
뭐시냐. 한국병원에 누었어.
−양창보 심방이 78이 되단 보난 48이영 같이 감서렌
아이고 이것도 게민

정씨로 52살 하는 전상이로구나.

굿허레 가켄허연 안가부난 욕 들엄서라.

이런 전상도 내놀리자.

둑지여,

목 두들어부난

–어디 다니다 보난

어깨 아판, 전상.

내려온다, 팔, 전상

팔걸림도 전상

웬저드렝이

웬저드렝인

늑막인가, 팬가, 접겡이.

이것도 전상

이제랑 일룬,

일룬, 일룬, 일룬,

–찌찌,

찌찌는 뭐가 안 돼,

자, 이것도 전상,

어, 엉치 아프는 거,

이것도 전상,

다리 토멕이 아프는 거

어, 전상,

또 그 다음엔
동그랑꽝, 정반꽝 아프는 거
그것도 전상,

또 하르방신디 강 들었주.
뭐 종학이 하르방 아니라도
성문이 하르방 아프는 거
막 마르다며 아프는 거
전상,
안꼬머리 밧꼬머리
전상,
발걸림 전상,

에, 정씨로 경자생 하신충
그 하여오는 전상,
명월 만호, 대정 원님 사는 디
부가하고 지안으로 내놀리자.
내놀려 들어가며,
어어어, 본주제관
둘러 앉지멍, 여기로 돌아 앉으라.
모진 전상이랑 문드레 돌아앉으라.
모진 전상이랑 풀어내자.

(본주 심방을 앉히고 전상떡을 몸에 대며)

아, 전상. 만상

전상, 전상,

전상, 전상,

풀어, 풀어,

풀어내자.

모진 전상은

엣 선생님부터

모진 전상은 다 못 풀어

30 서른 다섯 나는 해부터

칠머리당 보존회에 들어간

일하다가 곧마흔 나는 해에

신의 밥먹고, 신의 옷 입고,

…

하였구나.

풀어 풀어 풀어내자.

(푸다시)

신구월은 초여드렛날

양씨부모

저 조상물려다 당주설연하고

밤인 불싼 가위 낮인 내난 가위

마흔ᄋᆞ돕 상단골

서른ᄋᆞ돕 중달골

스물ᄋᆞ돕 하단골

어른제민단골 다니는 길에

안체포 중안 하안체포에 돌라오던
시군줄들 풀어내자.
알로내려 뒤아전
소록이냐 이것보라
저 신에 소록 풀어내자.
이 당주소록 몸주소록
칠성소록 올라 산으로 산신
중산촌 신당소록 본당소록
나고가라 신살에 비살에
신살에 비살 화제살에 가던
시군졸 사력도 실려 가던
에라(신칼로 쑤신다)
(신칼점)

(악무)

전상 만상 놀려 드렷수다.
시군졸들 시걸명 잡식으로
청감주 자소주로 얻어먹저 쓰저
상안체 중안체 하안체
안체포에 달려들던 시군졸들
주잔권잔 권권하여 드려가며
지가 돌아갑니다.
위가 돌아갑니다.
위가 돌아갑기는

초공 신줄이우다.

이공은 연줄, 삼공에는 전상베우다.

또 알로 내려 연양당주전

몸주 진영 상간주 베가 되어

시왕에는 청비게 백비게

어러비게 팔만금사진이우다.

성은 서씨 신묘생 억만 상신충

본주 정씨로 경자생 하신충 양단어깨

감아비어 맞는 전상이랑

양단어깨 대신 감아비여지라.

(악무)

도랑춤

감아 비어지여 맞았구나.

감아 비어지어 맞으는

누구 전성베냐 영허여

전상베냐하여 다녀왔거들란

옛적 정씨 연양 안초공 밧초공

알로 안당주 밧당주

연양당주 삼시왕 삼하늘 알로

어진 조상님 구의 아들 삼형제

배낭 오르는 젯부기우다.

삼성제 영기신령, 수덕으로 이 전상은

그 신네우다. 아니우다. 본주 하신충이우다.

이에 이 전상베를 메어맞저 합네다.
앞으로 단다놘 신네가 되어
도의전 되시는 이집 축원 원정은
성은 서씨 신축생 도신네 상신충이우다.
몸받은 조상님네 안공시로 들어삽니다.
곽곽 주역선생, 글선생, 불도선생, 명도선생, 북선생,
심방선생, 당반, 기메, 주문선생,
보고 메어 맞자.
요게 전상베가 됩니다.
성은 정씨 하신충
성은 서씨로 상신충 됩니다.
감아맞어 얼러 맞암수다.
알로 도내려 누가 메어맞든 이 전상베
안공시로 뷉네다.
일월삼멩두 황씨 임씨 이씨까지
한씨 양씨 선생 메어맞던 용이 전상베를 이어
성은 정씨로 하신충 경자생이 앞으로
메어맞은 용이 전상베우다.
성은 서씨 신축생 도신네우다.
뒤에 메어맞던 용이 전상베는 이어사
밧공시로도 전해주던 설운 문씨 어머니
외편으로 줄이 뻗고 발이 뻗어오던
불도여 책불이여, 어진조상,
영기로 신령 수덕으로
용이 전상베를 메어 맞습니다.

신의 아이 양단어깨 감아메어

성은 양씨로 갑진생님 내외간 김씨로

당주 당하님 임신생이우다.

아이고 이 기도 지나불민 집의 조상 될거난

아이구 메어맞아 좋을지 어떨지 경 되염수다.

메어맞던 용의 전상베

내려서면 강씨로 당주 당하님

신사생이우다.

몸받은 양우 조상 뒤으로

하늘 같은 조상 뒤에

천덕주던 부모님네 친정 부모님네

메어맞고 감아 맞던 용의 전상베우다.

성은 정씨로 하신충 도의전

서씨로 상신충 메어 맞던 용의 전상베

감아메어 들어가며

알로 내려서면

정씨 성님과 강씨 상신충 뒤에 당하님들

불근 나비 놉드듯 메어 맞고

전득하여 오던 용의 전상베 몸 받은

어진 조상님네 성은 고씨 아지마님이우다.

계사생 상신충이우다.

몸을 받은 조상님네우다.

정의 사면 대정 삼면 모관 오면

돌아뎅기며 메어맞던 용의 전상베,

본관집사도 전득된 전상베

이 마을에 살던 양씨, 양씨, 또 최씨.
정씨, 고씨 선생님네 메어 맞던 용의 전상베,
정의 사면, 대정 삼면, 모관 오면
마을마다, 면마다, 읍마다,
메어맞던 용의 전상베랑
신의 아이 양단어깨에 감아져라.

(악무)

감아 맞으난,
당에 당베여, 절에 절베여,
궁에 궁베가 신이 수퍼옵네다.
신의 아이 성은 정씨로 경자생 하신충
도의전 내려사면
서씨로 신축생 상신충 억만도신네
이에 도신녀 메던
당베랑 당드레 절베랑 절드레
궁베랑 궁드레 전상베랑 풀어.
(몸에 감았던 베를 푼다.)

(악무)

당에 당베 궁에 궁베
신의 신베랑 안공시 밧공시에
와자자자 풀어.

(악무)

(매듭을 풀어 흔들며)
풀어 맞았더니마는
동해바다 청용머리 서해바다 백용머리
남해바다 적용머리 북해바다 흑용머리
굽허 옵니다.
청용머리랑 삼천천제석궁으로-
(풀었던 전상베 한끝을 삼천천제당클에 걸쳐 놓는다)

(악무)

저의전 서해바다 백용머리랑 안시왕 안당주
(전상베 하나를 안방 안시왕 당클에 걸친다)
남해바다 적용머리랑 일문전 삼본향드레 무어-
(문전당클에)

(악무)

삼본향더레 무어가며
요왕황제국길이 어간 되염수다.
청금산 청요왕 길이
적금산 백요왕
백금산 적요왕

요왕 흑흐금산 흑요왕 길이
당허여 굽허옵니다.
청용머리랑 삼천천제석궁으로-
(방울천을 천제당클에 놓는다)
도의전
서의와당 백용머리랑 안시왕 안당주 시왕전으로-
(방울천을 당클에 놓는다)
남의요왕 백용머리랑 일문전 삼본향드레 무어-
삼본향드레 무어가며 요왕황제국 길이
어간 되엄수다.

청금산 청요왕질
적금산 적요왕
백금산 백요왕
흑금산 흑요왕질 당하여 옵니다.
타다 삼형제 호라비 절고개
좀재우며 요왕길도 돌아봅니다.

(악무)

요왕황제국질 돌아보난
아끈 듬북 한듬북
아끈 몰망 한몰망길
뷔여맞자.
뷔여 맞으난

이레 홍당 저레 홍당
호레기 절고개에 들어오라간다.
이에 이걸랑 혼 작대기 들러받아 치우라.

(악무)

치왔구나. 한코지 일어온다.
은따비영 놋따비영
곰베영 철메영 받아들러
에-트멍으로 찔르멍
은곰배 놋금배로 받아-
(신칼점)

(악무)

〈전상 내놀림〉
　단골님,
　저거 양, 가쿠다. 뭐라고?
　-찾아지건 가렌, 올레 찾이민 갑서
　아니, 올레찾이민 가렌
　올레 찾아지건 가라.
　말 한마디 없이, 경허민 냉정허단
　견디 것도 무싱거
　짐도 밴짐 지민 팡을 찾고,

짐진 놈이 팡을 찾나.

제기 가불젠 허난, 어질러논 거 이.

콤콤히 지와동 가렌,

어디 대담 해 도렌허난, 아이고,

어디 감시니, 지레 족은 양반,

저디 앉앙, 아이고, 삼촌.

삼촌 헙서. 나 안 허쿠다.

나 오뉴월에 나 혼자 방애를 지언,

게난 나고라 치우라고.

아이고, 그래 이걸 잡젠허며는

우선 잠을 자야 돼,

잠을 자야 되는디, 그리 말고,

양궁 연양 안당주 밧당주 삼시왕 신공시

고 옛 선생님까지 의논 공론 허멍

청용 백용 적용 흑용 잠재우레 가자.

하긴, 내가 잘 먹거든.

가마니허고 고생이 허고

(한바퀴 돌며)

잘 먹었저.

잘 먹거던 내가, 아, 틀림어서,

그런디 탁 갈라젼, 여기 있거든.

잘허여 하면은, 잘허여,

주신거니, 잘 먹었고.

이제랑 이걸 잠재와 시난,

나 돌아보러 가크라.

초경잠, 이경잠, 삼경잠,

한번 가보자.

아직은 초경이 아니난

아직은 더 있당 오렌.

게믄 두 번째도 강 완

−더 있당 오렌 허여.

두 번째 강보난 이경 아직은 아니

깊은 밤 야서삼경 막 좀들 시간이 됐저.

잠들 시간이 돼신디

이걸 종이 팔대문에 팔딱팔딱 허고

잠잘 때면은 팔대문은 이 만큼헌 좁팡만 허고

(허여두 손 둘러 이 만큼한)

도로 잠 안잘 땐, 저 한수리 가면,

원숭이처럼 왱왱허멍 재미있주게.

왱왱허멍, 아, 기, 저 잠들 때,

좁팍만헌 건 어떵허여.

−잘 몰라.

몰라. 나가 이거 잡젠허민 이,

내가 언월도를 잘 갈아야 되거든

(신칼을 간다)

내가 언월도를 가는데

저 신똘 해다가 우리 아바진 붕당붕당 허멍

칼을 막 갈아,

실컷, 칵칵 허멍 막 갈아

자 이, 이만하면 될거고

또 내가 이걸 잡는 연습을 해야 될건디,

(앞뒤 위아래로 찌르는 시늉)

앞으로 오는 구신은 콱 찔러

나가 먼저 콱 찌르면, 죽어

뒤로 오는 구신은

칼을 거꾸로 잡고 콱 하고 찔러,

선옥이 어멍 두째뚤 같이 큰일 나주

위로 오는 건, 위로 콱 찌르고,

아래로 오는 건 팍, 콱 찌르고,

(찌르다 쓰러진다)

잠에 찼저. 빙 돌멍 나가 다 죽였거든.

동해와당 청용머리도 다 잡으라.

(악무)

(당클에 걸쳐진 방울천을 내린다)

청용머리 다 잡았구나.

서해바당 백용머리 안시왕 연양당주전으로

(악무)

(방울천을 내린다)

백용 머리 다 잡았수다.

남해 바당 적용머리

북해 바당 흑용머리도 다 잡아—

(악무)

(방울천을 거둔다.)

〈뱀장사 놀이〉
　　흑용머리 다 잡았구나.
　　이거 정말 오래 햄저.
　　아무 소리도 안 나. 펀펀.
　　아따, 여기 무싱거 먹으난 이
　　똑똑허는 소리 남서.
　　여기 한 며칠 먹어난 똑똑 소리 남서
　　펀펀 해성게, 자 이거, 이제랑, 죽여,
　　골 내여, 골 내여,
　　(골 빼는 시늉)
　　아이구, 이거, 아까운 거,
　　무싱거니, 이거, 팔러 가야는데,
　　-살 사름 이서. 저, 정공철이, 성읍리 마방집에서
　　굿햄덴, 그 골 멕여그네
　　(본주 정심방에게 간다)
　　여보시오. 있어요. 나 저 이거
　　좋은 약, 궂지않은 약,
　　할마님 자손 이 약을 먹으면,
　　만병통치 약이고 경풍, 경세증,
　　역어가면, 두말에 게여도 맛이 좋은 약인디,

한번 사볼레요 조금만 사 보세요.

좋은 약은 어떤 약이 이신가 허면

이 약 먹어서 안 좋거들랑

멜젓에 고춧가루 닷되만 캉 그걸 다 붙영 놔두면

멜라지나 까지나 해도 안 아팡 좋아.

이것도 안 좋거들랑 뭐가 좋냐면

배 아픈 데 좋아. 이 약먹엉 안좋커들랑

콩가루 닷되만 찬물에 탕 먹으민

바람부는 디 가달을 벌령 앉았으면

한 번은 되게 폭발을 허는디

두 번은 안 아팡 좋고.

그 다음은 뭐가 좋냐면

이빨 아픈 데 좋은 게 있어.

이 약 먹어서 뭐가 좋으냐.

안 좋거들랑 서녘 편에 내창 있던데

그디 가그네 먹돌 트멍에 낭 모사불면

까져나 멜라져도 다신 안 아팡 좋아.

멕여, 멕여.

아갸겨 말덴. 안 먹으켄

저 무시것고. 약값 줘.

약값 줘, 약은 팔았거든.

형님이 먹어그네, 문 성님,

아니, 이 성님, 찾지 말앙

너가 먹어라.

마음 안 내키는 거,

어, 어쩔 수가 어서,
게민 너네 아방이 약은 외상이고,
현금이엔 허나
ㅡ돈 낼 필요가 없어
아들 먹을 약값은 아방이 값을 내는 거라.
이거 막 많아. 게끔 꽝 바각헌 게.
ㅡ아들 약값은 아방이 물어사
(웃음) 저것 봐, 말덴,
이거 봐, 이거 봐, 기름이 뎃깍헌 거.
(신칼로 골을 떠먹는 시늉)
ㅡ그거 먹어부러게,
칸악 칵, 아이고, 다 잡았저.

동해 바당 청용머리
서해 바다 백용머라
남해 바다 적용머리 다 잡았수다.

(양손에 방울천을 들고)
청용머리랑 천제석궁드레 풀어.
석궁으로 풀어.
방울은 풀질 안허고 허끄당보난 거기만 아팠덴,

(악무)
방울을 푼다.

서해바다 백룡머리랑

안시왕 연양당주전으로 풀어.

(악무)

방울을 푼다

남해바다 적용머리랑

적용머리로구나.

에또 일문전 삼본향드레 풀어맞자.

청용머리

백룡머리

적용머리

흑룡머리 머리엔 갈룡머리로구나,

풀어맞자. 저거 당겨주라 게.

야, 풀어 있삽는데,

청룡 백룡 몸천 머구리

(빙빙 감아 놓고 산판대에 의지하여 머리를 세워 놓는다.)

씨팔 놈, 나, 이, 가불라.

이만 이만 해 놓아시난

저, 본주 단골한테 책임지워 봐서

저거 골체나 저 창멕이나 가져오면

가져다 담어서 천지왕 골목드레 놓아불고

이 아들 맞일 거, 참새가 죽어도 쨱하며 죽고,

비발년이 애기를 배도 할 말 있다는 게,

요놈의 자식, 너가 너가, 너가 죽인거냐?

이 새끼, 다리 넘어가멍 씨 새끼

치워, 치워. 알았다. 알았다.

이거 잘 먹었는지 못 먹었는지

저 무싱것고 먹엄신가 안먹엄신가

어떵, 잘 먹긴 햄서. 배고파신가,

이거 치우려면, 이거 말해봐도 안지켜.

어떵허젠, 돈 내놔 봐.

얼마 줄레? 이거 치우려면,

(본주 돈을 꺼낸다.)

3년은 식게명절 일대 먹을 거,

또 3년 먹을 거, 20일 먹을 거,

저, 소장님, 어디 갔수과.

국장님도 없어. 어디 빌러 갈까.

바깥에 가서 빕서.

우린 누구 땜에 여기 왔어.

큰심방한테 빌면 어떵해,

어멍 아방한테, 에에 없어도 좋고.

어머니, 어데 갔지. 삼촌, 나 왔수다.

무사, 아들 때문에,

아들 때문에, 어떵,

어제 담배 줘부난, 담배값으로,

아들놈이 하고, 큰심방하고,

이리 와불라.

큰굿 자문위원 님한테 강

할 수가 엇주. 어디 가시.

소장님, 부르면 달아나버려.

소장님, 하나면(만원권) 됐수다.

예, 고맙습니다.

저 어른도 줄꺼. 아이고, 말주게.

가난하니까, 천원도 좋지마는.

(사방에서 인정을 받는다.)

천원은 돈이 아닌가, 일원도 돈인데.

양배추, 오만원짜리. 오만원도,

모르는 사름이우다. 그래도 좋수다.

이제 그만 받으면,

인정 거는 사름은 다 재수가 좋수다.

아이구, 재수좋고 말고.

(제비점)

이이이- 한집에 천덕조왕이랑

독걸리로 몇방울인지 먹어불라.

열두개도 닮고 열하나도 닮고,

난, 이제 이, 돈도 다 받고 이,

이젠, 이걸, 잘들 가리켜 이,

(옷옷을 덮어쓰고)

잘 안가리키면, 난 빗 파티 해버린테니까.

왼편으로 돌아가라고?

안으로 직진, 코 앞으로 직진,

직진, 막은창, 벽장. 막으디,

막혔져나. 그럼 뒤로 가.

(뒤로 달리다 걸린다)

아따, 우리 삼촌아냐?

게난 우리 삼촌한테 가렌.

오른쪽으로 가라고.

왼쪽, 저기 저거, 마이크.

앞으로 곧장 , 아이고 정씨,

(심방 본주 앞으로 가면, 재빨리 반대쪽으로 달아난다.)

자, 그러면, 곧장 뒤로 가라고,

하나, 둘, 셋, 넷, 다섯

다 완, 여섯, 갈라져,

갈라져, (어퍼진다)

갈라지난 잡았자나.

아이구 좋다. .아이구 나 잡았구나.

나 것도 심었저. (일어나 얼굴을 보이고)

싸늘한게 막 좋아. 땀 난때,

동해바다 청용머리,

서해바다 백용머리,

남해바다 적용머리

북해바다 흑룡머리

모진 갈룡머리 다 잡았수다.

저 마당 나서면 천지천황, 좌우독, 앞으로

이 모진 청소록 백소록 나무광대소록이랑

부끄레 갑니다.

(악무)

마당에서 갈룡머리 전상베를 잡고

바깥으로 나섰수다.
동해바다 청용머리
서해바다 백용머리
남해바다 적룡머리
북해바다 흑룡머리
모진 갈룡머리 다 잡았수다
본주제관은 정씨로 경자생 52살
집안에 숨은 재앙을 불러주 던 소록이로구나.
당주소록 몸주 신영간주 소록
초공 이공 삼공 소록 전상소록들
천지왕 골목으로 내놀려.
북거드려가며
(갈룡머리 베를 추낀다.)
도의전 먹을 연, 입을 연,
상단궐, 중단궐, 하단궐
제민단궐까지 신나수와 줄
용이 전상베로구나,
용의 전상베랑은
성은 정씨 52살 사는 주택
연양당주
청룡 백룡 흑룡
(전상베 갈룡머리들 추끼며)

이불연 먹을연 나수와주렌 내놀렴수다.

(등을 땅에 대고 들어누워 전상베를 끌며 안으로 들어간다.)

(악무)

와 와 와

(본주 앞에 물었던 엽전을 뱉으며)

절대적으로 내가 보긴엔 흑용머리

경자생 띠로는 쥐띠다.

그런데 내가 보건데는 이게 토(땅)라,

그래서 참 사라 이, 요것 청룡하고, 요거 백룡허고,

이것을 난 흑룡으로 판단하는 거지.

다른 사름은 몰라.

나의 판단은 그래.

그런데 삼시왕 군문은 흑용을 생각해야지,

굿은 잘 햄저, 네가 괜찮을거여. 그 토도.

그런데 쥐는 땅을 돌아다녀야 살주.

나가 보건데는 흑용이라 괜찮네.

막 좋수다.

저디 강 절해여. 당주상드레 강.

제오제산으로 세경수피로

용의 전상 베풀이로

축원할 데 축원하고,

원정할 데 원정하고,

굴복할 데 굴복했수다.

이거 사가집 같으면 칠성본이라도 풀어드려얄건디,
도의전으로 예, 풀켄 햄수다.
풀켄 햄시난, 신의 조상들 권위혁신하고,
들여가며,
주잔이랑 내어다 일문전 나서면
말명 언담에 떨어진 신전님,
제오재상계에 떨어진 신전님,
세경수피에 떨어지던 신전님은
전상풀이로 용의 전상베에 떨어지던 군졸들
밤엔 찬이슬 낮엔 찬볕 맞던 시군병들이우다.
주잔들 많이들 드렴수다.

〈용놀이〉

〈칠성본풀이〉
 - 양창보

〈칠성본풀이〉는 제주도 사신(蛇神) 칠성신의 신화를 말한다. 본풀이(神話)에 의하면, 제주도의 칠성신은 멀리 남쪽 나라에서 들어온 신인데, 함덕에서 잠수들이 주운 무쇠설캅[鐵函]에 실려 온 어머니와 일곱 뚤 뱀신[蛇神]을 말한다. 외국에서 들어온 뱀신들이 함덕 → 조천 → 신촌 → 화북 베린내 → ㄱ으니ㅁ를 → 가락쿳물 → 일도동에 사는 송대정집에 들어와 송대정 집의 집안을 지키는 안칠성, 밧칠성 부군칠성으로 좌정하고, 다른 형제들은 관아의 각 건물과 과원을 지키게 되었으며, 송대정이 사는 일도동 마을이 그로부터 칠성동이 되었다는 이야기가 〈칠성본풀이〉이다.

〈석살림〉
 - 오춘옥

당주다리를 당주방으로 메어드는 굿으로 "나숩고 나수자"하며 신 길을 놓았던 다리를 밖에는 심방이 잡고 안방에는 본주가 잡아 서로 당긴다. 심방은 인정을 받으며 조금씩 양보하고, 본주는 사력을 다하여 안방으로 다리를 당기어 차곡차곡 개어 놓는다. 이를 '매어 든다'고 한다. 다리를 안방으로 당겨 차곡차곡 개어 놓은 다음은 심방이 집안의 조상을 놀리는 〈석시〉 또는 〈군웅석시〉라는 석살림굿을 한다. 이 과정을 '매어들여 석살린다'고 한다.

7) 일곱째 날 : 〈관세우〉《시왕맞이 · 삼시왕맞이》
(10월 19일 수요일, 음력 9. 23.)

〈큰굿〉은 심방 집에서 하는 '신굿'과 사가(私家)에서 하는 '큰굿'이 있다. 제주도의 신굿은 심방집에서 하는 〈큰굿〉이다. 사가(私家)에서 하는 '큰굿'의 내용에다 심방으로 거듭나게 하는 입무의례(入巫儀禮)로서 〈당주맞이〉의 여러 제차가 삽입되어 복합적으로 이루어진 총체적인 굿이다. 따라서 신굿은 제주도의 〈큰굿〉 중의 〈큰굿〉이며, '차례차례 재차례' 굿으로 제주도 굿의 모든 형식과 내용이 다 들어 있어서 완벽한 굿의 체계와 질서를 가진 굿이라 할 수 있다.

심방집의 신굿은 사람을 위한 굿인 동시에 심방을 위한 굿이기 때문에 중층적(重層的)인 구조를 가지고 있다. 일반 사가(私家)에서의 신통(神統)은 하늘을 차지한 옥황상제로부터 낟가리를 지키는 눌굽지신까지 많은 신이 위계 순으로 구성되어 있으며, 그 중 시왕(十王)이 일반 사람들의 생명과 사후(死後)의 세계를 차지하고 있는 것으로 되어 있다. 그래서 사가(私家)의 '큰굿'에서는 이 신통에 의해 주요한 신들에 대한 개별 의례를 연속적으로 그리고 위계 순으로 행하며 〈시왕맞이〉를 가장 중요시하여 성대하게 한다.

이에 비해 심방은 자신을 일반 사람인 동시에 심방이라는 특수한 계층에 속하는 이중적인 성격의 인간으로 인식하고 있어서, 심방이 죽으면 일반인의 사자(死者)를 관장하는 시왕(十王)에게 가는 것이 아니라 무조신(巫祖神)인 삼시왕(三十王)에게 간다고 믿는다. 그래서 일반인이 시왕을 주요한 신으로 쳐서 시왕을 중심으로 한 옥황상제로부터 눌굽지신까지의 신통을 짜놓고 있는 것처럼, 심방들은 삼시왕을 주요한 신으로 쳐서 이 신을 중심으로 또 하나의 신통을 구성해 놓고 있다. 그래서 심방집의 신굿에서는 일반 사가(私家)에서 행하는 큰굿의 제차, 즉 시왕을 중심으로 한 신통의 신들에 대한 개별 의례를 연속적으로 행함과 동시에, 심방의 무조신인 삼시왕을 중심으로 한 신통의 신들에 대한 개별의례를 이중적으로 하기 때문에 굿이 십여 일이나 걸리는 것이다.

새로 심방이 되는 사람이나 계급을 한 단계 올리려는 심방은 반드시 신굿을 해야 한다. 신굿은 일생에 세 번 하는데, 첫 번째는 소미[小巫]가 심방으로 독립할 때 선생인 심방이 수심방이 되어 해 준다. 이 신굿을 함으로써 비로소 심방으로 인정되고 '하신충'이란 호칭으로 불리게 된다. 두 번째의 신굿은 하신충이 된 후 여러 해 지나서 선생인 심방이나 선배 심방에게 부탁한다. 첫 번째 신굿을 해 준 선생에게 부탁하는 것이 원칙이지만, 이때는 선생인 심방이 사망하여 없는 경우가 많으므로 선배 심방에게 부탁하게 된다. 이 두 번째 신굿을 하면 '중신충'이 된다. 세 번째의 신굿도 정해진 시기는 없다. 적당한 시기에 택일하여 선배 심방에게 부탁한다. 세 번째 신굿을 함으로써 '상신충'이라는 호칭이 붙는데, 최고위의 심방이 된 셈이다. 두 번째와 세 번째의 신굿을 하는 시기의 선정은 그 심방의 경제력에 좌우된다. 십여 일 동안이나 걸리고 유명한 선배 심방이나 동료 심방들을 청하여 대접해야 하므로 굿의 비용이 많이 들기 때문에, 무업을 하여 그만큼의 비용이 저축된 다음에야 가능하기 때문이다.

그러나 신굿이 중요하게 다루어져야 하는 더욱 근본적인 이유는 신굿이 제주도 심방들의 입무의례(入巫儀禮)라 할 만한 굿이기 때문이다. 신굿은 심방이 되는 굿이다. 심방이 된다는 것은 인간으로서의 모든 지위를 포기하고 팔자를 그르쳐 신의 아이가 된다는 것을 의미한다. 그러므로 신굿은 삼시왕에 올라가 약밥약술[藥飯藥酒]을 타먹고, 어인타인(御印打印)을 맞는 과정을 거친 후, 무법(巫法)·무구(巫具)·무악기(巫樂器)·무복(巫服)을 받아 굿을 할 수 있는 심방으로 다시 태어나는 입무의례(入巫儀禮)라 할 수 있다.

〈관세우〉
- 서순실
- 10:10

〈관세우〉는 신을 재차 청신 하는 마지막 초상계가 끝나고 모든 신들이 내려와 제장 당클에 좌정하는 날부터 신들이 하늘에 오르기 전까지 심방은 굿을 하는 동안 신들의 침소를 돌보고, 아침 기상과 함께 하루 일과를 준비하는 일, 아침에 일어나 세수하고 의관을 정제하는 일, 차를 마시고 담배를 피우는 일까지 신들이 아침에 일어나 하는 모든 일을 도와야 한다. 이를 〈관세우〉라 한다. 이날은 마당에서 굿이 진행되기 때문에, 관세우를 마친 뒤 신들을 마당에 차려진 제장으로 모셔 들인다.

《시왕맞이 · 삼시왕맞이》
- 서순실

〈시왕맞이〉는 〈초감제〉 → 〈천지왕본풀이〉 → 〈본향놀림〉 → 〈토산당본풀이〉 → 〈방광침〉 → 〈추물공연〉 → 〈차사본풀이〉로 이어진다. 〈시왕맞이〉의 〈초감제〉는 다른 제차의 〈초감제〉와 달리 〈천지왕본풀이〉가 완

〈시왕맞이〉

창 되는 것이 특징이다. 또한 〈시왕맞이〉에서는 기원의례로 망자가 열시왕(지옥)에 떨어지지 않도록 비는 〈방광침〉이 중요한 데, 초방광, 이방광, 막방광 세 번을 친다. 방광침은 목숨을 차지한 시왕전(十王前)에 심방이 징을 치면서 목숨을 살려달라고 비는 기원의례로 방광을 쳐 지옥에 떨어지지 않도록 제장의 새[邪]를 내쫓는 제차다. 이를 '초(이, 막)방광 쳐 지옥을 새내움'이라 한다.

〈새ᄃ림〉

- 정태진

〈군문열림〉

- 서순실

'군문'은 하늘 신궁의 문이고, 신들이 굿판에 들어오는 '굿문'이다. 심방이 도랑춤[回轉舞]를 추어 빙글빙글 돌며 신들과 감응하여 하늘 신궁의 문이 모두 열리고, 신궁의 문이 열리면, 신들은 이 세상에 하강(下降)하여 내린다. 〈군문열림〉은 하늘 신궁의 문을 여는 것이며, 열린 하늘 신궁의 문을 통해 신들이 하강[下降]하여 지상에 내려오게 하는 강신의식[降神儀式]이다.

〈신청궤〉

- 서순실

〈군문열림〉을 하여 하늘에서 내려온 신들을 굿판으로 안내하는 신을 감상관이라 하며, 당신이 감상관의 역할을 한다. 그러나 실제 굿에서는 당신을 대신하여 심방이 감상관의 역할을 하게 되므로 심방이 하늘에서 내려온 신들을 굿판[祭場]으로 모시는 것이다. 〈오리정신청궤〉는 심방이 하늘에서 내려온 신들을 오리 밖에까지 나가 굿판[祭場]으로 안내하여 모셔오는 청신의례이다.

〈본향듦〉
　– 오춘옥

〈본향듦〉은 본향당신을 청신하는 굿이다. 심방은 본향당신이 되어 감상기를 들고 펄쩍 펄쩍 뛰며 춤을 추다가, 한쪽 무릎을 꿇고 앉는다. 바닥에 한쪽 무릎을 세우고 앉아서, 신칼채를 화살처럼 휘어서 잡고 흔들며 춤을 춘다. 방향을 바꾸어서 같은 동작을 반복한다. 이때 소미 한 사름이 옆에서 술을 뿜는다. 심방은 다시 신칼과 쌀그릇을 들고 안과 밖을 오가며 쌀을 캐우리며, 사설을 한다.

〈방광침〉
　– 오춘옥

〈방광침〉은 징을 쳐 영혼을 달래는 의식이다. 〈방광침〉은 〈초 · 이공맞이〉나 〈시왕맞이〉에서 영혼을 불러내어 달래고 위무하여 부정된 것을 다 풀어 드려 저승으로 천도하는 기원의식으로 심방은 서서 울면서 징을 두드리며 진행해 나간다. 방광을 쳐 사(邪-새)를 나가게 하는(내우는) 방광침

〈추물공연〉

은 세 번 하는데, 초방광, 이방광, 삼방광 내운다고 한다.

〈추물공연〉

　– 오춘옥

　〈추물공연(出物供宴)〉은 신들을 모시기 위하여 내어놓은 제물, 출물(出物)을 갖추어 대접하는 공연의례를 말한다. 〈추물공연〉은 각 당클에 모신 신들 별로 안팎 공시상을 차려 앉아서 장고를 치면서 "ᄌ소주에 계알안주 상받읍서" 즉 술과 계란 안주를 잡숫고 가시라며 옥황상제부터 하위 신까지 젯ᄃ리에 따라 신들을 불러 대접해 나간다.

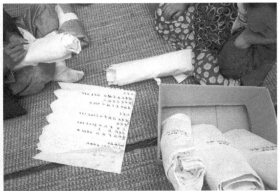

〈차사본풀이〉

〈차사본풀이〉

 – 정태진

　〈차사본풀이〉는 망자의 영혼을 저승으로 데려가는 강림차사의 신화이며, 저승에서의 삶과 이승과 저승의 시간과 공간의 관계를 풀이한 저승법전이다. 저승법은 순리에 어긋난 죽음, 악연에 의해 만들어지는 모순된 이승에서의 삶을 바로잡는 과정에서 맑고 공정한 굿법을 풀이해 나간다.

8) 여덟째 날 : 《시왕도올림》〈차사영맞이(1)〉 〈차사영맞이(2)〉〈차사영맞이(3)〉

(10월 20일 목요일, 음력 9. 24.)

〈시왕맞이〉는 '열두 시왕' 당클에 좌정한 신들을 맞이하여 죽은 영혼들을 해원(解寃) · 천도(薦度)하는 굿의 절정을 이루는 단계다. 〈초공본풀이〉에 의하면, 무조 삼형제는 어머니를 살리기 위하여 심방이 되어 어머니를 구하고 '삼천천제석궁'에 올라가 삼시왕이 되었다. 삼시왕이 된 후, 양반 집에 병과 재앙을 주고, 염라대왕에 명령하여 정명이 다 된 환자를 잡아 오게 한다. 그러면 염라대왕은 저승 삼차사에게, 저승 삼차사는 강림차사에게, 강림차사는 본향당신에게 명령하면, 본향당신을 통하여 죽음이 인간에게 내려지는 것이다. 이 때 인간은 병고(病苦)와 죽음의 문제를 해결하기 위하여 굿을 한다. 결국 〈시왕맞이〉는 죽음의 문제를 해결하는 굿이다.

심방은 〈영개울림〉을 통하여 사령의 맺힌 한을 풀어 줌으로써 이승에 대한 미련과 죄업을 씻어 준다. 그리고 집안에 환자가 있는 경우 "이 주당(住堂) 안에 아무개 몇 살 난 아이 정명이 다하였으니 시왕에서 천명을 보존시켜 달라"고 빌고, 그 대신 천하에 동성 · 동년 · 동배의 사름이 있을 터이니 환자 대신 잡아가 달라고 '대명대충(代命代充)'으로 액을 막는 것이다. 따라서 〈시왕맞이〉와 〈질치기〉 단계는 큰굿에서 최고의 절정이며, 사령의 길을 잘 치워 닦아 '저승 상마을'로 보내는 사자 천도를 통하여 산 사름(患者)의 병(=恨)을 고치는 실제적인 문제를 푸는 단계이다.

〈시왕맞이〉를 하여 죽은 영혼들의 길을 닦아주고 '저승 상마을'로 보낼 때, 심방의 입을 빌어 말하는 '분부사룀'을 〈영개울림〉이라 한다. 이는 죽은 영혼이 그 서러움을 울면서 말하기 때문에 〈영개울림〉이라 한다. '영개'는 영혼의 뜻이고, '울림'은 '울게 함(泣)'의 뜻이다. 심방은 이 〈영개울림〉을 할 때, 죽은 영혼을 청해 놓고, "심방의 입을 빌려 말한다."라고 하면서 영혼의 생전의 심회, 죽어 갈 때의 서러움, 저승에서의 생활, 근친들에 대한 부탁의 말들을 울면서 말한다. 그러면 그 근친들은 영혼이 직접 이야기하는 것을 듣고 울음을 터뜨리게 된다. 이때 심방은 사령(死靈)의 역할을 하고 있는 것이 아니라 심방이 곧 죽은 사령이다. 그러므로 신과 직접 대면한 인간과 신과의 비극적 상황에 대한 아이덴티티가 이루어져 서로 울면서 한을 풀어나가는 것이 〈영개울림〉이다. 즉 죽은 사령이 (1) 울면서 이야기하면, (2) 그 이야기를 인간이 울면서 듣는 것이 '영개울림'에 의한 '한풀이'이다.

《시왕도올림》

– 강대원

〈시왕도올림〉은 모든 심방조상 안팟공시에 모신 옛 선생에게 특별히 역가를 올려 대접하는 공연 의례이다. 심방은 시왕과 삼시왕에게 보답상과 공시상을 놓고 조상에게 바치는 증물을 당클에 도올리며 백근을 채웠는지 정성을 가늠한다. 이어 '나까시리'를 공중에 던지며 놀리는 〈나까도전침〉, 기구한 운명을 이겨낸 '지장아기씨'가 이승에서 공덕을 쌓은 덕에 저승에 가서 새로이 환생했다는 〈지장본풀이〉를 창하고, 끝으로 군병(잡귀)들을 대접하는 〈군병지사빔〉을 하고 굿의 제차를 마친다.

〈시왕도올림〉

〈차사영맞이(1)〉

- 이승순

　〈차사영맞이〉는 저승 열두 문을 세워놓고 간략한 〈초감제〉를 한 뒤에 영가의 수대로 몇 번에 걸쳐 〈질치기(길닦기)〉를 한다. 〈질치기〉는 거칠고 험한 저승길을 잘 닦아 광목으로 다리를 놓는 과정이다. 이때 길을 다 닦으면 혼을 부르는[招魂] 〈혼씌움〉을 한다. 영혼이 인간세상을 떠날 때 혼과 넋이 나간다. 그러므로 망자가 입었던 옷과 관대와 차사영혼기를 들고 심방은 초혼, 이혼, 삼혼을 불러 온다. 심방은 문 쪽에 서서 혼적삼과 차사영신기를 들고, "에- 성은 ○씨, 아무 달 아무 날 어떻게 세상(인간) 하직한 불쌍한 영신 초혼 본-. 이혼 본-. 삼혼 본-."하는 형식으로 혼을 부른다. 심방이 혼을 부르고 제상 앞에 오면 상복 차림의 가족들이 곡(哭)을 하며 원미상을 내어 원미를 떠서 던진다. '원미'는 영혼이 저승으로 떠나며 요기하는 물에 만 밥(숭늉)으로 이를 떠나가는 영혼에게 대접하는 것을 '원미권참'이라 한다. 마지막에는 본주 식구들이 앉아서 인정을 걸고 심방은 점을 치면서 "사나 사나 사낭갑서"하며 저승 12문을 열어나간다. 열린다는 점괘가 나올 때마다 "열려맞자"라고 외친다.

〈차사영맞이(질치기)1〉
  – 이승순

맞이굿에서 신을 맞이하기 위하여 길을 닦는 굿을 특히 '질침굿' 또는 '질치기'라고 한다. 이러한 길을 닦는 의례는 '신길을 바로잡는 것'이며, '다리를 놓는 것'이다. 신길을 바로잡는 것은 신이 오시는 길, 인간이 죽어서 저승으로 가는 길을 닦는다는 것이다. 이 길을 닦아 하얀 광목천을 깔았을 때 길은 완성된다.

〈질치기〉의 순서는 "사천지옥문 돌아봄 → 언월도로 베기 → 작대기로 치우기 → 언월도로 사리기 → 은따비로 파기 → 발로 고르기 → 좀삼태로 치우기 → 미레깃대로 고르기 → 비로 쓸기 → 이슬다리 놓기 → 마른다리 놓기 → 나비다리 놓기 → 영신다리 놓기 → 차사다리 놓기 → 가위로 끊기 → 올궁기 메우기 → 시루다리 놓기 → 홍마음다리 놓기 → 청너울다리 놓기 → 공작깃다리 놓기 → 등진다리 놓기 → 애산다리 놓기 → 자부연다리 놓기 → 적베지 탐 → 차사길 돌아봄 → 열두문에 인정검"의 순서로 진행된다.

〈혼씌움〉

- 강대원

〈혼씌움〉은 망자의 〈질치기(길닦기)〉를 하여 길을 다 닦으면 혼을 부르는 초혼(招魂) 의식이다. 영혼이 인간세상을 떠날 때 혼과 넋이 나간다. 그러므로 망자가 입었던 옷과 관대, 차사영혼기를 들고 심방은 초혼, 이혼, 삼혼을 불러 온다. 심방은 문 쪽에 서서 혼적삼과 차사영신기를 들고, "에– 성은 ○씨, 아무 달 아무 날 어떻게 세상(인간) 하직한 불쌍한 영신 초혼 본–. 이혼 본–. 삼혼 본–."하는 형식으로 혼을 부른다.

〈차사영맞이(2)〉

- 오춘옥

(오춘옥 심방 요령과 신칼을 들고 군복차림으로 등장)
차사님 전에 적베지 무루와다
시왕에 상고허난 서재로 하고하니
이름도 맞다 성도 맞다 나이도 맞다,
생갑도 맞다 하는구나.
성은 보난 청주 정씨, 정씨 집안인데
52살 경자생 큰 아들에 부모 아버지는
이름은 보난, 정(鄭)자 병자 주자 영신 66 나는 해에
사월 스무일뤳 날 돌아가시고,
설운 어머님은 제주 고씹니다.

아아, 이 영혼님은 25살 나는 계오년에
5월 십오일 날 돌아가셨수다.
나 낳아주던 어머님은 파평 윤씨로
51살 나는 양력 칠월 12일 날 돌아가신 어머님
설운 아까운 말젯동생입니다.
정자 광자 수자 영혼님은 22살 나던 해에
칠월 초 이틀 날 저 바당에서 실수허난
어느 형제간에 말 한마디 못들어보고
주사 한 번 약 한 첩 못 써 봔 아까운 목숨
총각머리 등에 지언 저승 간 영혼님
그날 데려간 차사가 분명하다 하십네다.
어디 가 저승 행차를 찰리라 허는구나.
남방사주 붕애바지 북방사주 접저고리
벌통행경 백롱보선을 신고,
서순에 도리종이 반저를 돌아매고
남수와지 남비단 섭수 여비단 쾌자
운문대단을 바치고 소꼬리 행침을 하고
홍사주를 츌려놓고 속지는 품에 품고
앞에는 임금 왕자,
뒤에는 날랜 용자,
어어, 금 창검을 비수리 창검을 둘러받아
내려선다. 시왕에 명령을 받고
넓은 목엔 번개치어 가듯
좁은 목엔 벼락을 치어가듯
와라차라 내려선다.

정의 서낭당에 적베지를 붙이니
이름없다 성명이 없다 허는구나.
대정 광정당에 적베지를 붙이니
이름 성명 없다.
조이 모관 내왓당에 적베지를 붙였더니
이름 석자 없다. 정의 동산
대정읍은 모슬포 상모리 토주 지킨 한집에
적베지를 붙이난
이름도 맞다 성명도 맞다
나이도 맞다 생갑도 맞다 허는구나.
문서 낭독 시켜간다. 붉은 낙점 긋어간다.
본당처서 앞을 세와 진때를 가르치라 하니
저 종근 문을 박차면서 저 올레로 들어서니
머리에 철망도사 씌와간다.
목에 큰 칼을 씌와가니
목에 톱질소리 나 간다.
손에 사주 손에 박줄을 묶어가니
손톱 발톱에 검은 피가 골라간다.
아이구 처사님아 처사님아.
나 흔디 눅여줍서.
아이고 우리 아까운 아기들
아무 분수 모른 것들, 다섯 오누이 놓아동
나가 저 세상을 가젠허난 아까운 아기들
오라시민 마지막으로 홀목이라도
심어보고 설운 아들아 내 똘들아,

서로 쌉지 마랑 어멍아방 엇고데나

우애 좋게 형제간에 놈 웃게 마랑 잘 살고,

서로 의지허멍 살렌 허고 이 아이들

동기간들 오라시민 목도 정정 몰르난

물이라도 흔적 주민 목이라도 잔질랑 가오리다.

에걸허여간들싸 어느 차사들은 들은 체도 아니 허였구나.

홍사줄을 내여놓고, 지참 줄을 시켜가니

등꽝 뻬가 눅여간다.

혼적삼을 들런 지붕 상상ᄆ루 올란

초혼 이혼 삼혼 혼정을 불르난

눈동자가 틀려간다. 저승길이 멀다더니 창문 베꼇드레

신발을 돌려 놓난 저승 초군문에 근당허였구나.

저승 초군문을 들어사난, 이 세상 살멍 고생허멍

아이고 놈 아니허는 헌 굴목 어귀에 강 불치 끄서네멍

불체 장시허멍 벌어논 돈이 이신들사

단 돈 천원 못 가정 가난

인정 걸 돈 단 돈 백원 엇었구나.

아이구 여보시오. 시주님네, 이네 말씀을 들어보소.

우리 인간은 탄싱을 헐 적에

아버님전엔 뻬를 빌고,

어머님전엔 술을 빌고,

칠성님전에 영을 빌고,

제석님전엔 복을 빌어

어허허 서카여래 공덕을 받고

좋은 몸천이 탄생을 허니

ᄒ 설 두설 어리고 미혹헐 땐 분시몰랑 크당

열다섯 넘고 스물 넘엉

군대에 들어강 문절들엉 철을 알아 가면,

시집 장겔 보내영, 살림을 열심히 살당보민,

살림도 욕심을 부려지고,

아들 똘 자식들 낭 커 가민

이 애기들 아까왕 혼저 이 돈 벌어사

이 아기들 배고프게 마랑 키와 보저,

얼게 마랑 기와보저, 요가가민 공부시켜주저,

밤인 들면 쥐 노릇, 낮인 들면 새 노릇 허당

먹을 첵괏 놈괏 같이 두린 때 반찬 촐령 한끼 못먹고

놈괏 고찌 진치마 진 저고리 해영 입엉

호사 ᄒ 번 못해 보고,

밤인 쥐 노릇 낮인 새 노릇 허멍

농촌에선 붉아 가민 해뜨기 전의 저 밧드레

헌 갈중이 갈아입엉 가고 헐 때,

골갱이 내분 날 어시 고생허멍 노동생활 허고

해변에선 물 때 보멍 물질허영 진숨 ᄌ른숨 춤으멍

좋은 금전 벌엉 고대광실 높은 집괏

남전북답 너른밧, 좋은 재산 일롸 논들사

죽엉 갈 때, 밧 한귀 가정가지 못하는 인생이로구나

이 세상 살멍, 고생허멍, 벌어놓은 돈이 있어도

단 돈 10원 못 가지고 가는 저승길이로구나.

저승 초군문을 들어서니 금부도살 지옥이여,

시퍼렁헌 칼을 세아 놓고 맨발을 벗엉

이 칼을 바라가고 바라오는 지옥

갑자을축 병인정묘 무진기사생 들어간 지옥인데

검무도사 날쎈 칼로랑 연꽃으로 화하시어

설운 52 아버지 어머니네 삼 부처

설운 말쩻아시 너새끼 성당 다닐 때 돌아가부난

등에 십자가를 진양 성당 공동묘지에 모션 있습니다.

이번참 이 아들 이 굿허영 이 십자가 벗겨내고

귀양을 곱 갈랑 저승질을 쳐 내건

하다하다 성당가는 길로 가지마랑

설운 애기 팔자 궂은 큰 아들 당기는 길로

머리정 먼딧정 공시상으로 가는 디마다

잔 흔 잔씩이라도 걸여내건 애돈 가슴 잔질루멍

이 아들 뎅기는 길 발롸주고,

여이 단 목 잔질루멍 이 아이들 서오누이

고이 그눌라주고, 후손들 잘되게

저승 강이라도 도와줍서.

금부도사 날쎈 칼랑 연꽃으로 화하시어

이 대왕 좋게 해탈을 시켜줍서.

이제 초관대왕 한탕지옥이여

가마솥에 물을 꾀왕 수왕수왕 끓는 물에

들이쳥 내청 허는 지옥,

경오신미 임신계유 갑술을해생 들어가는 지옥인데

끓는 물랑 감로수로 변하여

이 지옥을 해탈을 시켜줍서.

제3은 송제대왕 한빙지옥이여

얼음통에 디리쳥 내척허는 지옥이로구나.
병자정축 무인기묘 경진신사생이 들어갈 지옥인데
얼음물랑 온천수로 변허영
이 지옥을 해탈 시켜줍서.
제네 오관대왕 나무에 달아메영 형벌을 받는 지옥인데
임오계미 갑신을유 병술정해생이 들어갈 지옥인데
이 대왕에 가건 높은 낭게 돌어매영 형벌하게 마랑
너오새끼 곱게 해탈을 시켱 넹겨줍서.
다섯은 염라대왕인데 저승도 밤이여 이승도 밤이여.
무자기축 경인신묘 임진계사생이 들어갈 지목인데
이 세상 살멍 어른 앞이 조상 앞에
입벨르고 것대답허고 저승 다섯물에 가면
찝개로 혀를 뽑아 형벌을 받게 마랑
이 대왕에 가건 찝개로 혀를 빼멍 형벌을 받게 마랑
곱게 해탈을 시켱 넹겨줍서.
여섯은 독사지옥인데, 독할 독자, 베염 사자, 지옥
갑오을미 병신정유 무술기해생이 들어갈 지옥인데
이 대왕엔 가면, 이 세상 살멍
놈안티 모략하고 거짓말하고 소도리허고
놈안티 도둑질하고, 못할 짓을 많이 한 죄를 많이 짓당
죽엉 가민, 황구렝이통에 간히고, 백구렝이통에 간혀부렁,
이 대왕에 가면 형벌을 받는 지옥,
독사지옥 가거들랑
나부나부 청나부 나부나부 백나부 몸에
환생을 시켱 이 대왕을 넘겨줍서,

일곱은 풍도지옥인데

거센 ᄇ름이로구나.

경자신축 임인계묘 갑진을사생 차지한 지옥이로구나.

하늬ᄇ름 샛ᄇ름 코지에 엄동설한에

옷을 우알로 벗경 나앚정

하늬ᄇ름 코지에서 형벌받게 마랑

거센 ᄇ름이랑 연하봉에 화하여 이 지옥을

해탈을 시켜 넘겨줍서 축원입고,

여덟은 평등대왕이요.

병오정미 무신기유 경술신해 생이 차지한 대왕인데

이 지옥은 가면,

열두신뻬 대톱을 아져드리고 소톱을 아져드려

실검실검 실팝싸는 지옥인데

여덥 평등대왕 가건 열두신뻬 썰게 마랑

곱게 해탈을 시경 넘겨줍서.

아홉은 철상지옥인데

임자계축 갑인을묘 병진정사 생이 들어갈 지옥인데

철판 우트레 옷을 우알로 몬딱 벗경 앚쳐

숯 흔 가멩이에 불을 피왕

항문을 지져 형벌을 받는 지옥

아홉 철상지옥에 가건, 이런 형벌 받게 마랑,

철상지옥 모진 고문이랑 하나 용상을 세왕

넘겨줍서.

열은 흑암지옥이여. 아하 밤도 왁왁 낮도 왁왁

밤도낮도 왁왁 어둑컴컴한 지옥이여.

무오기미 경신신유 임술계해 생을 차지한 대왕인데

어둑은 지옥가건 햇빛과 같이 달빛과 같이

오늘 킨 조명등 불빛같이 불과 같이

등불 가로등 같이 환한 빛을 비추어

밝은 빛을 비추어 이 대왕을 넘겨줍서.

장가 못간 총각머리 등에 놓앙 죽엉 가면

망대기 씨왕 형벌받는 지옥,

시집 못강 처녀로 죽엉 가민

솥단지 씨왕 형벌받는 지옥,

밤도 컴컴 낮도 컴컴한 지옥이로구나.

열대왕을 들어서면

햇빛 달빛같이 밝은 빛을 비추어

설운 부모 삼부처, 아까운 말젯아시

이 대왕에 곱게 해탈을 시켜줍서.

열대왕에 들어섰구나.

문직대장님 감옥성방님이 앉아놓고

야 야, 남자영가는 남자 영게대로 불러 앉혀 문초하고,

여자 영신들은 여자 영가대로 불러 앉혀

차례차례 질문을 드려가는구나.

남자영가 불러놓고

너는 이 세상에 남자 대장부로 탄생을 하여

무슨 공덕을 닦아서 살다가 오랐느냐.

삼도전 거리에 원두막을 심언

행인공덕을 하연 오랐느냐.

질갓집에 살멍 목마른 이 물을 주어

급수(給水)공덕을 하연 오랐느냐.

배고픈 이 밥을 주어

이식(餌食)공덕을 하연 오랐느냐.

옷 벗은 이 옷을 주어

의사(衣賜)공덕을 하연 오랐느냐.

깊은 물에 다릴 놓아

월천(越川)공덕을 하연 오랏느냐.

병든 자는 약을 주어

화련공덕을 하연 오랏느냐.

문초를 하여 가는구나.

여자 영가 불러 놓고

여자로 인생에 탄생을 하여

무엇을 하여 세상을 살며

무슨 공덕을 닦안 살다 오랏느냐.

부모 가르친 길 열다섯 넘고 스물 넘어

눔의 산천 시집가난 시부모 조상을 잘 모시고 공대를 하연

살단 오랏느냐.

남편을 공양 잘 허연 공대허연 살멍

살단 오랏느냐.

형제간 친지방상 한디 간 일가 형제간에

화목하연 우애좋게 살단 오랏느냐.

그 집에 시집을 가난 아들도 낳고 똘도 낳고

만대유전한 우성산에 금벌을 할 후손

삼명일 기일제사를 할 후손을 낳아

대를 잇으완 산에 금벌을 할 후손을 낳아돈

자손을 번성시켜두고 오랏느냐.
부모조상 삼명일 기일제사
성의성심 다하여 살단 오랏느냐.
ᄎ례ᄎ례 연ᄎ례로 질문을 해여가니
죄없는 자손이 하나도 엇어갑디다.
우리 인간 이 세상 살며
예수 믿어 천당을 가는 법이 아니로구나.
불교를 믿어야 극락을 가는 법이 아니로구나.
나 마음이 고와야 하는 법입니다.
이 세상 살멍 웃어른도 존경하고 어신 사람도 알고
배와지고렌 건들건들 허지 마랑 어려운 사람도 알고
우아래 붙엉 놈을 위해 대우하고 남안티 영 의지허멍
마음 닦앙 살당 저 왕생극락 가 봅시다.
열하나 지왕왕에 강 막공살 드렸구나.
생불왕에 강 막재판을 받았더니
불쌍한 영혼 너의새끼 선망 조상님
후망 부모형제 일신들 간 딜로
이 세상 살 데엔 성당에 다녀부난
십자가 등에 진 체 귀양도 ᄒ번 못 내보고
성당 공동묘지에 이제 지금까지라도
감장허연 모셨수다.
오늘 이 아들이 팔자 궂언 이 신줄을 오란
이 심방질을 허난 모든 이치를 터득허연
이 번참 KBS방송국과 전통문화연구소에서
큰굿 자료를 남기저 기록을 남기저

민속마을 정의고을 마방집으로 오란

이 굿을 허게 되난 들언 큰 아들 정공철이우다.

나던 해에 올해 삼재 들고 허니 신굿을 허고

신질을 발루는 발레에 어렵게, 어렵게

눈물지멍 심방허연 번 돈, 오늘 열두문 잡으면,

아버지 나시 인정 많이 걸고,

어머니 나시 인정 많이 걸고,

아까운 내 동생안티 인정걸고

아버지 어머니 죽어부러도

아이고 이 동생 살아시믄

내가 장개라도 보내주는 목,

저 가슴에 언 서리 맺힌 가슴 풀려내젠

이질을 치고, 가슴을 열려 드렴수다.

열두 생불 왕에 가걸랑 나뷔나뷔

청나뷔 몸에 백 나뷔 몸에 환생을 허멍

팔만 신장님 지장보살 님 스님들 하는대로

청봉여래 대원으로 역사여래 대원으로

황금천불 대원으로 아미타불 대원으로

대세지보살 대원으로 관세음보살 대원으로

노사나불 대원으로 석가모니불 대원으로

약광보살 대원으로

너의세끼 설운 아버지 어머니 삼부처

아까운 말젯 아시,

저생 왕생 극락왕생 시켜줍서.

세계세계 돌아올 극락세계

설운 아버지랑 혼자 노는 딜로 지붙입서.

어머니랑 두 분이랑 부인부인 정절부인 숙절부인

가정부인 부대부인 정절부인더레 지붙여줍서.

아까운 말젯아시 총각머리 등에 놓안 저승 간

학생들 노는 딜로 지붙입서.

도와줍서. 나뷔몸에 환생을 시켜줍서.

백나뷔 몸에 환생을 시켜줍서.

연꽃으로 환생을 시켜줍서.

청새 백새 몸에 환생을 시켜줍서.

하다 활대같이 굽은 길랑 화살같이 곧은 길을 닦아

석자오치 나대기질 속성으로 다릴 놓아

저승질 어주리질 비주리질 진부역 한탈 남에

가시덤불 질 삼천팔백칩십리질, 수삼천리 수와당질을

높은 동산은 ㄴ리왕 깎으고 늦인 굴형도

석자오치 너비 다리 놓아 치고 닦아내고

금박 올린 질로 저승 왕생 극락시겨줍센 허연

하느님 덕은 천덕이요

지하님 덕은 은덕이요

부모님 공은 호천만극이라

나 부모조상 공을 다 갚으젠 허면

만리장성을 둘러도 다 못 갚읍네다.

이번참 삼대틀엉 초신질 발루멍

KBS 방송국 직원들 국장님도 덕이고

전통문하연구소 소장님 의지하고 직원들

선배 후배 의지가지허연 성읍 민속마을 오란

부모조상들 상에 시왕 앞으로 저승질을 일첩수다.

대왕 앞으로 왕생극락 시켜줍서 허연

신의 성방은 서씨로 51세 억만 상신충

차사 행차 출련 요질을 첩수다.

계사생 오씨 아이 등에는 관장 폐 지었수다.

속지는 품에 쿰었수다.

석자오치 팔찌 메었수다.

옥사주를 졌수다. 부정이 탕천허였구나.

서정이 탕천 되었구나.

(악무)

초미 연단상,

(신칼점)

어허허 하면서

(도랑춤을 추고 시왕문을 돌아본다.)

(악무)

(심방 시왕지 다발을 들고 도랑춤을 추며 열두문을 돌다가

시왕문으로 시왕지를 던지고)

계속 춤을 추다가 신칼점을 하고 절을 한다.

〈열두문에 인정 검〉
　　애기 자손들 불러당 부모조상
　　아버지네 삼부처, 설운 아시
　　시왕 열두문에 인정도 걸레 갑니다.
　　(시왕문에 시왕지를 덮는다.)

　　날은 어느날 돌은 어느 돌
　　에헤,　오늘은 해는 신유년인데
　　오늘은 상구월달 열일뤳날 초감제에 메운 신전
　　밧겻딜로
　　천도천왕 지부지황 인도인황
　　염냇대를 신수프고
　　좌우돗기 신수펀
　　에헤 스무사흘 날
　　시왕맞이를 올려 시왕을 정했습니다.
　　오늘은 스무 나흘 날로
　　에- 시왕 앞으로 십이대왕 앞으로
　　하느님 덕은 천덕이요,
　　지하님 덕은 은덕이요,
　　부모공은 호천만극이라
　　나 부모 아버지도 아닌 나이에
　　어머니 젊은 때 돌아가고 아버지도
　　젊은 때 돌아가셔 불고
　　고생고생허멍 큰 애기우다.
　　다섯 오누이 중 큰아들로 낭

누나 하나 있고 대학 다닐 때

아버지 돌아가고

스물 네 살에 어머니 돌아가고 해연

애기들 동서막급핸 어디 의지할 때 어시

살단 보난 큰 아들은 제주시로 뎅디멍 살단

이제는 북촌 강 살암수다.

서른다섯살 때부터 전생을 그르천

대학시절부터 한라산 소리왓

연극부에영 동아리 활동이영

에- 이 자손 농악팀이여 허멍

그런데 어울리단 보난 신질에 오라지고

허는 팔자를 못이겨 35살부터

굿해보젠 뎅견 52까지 고생도 많이 하고

좋은 심방질 배완 돈벌언 살암수다.

아아, 이 아기 오늘은 KBS 방송국에서

제주도 큰굿 보유가 되는 자료를 남기젠

영헌 일을 하게 되니 전통문화연구소에서

다 인연이 되어 성읍 민속마을을 오란

이 마방집으로 삼대 틀언 신질을 발루는

겸 기록도 남기고 행사도 하면서 의지 암지

인연이 되어 이 굿을 하게 되난

한 아버지에 어머니네 살아생전

그때엔 성당에 다닐 때난 등에 십자가를 진냥

성당 공동묘지에 모션있습니다.

오늘 굿허영 이일을 곱갈르고 허면

오늘부터랑 제가를 받아놩
부모조상님네 설운 아시영 이 아들
큰질로 뎅기멍 조상으로도 전 받고
당주로도 잔 받앙 이 아들 머리 쩌멩
양단 어깨에 오토바이 탕 다니는 질이영
대정으로 정의로 모관으로 일 다니는 길
살피고 도와주고 헙서.
아이고 설운 부모아버지
병자 주자 부모 아버지 고생만 허당 저승 간
부모 어버지 사월 스무아흐렛날 돌아가신
아흐렛날 돌아갔수다.
아이고 큰아들 살림 그르쳔 혼자 뎅기단 보난
아버지 돌아갈 때도 못보고 작은 놈이
아버지를 지켠 모성 살고 허여부난
이제 지금도 죄진 도리로서 부담을 느끼고
값을 버릴 수가 없고 이 세상 살멍
큰 아들에 애돌른 가슴 오늘로 다 풀령 갑서.
갑서, 어. 살아있는 목, 살아 쓰는 목,
고운 화 호상옷 준비 허였수다.
묵은 옷이랑 큰아들 공철이우다. 이 아들 해내는
호상 입엉 민속촌집 마방집드레
어어, 초혼 받으레 어서 옵서.

〈혼씨움〉

　어, 청주 정씨, 씨부는 병자 주자 영신님,

　초혼 옵서, 본.

　어, 처사영겟기 둘러받고, 영겟기, 혼적삼,

　호상옷 둘러받아 이혼 옵서 본.

　어, 삼혼정이랑 어서 옵서.

　설운 어머니 제주 고씨우다.

　성함은 확실히 모르난, 영혼님이 알앙

　통촉허영 받아 삽서. 꽃같은 청춘 25살

　5월 십오일 저승간 어머니,

　얼굴 모른 어머니 애돌른 일 풀령 갑서.

　칭원헌 일 풀령 갑서.

　이 세상 살멍 맺힌 거 다 풀령 갑서.

　어, 이 아기 공 갚암수다.

　이런 이치를 터득되고

　어머니 산 때에 성당을 믿언

　성당식으로 장사를 지낸 성당에

　등에 십자가를 지언 저승간

　아버지 어머니 성당 공동묘지에

　모션 있수다. 이 앞으로 이삼년만

　기다렴십서. 애기가 성당 공동묘지 바깥드레

　다 이묘 해당 납골당에라도

　모시젠 해염수다.

　아, 이 해준 호상 입으멍

　제주 고씨 어머님,

초혼, 이혼, 삼혼 정

민속촌 마을 마방집드레 옵서, 본.

어-

낳 주던 파평 윤씨 어머니.

어머님, 51세 나는 해 양력 7월 12날 돌아가신

어머님, 아이구 이 아이들 다섯 오누이 둘안 살단

살젠 허난, 뚜렷한 직장 엇고,

부모조상 물려준 재산 엇고,

이것들 배고프게 말저 소나이 놈들만

키왕 이것들 대학은 시켜사

지네냥으로 서기라도 허영 돈벌엉 살걸.

악착같이 이 아이들 공부시키고 하는게

불체 장사허멍 굴묵 어기에 들엉 이 망대기

조지멍 뒷대가리 조지멍 먼지 속에 귓고망이

조심하던 어머니 가슴 다 풀령 갑서,

큰 아들 공철이 우다.

설운 어머니, 새옷 갈아입으멍

어허, 성읍 민속마을 마방집에서 굿허염수다.

차사양산기 둘러받아 호상옷 둘러받아,

초혼 이혼 삼혼정 옵서 본.

어, 어 설운 말켓 아시우다. 정자 광자 수자 영혼님,

아이구 네성제가 뒷대멩이가 코찡히

아이고 밥 한사발이면 혼 숟그락썩 갈락 먹고

살아오던 이 동생, 돈 어려우난,

아이구 군인 강 와시라, 나 돈벌엉 느 공부시키마.

군인 강 마청 오는 게 제대핸 완 사흘만에

친구벗들과 바당에 갔단 그날 일수가 안 좋안

물에서 말 흔곡찔 못해보안 주사 한 대

맞아봥 죽어도 칭원헐 나이인데

주사 한 대 약 한첩 먹어보지 못하고

저승간 동생이우다.

어, 오늘은 큰 성이우다. 공철이 형이

살단 보난 팔자 그르쳔 심방을 해여전

이번참 KBS 방송국에서 전통문화연구소에서

제주도 큰굿보유가 되난 기록을 남기저 굿을 허게되난

성읍 민속마을 마방집에 일부러 오란 삼대 틀어놓안

신굿을 허연 큰굿을 허게되난 아시 공부 못시켜 줜

한이 맺혔수다.

오늘 사난해 드령 공철이 형이 살단보난

심방을 허게 되난 방송국에서영 제주전통문화연구소에서영

제주도 큰굿이 문하재가 되난 자료를 남기기 위해

굿을 하게 되난 이 형님 그래도 나서서 다니며

인연이 되난 성읍 민속마을 마방집으로 오란

삼대 틀어놓안 신굿을 허영 큰굿을 하게 되난

아이구 공부 못시켜 줘 한이 맺협수다.

아하, 오늘 사남해 드령 시왕에 저승드레 보내건

가당 물갈아 입으멍 저승서라도

공부허영 소원을 이루엉 한을 풀어드려야 할 건데.

정자 광자 수자 영혼님,

묵은 옷 벗엉 큰 성님해준 호상옷 입엉

초혼 이혼 삼혼정으로 마방집드레 혼저 옵서.
어, 영혼님, 돌앙갈 때, 요왕에서 부원군차사 뒤에
요왕 군병님 우병지주잔으로 지사귀건
군병처사랑 부원군 차사에 인계허영
아버지 어머니와 홀목심엉
시왕에 가면 극락왕생 시켜줍서.
비명처사도 주잔입고 지사귑니다.
차사님은 영혼을 보난 넋이 났구나.
영혼은 차사님을 보난 넋이 났구나.
아니봐난 차사 영가를 보난 넋이 났구나.
아하, 초혼 이혼 삼혼 초넋 이넋 삼넋도
신나숩니다.
수원미로 타는 가심 잔질루멍
애돈 가심 잔질룹서.
성님 성님 대양 나를 줍서.
아버지네 삼부처, 설운 아시 영혼 돌앙 간
차사님도 수원미로 며이단목 자수지로 잔질룹서.
영혼님 이 세상 살멍 한이 맺힌 일 다 풀령 갑서.
나 아시영 아이구 굿햄덴 허난 이게 무신 일인고.
두렁청 햄길거우다. 저싱법은 굿법밖에 좋은 법 어선.
이 세상 살멍 성당에 다닐 때 돌아가부난
등에 십자가 정 저승간 나 아버지 나 어머니 삼부처
큰아들 족은 말젯 아시영 우연치 다 허연
팔자 전싱을 못 이견 화련상을공매엉 난
불휘어신 세상 이 심방질을 허염수다.

이번참 부모공 갚함수다. 조상공 갚함수다.

수원미 싫던 가심 잔질룹서

싫던 가심 잔질룹서. 저승 벗들이영

귀양 뒤에 신양 뒤에 노는 임신,

생이와당 물켄 낭에 노는 임신들,

유대권에 제도권에 놀던 임신,

이 아기들 꿈에 선몽허던 임신이영,

말명입질에 떨어지던 임신 없이,

많이많이 열두주잔은 지넹겨 들어가며,

이어가멍 날로 둘로

(악무)

〈방광침〉

둘로 날로 시로

셔불방광 일격 사납니다.

우리 인간은 한번 낳고 죽는 건

나라에 대도입니다 마는.

토란잎에 이슬같은 인생

ᄇᆞ름 부는 날 촛불같은 초로인생,

이 세상에 불담으레 오는 것과

다름없는 인생이요

설운 아버지 어머니

고씨 어머니, 윤씨 어머니,

설운 말젯 나 아시 아이고 그 옛날
살아온 거 생각허민 석달 열흘 앉앙
옛말 ᄀ르멍 운들사 다 ᄀ를 수 있고,
다 울 수가 있습니까.(운다)
얼만이나 얼만이나 엇언 하는 고생 다 허던
아버지 어머니 설운 말젯 아시 영혼님아,
이 세상 살멍 이 먹짱같은 이 가슴에
열신기 품고, 이 액같이 쌓인 원,
돌담같이 체헌 가심 다 풀립서.
망향시 척호도 풀립서. 초소렴 척호도 풀립서.
이소렴 착호도 풀립서. 등에 진 십자가 풀립서.
오늘부터랑 거덜머리 대동허영 간디마다
공시상으로라도 강 잔 ᄒ잔씩 받읍서.
이 아들 그눌라줍서. 이 성님 그눌라줍서.
소소렴 대소렴 상복입관시에 원혼 대희로
다 풀립서

(방괭)

상계판
이계판
하계판에 봉토에 원진 일,
관 두를 때, 보름 삭일에
졸곡에 적고, 열두달 소상, 24달 대상,
삼명일 기일제사 원혼 된 일 다 풀립서.

아직까진 족은 아시 집이 강 기일제사
해염수다.
삼년만 지나가면 아들 심방허고대나
좋은 잡 마련허영 아시들 형님네 집에 왕
아버지 제 모시레 가살걸,
어머니 제 모시레 가살걸,
성님이랑 하영 차리지 마랑 이십서.
우리 제숙도 상 가쿠다.
국거리도 상 가쿠다.
의지 감지허영 큰 아들 사는 디
기일제사도 모시게 도와주고 헙서.
설운 말젯아시 살명 좋은 공부 못시켠
아이고 영 죽는 일도 시카.

(생략)

〈차사영맞이(3)〉

- 강순선

〈혼씌움〉

- 서순실

〈혼씌움〉은 망자의 〈질치기(길닦기)〉를 하여 길을 다 닦으면 혼을 부르는 초혼(招魂) 의식이다. 영혼이 인간세상을 떠날 때 혼과 넋이 나간다. 그러므로 망자가 입었던 옷, 관대와 차사영혼기를 들고 심방은 초혼, 이혼, 삼혼을 불러온다. 심방은 문 쪽에 서서 혼적삼과 차사영신기를 들고, "에- 성은 ○씨, 아무 달 아무 날 어떻게 세상(인간) 하직한 불쌍한 영신 초혼 본-. 이혼 본-. 삼혼 본-."하는 형식으로 혼을 부른다.

10시 차사영맞이 끝

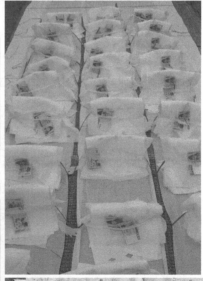

〈질치기〉

9) 아홉째 날 : 《시왕맞이》〈액막이〉〈산신놀이〉〈차사본풀이〉 〈공시풀이〉〈시왕질치기〉《시왕메어듦》〈본향놀림〉

(10월 21일 금요일, 음력 9. 25.)

〈시왕맞이〉는 일곱째날 〈시왕맞이·삼시왕맞이〉를 시작으로 오늘 〈액막이〉〈산신놀이〉〈시왕질치기〉가 끝나고, '시왕다리'를 당주방에 끌어들이는 〈메어듦〉이 끝나면 비로소 끝난다. 이 단계에서는 〈요왕맞이〉나 〈산신맞이〉 굿이 집안의 내력에 따라 제차 속에 끼어들기도 한다.

〈산신놀이〉는 닭 한 마리를 끈에 꿰어 묶어 두고, 사냥꾼으로 분장한 포수 두 사람이 막대기에 천으로 멜빵을 만들어 묶은 총을 들고 나타난다. 이 총을 '마사기총'이라 하는데 옛 조상들이 사냥할 때 쓰던 총이다. 이어서 두 포수가 엉겨 붙어 잠을 잔다. 잠에서 깨어난 두 포수가 서로 지난밤의 꿈 이야기를 늘어놓는다. 그리하여 두 포수는 사냥터로 출발하기 전에 산신제를 지낸다. 산신제를 마치고 포수들은 마사기총을 둘러매고 사냥을 떠난다.

포수들은 사냥놀이를 본격적으로 시작한다. 개를 부르는 '머루머루머루'하는 소리만 들리다가, 쫓기는 포수가 제장 근처에 나타났다가 재빨리 사라진다. 드디어 두 포수는 서로 만난다. 끌고 다니던 사냥감(닭)은 두 포수의 노획물이 된다. 두 포수는 사냥감을 서로 자기가 잡았다고 다툰다. 수심방이 끼어들어 중재에 나서서 재판관의 역할을 하는데 다투지 말고 분육하라 한다.

분육한 고기는 우선, 산신대왕이 좋아하는 더운 피, 단 피는 뽑아 신에게 올리고, 어른들 순으로 나누어 한 점씩 차례차례 인정을 받으며 나누어 준다. 이때 분육한 고기는 닭을 다 잡지 않고, 모이주머니만 잘게 썰어 쟁반에 놓는다. 이것을 '각반 분식(分食)'이라 한다. 그리고 분육하다 남은 털이나 창자 찌꺼기들은 "산신군줄 나시(몫)"라 하여 제장 밖으로 캐우린다.

〈산신놀이〉에서 사냥 나가기 전날 밤, 두 포수가 서로 엉켜 잠을 자는 것은 모의적으로 성행위를 연출하는 것이다. 이러한 발상은 "성행위=음양의 화합=다산"이라는 주술적 관념을 나타낸다. 두 포수가 사냥터를 선정하는 대화를 보면, 한라산을 무대로 '동-서', 또는 '오름-곶'으로 역할을 분담한다. 그 활동 영역은 한라산을 전 무대로 한다. 이것은 사냥터를 가상적으로 설정한 것이며, 놀이의 공간을 확대한 것이다. 여기서 굿판은 사냥터이며 사냥터는 한라산이라는 것을 동시에 보여줌으로써 〈산신놀이〉는 신들의 생활을 재현하는 놀이 공간에서, 한라산을 누비며 사냥하는 삶의 현장을 보여주는 것이다. 〈산신놀이〉는 신들을 놀리는 놀이굿이면서 조상 대대로 살아 온 삶의 방식, 사냥법을 모의적으로 실연하는 생활 현장 극이다.

〈액막이〉

- 9:15~10:50
- 서순실

심방은 향로를 들고 춤을 추다가 술잔을 들고 술을 뿌리며 춤을 춘다. 자리에 엎드려서 요령을 흔들며 사설을 하다가, 소미가 닭에 소주를 뿌리고 본주 앞에 가져가면 본주가 손을 가져다 댄 후에 절을 한다. 심방은 산판과 신칼을 들고 자리에서 돌면서 춤추다가 산판점을 친다. 심방이 무명천 위에 저승사자의 옷과 신발 등을 싼 다음 불을 붙여서 들고 "삼초사 관장님 액을 나걸랑 곱게 막아줍서"라고 하며, 불붙인 것을 들고 자리에서 빙빙 돌며 춤추다가 소미에게 건넨다. 닭을 들고 자리에 서서 춤을 추다가 닭의 목을 빙빙 돌린다. 심방은 신칼점을 치고, 소미는 술을 뿌린다. 심방은 자리에 앉아서 요령을 흔들며 사설을 하다가 징에 담긴 쌀을 집어 쌀점을 친다. 소미는 물그릇에 쌀을 몇 줌 쥐어서 담은 후에 물그릇을 들고 밖으로 나간다.

대신시왕연맞이로 신이눅어옵니다. 신메와 석살립니다.
(본주 정공철 삼배한다. 서심방은 신칼 들고 액막이굿 진행)

(악무)

신메와 석살니난
날은 날이전 날이오며
달은 갈라갑긴 어느 달
금년 해는 갈르난 신묘년은 달은 갈라갑긴
원전승에 팔자 궂인 애산 신구월
오늘은 스물닷셋 날입니다.
국은 갈라깁긴 강남드난 천자국 일본드난 주년국
우리 국은 천하 해공 대한민국인데
제주특별자치도 제주시는 조천읍 북촌리 1151-2번지에
가지높은 신전집 지애 너른 절당집
어주애삼녹거리 서강베포당집 무언 살암수다.
원전싱 팔자궂인 정공철 경자생 52살

당줏아기 정연담 21살, 정수정 12살 받은 공섭니다.

어떵헌 연유롭서 이 공서 올립니까 영허면

52살이 전대선조 부모고향 성진땅은 모슬폰데 아바님 어머님

큰아들로 소생허연 사는게 일곱 여둡살에 죽억살악

신창할망 알로 간 장성허연

아버지도 이세상 살단 저승가고

큰어머니 나준 어머님도 살단 이세상 떠나불고

설운 동생 일산 공부도 못핸 오란 바당에 갔단 이세상 떠나불고

서처고단허고 혈현단신허고 이십스물 넘언 좋은 대학공부허고

인연만난 21살 나준 어머니 혼연잔치허연 사난

소 살림 못살안 살림 이별허고 다시 인연 만난게

12살 나준 어멍 저 뚤하나 소생시컨 난날 난시 팔자복녁대로

살게되난 한라산 놀이패영 연극놀이 허여가는게

무형문화재 71호 사무장으로 갔단 4 · 3굿 공연할 때

쾌자 입언 굿한 연줄로

무형문화재 71호 김씨형님 홀목심언

궁에 밥을 먹고 궁에 행실을 허고 신의 잠을 자고

북두드림 장고 두드림 설쇠두드림 새ㄷ림 추물공연 배왕 굿배왕

굿나는 해 와산 고칩이간 쾌자입언 굿허난

17년동안 정의대정 모관으로 일본으로 뎅기멍 살았습니다.

이번참엔 52살이 신질발룹고 옛날부터 제주큰굿을 재현허젠 허는게

멫년이 넘어도 못허난 제주방송총국장 김동주 56님이 힘이되고

문무병 62살 박경훈 곧50살 이 조순들이

제주도 굿의 옛날 선생님들은

한분두분 나이연만 되연 삼시왕에 종명허여가고 허난

52살 신질발루멍 이굿 재현허겐 허난

52살이 시왕 부모 아버지 양씨로 78살

수양부모자식되난 애산 신구월 초여드레날 반 52살

조상 이제랑 나영 고찌 글읍서 조상님

삼천기덕 일만제기 멩도멩철 당베 절베 메인 공서

아산신베 당주ᄃ리 몸주도리 신영간주 ᄃ리 몬딱 가전

북촌 사는 집에 오란 당주설연허난

신질발루저 급허게 사름살젠 허면 성담넘고

급허민 울담넘는게 제격이라 구월 ᄇ름날

52살 몸받은 당주문 열렷수다. 몸주문 열렷수다.

상안체는 짓올르고

중안체는 짓알내려

하안체는 일천기덕 일만제기 멩두멩철 부모조상님

굿허레 신질발루레 감수다.

자동차에 조상업언 마을넘고 재넘고

월산벡리 돌앙밧질 넘언 표선면은 성읍리 마방집 오란

동살장 친방부전어간 삼안 몸받은 안당주 밧당주

고 옛선생님 당주설연허여 잇단

저레 관청에는 변호사 신전에는 검집사

성은 서씨로 신축생 51살 몸받은 당주문 몸주문 열렷수다.

상안체는 짓올르고

중안체는 짓알내려

하안체는 삼천기덕 일만제기 멩두멩철 부모조상

업고 팔자궂인 삼촌 저 형제간 옵서 가게

물을 넘고 혼재 넘고 얼산벡리 돌앙갓질 넘언

마방집 오란 언양당주 몸받은 조상 우올련

굿헌덴 오랏수다. 고맙수덴 옷알림 허연

큰대 메읍고 대통기 기메 좌도우도기메 설연하고

안으로도 비자남 상당클 계수나문 중당클, 준지나문 하당클

참실같은 노리베로 날개긋이 줌숙 팔만금세진벗

안으로 연양당주 삼시왕 어간삼아 기메설연 당반설연

제청설연허연 그날 저녁인 기메마른 기메고사 전받읍서

옛 선생님네 일부혼잔 허난

천왕왕도 ᄂ린날 지왕왕도 ᄂ린날

인왕왕도 ᄂ린날

조상 하강일 조순복덕일받안

신묘년 애산 신구월 구월 열일렛날

초체울려 초공하늘

이체울려 이공하늘

삼체울려 삼공하늘로

서른세하늘문 옥항에 쇠북소리 울련

준지너른 금마답 마당 불급으로

천도천왕 지도지왕 인도인앙 삼관지도 법으로

천신기는 지늦추고 흑생기는 지도투고

저승염냇대 서른세모작 하늘이 칭칭허게

천지이망주 신수푸고

좌돗기도 신수프고 우돗기도 신수퍼근

일문전 삼도리대전상 천보답상 만보답상 꾸면

천상천하 영실당 주병대천 노랑빗발 세빗발

산섭물섭 나무돌굽노는 일만일신 주문천신

만주백관님은 초감제연다리로 청대고고리 가늠허고

깃발보멍 연발보멍 울북울정 가늠허멍

초감제연도리로 초례초례 재초례로 청허난네

초감제연다리로 어느집 신전집 초신연맞이 청하고

초신연맞이 떨어진 신전님 초상계 연다리로

각호각당은 우골르고 오방각기 시군문 잡앙

삼천천제석궁에도 초하전 큰공서 열시왕에

연양당주 삼시왕 각본향 일월제석

주문도청 영혼영신 안팟공시까지

칭원한 원정 원통한 원정 올려잇습니다.

열아흐렛날은 개폐문을 열리던 영을 놓안

보세신감상연다리로 넘엇수다.

안초공 밧초공 얼러맞안 난산국 신풀고

안이공 밧이공 안삼공 밧삼공까지 신풀어

그날 저녁 도령법 우골릅고

20날은 우올련 옥황천신 어어 불도연맞이로

할마님 고맙수다. 뚤성제 잘 키와줍센허연 축원원정 올련

동해용궁 할마님 굽을 갈라 이십네다.

그날은 불도연맞이 할마님 대공전 신수프난

봅서 안으로 놀판놀이 하고

스무ᄒ릴날 준지너른 금마답 이날은 마당붉으민

초이공연맞이 연맞이땅 신맞이땅 연맞이

어멍은 아기보저 애긴 어멍보저

일부ᄒ잔을 허여 잇습니다.

당주에 질을 발릅고 이공질을 닦았습네다.

그날 저녁에 너무 깊언 도령법을 놓고

스무이튿날 초이공연맞이 신질 연질 고부연질

당에 당베 절에 절베 메인공서 아산신베

에에 노다들러 웨어 웨어들러 노다 감아맞고 이어맞아

안으로 양공시 신수퍼 잇십네다.

그날 시왕맞이 헐건디 바빠지난 삼석올려두고

그날은 대신시왕연맞이 허젠허민 삼본향 한집

재인지대 사는 법입네다. 제오재상계넘고

일월제석 석시로 놀판놀이허고 그날은 깊은 밤의 도량법으로

스무사흘날 개폐문 지침눌을 눌언

준지 너른 금마답 마당 붉그민 대신시왕연맞이

초방광 금공서 그날 저녁 대명왕차사 관장님

난산국을 풀어 잇습니다. 어젠날은 역가올련

낮엔 역가 밤엔 중서 열말쌀 영구녕대독금시리 놀판놀이 허난

삼천이른여둡 시야군병 굽을 갈라 잇습니다. 어제날도

불상혼 영혼님 52살 조상없는 몸천이 어디 이십네까.

선대부모조상님네 우리만 살멍 조은 집에서

좋은 옷 돈 쓰고 먹고 입고 삽니까.

제사 멩질 소분 해여도 이세상 오라 살다 선대 부모조상님들

사남 올려 맺힌 가심에 맺힌 거 다 풀립서.

어젠날 저승 사남 올려 동살장 심방우전 좌우접상 신수퍼 앉앙

의논헙서 공론헙서 전달허여근

내일 모래 갈 때랑

몸 아프는 거 복복쓸엉 가당

미여지벵뒤 가시낭에 걸쳐두엉 갑센 축원드렴수다.

오늘 나정 진시왕에 대명왕차사님 앞으로
방액 올리저 허십네다.
신이 점점 늙어 갑네다. 신메와 석살립니다.

(악무)

석살리난
일만팔천신전님. 십오성인님 임신충
올라 옥황상저님 내려 지부사천대왕
산신왕 다섯용궁 육한대사 사명당
육하님 할마님 신메와 드립니다.
안초공 밧초공 안이공 밧이공
아아 안삼공 밧삼공님도 신메웁니다.

(악무)

신메우난 마당
살아 목숨차지도 이 시왕전 죽어 목숨 차지도 시왕전
원앙감사 원병서 시왕감사 신병사
짐추 염나 태산대왕 범궅은 서천대왕
초제 진강대왕 이제 초관대왕
제삼 송제 제네 오관 제오 염나
요솟 번성 일곱 태산 여듭 평등
아홉 도시 열 시왕
지왕 생불 좌우도 십오 동자 십육 亽제님

신메웁니다.

삼멩감 이른요돕 도멩감님 신메웁니다.

천왕처서 지왕처서 인왕처서

연직 월직 일직 시직

금부도사 이원ᄉ제 강림ᄉ제

멩두멩감 삼처서 신당 본당 처서관장님

영혼 안동헌 처서님 십이대왕 몸받은

대명왕처사님도 신메와 드립니다.

(악무)

세경신중마누라님 직부일월 세경신중마누라님 신메웁니다.

52살 몸받은 연양당주 삼시왕 삼하늘

당주하르바님 당주할망 당주아방 당주어멍

당주도령 당주벨캄남네도 저승 신메와 드립니다.

일월입네다.

이 집안 산신일월 선왕일월 신메와 드립니다.

당주일월 몸주일월 신메와 드립니다.

나는날 생산 차지 죽는날 물고 차지한 한집님

성읍리 본향한집 모슬포 본향한집 북촌 본향한집

김녕 본향한집 동에동산 한집님네도 신메와 드립니다.

이 집안 안네 아방집 일문전 성주 오방신장

삼덕조왕 안팟칠성 터에터신 올레 주목주신님

북촌 1151-2번지 알문전 성주님 오방신장 삼덕조앙

안팟칠성 터에터신 올레 주목주신 방액상으로 신메와 드립니다.

상청가면 상마을 중청가면 중마을

하청가면 선망조상 후망부모 영혼님 선대조상 사남헌 조상

성주성편 외조외편 선내외편 족은 형수님 고씨 영가

친구들 요섯 영가님 방액상으로 신메와 드립니다.

성은 정씨로 52 하신충 몸받은 안공시

서씨로 신축생

몸받은 밧공시 부모조상 선생님 흔어깨에 오던 선생님

초감제 시왕맞이 헐 때까지 거느린 선생님

방액상으로 신메와 드립니다.

어시럭 더시럭 원살축 신살축 개운 두 개 하고

시왕 뒤에 삼천이른두 시야군병 기드른 이 총드른 이

행검주태뒤에 기드른 이들 삼멩감 삼처사 뒤에

본당 신당 일월 제석 영혼 뒤에 시왕맞이 영맞이 할때까지

어떵허난 우리들은 아니 거느렴신고

눈에 선몽 낭에 일몽 허던 임신까지

많이 자사기난 안고보난 냉감내

자고보난 차견내

약방약내 놀랑내 늘팟내 존경내가

탕천허듯 허심네다.

종이 모른 이 전상 님이 모른 초전상

삼이 모른 삼선향

울릉도는 조금상 가지넘출 떠다가

세발도든 주홍아반 벡탄숯불 엉글엉글 피워올려

일만 팔천 안팟공시 옛 선생님꺼지 상촉권상입네다.

(향로춤)

향촉권상 우올리난
본주제관님 성은 정씨로 52살 받은 잔입니다.
아기 21살 12살 받은 잔입니다.
이굿을 허젠허난 어느 누겐 의지헙네까.
제주방송총국장 김동주 56살님 직원일동 받은 잔
이 굿을 허젠허난 가멍오멍 어떵허문 조코
하나라도 재현시켜 보젠허난
문무병 62 박경훈 50살 자문위원
자성오성 일본서 가멍오멍 하는 자손
성심성심하는 이 자손들 받은 잔입니다.

(주잔춤)

거헌 집사권 51살 팔자굿인 유학성제간 받은 잔입네다.
이 굿허젠허난 어딜 가면 좋으리 장소 촛당보난
성읍리 마방집 오난 마을이장 45살 공시로 성의성심허였수다.
보름동안 삼시세때 출령 먹여주젠 허는
조왕할머님들 받은 잔입니다.
초잔은 청감주 이잔은 졸병주 제삼잔은 고함타주
우거린건 졸병주 알거린건 타박주 돌아 닦은 한한주
구성대에 구성잔 어어 분부 신전님전 해방지잔입네다.
에에 (삶은 계란에 삼주잔의 술을 적셔 사방에 뿌린다)

(주잔춤)

술잔을 지넹기난
시군문연다리에 나사민 일만팔천 신전님 뒤에
주잔들입니다.
올라 옥항상제 두에 노는 임신들
지부ㅅ천왕 뒤에 노는 임신들
할마님 뒤에 걸레삼싱 구덕삼싱 업게상싱
악살데기 아양데기 오용데기 많이 주잔입니다.
밧초공 안초공 밧이공 안이공 밧삼공 안삼공
뒤에 시왕뒤에 선배 후배 마후배 궐한배 술한배
기드른 이 창드른 이 행금주체 드른 이
삼멩감 삼처사님 뒤에 족은아바지 돌앙간
눌신왕 혼신왕 처사뒤에 일곱귀양 아홉시왕 뒤에
수멩이 아들 수멩이덕들 뒤에 노는 임신들
일월 뒤에 산신뒤에 선왕 뒤에
저믄 당주일월 뒤에 신당군졸 본당군졸
청칼에 청토실명 벡칼에 벡토실명 흑칼에 흑토실명
ᄇ름산에 구름산에 서저구리 귀마구리 갈감자 뒤에 노는 임신
영혼님네 온댄허난 저승벗 저승친구들 주잔입니다.
안팟공시 옛 선생 뒤에 어시러기 멩두 더시러기 멩두
원살축 신살축 제절앞이 멜싸먹고 모사먹던 멩두빨들이로구나.
오란보난 큰굿허염구나. 오랑보난 줌잠구나.
술 ᄒ잔 아니주엇구나. 올레에 큰 폭낭 아레
낮인 찬 이슬을 맞고 밤엔 큰 이슬을 맞고

이런 임신 말명에 입질에 떨어진 임신들 어시
많이많이 주잔입네다.
방액상드레 신메우난 방액상으로 상받읍서.

(요령: 공연으로 이어진다)

〈액막이〉

〈산신놀이〉

— 양창보, 정태진, 강대원

〈산신놀이〉는 사냥하며 살던 조상들의 사냥법 · 분육법 등을 굿판에 모의적으로 재현함으로써 우마번성을 기원하고 조상의 원액을 푸는 놀이굿이다. 제주의 중산간 마을에서는 대부분 그들의 본향당신이 산신인 경우가 많고 산신을 당신으로 모시고 있는 마을의 당굿에서는 〈산신놀이〉를 한다. 또 이 산신놀이는 집안의 큰굿에서, 그 집안에 "사냥을 하며 살던 조상"이 있는 경우, 이를 "산신일월(山神日月)"이라 한다. 그 조상을 놀리는 굿이 큰굿의 제차 속에 하나의 독립된 의례로서 끼어든다. 이 굿을 "산신연맞이"라고 하며, 이 굿의 제차 속에 '산신놀이(=사냥놀이)'가 굿 중 굿으로 삽입되어 있다.

〈산신놀이〉

〈차사본풀이〉
- 강순선

〈차사본풀이〉는 망자의 영혼을 저승으로 데려가는 강림차사의 신화이며, 저승에서의 삶과 이승과 저승의 시간과 공간의 관계를 풀이한 저승법전이다. 저승법은 순리에 어긋난 죽음, 악연에 의해 만들어지는 모순된 이승에서의 삶을 바로잡는 과정에서 맑고 공정한 굿법을 풀이해 나간다.

〈공시풀이〉
- 정공철

〈공시풀이〉는 멩두(명도), 요령, 신칼, 산판 등 굿할 때 모시는 명도를 모신 공싯상 앞에 앉아 본주 심방이 심방 선생들, 즉 유씨 대선생 이후 모든 심방 조상인 옛 선생들을 청하여 축원하고 대접하면서 "독두전에 게알 안주 상받읍서.(닭고기에 계란안주로 상을 받으십시오)"하며 공싯상의 내력, 심방이 된 내력을 풀어나가는 제차다.

〈시왕질치기〉
- 양창보

〈질치기〉의 순서는 "사천지옥문 돌아봄 → 언월도로 베기 → 작대기로 치우기 → 언월도로 사리기 → 은따비로 파기 → 발로 고르기 → 좀삼태로 치우기 → 미레깃대로 고르기 → 비로 쓸기 → 이슬다리 놓기 → 마른다리 놓기 → 나비다리 놓기 → 영신다리 놓기 → 차사다리 놓기 → 가위로 끊기 → 올궁기 메우기 → 시루다리 놓기 → 홍마음다리 놓기 → 청너울다리 놓기 → 공작깃다리 놓기 → 등진다리 놓기 → 애산다리 놓기 → 자부연다리 놓기 → 적베지 탐 → 차사길 돌아봄 → 열두문에 인정겸"의 순서로 진행된다.

《시왕메어듦》

─ 서순실, 정공철

> 천지 너른 금마답,
> 마당 밝음 어간 되어
> 천도천황 지도지황 인도인황
> 삼강지 오륜지 법으로,
> 저승염랫대 이망주 신수푸고,
> 좌도 우도 신수편
> 신묘년 애산 신구월 열일뤳 날
> 옵서 청하고,
> 대신시왕연맞이
> 애산 신구월 스무이튿날 삼석 울려,
> 스무 사흘날
> 엄중한 시왕님 대명왕처사님을
> 청하였습니다.
> 스무나흘 날은
> 이 집안 영혼님네 사남 올리고.

오늘은 스무 닷새날입니다.

시왕님은 안으로 신수풀 때가 되었습니다.

할마님, 초공, 이공, 삼공, 열시왕

사제 삼명감 삼차사, 일월조상,

삼본향, 영혼님 안팟공시

안으로 잉어 메살리저 하시는데

시왕님 받다 쓰다 남은 건

웃지방 걷워다 지붕 상상 마루로 도올리고,

또 웃잡식 걷워다 저승염랫대 아래로

억만 수게 모웁니다.

알자 수건 대여다가

시왕님 뒤에 삼천이른여돕 시아군병

시아자기 기난

성은 정씨로 하신충 52살 됩니다.

삼시왕에 현신허난

동의 와당 청비개도 거두레 갑니다.

서의 와당 백비개도 거두레 갑니다.

남의 와당 적비개도 거두레 갑니다.

북의 와당 흑비개도 거두레 갑니다.

어러비개 비러비개 양단어깨에

노다둘러 외오, 외오둘러 노다

가마막고 영기 명기

파랑당돌 영서명기 들러

세경수퍼 돌며 시왕님 대명왕처사님

안으로 메어 살립니다.

(새 심방 안공시는 영기몽기, 영서명기 네기 양 손에 들고, 몸에는 시왕다리를 매고 마당을 돌며 춤을 춘다.)

(악무)

(마당에서 춤을 추던 새 심방은 안방 문전에 엎드리고, 소미는 '데령상'을 놓고 점을 쳐 시왕다리를 메고 있는 새 심방이 들어오는 것을 점을 쳐[산받음] 허가한다. 새 심방은 마루로 들어와 요란하게 도랑춤[回轉舞]을 춘다.)

(악무)

아하, 아하,
(마루에서 시왕기들을 들고 요란한 도랑춤을 추면, 소미들도 징을 치며 신명을 북돋운다. 춤을 추던 새 심방은 앉아서 기를 세우고. 점을 쳐 '산을 받는다.' 그리고 당주상에 절을 한다.)

(악무)

(큰심방 향로춤
새 심방은 당주방에 엎드려 운다.
큰 심방 '주잔춤'[주잔권잔]을 춘다)

밧공시에서 안공시까지 양공시로
메어 살렸습니다.

받다 쓰다 남은 건 시왕 뒤에
선배 후배 마후배 마상배 뒤에
삼만관속 육방하인 뒤에
기드른 이, 창드른 이, 아주주태 드른 이,
삼천 이른여둡 시야군병들도
지사겨 드립니다.
삼명감 삼차사님 뒤에 연양당주 조상 뒤에
임신들 주잔입니다.
처사님 뒤에 주잔입니다.
일월 뒤에 본향 뒤에
영혼영신님 뒤에 안팟공시 고 옛선생님 뒤에
어시러기 멩두 더시러기 멩두
원살축 신살축 개움투정허던 멩두빨,
열이렛날 굿 시작허여
열여드렛 날, 열아흐렛 날
스무 날, 스무 하루, 스무 이틀 날
스무 사흘, 나흘, 닷새 날까지
석시 석시마다
말명에 입질에 떨어지던 임신들
주잔입니다.
무사 우리들은 오랜 말 안햄싱고,
무사 우린 술 한잔을 아니 쥠싱고 허영
꿈에 선몽허던 이 낭게 들른 이
당주에 들언
당주 소록 몸주 소록 신영간주 소록 불러주저

신에 신청에 들어서 소록 불러주던 영

삼덕조왕 안에 들어 조왕소록 불러주고

카메라 보는 자손들

사진찍는 기사 연구자들 앞이 들엉

풍문을 불러주어 먹자 쓰자 허던 임신

청주독에 청소록, 탁주독엔 흑소록

소주독에 백소록 나무광대실태소록

불러주던 임신들,

많이많이 열두주잔은 지냉겨드립니다.

저 베 벗겨 옵서.

위가 돌아갑니다.

제가 돌아갑니다.

성은 정씨로 하신충입니다.

(몸에 감았던 베를 풀며)

이제랑, 청비개도 흑비개,

어러비개, 빌어비개,

양단어께, 노다둘러 외어, 외어 둘러 노다

감아막아, 양단어깨 영기몽기 둘러

세경 숩부 수푸둘른 시왕님은

메살려 드려 있습니다.

청비개 흑비개 얼어비개 빌어 비개로구나,

당에 당베로구나, 절에 절베로구나,

매인공서 아산신베를

이 베는 누구가 메던 베입니까.

옛날 궁의 아들 삼형제가 메던 베입니다.

유정승 따님애기가 일곱 살에 신병을 얻어
이른 일곱 나는 해에 아랫녁에 내릴 적에
메던 베가 됩니다.
유래전득허라.
옛날 선생님네가 메다 유래전득한 벱니다.
안공시로 도내리면
52살이 35살에 이 전승을 그르치연
곧 마흔 나는 해에 와산 고칩이 간
석살림굿 허연 섭시쾌자입언 석시놀안
좋은 전싕 팔자 그르쳔 뎅기는
열에 한 촌 없고 서처고단 허난
양씨 부모 아버지 부모자식 삼아
아버지가 매던 베가 됩네다.
몸 받은 조상님입니다.
저 김녕은 황씨선생 임씨선생, 임씨선생,
이씨하르바님, 임씨할망 양씨할망이 매다
유래전득하던 벱네다.
양씨부모 아버지가 부모조상들 매다
유래전득한 베입니다.
아버지 어머니 동생은 심방 정시 아닙니다.
아버지 어머니 낳아준 어머니
설운 동생 동참을 헙서.
밧공시로 성은 서씨로 검집사관입네다.
신의 성방도 14살 나는 해에 이 전생을 그르쳐
곧 스물 나는 해에 초신질 초역례 바쳐

안칩의 간 첫공시상 받아

오늘까지 연 37년 동안

조상 업엉 뎅기난 매당 유래전득한 베입니다.

설운 정씨선생 몸받은 선생님,

설운 어머님도 43살에 전생을 그르쳐

47나는 해에 초역례를 바쳐 초신질을 발롸

삼시왕에 종명할 때까지 매다

유래전득한 베가 되옵니다.

외편 김씨 하르바님, 김씨 할마님,

설운 외진 부모 하르바님 족은 하르방도

모성 다닙니다.

어머님 초신질 발롸준 조천 정씨 하르바님

어머님 몸받은 조상님 본메놓던 벵디 진밧가름

몰코실낭 상가지에 솟아나던 고씨 대선생님,

안씨선생님, 김씨선생님 매다 유래전득한 벱니다.

서김녕 아끈도간 한도간 아끈지게 한지게

고운 얼굴 본메 놓은 임씨삼춘님도

신병나난 매다 유래전득한 베

신의 성방 초신질 발롸준 선생님은

안공시 부모조상님입니다.

매단 유래전득한 베,

이 신질 발롸준 조천 정씨하르바님

유래전득한 벱네다.

설운 안씨 삼춘님, 한씨 삼춘님,

전생 그르치던 고씨 어머님 유래전득한 벱니다.

얼굴 모른 아버님 동참협서.

신의 성방 30에 이신질을 발롸주고

대역례를 바쳐주던 이씨부모님 매다

유래전득한 벱니다.

할마님 육간제비에 논 현씨일월

멩서 큰아버지 최씨부모 매어 유래전득한 베

이씨 하르바님 한씨 할마님 정씨 할망,

이씨부모님 고씨부모, 한씨 부모님이 매다

유래전득한 베입니다.

종달리 시왕박씨 할머님 오씨 하르바님,

김씨 할마님이 매다 유래전득한 베입니다.

신촌 곤물당 김씨할마님

종달리 외진펜 스물다섯에 유래전득한

천근옥탑 외진 할망 망녀 할마니 매다

유래전득한 벱니다.

열운이 멩오안전 멩오부인

도레못 박씨 하르바님,

질진밧도 박씨 하르바님,

멤쉐 죽은밧디 임씨 할마님이 매다

유래전득한 베입니다.

월정 웬갱이 박씨 할마니

골막 개루모루 천하울쇠 지리천문에

놀던 조상, 고조 웃대 할아버지 형제하고

선질머리 외진 조상,

논밧거리도 외진 조상님,

김녕 큰삼춘님 내외간 큰누님네 내외간
백근이 아방 내외간이 매다 유래전득하였수다.
이씨부모님 초신질 발롸준 선생님은
안공시 부모조상님 초신질 이신질
삼신질까지 발롸습니다.
성은 양씨 삼촌님은 다 안공시로
거늘였습니다.
이번 참에 이 아들 신질 발루는데
몸받은 부모조상이 다 동참을 하저
나 낳준 아버지 어머니 누님 동생들도
다 동참을 헙서. 한 어깨에 오랏습니다.
강씨 삼촌님 몸을 받은 한씨 삼촌 아버지
책불 고모할망 육간제비 삼불도
설운 한씨 삼촌님네 큰아버지영
나준 아버지 설운 동생도 동참을 헙서.
매다 유래전득한 베 일월 삼멩두
고운 본메 놓았습니다.
성은 정씨 오라바님 이씨부모님 부부간이
몸받은 부모조상님네
연양당주전 몸받은 선생님
친정 부모 할아버지 할머니
아버지 어머니가 매다
유래전득한 베입니다.
강씨 아지바님 웃대 하르바님 책불 나경판에
놀던 조상 아버지네 삼부처

좋은 전생 그르쳐 매던 베가 됩니다.
부모 아버지 부모님이 매다 유래전득한 벱니다.
오씨로 몸받은 원당 할마니 강씨선생, 김씨선생,
한씨 선생 씨부모님이 매다
유래전득한 베입니다.
송씨로 아무 푼수 모른 아기
몸이 아판 이 시방질 배완 살젠허연
이번 참 당주 팥소미로 오멍가멍 뎅겸수다.
친정 어머니 몸을 받은 신의 향도님
이씨선생 임씨선생 몸을 받던
선불동산 이씨선생님네
송씨선생 송씨 할마님,
영순이 어멍, 영순이네,
한 마루서 유래전득한 조상이로구나.
외진 강칩이 부모조상들 매다
유래전득한 베입니다.
외할머님 양씨할마님도 큰심방으로
권위 웃품나났습니다. 양씨 할마님이 매다
유래전득한 베입니다.
고씨 말젯하르바님도
함덕 고맹선이엔 허민 고분멩두 잘 맞던
선생님인데 매다 유래전득한 벱니다.
이제 성읍리도 양씨선생, 양씨선생,
정씨선생, 오씨선생, 고씨선생, 왕절 삼촌님이 매다
유래전득한 베입니다.

일로 내리면, 표선리도

임씨 대선생님, 맹옥이 맹선이

하르바님 오누이, 홍씨선생 매다

유래전득한 베입니다.

남원은 가면,

김씨선생, 신금련이 할마님네 형제 몸에다

유래전득한 베입니다.

삭수물 가면, 조씨선생, 학선이 선생님네

매다 유래전득한 베입니다.

서귀포 가도 박씨 임봉주대 박성옥이 하르바님,

박기심이 하르바님네 김용주 선생 세형제

신대인이 아지바님, 박남하 삼촌네 부자간

오방근이 오라바님네 매다

유래전득한 베입니다.

석수 삼촌님, 열리 맹선이 삼촌,

모슬포 마다짱 사돈님네 매다

유래전득한 베입니다.

대정 설운 삼촌님도 매다

유래전득한 베입니다.

설운 강도화 삼촌네 매다

유래전득한 베입니다.

문성남이 아지바님네 매다

유래전득한 베입니다.

홍상옥이 하르바님네영

산지 가도 김씨선생, 김씨 할마님네

매다 유래전득한 베입니다.

무형문화재 연양당주전에 매다

유래전득한 베입니다.

52살이 35살에 전생을 그르쳔 뎅기난

무형문화재 71호 당주를 의지하고

김씨 형님을 부모형제로 의지허멍 뎅겨났습니다.

몸받은 조상님 매다

유래전득한 베입니다.

화북은 오면,

망근이 하르방, 신숙이 아지바님네 아버지 삼형제,

홍씨 말잿어머님네, 서씨 외진 조상들이

매다 유래전득한 베입니다.

삼양은 오면,

이원신님, 금석이 삼촌님, 양씨 선생님네

설가물개 김씨선생 김씨할망, 영수삼촌님

매다 유래전득한 베입니다.

신촌은 오면,

안씨선생, 정씨선생, 고씨 할마님,

윤주 삼촌네가 매다 유래전득한 베,

조천은 오면,

정씨선생, 안씨선생, 김씨선생님네 매다

유래전득한 베입니다.

함덕오면,

김씨 선생, 김씨선생, 이름좋은 김만보

설운 삼촌네 연춘이 상원이 삼촌,

신펑이 삼촌, 국화, 연옥이 연심이 삼촌네
고씨 성님은 34살 조름으로 거늘였습니다.
선흘가면,
갑댁이 성님네 매다 유래전득한 베입니다,
북촌은
홍씨 선생, 김씨 선생,
동복은
김씨 선생, 이름좋은 박인주 설운 삼촌님네
매다 유래전득한 베입니다.
김녕은 다 거늘였습니다.
김씨선생, 허씨선생, 현씨 할마님네 매다
유래전득한 베,
월정가면,
베롱개도 오씨선생, 벡장빌레 윤씨선생,
서낭거리 김씨선생, 김씨삼촌님네
매다 유래전득한 베입니다.
행원은
김씨, 이씨, 강씨선생 매다 유래전득한 베,
한동은 가면,
큰 허씨, 셋 허씨, 작은 허씨,
허정화 하르바님, 쇠돌이 삼촌 부부간이
매다 유래전득한 베입니다.
다들 이번 참에 초신질 발루는
혼디 동참들 헙서.
평대 가도,

모사랑은 박씨선생, 불그못도 박씨선생,

모살동산 김씨선생, 송당하르바님,

내외밧 송당 고씨선생네 매다

유래전득한 베입니다.

산홍이 선생님, 금순이, 금옥이 어멍,

독개 삼촌 매다 유래전득한 베,

상서화리 가면,

정씨 대선생, 대준이 하르바님네 내외간

매다 유래전득한 베입니다.

하도도 다 거늘였수다.

종달리 가면,

달권이 할아버지, 강수녀 삼촌님네, 이씨 선생,

시흥리,

이씨 선생, 현씨 선생네 매다

유래전득한 베입니다.

성산 동남은 가면,

정씨 선생, 정씨 선생, 한씨, 김씨, 한씨 선생,

소섬도

김씨, 한씨, 양씨 선생님네

수산은 조씨 선생

상내끼

김황수님,

신풍리

문일이 어머님은 생원입니다. 홍매화 할머님은

기심이 삼촌님이 큰굿 나면,

52살로 오랜허영 강 가멍오멍 합네다.
몸받은 선생님네 받아든
유래전득한 베가 되옵니다.
맨공원에 맨황수, 도공원에 도황수
정의가도 천주곡주 대선생,
모관와도 천주곡주 대선생,
입춘춘경 화산지옥 갈라오던
선생님네가 매던 베로구나,
당에 당베 당드레 풀고,
절에 절베 절드레 풀고,
매인 공서 아산 신베랑
52살 몸받은 신공시 알로 풀어.
(심방 잡았던 시왕베를 푼다.)

〈도지마을굿〉
(악무)

청비개 흑비개,
얼어비개 빌어비개
안으로 안시왕으로 메살렸더니
아끈돈지 한돈지 아끈 가매 한가매
굴러오는구나.
아끈 돈지 한 돈지도 감아맞아.
(풀었던 시왕베를 양손에 감는다.)

(악무)

아끈 돈지, 한 돈지도 감아 맞자.
아끈 가매, 한 가매도 감아 맞자.
동글동글 도지마을굿이여.

(악무)

아고, 아고,
아멩해도 소망 아니면 니망이여.
소망일어.
―소망일크라.
잘 한추룩.
(본주에게 물어본다)
게메. 이걸 누구신디 강 들어보코?
무사 영 된 거 닮수과?
나가 잘못, 범인도, 잡아 놓아,
용서허는데, 아이구, 아이고.
경해도 강,
굿하는 박사한테 강 들어보크라.
문 박사님.
난 굿만 한 죄밖에 없는데,
사문결박시키난, 이거 어떵헌 일이우꽈?
다 드는 집이 들언.

396

그 성에 그 아시.

－열어줍서.

아니, 이거 소망아니면 니망이난,

소망일쿠다.

돈지를 감으난, 한쪽드레 지언.

이건 4단절벽이여. 이승풀이 아니면

내 축담이 무너지리야.

아이고 인정 걸어서,

선대 부모조상들이 이와같이

정칩의 부모조상들이

몸받은 형제일심 고칩의 부모조상

윤칩의 부모조상님 사문결박 시켜서

매날 이거, 이 심방도 나사민,

(여기저기서 인정들 건다)

저 심방도 나서면 인정. 경허난,

제주도 산은 인정지산 입니다.

공든 탑이 무너지멍

인정 실근 배가 파허멍

박경훈 소장님이랑 30분 더 있다 왔으면

인정 안 걸어도 될 걸. 일찍와서.

여기 인정걸어서, 다 풀려줍센허여.

인정 안 건 사름은 자진 신고협서.

고맙수다.

아이고, 이름 좋은 정공철이

불쌍하다 하던 보난,

형제간도 하고, 괸당도 하고,
누님도 하고, 제일 행복하다.
이만한한 행복이 더 있을까.
이와 같이 사문결박하니
정칩의 선대 부모조상들이
멩문수레 악심에 묶어가고, 따라가던 베로구나.
전생그르치던 고 옛선생님네
팔자궂인 유학 형제간 몸받은
부모조상 선생님네 묶어가던
무수리 악심베로구나.
인정거난 명문수레 악심 풀려줍센 하여
미담절백이엔 헙네다.
죄풀이 아니면, 나 무사
축담이 무너지리야.
핑계어신 무덤이 어디 이시멍.
우리나라 일도도백 천방에서도
저 바당을 건너가고 건너오젠 허민
혼백상을 머리에 이고
저 바당을 건너가고 건너오는 법이라
큰굿엔 열두 시에, 작은 굿엔 여슷시에
아진굿엔 삼시에를 받아드리라 합니다.
함덕 양사공 짠 가는 대 질구덕에
위랑 깔아주고 알랑 퍼진 등드레
초잔은 청감주
이잔은 졸병주

398

제삼잔은 고함탁주

돌아 닦은 한한주 구성대에 구성잔

옷속에 비웁고 돌레나 월변이나

야냑게나 잔약게나

상백미 중백미 하백미 외백미 인정하영 걸엉

삼천천제석궁 열시왕

각호각당 연양당주 고 옛 선생님까지

시에도 둘러멥니다. 이-

시에 둘러매난

만당도 미어온다 신당 만당

연당 만당 가득아 남은 걸랑

시군문연다리에

상단이 받다 남은 건

중단이 받읍니다.

중단이 받다 남은 건

하단이 받읍니다.

하단이 먹다 쓰다 남은 건

상관은 놀고 가저

하관은 먹고가저 쓰고 가저 합네다.

(악무)

초하명에

이하명에

말명에 떨어진 조상들
잔받읍서.
일만팔천신전님 뒤에
잔받읍서.
할마님 뒤에 군졸들
안초공은 밧초공
안이공은 밧이공
안삼공은 밧삼공 뒤에
시왕 뒤에 잔 받읍서.
삼명감 삼처자 뒤에
이 집안에 연양당주 조상 뒤에
어시럭이 멩두 당주ᄉ록 몸주ᄉ록 불러주던
9월 초여드레 날 양씨부모 아버지안테
조상 모셔 올 때 달려들던 임신들
주잔입니다.
일월조상 뒤에 산신 뒤에 선왕 뒤에
영감에 군졸, 연당에 군졸, 신당에 군졸
오름산에 군졸 바람산에
말마구리 귀마구리 뒤에
갈감자 뒤에 노는 임신들
청칼에 청도 실명,
흑칼에 흑도 실명
백칼에 백도 실명
쉐잡아 먹고 말잡고 돗잡아 먹던 실명
뒤에 영혼영신님 뒤에

안팟공시에 뒤에
어시럭이 더시럭이 원살축은 신살축
게우투정하고 제절 앞에 엿사먹던
모사먹던 멩두빨들
주잔입니다.
열일뤠 날 굿 시작허난
성읍리 이 동네 큰낭 벼락맞아 쓰러진
큰낭지기, 큰돌지기, 언덕지기, 수덕지기,
냇골지기들
우리들은 안 거늘염신고
굿 끝나면 민박집에 잠자러 가 가면
의자 뒤에 달려들던 임신,
밤길에 차타고 가면 달려들던 임신들
많이많이 열두 주잔입네다.
메인 베 풀어져 가듯
명심 수레악심베랑
저승염랫대 알로 풀어.

(악무)

(돈지를 풀고)
동해와당 청령머리로구나.
서해와당 백용머리
남해와당 적룡머리로구나.
북해와당 흑룡머리가 들어놓고

정씨집안 52살에 달려들어
풍문을 주고 조홰를 주고 악심을 주고
이 심방질 하러 뎅겨가면
혼자 가면 술을 먹게 하고
풍문조홰를 주고
아기들 앞에 들어 풍문조홰주고
돈벌엉 놔두민 이런 갈룡머리가 달려들어
벌어논 돈도 갈산질산 흩어지게 하고
좋은 백년해로 맺어 살 수 없게 하던
이 모진 갈룡머리가 날려들어 첫살림을
각시하고 서방하고 미운정 들게 하고
말 한마디라도 정떨어지게 하는
이런 갈룡머리로구나.
방안방안 부엌부엌 묻어지고 청중앞에
나쁜 갈룡머리랑
천지왕 골목드레 내놀리고
착하고 순하고 이 굿허영 단골도 내세우게 하고,
큰굿 작은굿 하러 다니며 좋은 금전벌어
집도 사고 밧도 사고 순하고 질좋은
갈룡머리랑 안으로 내살룹니다.

(악무)

시왕당클 알로
다 옵서옵서 신굽허 사시는데

얼굴 갈며 낯걸며 신수퍼 사며
한집님 일월제석님이 제청드레
도올리며 신의 성방이 잘못한 일,
불찰한 일 있건 벌은 제하고 죄랑 풀려줍서.
안팟공시 양당주에 고 옛 선생님
알로 굽어 승천 하련입니다.

〈본향놀림〉

– 오춘옥

〈토산본향놀림〉

심방의 입무 의례인 신굿에서 가장 중심이 되는 제차는 〈당주맞이〉 또는 〈당주삼시왕맞이〉라 할 수 있다. 〈당주맞이〉는 무조신화 〈초공본풀이〉에 담겨 있는 신화 내용을 근거로, 삼시왕에서 인정을 받고, 굿을 할 수 있는 능력을 얻어, 심방으로 다시 태어나기까지의 과정을 모의적인 연극을 통해 보여준다. 신굿은 평범한 사름이 신의 아이인 심방으로 다시 태어나는 의례로, 이 의례의 핵심은 심방들의 생사를 관장하는 삼시왕에서 허가를 받는 것이라 할 수 있다. 〈당주맞이〉 제차 중에서도 '약밥약술' '어인타인' '예개마을굿' 대목에서 이러한 내용이 잘 나타나는데, 이 과정들은 모두 〈초공본풀이〉 후반부의 신화 내용에 근거한다. 〈초공본풀이〉에서 최초의 심방이 겪었던 바를 신입무(新入巫)로 하여금 모방하게 함으로써 새로운 심방으로 인정받게 하는 것이다.

약밥약술[藥飯藥酒]은 삼시왕에서 심방이 되는 징표로 내리는 약밥[藥飯]과 약술[藥酒]을 말하는 것으로, 인간이 먹는 밥과 술이 아니라 심방이 되기 위한 의식에서 약으로 먹는 밥과 술이다. 약밥약술을 삼시왕에서 타 먹었다는 것은 인간으로 죽어 심방으로 다시 태어났음을 의미한다. 그러므로 '약밥약술[藥飯藥酒]' 제차는 인간으로 죽어서 심방으로 다시 태어나는 재생의례(再生儀禮)라 할 수 있다.

'어인타인(御印打印)'은 무구(巫具)인 천문과 상잔을 신입무의 어깨에 올려놓아 도장을 찍는 것처럼 하는 것을 말한다. 천문과 상잔을 어깨에 올려놓는 것은 입무 허가의 표시로 어깨에 인감을 찍어 주는 것이라고 한다. 천문과 상잔은 무조신(巫祖神)의 신체(神體)를 상징하는 명도(明刀)의 하나

이기 때문에, 이와 같은 무조상(巫祖上)을 어깨에 올리는 행위는 무조신이 신입무가 심방이 되었음을 허가하는 것이라 볼 수 있다.

약밥약술을 먹고 심방으로 다시 태어난 신입무는 삼시왕에서 내린 어인타인을 맞음으로써 굿을 할 수 있다는 허락을 받은 것이 된다. 삼시왕에서 내려준 무복으로 갈아입은 신입무는 모든 악기와 무구를 가지고 소미들을 거느려 상단골 집에 가서 굿을 하는데, 이 때 심방이 되어 하는 최초의 굿을 '예개마을굿'이라 한다. 이는 〈초공본풀이〉 후반부의 유정승 따님아기가 자부장자집 단똘애기를 살리기 위해 굿을 했다는 신화 내용에 근거하고 있다.

이 과정들은 첫째, 신입무가 삼시왕 즉 심방을 수호하는 무조신에게 불려가서 입무의 허가를 받고 신이 내려 주는 '약밥약주'를 받아먹는 것과 둘째, '어인타인을 찍는다' 해서 무점구인 천문, 상잔을 어깨에 올려놓는 것, 셋째, 이로써 신으로부터 입무의 허가를 받고 당당한 심방이 되었으니 신자(信者)의 집에 가서 최초의 굿을 하는 것을 모의적으로 실연하는 것이 그 중요한 내용으로 되어 있다.

한마디로 '약밥약술' '어인타인' '예개마을굿'의 과정은 무조신으로부터 무술의 영력(靈力)을 몸에 받아 넣어 다시 태어남의 과정을 거쳐 입무의 허가를 받고, 최초의 무의(巫儀)를 실연해 보임으로써 그 자격과 수호의 확인을 얻는 것이라 할 수 있다.

〈당주맞이〉의 내용을 보면 '삼시왕의 신길을 발룬다, 당주의 신길을 발룬다, 명도의 길을 발룬다' 등 길을 발루는 부분들이 많이 등장한다. 여기서 말하는 '길을 발룬다'는 의미는 '신의 길을 바르게 한다'는 것으로, 삼시왕에서부터 시작되는 바른 계통을 따르고 올바른 굿법을 행한다는 의미로 볼 수 있다. 이러한 굿법의 전통은 무조 삼형제로부터 시작되어, 최초의 심방인 유씨 부인에게로 이어지고, 다시 제주도 심방들의 조상들에게로 이어져서, 신굿을 이끌어가는 수심방을 통해 신입무에게 닿게 된다.

  '당주길치기'는 심방이 죽어서 가는 삼시왕의 길을 치워 닦아 심방의 영혼을 삼시왕으로 보내는 절차다. 그러므로 길치기의 과정에서 처음에 거칠고 험한 길을 닦아 가는 과정은 '시왕길치기'와 같으나, 그 이후의 과정은 〈초공본풀이〉에 입각하여 삼시왕으로 가는 과정을 보여주는 것이다. 이 삼시왕의 길을 바르게 닦아 가는 과정은 본주 심방이 모시는 심방 조상들의 영혼을 저승 삼시왕으로 보내는 것이면서, 동시에 삼시왕이 오는 길을 닦아 당주의 신길을 바로잡는 것이기도 하다.

《당주삼시왕맞이》

  ― 서순실

  삼시왕은 무조(巫祖) '젯부기 삼형제'를 말한다. 무조 삼형제가 죽어서 하늘옥황 삼천천제석궁(三千天帝釋宮)에 올라갔기 때문에 삼천천제석궁을 삼시왕이라고도 하며, 심방이 죽으면 무조신과 마찬가지로 삼시왕에 올라가고, 보통 사람이 죽으면 시왕에 올라간다. 그러므로 심방집에서 하는 신굿에서는 심방이 아닌 영계[靈魂]를 위한 〈시왕맞이〉를 하고, 무업을 전수해준 당주(심방영혼)를 위해서는 시왕맞이 후에 〈삼시왕맞이〉를 한다. 〈삼시왕맞이〉를 〈당주연맞이〉라고도 하며, 신굿 자체를 〈당주연맞이〉라고도 한다.

〈새ᄃ림〉

― 오춘옥

〈군문열림〉을 하여 신궁의 문을 연 뒤, 하늘의 은하 봉천수 맑은 물을 떠다가 제장의 부정을 씻고, 신이 하강하는 길의 모든 사(邪)를 쫓아, 굿판[祭場]의 부정을 씻어내는 동시에 아픈 환자의 몸을 아프게 하는 병(病), 마음의 부정까지 쫓아내어 새[邪]를 다리는 의식을 〈새ᄃ림〉이라 한다.

〈군문열림〉

― 서순실

'군문'은 하늘 신궁의 문이고, 신들이 굿판에 들어오는 '굿문'이다. 심방이 도랑춤[回轉舞]를 추어 빙글빙글 돌며 신들과 감응하여 하늘 신궁의 문이 모두 열리면 신들은 이 세상에 하강(下降)하여 내린다. 〈군문열림〉은 하늘 신궁의 문을 여는 것이며, 열린 하늘 신궁의 문을 통해 신들이 하강(下降)하여 지상에 내려오게 하는 강신의식[降神儀式]이다.

〈오리정신청궤〉

〈군문열림〉을 하여 하늘에서 내려온 신들을 굿판으로 안내하는 신을 감상관이라 하며, 당신이 감상관의 역할을 한다. 그러나 실제 굿에서는 당신을 대신하여 심방이 감상관의 역할을 하게 되므로 심방이 하늘에서 내려온 신들을 굿판[祭場]으로 모시는 것이다. 〈오리정신청궤〉는 심방이 하

〈새ᄃ림〉

〈도래둘러멤〉

늘에서 내려온 신들을 오리 밖에까지 나가 굿판[祭場]으로 안내하여 모셔오는 청신의례이다.

〈방광침〉

〈방광침〉
 – 이승순

〈방광침〉은 징을 쳐 영혼을 달래는 의식이다. 〈방광침〉은 〈초·이공맞이〉나 〈시왕맞이〉에서 영혼을 불러내어 달래고 위무하여 부정된 것을 다 풀어서 저승으로 천도하는 기원의식으로 심방은 서서 울면서 징을 두드리며 진행해 나간다. 방광을 쳐 사(邪-새)를 나가게 하는(내우는) 방광침은 세 번 하는데, "초방광, 이방광, 삼방광 내운다"고 한다.

〈약밥약술〉
 – 서순실

〈약밥약술〉은 삼시왕에서 심방이 되는 징표로 내리는 약밥과 약술이다. 인간이 먹는 밥과 술이 아니라 심방이 되기 위하여, 팔자를 그르치는 의식으로서 약으로 먹는 밥과 술이다. 약밥약술을 삼시왕에서 타 먹음으로 심방이 되고, 이를 확인하면 삼시왕에서는 심방이 되었다는 증거로 몸에 도장을 찍어주는데, 이를 〈어인타인〉이라 한다.

본문

(심방 신칼 들고 마당 당주맞이 상 앞에 보답상을 놓고)
당주삼시왕연맞이로 신이 눅어갑니다.
신메와 석살립네다.

(악무)

신메와 석살리난
날은 어느 날
달은 어느 달
금년 해는 갈릅기는
신묘년은 달은 갈라갑긴
원전생 팔자궂은 애산 신구월 열이렛 날
초감제 연다리에 청한 신전님은
스무 엿샛 날
당주삼시왕연맞이로
옵서 옵서 청합긴
국은 대한민국
제주도는 제주시 조천읍은 북촌린데
1151-2번지
가지 높은 신전 집,
기와 너른 절당 집
연양당주 집 무어 놓고 사는,
하신충 정씨로 52살

아긴 21살, 12살

받은 공섭니다.

선조 부모조상들이

전생 그르치지 아니 하였수다.

35살 나는 해에

제주 칠머리 무형문화재 71호에

사무장으로 생활하다

초전생 그르치어

김씨 형님 부부간 홀목심엉 다니며

새ᄃ림, 추물공연,

석살림, 맞이굿,

질치는 굿 배워서

정의 대정으로,

일본 주년국으로 행사 다니며

곧 마흔 나는 해에

와산 고칩에 간

붉은 쾌자 입언 석살림굿 허연

오늘까지 의지가 없이 다니니

양씨부모 아버지 수양부모 삼아

에에헤, 나 아들아, 조상 모시고 다니당,

나도 이 나이 되 병이 드난 어떵허느니,

고맙수덴 허연 원전생 팔자굿인

애산 신구월 당허난

큰굿허연 아전 뿌리 깊은 나무가

가지가지 잎이 돋아나지 못한 넋이 되난

문씨로 62살 박씨로 곧 쉬흔이
큰굿 재현하자고 3,4년 전부터
인연 찾아도 못찾아 오는 것이
제주방송총국장 김동주 56님이
열을 다하여 직원들과 의논하며,
62문씨, 곧 쉬흔 박씨와 의논하니
큰굿 재현하고, 이왕지사 굿하는데
본주 없이 굿을 하면 아니되니,
정공철 52살 신길 발룹고,
초역례 약밥약술 타는 걸 재현하는게
어떵하냐 하여, 법이 있으니
관청엔 변호사법, 신전엔 검집사법이 있으니
신의 성방은 김녕 살암수다.
신축생은 에,에,에
몸받은 당주문을 열어
초여드레 날 하귀 간, 아버지 한테 간,
당주 조상 모션 북촌 사는 집에 간
당주 설연하고,
보름날은 굿하러 그릅서.
표선면 성읍리 마방집에 그릅센
조상 업언 오고,
천왕 왕도 내린 날,
지왕 왕도 내린 날,
인왕 왕도 내린 날
조상 하강일 복덕일 받아

애산 신구월 열엿샛 날 와서

연양당주에 굿허레 오랐수다.

낮 알로 매어 그날 저녁 기메설연 하고

당반설연 하고, 기마른 데

기메고사 받읍센 하여,

뒷날 아침, 인묘 간에

초체 울려 초공 하늘,

이체 울려 이공 하늘,

삼체 울려 삼공 하늘로

옥황 서른 세 하늘에 문에 쇠북소리 우울려

천상천하 영실당 누변대천 노는 조상

천지이망주더레 신수퓹서

좌우독 신수펀 초감제 넘었수다.

열 여드렛날,

초신맞이, 초상계, 큰 공서 마쳐,

열 아흐렛날,

아침에 일어나 '관세우'하고,

보세신감상 넘고,

초공, 이공, 삼공 안팟 얼러맞어

도령법 놓아

스무날 취침령 울려

세경신중 안팟 안수생 풀어

'불도연맞이' 안으로 메살류완,

놀판놀이 허고,

스무하룻날,

연맞이 땅 신맞이,

신맞이 땅 연맞이

부모자식 상봉하여 일배 한잔하고

당주길을 발뢔근

깊은 밤이 되난 도령놓고,

스무 이틀 날,

'시왕맞이' 날짜 좋으난,

삼석 실어 두고,

시왕이 내리저

삼읍토지관 제인지대 사는 법입니다.

제오상계 넘고,

안으로 메살련 조상 간장 풀련

스무 이틀날 넘어

스무 사흘날,

시왕 청하고,

스무 나흘 날은

영가님 사남 올리고,

어젯날은 시왕님 안으로

12대왕 대명왕차사님은

옥황드레 승천헙서.

모랫날 사오시 다른 주당에서 청허쿠다.

안으로 들어가는 길 치어

메 살려서,

오늘은 스무 엿샛날,

'당주삼시왕연맞이'로

신메와 석살립니다.

(악무)

신메와 석살리난,
삼시왕도 신메웁니다.
삼하늘도 신메웁니다.
남천문밧 유정승따님애기
고 옛 선생님 신메와 드립니다.
천하 임정국 대감
지하 김진국 부인
황금산 주접선생,
이 산 앞은 발이 뻗고,
저 산 앞은 줄이 뻗던,
왕대월산 금하늘
노가단풍 자주명왕아기씨
본멩두, 신멩두, 삼멩두,
너사무 너도령 삼형제,
남천문밧 유정승따님애기도
신메웁니다.

(악무)

연양당주할으바님, 당주 할마님,
당주 아방, 당주 어멍,

당주 도령, 당주 아미,
당주 별감,
마흔 여덟 초간주,
서른 여덟 이간주,
스물 여덟 하간주님도
신메웁니다.

(악무)

신메우난
고 옛 선생님도 신메웁니다.
삼본향은 팔자궂은 심방들은
본향의 덕으로 먹고, 입고, 행동발신헙니다.
성읍리 토지관 한집
칡도 거두면 뿌리로 거두난,
모실포 토지관 한집
북촌 토지관 한집
김녕 토지관 한집
삼읍 토지관 한집님,
웃당 일뤠, 알당 여드레 한집님도
신메웁니다.

(악무)

하신충 정씨로 52살

몸 받은 안공시 황씨 임씨 이씨 선생,

이씨 하르방, 임씨 할망,

양씨 할머님 신메웁니다.

아버님, 어머님 삼부처, 동생은

전생 그르치지 안했수다.

동참헙서. 신메와 드립니다.

양씨 부모 아버지 부부간

몸을 받은 부모조상 선생님네

신메웁니다.

밧공시로 신의 성방

몸받은 어머니 책불조상 삼불도

정씨 선생님, 신질 발롸준 선생님은

안공시 부모조상님네랑

본멩두 고운 얼굴은 고씨 대선생,

안씨, 김씨 선생, 책불 불도님도

신메웁니다.

이 신길 발롸준 선생님,

한씨 허씨 삼촌, 고씨 어머님

부모 아버지

이씨 부모님,

몸을 받은 부모조상님도

신메웁니다.

한 어깨에 오던

정씨 오라버니 부부간,

강씨 삼촌 몸 받고 강씨 아지방 몸을 받고

오씨 성님 몸 받은 송씨로 34 몸 받은

부모조상 선생님네

초역례 역가바치저 헙네다.

역가상드레 신메와 드립니다.

성읍리 정씨, 양씨 선생, 양씨 선생,

정씨 선생, 오씨 선생,

고씨 선생, 왕절삼촌님,

선생길은 초역례 바치난

몬닥 다시 거니렴수다.

표선면은 신씨 대선생,

명근이 명옥이 하르바님네 서너 오누이 홍씨 선생

남원은 신금년이 할마님 형제간,

석수물 조씨, 학순이 선생님,

서귀포 박씨 임봉주대, 박씨 임봉주대,

박성옥이 임봉주대 하르바님,

박씨 임봉주대, 박대신이 하르바님,

김용주 선생 사형제, 신대인이 아지바님네

오방근이 오라버님네, 박남아 삼촌 부자지간,

신메와드립니다.

석수 삼촌님, 열리 김명선이 삼촌님,

모슬포 다마짱 사돈님, 이성용이 삼촌,

초역례 역가상드레 신메와 드립니다.

서문밧 문통경, 황씨 선생님네,

양씨 선생, 홍씨, 홍씨 선생, 문홍이 삼촌,

김요화 선생님네, 벵디 하르바님,

강종규 삼촌, 이만송이 삼촌,

도그네 문찬옥이 삼촌,

신메와 드립니다.

내팟굴 고씨 선생, 김씨, 김씨, 김씨 선생

남문통 문옥순이 삼촌 성제,

설운 문성남이 아지방, 대정 삼촌, 도와삼춘,

홍상옥이 하르방, 산지 할망, 김씨 할망네

무형문화재 71호에 몸받아 오던 부모조상 선생님,

초역례 역가상드레 신메워 드립니다.

화북가도 만건이 하르바님, 강신숙이 아지방 삼형제

홍씨 말젯어머니, 서씨 외진 조상.

삼양 이원신이, 금석이 삼촌, 양씨 선생,

설가물개 김씨, 김씨, 영수 삼촌,

신촌은 정씨, 안씨 선생, 고씨 할망, 윤주 삼촌,

조천 정씨 안씨, 김씨 선생,

함덕 김씨, 김씨, 만보 삼촌,

상원이 연춘이, 진펭이, 연옥이, 국화 삼촌,

고명선이 선생님,

선흘은 강석이 선생님네,

신메와 드립니다.

북촌 홍씨 김씨 선생 신메웁니다,

동복 고씨 선생, 인주 삼촌네 신메웁네다.

월정 베롱개 임씨 벡장빌레 고씨

소낭거리 김씨, 김씨 선생,

행원 이씨, 고씨, 강씨,

한동 큰 허씨, 셋허씨, 족은 허씨, 쇠돌이 삼촌네

평대 모사랑도 박씨, 불그못도 박씨,

모살동산 김씨, 송당 하르바님네 내외간,

송당 고씨 대선생,

상서화리 정씨 대선생,

한농이, 금옥이, 금순이 어멍, 도깨어멍, 대종이 삼촌,

하도리 성은 외촌으로 거닐였수다.

종달리 가면, 달권이, 강순여 선생,

시흥리 오씨, 이씨, 한씨 선생,

동남 가면 정씨, 고씨, 정씨 삼촌,

한씨, 김씨, 양씨 선생,

소섬은 김씨, 한씨, 양씨 선생,

상내끼 김황순이,

신풍리 문일이 어멍, 홍씨, 홍매화 할머니,

신메와 드립니다.

천문선생 덕환이,

상잔선생 덕진이,

요령선생 홍글저대

북선생은 조막손이,

장고선생 명철광대,

대양선생 와랭이,

설쉐선생 느저왕나저왕,

면공원에 면황수, 도공원에 도황수,

입춘춘경 화산지옥 가려오던

옛날 선생님이 곽곽선생 지옥선생,

이승풀 소강절 놀던 선생님네

정의 가도 천주국주 대선생,

모관 와도 천주국주 대선생,

대정 가도 천주국주 대선생

놀던 선생님,

초역례 역가상드레 신수퓹서.

〈향촉권상〉

(향로들고)

저 먼 정에 어시러기 멩도, 더시러기 멩도

원살축 신살축 하던 명도빨랑

시군문 연다리에 금화절진헙서.

안고 보난 연감내,

자고 보난 가견내,

노랑내 날폿내, 동경내가 탕천되었구나.

소미 몰른 연전상, 소미 몰른 초전상,

밤이 모른 삼선향,

울릉도 조금향 가지넌출 때려

세 발 돋은 주홍야반 백탄숯불 피워 올려

상촉권상입네다.

(악무)

〈주잔권잔〉

(삼주잔을 댓입으로 캐우리며)

향촉권상 위올리난,

성은 정씨로 이름은 공자 철자

생갑은 경자생 52살,

초역례 초신길 발루젠 받은 잔입니다.

초잔은 청감주,

이잔은 졸병주,

제 삼잔은 고함탁주

우거린 건 졸병주,

알거린 건 타박주,

부성대에 부성잔, 지레분부 비워 올려

삼시왕 삼하늘, 고 옛선생

멩두멩감 연양당주 안팟공시

옛 선생님까지 해방지잔입네다.

(악무)

먹다 쓰다 남은 건

시군문연다리에 내어다 나서면

어시러기 멩두 더시러기 멩두

원살축 신살축 배움투기하던 멩두빨들,

상안체에

중안체에

하안체에 날아들고

차대귀에 전대귀에
어디 굿하러 갔다가 말명에 입질에
떨어지던 임신들
많이많이 주잔 지넹겨 들입니다.
주잔은 지넹겨 들어가며,
초공 임정국 상시당 하나님전들에 올립니다.

(악무)

초공 임정국 상시당 하나님
난산국이 어딥니까.
본산국이 어딥니까.
옛날 옛적
천하 임정국 대감님과
지아 김진국 부인님 살았수다.
남전북답 유기전답 좋습디다.
물모쉬도 좋습디다.
느진덕 정하님 거느리어
네귀에 풍경달고, 천하 거부자로 살아도
이십스물 서른이 넘어가도
아기가 없어 무유이화 합데다.
하루는 임정국 대감님이 걸추한 선비들과
바둑놀이 하니, 바둑 장기하여 돈을 잘 따난,
걸추한 선비가 하는 말이
"아이구. 임정국 대감님아, 돈을 따고 가면, 아들이 있어 먹을 거요.

똘이 있어 먹을 거요?"하니, 두던 바둑 장기 버려두고,
내려오다 보니, 높은 나무에 말모르는 날짐승들이,
새끼난 먹이 물어단 오조조조 하염구나.
나만 못한 들짐승들도 높은 나무에 집을 지어 새끼 낳아
오조조조 하는데, 내려오다 보니 앙천대소 웃음소리가 납데다.
간 보난, 비주리 초막사리 거적문을 달았는데 창고망으로
안더레 바라보니, 얻어먹는 개와시들이, 아기 하나 놓아
아방한테 이신 아기 어멍 쿰드레 가민 어멍이 앙천대소 웃음 웃고,
어멍신디 이신 아기 아방쿰드레 가면 아방이 앙천대소
웃음을 웃으난, 아이구 난 못한 일인데 얻어먹는 개와시들도
아기 하나 놓아 웃음 웃는데, 어떵허민 좋고, 집에 들어오난,
늦은덕이 정하님이 밥한상 차려가니, 밥을 아니 먹으난,
임정국이 대감님, 김진국 부인님이 오란
앞대자를 널어놓고, 솔아 만단지로 보난
은단평에 참씰 일곱발을 내놓고 묶언
각진 장판에 동글동글 놀이해도 웃음이 나지않아
근심걱정이로구나. 보난,
동게남은 은중절, 서게남은 상저절,
남게남은 농농절, 북하산은 한동절에
절지키는 대사님은
당도 파락되고 절도 파락되난
권제받으레 내립데다.
방방곡곡 촌촌마다 각리각리
동으로 들어 서로 나완
서으로 들언 동으로 나와간다.

임정국대감님 먼 올레에 들어서며,

소승은 절이 뵈옵니다.

어느 절당의 대사되십니까.

우리 아이 영급좋은 절당인데

당도 파락되엇수다.

절도 파락되엇수다.

권재나 내어줍센 허난

권재를 내어주난,

아이고 주접선생님아.

단수육갑 오용팔괘나 짚어봅서.

우리 부부간이 아기 없어

무유이화하란 팔자괜 하여가난

단수육갑 오용팔괘를 짚고 하는 말이

아기 어성 무유이화하라는 팔자는 아니우다.

영급좋은 법당에 올라가

수룩이나 들여봅센 허난,

황금산 주접선생님은 권재받안 나가부난,

강답에는 강나룩, 수답에는 수나룩,

모답에는 모나룩을 심어

상백미 중백미 하백미도 일천석

가삿베도 구만자,

송낙베도 구만장,

다릿베도 구만장,

물명주 강명주 구리비단, 한비단,

서양베, 새 미녕을 실렁 금마답에 두고

올레에 막음주어
소곡소곡 황금산드레 올라가는 길이여.

(악무)

황금산에 올라가단 지쳔
싱근돌에 몰팡돌에 이시난
늬눈이반둥개가 양발을 들런
드리쿵쿵 내쿵쿵 주꾸난
소사중아 먼 올레에 나고보라,
어느 양반의 댁에서 불공을 오람시냐
강, 올레에 가보랜허난, 간
간, 소승은 절이 뵙니다.
우리 절 영급이 좋덴허난 수륙을 오랏구나.
안으로 임정국대감님 김진국 부인님이
오랐수댄허난,
안으로 들어옵센 허난,
은부처에 도금올려 간다.
상탕에는 메를 짓고,
중탕에는 목욕하고,
하탕에는 수족을 씻었구나.
도가월광 중청비단 옥계천신 일월님은
100일 불공을 드리난,
꽃가마 은저울대에 가젼오란
백근이 차면 아들 나고

백근이 못차민 똘을 납네덴 저울이난
한골렝이 떨어지난 혼저 내려강
합궁일을 받앙 천생베필을 무어봅서.
똘 자식이 태어날 듯 헙니다.
내려와 합궁일을 받아
천상배필 무었구나.
열달은 가망 차난 아기가 탄생을 허난
느진덕이 정하님아,
그 때는 어느 때고? 먼 올레 나고보라.
애기씨 이름이나 지워보게.
먼 올레 나간 저 산들에 바라보난
구시월이 낙엽 테역단풍이 들었구나.
상전님아. 구시월 단풍이 들었수다.
아기랑
이산 앞은 발이 뻗고,
저산 앞은 줄이 뻗어,
왕대월산 금하늘,
노가단풍 자주명왕 아기씨로
이름을 지워간다.
하루는
임정국이 대감님이 천하벼슬 살레옵서.
김진국이 부인님은 지하벼슬 살레옵센 허난
오렌허는디 아니가도 못할 일이로구나.
근심걱정이 됩데다.
아들 같으면 책실로나 데려갈 걸,

똘 자식이라부난 어떵허민 좋고.
아방 잠근 열쇠 어멍이 갖고,
어멍 잠근 열쇠 아방이 가져
느진덕이 정하님아
우리들 강 올 동안,
이 아기 궁 안에서 밥을 주고 옷을 주고,
키왐시렌 허난,
어서 기영헙서.
마흔여둡 모람장,
서른여둡 비꼴장,
스물여둡 고무살장,
황거심 조심통쇄 절로셍강
어멍 잠근 열쇄 아방이 가젼
천하벼슬 지하벼슬 살레가난,
하루는
황금산이 주접선생님이로구나.
삼천선비들과
일출동경이 뜨난
곱기도 곱다 하니
주접선생님이 저 달은 곱기는 고와도
계수나무 박힌 듯이 히십니다.
저 달보다 더 고운 아기씨가
금 세상에 컴수덴허난,
본메본장을 가정 올티야,
기영 헙서.

황금산의 주접선생은

하늘 가린 굴송낙, 지하 가린 굴장삼,

아강베포 직부잘리 호름줌치를 메어

백팔염주를 목에 걸고

손에 단주를 심언 내려오라 간다.

내려오라 가난,

아이구 느진덕이 정하님아.

먼 올레에 나고보라.

아버지가 오는가,

어머니가 오는가.

원앙소리가 나는 듯 하다.

먼 올레에 나고보난,

하늘과 가득한 대사님이 있었구나.

아이구, 상전님아,

아버지 어머니 아니 오고

하늘과 가득한 대사님이 오랐수다.

나대신 권재 가정강 내어주라.

가정간 내어주난,

그게 아닙니다.

우리 법당에 오란 백일 불공드린 아기씨가

금년 열다섯 명도 부족할 듯하여

권재받으레 오랐수다.

강 말하니

아버지 어머니 천하벼슬, 지하벼슬,

벼슬살레 가멍 문을 잠궈부난

못가크메 느가 가저가렌허연
가정을 가난,
아이구 아기씨 한홉 주는 거
느진덕 정하님 되로 주는 거
할 수가 없읍니다
강 말합서.
우리 아버지 열쇠로 잠가부난 못가크메
문을 열어주면 가켄허난
강 경 말하난,
문을 열어주면
하늘 옥항 도성문 문 열려옵서.
천황낙화옥술발
한 번을 둘러치니(요령)
천하가 요동을 한다.
두 번을 둘러치난(요령)
지하가 요동을 하여온다.
세 번을 둘러치난(요령)
상거심 조심통쇠가 절로셍강 열어진다.
열렸구나.
아기씨는
하느님이 볼까 청너울을 둘러쓴다.
뒤 아니 볼까 흑너울을 둘러 쓴다.
아니보던 중 얼굴을 볼까
백너울을 둘러써 저 먼정에
소곡소곡 나오란 권재를 주젠허난

한쪽 손은 어디 갔느냐?

하늘 옥황에 단수육갑 짚으레 갔수다.

미덕귀랑 물었느냐.

나정귀랑 물었느냐.

권재나 내어줍서.

높이 들러 낮게 시르러

한 방울이 떨어지면 명도 복도 떨어집니다.

권재 비와가난, 없던 손이 나오더라.

아기씨 머리를 삼세번을 쓸어가니

주악주악 삼세번을 놀랩디다.

이 중 저 중 괘씸한 중이여

양반의 집에 권재 받으러

못 다닐 중이로구나.

우리 아방 알면, 청대섭에 목걸려 죽을 중아.

아이고, 어이영 만썩,

석달 백일만 되면

나 생각이 무지무지 날 거난,

철죽대 그뭇 보멍, 황금산을 찾앙 옵셴허연,

(요령)

나가젠 허난,

느진덕이 정하님아. 저 말이 이상하다,

송낙도 강 한쪽 귀 끊엉 오라.

장삼도 강 한쪽 귀를 끊엉 오라.

아이고 이 중아 연문이나 더꺼둥 가렌허난

(요령)

한 번을 둘러치난 천하가 요동을 한다.
두 번을 둘러치난 지하가 요동을 한다.
삼세번을 둘러치난 상거심 조심통쇄가
절로셍강 잠궈졌구나.
옥황 도성문 열려옵던
천앙낙해 금정옥술발
삼시왕더레 올립니다.

(악무)

천황낙해 금정옥술발도 삼시왕더레 도올리난
석달열흘 백일이 넘어가난,
입던 옷엔 땀내 나고, 먹던 밥엔 골내가 나고,
먹던 물엔 펄내가 나고,
새금새금 연도래여 여미채여 청금채도 먹고저라
느진덕 정하님이 상전님 살리젠
송동바구니 옆에 끼고,
굴미굴산 아야산 신산곳을 도올라
높은 낭에 열매라 다 똘 수가 어시난
맹철같은 하늘님아,
모진 광풍이나 불어줍센허난
오늘 그추룩 바람이 왈랑실랑 부난
아아 높은 낭에 바람이 남에 체여 떨어지난
송동바구니에 담아
아기씨 상전님아.

이거 먹엉 정신차립서.
정신차령 살아납센 허난
이것도 하영 먹으난 남내가 나 못먹키여
아기씨는
눈은 곰방눈이 되어 간다.
입은 작박입이 되어간다
야개긴 통개 줄이 되어간다.
배는 두룽배가 되고
발은 둥둥발이 되어가난
큰 상저님아.
아기씨가 죽을 사경 되엇수다.
삼년 살 벼슬이랑 석달 살고
석달 살 벼슬 단삼일에 마쳥 옵서.
여식이주 마는 이거 무신 말이고
천하 임정국대감 지하 김진국 부인
벼슬살이 마치고
집으로 돌아오는 길입니다.

(악무)

내려오랏구나.
아버님에 현신거저
남 부모에 여자식이난
은상식은 분장식
해거울도 보고 풀죽은 치마 입어

소곡소곡 아버님전 현신을 가난
아이고 내 뚤아 눈은 무사 곰방눈이 되고
배는 무사 두룽배가 되어시니.
어머님이 오는가 창고망으로 보단보난
눈은 곰방눈이 되고
야개는 창고망으로 보려고
야개를 들르단 보난 홍겟줄이 되고
배는 느진덕정하님 종반문서 시켜주켄 허난
홉으로 먹을 밥 두 배로 주어부난
배는 두둥배가 되고,
아버님이 오는가 어머님이 오는가
동동 굴리단 보난 동동발이 되엇수다.
나 뚤 아기야, 착하다.
어멍방에 현신가라.
여 부모에 여 자식이난
무슨 흉이 이시리야
풀 산 치마 입언
소복소복 가지 안해연
제직제직 걸어가난,
내 뚤아, 말을 마치자,
나도 해 본 일이여.
옷고름을 풀언 젖가슴을 헤천 보난
핏줄이 섰구나.
아이고, 이 년아, 궁안에도 바람이 들어서냐.
어서 느진덕이 정하님아.

앞 밧디는 작두 걸라.
뒷 밧디는 벌통을 걸라.
자객놈을 불러다가 칼춤을 추젠허난
아이고, 아기씨 상전님 잘못 아니우다.
느진덕정하님이 소도리 잘못 해부난
영 되엇수다.
느진덕 정하님 죽이젠 하면
아이고 어머님아. 종이 무신 죄우꽈.
나가 잘못허난 죽이지 맙센
은대야에 물을 떠 놓안 은젓가락 걸쳐놓고
알더레 바라보니
배 안에 궁의 아들 삼형제가 컴구나.
하나 죽을 목숨, 둘이 죽어
다섯 목숨 죽을로구나.
이년아 저년아 보기 싫다
아버님전 현신 가난,
아이고 내 똘아, 경할 수가 없다.
금봉체 하나 주멍 내 똘아 가정가당
못넘어 가면 가는 질이라 금봉체 다리 놓아
넘어가렌 허난 삼시왕더레
금봉체도 올림니다.

(악무)

금봉체를 내어주난

검은 암쉐에 열다섯에 입던 옷 타 실런

느진덕이 정하님과 먼 올레 나가난

어어, 강관세에 불이 붙엄더라.

저건 어떤 넋인가.

부모 가슴에 붙는 불,

잘나도 내 부모 못나도 내 부몬데

부모 가슴에 불 붙으는 넋입니다.

강관세에 다리도 맞아진다.

가단 보난, 굴형에 진 물이 동산더레 찰랑찰랑 짓치는

저건 어떤 넋이 되겠느냐.

부모 놓아동 자식이 먼저 놓아부난 건물 거신다리가 되어집니다

그것도 맞아진다.

청일산이 당한다.

청일산을 넘어 간다.

청수 바당이 당허난,

금봉체로 다리 놓안 넘어 간다.

백일산이 당하였구나.

백일산을 넘으난

백수 와당이 당허난

금봉체로 다리놓아 흑수와당 건너간다.

건지산이 당헙디다.

머리따와 애기밴 거 보기싫다

건지산에 앉아 머리 건지 엮어

건지산도 넘어간다.

수삼천리 낙수와당이 당하였구나.

빨리 가젠허난

금봉체 다리 놓아두곤 못 넘어간다.

요왕에 거북이가 현몽을 시켠

상전님아, 펄떡 일어낭 나 등드레 탑서.

수삼천리 낙수바당을 넘어간다.

바당을 넘어가

비새같이 운다

무정눈에 좀을 자난

요왕에 거북이가 현몽을 시켠

나 등더레 탑서.

수삼천리 낙수와당을 넘어간다.

일어나난 거북이 등더레 넘으나네

수삼천리 낙수와당을 넘언

느진덕정하님이 성저님아

감은암쇠 기장밧디 매엇수다.

예편년, 본디 본말 들으라.

들은디 들은말 들으라.

후욕 누욕 한다.

열두 문이 당하였구나.

인정걸 돈 어시난

열두 폭 홑안치마 복복이 찢어놓안

열두 문에 인정걸어

느진덕정하님 여둡 폭 치마 입었구나.

네 폭씩 갈라 입언

절죽대 그뭇 보멍 황금산드레 올라가니

황금산 주접선생님은 벌써 알안
어서 소사중아 먼 올레에,
장삼도 내어 걸라.
송낙도 내어 걸라.
장삼송낙을 곧 맞추난,
안트레 들어가난
후욕헐 땐 어느 때고,
누욕할 땐 어느 때고,
나를 찾안 와싱고
초나록 한 동이 주멍
한 방울도 착실 어시 깡 올라오면,
공인 줄을 알켄 허난.
어서 동이 앞에 받아 앉아
손으로 까젠허난 손톱이 아프고
이빨로 까젠허난 이빨이 아파
무정 눈에 잠을 자난,
하늘에 부엉새, 땅아래 도덕새,
알당에 노념새 밧당에 노념새,
오조조조 동이 바우에 앉았구나.
일어나 펏뜩허게 다울리난
동이에 초나룩이 있었구나.
가젼 들어가난 공은 들었저마는
하데
두갓차려 사는 법이 어시난
시왕본을 내려주건

불도땅에 강 몸매 찾노렌 허난
시왕연질더레 도내립니다.

(악무)

시왕고분연질드레 도내리난
불도땅에 내려갑디다.
원구월은 초여드레 당허난
본멩두가 솟아난다
신구월은 당허난 신멩두가 솟아난다.
상구월 스무여드레가 당허난
살아살축 삼멩두가 솟아난다.
아이고 설운 나 아기들
본멩두도 윙이자랑
신멩두도 윙이자랑
삼멩두도 윙이자랑
열다섯 15세가 되난
삼천선비들과 배웁젠허난
가난허연 글을 배울수가 어선
삼천서당에
큰성님은 굴묵지기
셋성님은 벼루지기
작은 아시는 물을 길어 오라간다.
삼천선비들 글을 배워가면
가멍 듣고 오멍 듣고

종이하고 먹은 어시난
굴묵에 불치를 손으로 떠당
손가락으로 눌러
하늘천따지 글을 하여 가난
천하문장 글이 되어,
하루는 삼천선비들이
상시관들에 과거 간뎬허난
아버지 어머니 우리도 과거를 가쿠다.
돈 한냥 씩 주난,
삼천선비들과 상시관드레 올라가는 길이여.

(악무)

상시관드레 올라가난,
황금산의 신령으로
앞에 가는 선비는 과거 낙방이고
뒤에 가는 하인은 과거급제엔 허난
봄 빙애기도 차 가젠 허민
좌우공론을 하여 가난
아아, 우리 가당, 배나무 배좌수집이
낭드레 올려동 우리만 가게.
배나무 배좌수집의 강 배를 따오면
돈 한냥씩 보태 준댄 허난,
굽은디 굽고 굽은디 굽어
배낭 우트레 올려두고

삼천선비가 상시관에 올라가멍
동문 서문 남문을 잡았구나,
종이전에 먹전에 들어가
몬딱 거두아 부렀구나.
그날 저녁에 청룡백룡 얼켜진 설켜져
황금산의 주접선생 선몽을 시키난
배나무 배좌수가 나오란
"귀신이냐 생인이냐"
귀신이면 옥항으로 올라가고
생인이면 내려오렌 허난
아이고 어떵행 귀신이 여기 올 수 있습네까
사다리를 놓건 내려오라.
내려오난, 밥 봉그렝이 먹연 노잣돈 주멍
서울 상시관에 혼저 올라가라.
가단 보난 청만주애미가
노다들러 외오.
외오들러 노다
길을 가르난
필아곡절하다.
청비개 흑비개 얼어비개 빌어비개
쓰는 법도 설연을 하여 간다.
동문 서문 남문을 다 잡아부난
팥죽할망신디 강 팥죽 한사발씩 사먹언
그럭저럭 허단 해가 지난,
시왕청버들낭 아래 있단 집에 오난

그날 저녁에 다시 선몽을 시킵데다.
어저깨 오라난 아이들 오랏건
밥 뽕끄렝이 먹영,
종이전에 먹전에 붓전에 들어강
글써주건, 팥죽할망 외손지
상시관에 들어갈 때,
상시관 무릅팍 알더레 놓아주렌
현몽을 시킵데다.
다시 가니까 팥죽 뽕끄렝이 먹었구나.
종이 주난 참먹을 적션,
천도천황, 지도지황, 인도인황 글을 쓰난
가정 간, 상시관의 무릎 아래 놓으난
삼천선비들 과거보아도
과거를 줄 만한 선비가 없었구나.
이글은 누가 지었느냐.
눈만 뜨면 투전만 하니
이글을 쓴 사름 데려오면 과거를 준다 하고
시왕청버들 아래 내려 가 보난
젯부기 삼형제 있으니,
느네들 빨리 오라 이건 느네가 쓴 글인가.
우리가 쓴 글입니다. 한번 더 써 보렌하니,
발가락에 붓을 접젼 이레활활 저레활활 쓰난
기특한 선비로구나 과거 줄 만하다.
문선급제, 장원급제, 팔도도장원을 주난
삼천선비가 어쩨서 양반의 아기는 과거를 안 주고,

중의 아이는 과거를 줍니까.

어떵허면 아느냐.

백옥상을 차려줍서.

술하고 도새기 고기 먹지 않습니다.

술하고 도새기 고기 먹지 않으니,

가서 과거낙방을 시킵디다.

연추문을 맞치렌 허난,

어느 누가 맞출 수 없으니,

우린 과거 안 줘도 좋수다.

한번만 기술이라도 부려봅시다.

큰 형님이 우, 셋성님은 아래,

작은 아우는 한복판에

청동같은 팔뚝으로 화살대를 놓으나네

화들렝이 쓰러지었구나.

중의 아들들도 과거 줄 만하다.

큰 아들은 문선급제,

셋 아들은 장원급제,

작은 아들은 팔도도장원을하니,

어수애 비수애 삼만관속 육방하인

쌍도래기 놀매월세 벌련독게 연가메

호신체를 둘러 행렬이 나아간다.

피리단절 옥단자를 불어간다.

아이구 삼천선비들은 오란

느진덕 정하님안티

큰 상전님이랑 묽멩지전대에 목을 걸령

깊은 궁에 가둬불고 품편지 가지고 가
족은 상전들 과거들령 오민
종반문서 시켜준다 하니,
머리 풀언 산디짚으로 머리묶언
어주애삼록거리 서강베포땅에서 만나난
아이고 상전님아, 과거엔 한말이 뭔 말이꽈.
큰 상전님 어젯날 죽언
오늘 출병막 차려 품편지 가정 오랏수다.
어멍 어멍 설운 우리 어멍
아방 어신 우리들 키워 과거하였는데
이 과거를 해서 가니,
청일산도 돌아가라. 흑일산도 돌아가라.
다 돌려두고,
행전 벗어 위 튼 두건 씌어간다.
두루막 벗언 옷 둑지에 걸쳐간다.
우리 어멍 점심 못 먹으멍 삼형제 키왔구나.
동드레 머구낭 꺽엉 방장대를 짚어
출병막을 헤쳐보난,
물명지 단소콧이 있읍다.
그걸 가젼 외진 땅을 들어가난,
배석자리 내어줍다.
배석자리도 삼시왕더레 올립니다.

(악무)

배석자리 내어주멍

설운 아기들아, 아방 찾앙가렌허난 어딜 갑니까.

황금산을 찾앙가렌 하여,

가당보난 너사무너도령 삼형제가 울엄시니

육형제를 무어간다.

황금산에 올라간 절을허난 나 방식이 아니여

누구 방식입니까. 경허건들랑 대공단에 삭발을 하라.

한침들룬 굴송낙 두귀눌러 굴장삼 아강베포 직포잘리

호름준치를 메엉 절을 하라.

절을 허난, 내아기들아 어멍찾으컬랑 양반팔앙

심방질을 하여 어멍찾으렌 허난

어멍만 찾는다면 무싱건 못협네까.

나 아기들아 굴미굴산 아야산 신산곳을 도올라

흑사오기 제사오기를 끊어다가

초체 북은 아버지 절당 북을 설연하고,

이체 북은 울랑국을 설연하고,

삼체 북은 삼동막이 설장기 울랑국 범천왕도 울려.

(악무)

삼시왕드레 올리난,

설운 나 아기들아, 상시관에 가난 무엇이 좋아냐

큰 아들은 백옥상상이 좋습디다. 초감제를 맡아라.

그것보단 더 좋아진다.

셋 아들은 무엇이 좋아냐. 어수에 비수에

상도레기 놀매월세 좋습디다. 초신맞이 하여보라.
작은 아들은 삼만관속 육방하인
피리단자 옥단자가 좋습디다.
노단어깨엔 금제비 왼어깨엔 신소미
홍포관대 입엉 시왕대를 짚언 바라보라.
그것보다 더 좋다.
백몰레밧디 내려간다.
동의와당 쉐철이 아들 불러간다.
옥황에 정명록이 내여간다.
남천문에 객을 새겨간다.
하늘 보멍 오랐구나. 하늘 천자를 내여간다.
땅을 보멍 오랐구나. 따지 자를 써 간다.
물으멍 물으멍 오랏구나. 물을 문자를 씌어간다.
남천문에 남상잔을 각을 새겨갑데다.
아방 주던 개천문 어멍주던 모욕상잔도
삼시왕더레 올립니다.
(산판-천문과 상잔을 삼시왕당클에 올린다.)

(악무)

삼시왕드레 올리난
설운 이 아기들
초체올려 초공하늘
이체올려 이공하늘
삼체올려 삼공하늘로

옥황에 서른세 하늘에 울북울정 울리난
어머니 짚은 궁에 갔건 야픈 궁에 내울립서.
야픈 궁에 갔건 삼천천제석궁더레 내울립서.
언뜻허난 어머님 살았구나.
아이구 어머님아.
우리들 삼형제 어멍찾젠허난 양반 팔앙 모반삼아
어머님아, 찾았수덴허난,
어머님아 옵서 나영 같이
아랫녁에 내려가게, 아랫녁에 내려간다.
어주애삼녹거리 서강베포땅에 내렷구나.
탱자선생질이여 유좌선생길인질이로구나.
팽자남을 베어다
마흔ᄋ돕 상간주를 설연한다.
유자남을 베어다
서른ᄋ돕 이간주를 설연한다.
신펭남을 뷔여다
스물ᄋ돕 하간주를 설연하여
바람부난 바람도벽, 뜻 드난 뜻도벽
동산새별 신영상간주 연양당주 육고비
동심결을 구비첩첩 올려놓고
마흔ᄋ돕 모람장,
서른ᄋ돕 비꿀장
스물ᄋ돕 고무살장 조상
솝솝드리 고산 부쳐놓았구나.
어머님아 우리들 보고프건

동산새별 신양상간주 보멍 시련 씻읍서.
너사무너도령과 여기 있으니
아무 날 아무 시 되면
찾아 올 자손이 있습니까
나는 삼시왕드레 올라가쿠다.
양반 잡으레 오는 칼은 여든요숫 돈 칼이로구나.
중인 잡으레 오는 칼은 서른요섯 돈 칼이로구나,
하인 잡으레 오는 팔자굿인 형제간
잡으레 오는 칼은 한 닷돈 칼이로구나.
시왕 대번지도 삼시왕드레 올립니다.
(신칼을 삼시왕에 올린다.)

(악무)

시왕드레 올리난
양반의 원수 어떵 갚으면 좋고.
가단 보난 유정승의 따님아기
일곱 살에 물팡돌에 노념놀이 해염시난
아이고 양반의 집이 똘이로구나.
아방한테 강 고난 경허걸랑
파란공에 육간제비 가정강 쿰에 품져둥 가렌허난
가정오란 품에 쿰으난 유정승따님아기가
그걸 가전 놀고,
밤엔 물팡돌에 놓아둥 가고
경허는 것이 10년이 당허난,

열일곱이 되난 눈 어둡고

스물일곱은 나난 눈을 뜨고,

서른일곱 되난 눈 어둡고

마흔일곱 되난 눈 뜨고

쉬흔일곱 되난 눈 어둡고

예순일곱 되난 눈을 떤

아랫녁에 내려가는 자복장자 집이로구나.

단똘애기 초소렴 메치메엿구나.

들어가멍 지나가는 팔자궂인 신의 아이 우뎅허난

우리 단똘애기 메치메장하구렌 허난

봅서 '백지알데김'이나 눌려 보게.

벡지알데김 눌리젠 허난 고를말은 어시난,

먼 데레 봐리난 이 신이 내려오난

한 마디가 공서는 공서외다 벡지알데김 눌러돈

이 아기 나 가불민 소앙게끔 한게끔 물엉 살아날거난

그때랑 굿허클랑 남천문밧 유정승ᄄᆞ님이엔 행 찾아옵서.

그때에 나와부난 그 아기는 살아난다

유정승ᄄᆞ님애긴 어주애삼녹거리 서강베포땅

10년동안 다녀시난

10년이 되는 해에 자복장자 집의서

굿을 해주렌 오랐구나.

−이레 왕, 꿀령 이십서.

(역가상이 있고, 그 앞에서 심방이 집전하고,

앞 좌우에 영기 명기가 세워져 있고 그 뒤에 본주 송낙을 쓰고 앉아

있다)

언뜻허난 시왕법난에 잡혔습니다.
시왕법난에 잡힌 누게가 되겼느냐.
남천문밧 유정승또님애기가 되웁니다.
부정이 만허다. 부정도 가이라.
부정을 가였더니
물명지 전대로 목을 걸리렌 허난,
물명지 전대에 목을 걸리던 법으로
이름은 정공철이,
생갑은 경자생 52살입니다.
이때까지 삼시왕에 거부량이 많았고
유모유정하난 허가없이 심방질허고
허가없이 쾌자입고 허가없이 관복입언
굿하여 있습니다.
물명지전대로 목을 걸려 올립네다.
(향로를 들고)

(악무)

(상에 있는 물명주 전대로 목을 감아 올려 역가상 앞에 앉힌다.)
물명지 전대로 목을 걸려 올리난,
꽃가마 은저울대로 저울리난
백근이 못찼저, 다시 나가라.
무당서를 내어준다.
신전집에 간 통서를 허연 오랜 다시 내치난

유정승뜨님애기 무당서를 가젼

신전집이 간 통서를 하였구나.

다시 재청,

저 밖에 엎대한 게 누구가 되겠느냐?

남천문밧 유정승뜨님아기가 됩니다.

다시 재차 물명지전대로 목을 걸려 올려.

(반복한다.)

(악무)

〈약밥약술〉

물명지전대로 목을 걸려 올리난,

꽃가마 은저울대로 저울이난 백근이 다 돼 간다.

약밥약술도 내어주라.

(술에 그거 많이 놓읍서)

아멩해도 먹고싶은 마음에,

사발드레 게, 사발드레 행,

아니, 경해도 많이 먹어야 큰심방 되주.

조금만 먹으면 안 되어.

(약밥약술을 먹는다.)

한꺼번에 먹어야 돼, 숨도 쉬지마랑.

오죽, 먹고싶었을까.

이젠 먹으면 되는 거.

밥이영, 씹으멍 먹어,

엇따, 설레죽까지.
아이구, 요놈이 심방들 샘도 좋다.
약밥약술을 타 먹으난
이제랑 강 어인타아인 수레감봉
막음을 주라 허난

〈약밥약술〉

〈어인타인〉

삼시왕에서 어인타인 눌립네다.
(심방은 정심방 등에 천문과 상잔을 눌러 도장을 찍는다.)
아방 주신 개천문으로
어인타인 눌립니다.
어멍주신 개상잔으로
어인타인 눌릅니다.
삼시왕에 거짓말 안하쿠다.
수레감봉 막음 줍네다.
(다시 한번 찍고)
이젠 꼼짝 못할 테주.
이제까지 17년 동안
삼시왕에 거불량이 많고,
남의 집에 굿갔당도 조금 아프면
거부량을 놓고
오랜허민 갔당도 돌아오고,
또 술 한잔 먹어서
이때까지 무허가라 났주.
이제야 당당한 심방이 됐어.
어인타인 수레감봉 막음을 주었수다.
경허민, 일월삼멩두에서
약밥약술 어인타인 수레감봉 막음을 주난
이제부터 당당한 심방으로
(산판점)

고맙수다.

큰심방은 되고야 말쿠다.

이거는 내가 하는 말이 아니고

삼시왕에서 이르는 말이라.

지금까지는 17년 동안 심방질을 하여도

제대로 못배우고 가서 속상하면,

심방질 허켜 안허켜 그런 마음도 먹고

또 술한잔 먹어지민 문무병 형님 만나면,

나 왜 심방질 허게 했어

당신 때문에 심방질 했소. 이런 말 했던 것도

거부량한 일이고, 착하게 착하게

심방질 잘 배워 큰 심방으로서 모든 인격을

갖추고 팔자굿인 유학형제들은 친형제같이 하고,

어데강 돈이 적으나 나눠 먹엉

웃음웃엉

잘 뎅길 것꽈?

예. 고맙수다.

〈약밥약술 중 어인타인〉

454

〈예개마을굿〉

〈예개마을굿〉

　〈예개마을굿〉은 최초의 심방인 유정승 따님이 67세에 신안(神眼)을 얻어 처음 굿을 하여 자복장자의 똘을 살려 내었던 유래에 따라, 새로 탄생하는 새 심방이 〈약밥약술〉을 먹고 〈어인타인〉을 맞아 공인 심방이 되면 맨 처음 소미를 데리고 '예개마을(장자의 집이 있었던 마을)'에 가 굿을 하고 돌아오는 입무의례(入社式)이다.

　　– 6:25 예개마을굿 끝남

〈나까시림 놀림〉

　– 강대원

　신에게 바치는 시루떡을 빙글빙글 돌리다가 던지고, 두 사름이 서로 주고받으며 위로 올리고, 다시 던져 올리며 시루떡을 놀리는 신소미들(小巫)

의 춤이다. 〈나까시리 놀림〉은 "낙하(落下) 하는 시루떡을 놀리는 춤"이란
뜻이다.

〈당주질치기〉

― 서순실

〈당주맞이 질치기〉는 〈초공본풀이〉에 입각하여, 대목 대목마다 연극적
인 춤이 들어가고, 중요한 굿의 의미를 강조하는 굿이다. 심방은 〈초공본
풀이〉를 창하면서 중요한 대목(다리 다리마다)에서 본풀이 주인공의 행동
을 연행하는데 먼저 밖에서 춤이나 연극적인 행위를 하고난 뒤, "당주전에
줄이 벋나 발이 벋나 당주삼시왕길도 발롸―" 하며 집안으로 들어가 밖에
서와 같은 춤과 행위를 실연하면 한 대목(다리)이 끝난다.

■ **당주맞이 질치기[82]** (출처: 제주큰굿, 1986년 신촌리 김윤수 심방집의 신굿)

[초공본풀이]

황금산주접선생 소곡소곡 내려온다.

낙홰드릴[83] 놓앗더니마는

아으- 옛날 옛적의

천아 임진국 대감님과

지애 짐진국의 부인님이

사옵데다.

이십은 스물을 넘읍데다

삼십은 서른을 넘읍데다

소십은 마흔이 당해여 가도

부베(夫婦)간에 조식(子息)없어

무위유홰(無幼而化) 헤여간다.

호룰날은 삼천선비들과 일만선비들과

호전놀이 호며

두어 바둑 두어 장귀를 두시다가

혼 선비가 곧는 말이

천아 임진국 대감님아

아기 구호저 허는 자신은 돈은 따강[84] 뭣허쿠가[85]

---

82) 신굿에서 당주맞이 질치기가 매우 중요한 제차이지만 성읍 마방집 큰굿에서는 자료의 채록
이 원활하지 못하여 위의 신굿 자료에서 발췌하여 그 과정을 들여다 보고자 함.
83) 낙화다리를 : 천앙낙홰금정옥술발(요령) 다리를.
84) 따고 가서.
85) 무엇 하겠소?

그 말 떨어지기 전에

주냑의 집의 오단 오단 보난[86]

울리[87] 쥐도 굿난새끼[88] 깨완 이리저리 굴렴더라

말모른 새가 놉드듯[89] 노픈 낭에 새낄 세와 오조조조 일르고

어- 얻어먹는 개와시[90]들토

애기 흐나 놓안 이리저리 웃고

정 흐는 걸 보니

우린 무후(無後) 주식없이 무위유화(無幼而化)가 난

아기씨 촛인댄허연[91]

호이 한탄흐는 가운데

황금산의 도단땅 주접선성의 영개신령으로부터

대亽(大師)님이 소곡소곡 느려사는구나

권제삼문(勸齋三文)을 받아다가

헌당 헌절을 수리허는구나

......

황금산 주접선성 소곡소곡 내려온다-.

(악무)

당주전더레 발이 번나

줄이 번나

당주질도 발루라-

---

86) 오다가 보니.
87) 울 안의.
88) 갓 난 새끼.
89) 까불듯.
90) 거지.
91) 찾는다 하여.

(악무)

대사님 권제받아 소곡소곡 올라간다

소곡소곡 내려오란 보난

어- 밑 알로 돋아지며 소승 절이 뵙니다.

어느 절간 대스가 뒙네까?

황금산의 주접선성 몸받은 대스가 뒙네다

어떤 일로 옵데가

우리가 당(堂)도 파락(破落)뒈고 절(寺)도 파락(破落)뒈난

권제삼문을 받아다가

헌당 헌절을 수리ᄒᆞ며

멩(命) 없는 ᄌᆞ손은 멩을 주고

복(福) 없는 ᄌᆞ손(子孫)은 복을 주며

셍불(生佛)없는 자손은 셍불을 주잰허연

권제삼문을 받으레 오랏수다

시권제삼문이나 내보냅서

시권제삼문을 내보였더니마는

대스님아 소서님아

원청강(袁天綱)이나 줍데가 ᄉᆞ주역(四柱·周易)이나 줍데가

단수육갑(單數六甲)이나 짚어봅서

오영팔괄(五行八卦)이나 짚어봅서

우리가 이십은 스물 살고 삼십은 서른 살아도

ᄌᆞ식없이 무유유홰ᄒᆞ여집네다

어느 절당에 영급이 이시면 가 수륙(水陸)을 드리겟수다

원천강을 내여논다

ᄉᆞ주역을 내여논다

단수육갑 오영팔괄을 짚었더니 곧는 말이

천아임진국 대감님아

지애 짐진국 부인님아

아기 어시 무유유홰 글 앙[92]

살 때가 아니웨다.

우리 절당에 영급이 좋기로 우리 절당의 수룩이 좋수다

우리 절당의 오랑 수룩드려강이나[93] 뵈려봅서[94]

아들이나 주식 똘이나

대서님 권제받아 소곡소곡 올라간다

(악무)

당주전더레 발이 번나

줄이 번나

마흔 하나 서른 둘 몸받은 당주삼시왕질도 발롸~

(악무)

임진국 대감 황금산에서 집으로 소곡소곡

당주전더레 올라가부난

천아임진국 대감님과

지애짐진국의 부인님은

강답(乾畓)에는 강나록(乾稻)을 심어간다

수답(水畓)에는 수나록(水稻)을 심어간다

모답(-畓)에는 모나록(-稻)을 심어간다

---

92) 말하며.

93) 가서나.

94) 바라봅서 : 기다려 보십시오.

가사지(袈裟地)도 구만장(九萬張) 송낙지도 구만장

ᄉ력지(燒紙)도 구만장을 올려 노아

강멩지(-明紬)도 동에전⁹⁵⁾ 물멩지도 동에전

서양페⁹⁶⁾도 동에전

제미연(諸米)⁹⁷⁾도 동에전

마고루⁹⁸⁾에 줏어실런⁹⁹⁾ 주워

황금산으로 올라산

늬눈이반둥개¹⁰⁰⁾가 양반을 보면

늬발을 들러 드리쿵쿵 내쿵쿵

중인배는 보며는 두발을 들러서 드리쿵쿵 내쿵쿵

하인배는 보며는 누어둠서¹⁰¹⁾ 주꾸는 늬눈이반둥개가

늬발을 들어 드리쿵쿵 내쿵쿵 내울려가는구나

야 소서(小師) 중아 먼정¹⁰²⁾ 올래 나고 보라

어떤 일로 첩첩 산중에

양반이 행차ᄒᆞ는것 ᄀᆞᆮ아뵈댄ᄒᆞ난¹⁰³⁾

허- 소서 중이 먼정 올래 나고 보니

천아(天下) 임진국 대감님과 지애(地下) 짐진국 부인님이

---

95) 전(쑨)동. 동은 묶어서 한 덩어리로 만든 묶음. 또는 그 단위. 붓 10자루. 베 50필. 비웃 2,000마리 따위.

96) 서양페 새미녕 : 서양 베(西洋布) 새 무명.

97) '제미연'은 '제백미(諸白米)' : 상백미(上白米)·중백미(中白米)·하백미(下白米).

98) 안사인 본에는 감은 밧갈쉐 : 검은 밭가는 소. '마고루(馬)'는(?).

99) 주워 실어.

100) 개를 일컫는 말.

101) 누운 채로.

102) 멀리.

103) 같아 뵌다고 하니.

싱근더럭[104] 몰팡돌[105]에 안잣더라

소승 절이 뵙네다

어떤 일로 대감님 오십데가[106]

그런게 아니라 우리가 이십은 스물

삼십은 서른이 근당해연

주식어선 무유유홰(無後有禍)[107]나네

너희 절당이 영급(靈驗)이 좋다ᄒ고 수덕(修德)이 좋댄ᄒ난

수룩(水陸齋) 절간을 드리레 오랏노라

안네 가그네 그말 대ᄉ님께 여쭈시렌 ᄒ난

대ᄉ님께 간 여쭈난

안사랑(內舍廊)으로 청ᄒ라 밧사랑(外舍廊)으로 청ᄒ라

내외사랑으로 청해여

은푼채(銀佛陀)에 도공 올려 노아

돋다 월광(月光)도 사나웁서

세긴 일광(日光)도 사나웁서

금선비상 강도수 시별상 일월(日月)도 사나웁서

낮읜 원불(願佛) 디려간다

밤읜 수룩(水陸)을 디려간다

석둘 열흘 벡일 불공(百日佛供)을 디렷더니

ᄒ룰날은[108] 대ᄉ님이 굳는 말이

천아 임진국 대감님아

104) 싱근더럭(?) : '싱그다(심다)'의 싱근 + 다락.
105) 1. 노둣돌(下馬石) 2. 연자맷간 한 구석에 짐을 지고 내리고 하는 대가 되게끔 놓은 돌.
106) 오셨습니까.
107) 무유유홰(?) : 無爲而化, 無幼而化, 無後有禍, 자식이 없어 한탄할 팔자를 뜻함.
108) 하루는.

지애 짐진국이 부인님아

출려 놓은 것은 많ᄒᆞ나 ᄒᆞ뒈[109]

벡근장대가[110] 준준(準準)이 못내차난[111]

여궁녜(女宮女)를 처급(處給)훌 듯 ᄒᆞ십네다[112]

절당을 하직해여근 ᄂᆞ려강

합궁일(合宮日)을 받아근 천상베필을 무어봅서[113]

여궁녜가 솟아날 듯 ᄒᆞ십네다

대ᄉᆞ님이 ᄀᆞᆮ는대로[114] 천아 임진국 대감님과 지애 짐진국 부인님은

황금산 도단땅 집더레 소곡소곡-

(악무)

어-마흔 하나 서른 둘 몸받은 연앙 당주전드레 발이 번나

줄이 번나

당주삼시왕질도 발루라-

(악무)

임진국 대감님과 짐진국 부인님 천하공사 지하공사 살러

삼시왕질을 발뢌더니만

오단 오단 ᄂᆞ려오단

일락은 서산(日落西山)에 해는 떨어지였더라

어욱페기[115]를 의지삼아

---

109) 차려놓은 것은 많지마는.
110) 백근(百斤) 근량(斤量)이.
111) 못내차니, 차지않으니.
112) 계집아이를 줄 듯합니다.
113) 맺어 보십시오.
114) 이른 대로.
115) 억새포기.

초경(初更) 때도 넘어간다

이경(二更) 때도 넘어간다

수 서삼경(三更) 때도 근당해 지서가난[116]

앞 니망엔[117] 둘님 벡힌 듯이 둣니망엔[118] 헷님 벡힌 듯이

오심도심[119] 벡힌 아기씨는

양부모 부처(夫妻)의 쿰더레[120]

실금실짝[121] 쿰기는[122] 듯 ᄒ는구나

문뜩 깨여난 보난

꿈에 선몽(現夢)이 뒈엿더라

ᄒ룰날 양 우리 강 집의 강 해연 당해여도

뚤애기가 솟아날 듯 ᄒ는구나

집의 들어오란

합궁일(合宮日)을 받읍데다

천상베필(天生配匹)을 무읍데다[123]

아방 몸에 석둘 열흘

어멍 몸엔 아홉 열둘

준삭 체완 난건 보난

아기씨가 아니련[124]

월궁(月宮)에 시녀(仙女) 긑은 애기씨가 솟아나는구나

---

116) 지새가니.
117) 앞 이마엔.
118) 뒤 이마에는.
119) 알알이 박힌 모양.
120) 품으로.
121) 슬금살짝.
122) 품기는.
123) 맺읍디다.
124) 아니련가. 아닌가.

느진덕이 정하님아

먼정 올래 나고 보라[125]

이때가 어느 때냐

이 아기 이름이나 지와보저[126]

느진덕 정하님이 시군문(大門)에 나산

구시월(九十月) 단풍(丹楓)이 들엇더라

어- 상전님아 상전님아

구시월 단풍이 들엇수다

영허거들랑[127]

이 아기 이 산 앞은 발이 번나 저 산 앞은 줄이 번나

왕대월산 금하늘이여

노가단풍 주지멩왕 아기씨[128]로

이름 성명 지와 간다

흔설 두설 열다섯 십오세가 홍안(紅顔) 준삭 둘이 차가니

천아임진국 대감이랑 천아공수(天下公事) 살레 옵서

편지가 올라가고

지애 짐진국이 부인님이라근 지애공수(地下公事) 살레옵서

편지답장 오라간다

이거엔 흔 질 아니갈 수 없어지고[129]

남ᄌ(男子)에 ᄌ식 긑으면 책실(冊室)로나 돌앙가주마는

---

125) 저만큼 문밖에 나가 봐라.
126) 지어 보게.
127) 그리하거들랑, 그러면.
128) 아기씨의 이름.
129) 이러한 길 아니 갈 수 없고.

여주 주식 못씰로구나[130]

마흔 오돕 모란장[131]을 지여놓고

서른 오돕 빗골장[132]을 지여놓고

스물 오돕 고무살장[133]을 지여놓아

상거심[134] 주석통쉐[135] 절로생캉[136] 출려놓고[137]

어- 아방 중근[138] 열쉔 어멍이 앚고[139]

어멍 중근 열쉐는 아바님이 앗아간다

흐룰날은 천아 임진국 대감님과 짐진국 부인님이

느진덕이 정하님아

너 이 애기 궁기[140]로 밥을 주고

궁기로 물을 주고

궁기로 옷을 주어근

이 아기 키왐시며는[141]

우리가 천아공수 지애공수 살앙 느려오랑[142]

---

130) 못쓰겠구나.
131) '장'은 장막 또는 살창. 모람장은 모란장(牡丹帳).
132) 장막의 일종. 빗골장은 빗살무늬의 장막 櫛紋帳.
133) 살장은 '살창', 그러나 굿을 할 때 보면, 살장은 제단의 커튼(장막)처럼 장식된다. 고무살장 (高門箭窓) 즉 부귀한 집안의 좁은 나무나 쇠창살로 사이를 떼어 나란히 박아 만든 살창문.
134) 상거심, 상거슴 : '거슴'은 자물쇠청. 자물쇠의 가장 중요한 부분인 날름쇠. 줏대의 좌우 쪽에 있는 얇은 쇳조각으로 탄력성이 있어서, 잠기면 벌어져 있고, 열쇠를 넣어서 열 때는 오그라 지며 열린다.
135) 주석으로 만든 통쉐 : '통쉐'는 자물쇠, 여닫는 물건을 잠그는 쇠.
136) 저절로 철컥.
137) 차려놓고, 단속해 놓고.
138) 잠근.
139) 갖고.
140) 구멍.
141) 키우고 있으면.
142) 살고 내려와서.

종반역143)을 시켜주맨ᄒ난144)

느진덕이 정하님은 지꺼지연145)

아이고 상전님 고맙수다

천아 임진국 대감님 짐진국 대감님 천아공ᄉ 지애공ᄉ 살레 소
곡소곡-

(악무)

마흔하나 서른 둘 몸받은 당주전더레 발이 번나 줄이 번나

당주질도 발롸-

(악무)

황금산주접선생 하늘가린 굴송낙 지하기린 굴장삼 백팔염줄 목
에 걸고

소곡소곡 임진국 땅으로-

당장에 신을 받아

야 이 아기 궁기로 밥을 주고

궁기로 물을 주언

키와가는디

ᄒ를날은 황금산의 영게신령(靈氣神靈)으롭서

삼천 선비들광 일만 선비들이 노념놀이 헤여간다

ᄒᆞᆫ 선븨가 ᄀ는 말이

대보름달이 떠오람던고라146)

저 둘은 곱기도 곱댄ᄒ난

_____

143) 종문서(奴婢文書)를 돌려주고 해방시키는 일.

144) 시켜주마 라고 하니.

145) 기뻐서.

146) 떠오르고 있었던 모양인지.

주접선생 굳는 말이

저 둘보다 더 고운 애기씨가

금 싀상(今世上)에 살암젠 ᄒ난[147]

강 본메본장[148]을 늘고라[149] 강 행 오랜ᄒ난

걸라근 기영ᄒ자

황금산이 주접선성이 하늘골른[150] 굴송낙[151]

지애골른 굴장삼에

벡팔염주를 목에 걸고

소곡소곡 임진국 땅더레-

(악무)

당주질도 발롸-

(악무)

소승절이 뵈오

소곡소곡 ᄂᆞ려 사는구나

ᄂᆞ려사니

야- 아기씨는 느진덕 정하님고라[152] 굳는 말이

야, 느진덕이 정하님아

먼정 올래 나고보라

아바님이 오시는가 어머님이 오시는가

---

147) 살고 있다고 하니.
148) 증거(證據)가 될 물건.
149) 나더러, 주접선생더러.
150) 하늘을 가린.
151) 굴송낙 : 송낙은 고깔.
152) 느진덕정하님에게.

원앙소리 들린덴 ᄒ난[153]

어허– 느진덕이 정하님이 나간 보난

하늘광 그득헌[154] 대ᄉ(大師)님이 삿더라

(요령)

ᄒ번을 둘러치난 천하가 요동(搖動)ᄒ고

두번을 둘러치난 지애가 요동ᄒ고

삼ᄉ번을 둘러치난 상거슴[155] 주석통쒜[156]가

절로셍캉 체와진다[157]

서른 두술 몸받은 연앙당주질도 발루라–

(악무)

아기씨 죽을 사경(死境) 되니,

천하공사 지하공사를 마치고 소곡소곡 내려오는 질이여.

애기씨는 석둘 열흘이 뒈여가난

먹던 밥에 골내[158]가 나고

먹던 물에는 펄내[159]가 나고

입던 옷에는 뚬내[160]가 나는구나

죽을 ᄉ경(死境)이 뒈여간다

야, 느진덕이 정하님아

어떤 일로 전의 먹던 음식이 아니멍[161],

---

153) 원앙(鴛鴦) 소리가 들린다 하니.
154) 가득한.
155) 자물쇠청.
156) 주석(朱錫)으로 만든 자물쇠.
157) 저절로 한 번에 찰가닥 잠가진다.
158) 엿기름 냄새.
159) 뻘 내음.
160) 땀 냄새.
161) 아니며.

전의 먹던 밥이 아니멍, 전의 입던 옷이 아니냐

아이고, 상전님아. 기영 홀 리가[162] 잇수꽈

어찌하여 밥엔 골내가 나고, 물엔 펄내가 나고 입성(衣)에는 똠 내가 나느냐

야 먹구저라, 웨미자나 먹구저라[163]

앵ᄃ래[164]나 먹구십구나

아이구 요 노룻을 어떵ᄒ민 조으코[165]

느진덕이 정하님이 송동바구리[166] 들러 아산[167]

굴미굴산[168] 노조방산[169]을 올라사난

노픈 낭에 올메로구나[170]

타도[171] 못해여 비새(悲鳥)ᄀᆞᆺ이 울어가는 것이

황금산이 주접선생의 영기신령으로부떠

모진 광풍(狂風)을 ᄒᆞᆫ 주제[172]를 불엇더니마는

웬 청ᄃ래[173]가 떨어지는구나

이걸 줏어아산[174] 오란

상전님아 상전님아 혼저 이거 먹어그네 살아납셴 ᄒᆞ난[175]

---

162) 그리할 리(理由)가, 그럴 리가.
163) 오미자(五味子)나 먹고 싶어라.
164) 앵ᄃ래→연ᄃ래 : 다래.
165) 어찌하면 좋을까?
166) 작은 대바구니.
167) 가지고.
168) 깊고 깊은 산.
169) 산 이름.
170) 높은 나무에 열매로구나.
171) 따지도.
172) ᄒᆞᆫ 주제 : 한 가닥. '주제'는 비·눈·바람 따위가 갑자기 내리거나 이는 것.
173) 청다래.
174) 주워가지고.
175) 살아나시라 하니.

이것도 ᄒᆞ나 두개 먹어가난 낭에 낡내[176] 난 못먹어 죽을 ᄉᆞ경(死

境)인디

눈은 곰박눈[177]이 뒈여간다

야갠[178] 홍짓대[179]가 뒈여간다

베는 부루룽베[180]가 뒈여간다.

발은 동동발이 뒈여가는구나

죽을 ᄉᆞ경이 뒈엿더라

상전신디 펜지답장을 씌여보네

상전님아 상전님아 아기씨는 죽을 ᄉᆞ경이 뒈여시난

삼년(三年) 살걸라그네[181] ᄒᆞᆫ 해(一年)에 살고, 석 둘(三個月)에 살고,

석둘 살걸라그네 사흘(三日)에 살앙 혼저 ᄂᆞ려옵서

아기씨 상전은 죽을 ᄉᆞ경이 뒈엿수덴ᄒᆞ난[182]

이거 무신 말고[183]

소곡소곡 내려오는 질이여-

(악무)

당주전에 발이 번나

당주질도 발루라-

분장식 다리 놓고, 몸거울 · 해거울 다릴 놓아,

---

176) 나무에 나무 냄새.
177) 곰박눈 : 깜박눈. 깜빡거리는 눈 안사인 본에는 "눈은 무사 흘그산이 갔느냐?" : 눈은 왜 흘
    깃흘깃하게 되었느냐?
178) 야개 : 모가지.
179) 홍두깨.
180) 불룩한 배.
181) 살 것이랑.
182) 되었습니다 라고 하니.
183) 말인가?

소곡소곡 속은정에 아방왕에 현신문안

아방 방엔 아바님이 들어가고

어멍 방엔 어머님이 들어간다.

어멍왕이 들어가는구나

어멍왕에 들어가난

아방왕 신디 선신문안(現身問安) 들어가젠 ᄒ난[184]

야, 요거 어떵ᄒ민 조코[185]

남부모(男父母)에 여식(女子息)이로고나

거울장식도 ᄃ릴 놓고[186], 분장식도 ᄃ릴 놓고[187]

몸거울(體鏡)도 ᄃ리여 헤거울(日鏡) ᄃ리웨다 이

(징과 북을 친다.)

이중춘 : 엣날 분장식 ᄃ리가 이섯수다. 헤거울 ᄃ리 몸거울 ᄃ
리는 엇어도.

관객 : 이거 뭐하는 겁니까?

김윤수 : 저거 머리 빗는 거. 저건 이 잡는 거[188].

아방왕에 선신문안가저

남뷔모에 여ᄌ식이 엄중ᄒ고나

---

184) 들어가려 하니.

185) 어찌하면 좋을까.

186) 거울을 보며 화장을 하는 다리, '다리'는 순서나 절차. '다리를 놓는다'는 그러한 절차를 밟
는다. 이때 심방은 산판 뒷면을 거울로 사용하며, 거울 보는 시늉을 한다.

187) 얼굴에 분을 바르며 화장하는 절차. 이때 심방은 익살맞게 집게로 코털을 뽑는 등 해괴한 짓
을 하여 웃음을 자아낸다.

188) 머리를 빗는 시늉, 이 잡는 시늉은 부모님께 현신문안을 위해 몸단장하는 것을 해학적으로
보여주는 장면이다.

풀죽은 치메[189]에 메연

소곡소곡 속은정[190]에 아방왕에 선신문안이여-

(악무)

제직제직 죄진정에 어멍왕에 현신문안

당줏질 발롯드니마는[191]- 아이구 설운 나아기야

느 얼굴이 무사 경 뒈여시니

눈은 무사 경 곰박눈[192]이 뒘광[193]

야갠 무사 경 진진해연 홍짓대[194] 긑이 뒘광

벤[195] 무사 부루룽베[196]가 뒈고

발은 무사 동동발이 뒈여시니

눈은 아바님이 오시는가

어머님이 오시는가 창궁기로 하도 비리싼 봔에[197]

눈은 곰박눈이 뒈엿수다

벤 무사 부루룽베가 뒈여시니

아바지 이실 땐 홉 삼시[198] 마련ᄒ단

느진덕 정하님 종반역 시겨주켄ᄒ난[199]

뒈삼시[200]를 마련ᄒ여 베는 부루룽베가 뒈엿수다

---

189) 풀을 먹이지 않아 흐랑하게 늘어진 치마.
190) 소곡소곡 속은 정 : '소곡 소곡'의 음운을 유추하여 '속고 속이는 정'이라는 의미로 아버지와 똘의 사랑을 표현한다. 아버지와 똘의 사랑은 속고 속이는 사랑이란 뜻이겠다.
191) 당줏길을 바르게 하였더니마는.
192) 깜빡눈.
193) 되었으며.
194) 홍두깨.
195) 배(腹)는.
196) 불거진 배.
197) 창구멍으로 하도 찢어 헤쳐 보아서. 'ᄇ리다(찢다)→비리다'.
198) 한 끼니에 쌀 한 홉(合) 세 끼니.
199) 느진덕정하님을 종 면제를 시켜주겠다 하니.
200) 한 끼니에 쌀 한 되(升)씩 세 끼니.

발은 무사 동동발201)이 뒈여시니

아방 어멍 아니 왐젠202) 하도 울어부런

어멍 어멍허멍 울어부난 동동발이 뒈엿수다

어어- 나 뚤아 혼저 어멍왕에 선신문안가라

어멍왕에 선신문안 갈 땐

여뷔모(女父母) 여ᄌ식(女子息) 무신 숭험(凶險)이 시리야

풀 산 치메203)에 제직제직 줴진 정204)에 어멍왕에 선신문안이여-

(악무)

아버지 내어준 금붕체 가지고 소곡소곡 황금산으로

당줏길을 발롿더니마는- 아이구 요 년아

이 핑게 저 핑게 ᄒ지말라

날로 헤여본 시름205)이로구나

게심206) 올려단 보난207) 젓에 줄이 삿더라208)

궁안(宮內)에도 ᄇ름이 들엇더냐

잡을년아 죽일년아

대동청천(大東靑天)에 목베여 죽일년아

어서 ᄂ려가라.

---

201) '동동'은 발을 가볍게 구르다의 '동동'으로 춤추거나 애가 탈 때, 어린아이가 앙탈을 부리며 울
때 '동동거린다'고 한다.
202) 아니 온다고.
203) 풀을 먹여 빳빳한 치마.
204) '제직 제직 줴진정' 몸을 빳빳하게 자빠질 듯 뒤로 세워 느릿느릿 걷는 모양으로 걷는 '죄를
지은 정' 임신한 뚤과 어머니의 관계는 같은 여자로서 이해하는 부분도 있지만, 용서 못할
죄를 처리해야 하는 갈등. 제직ᄒ다는 자지룩ᄒ다=자지룸ᄒ다=자직ᄒ다 〈 제작ᄒ다 〈제
직ᄒ다. 잦바둠하다 : 1. 뒤로 자빠질 듯하다. 2. 어떤 일을 탐탁하게 여기지 않은 듯한 태
도를 보이다.
205) 나로서도 해본(겪어본) 시름이다.
206) 가슴.
207) 올려서 보니.
208) 젓에 줄이 섰더라. 임신의 징조.

당븰 ᄒᆞ난에[209]

ᄒᆞᆫ설 두설 열다섯 십오세 입던 입성(衣) 속속드리 줏어노안[210] 주워

감은 암쉐(黑牛) 굽허 둘러받고[211]

죽일 팔로 둘러간다

느진덕이정하님이 상전 잘못이 아니라 나가 잘못이우다

나를 죽여줍서

느진덕정하님을 죽이젠 ᄒᆞᆫ민

상전님이 나를 죽여줍셴 ᄒᆞᆫ다.

은동이에 물을 떠단 앚젼보난[212]

아들이 싀개 소랑소랑 아잣구나[213]

이거 ᄒᆞ나 죽이젠 ᄒᆞᆫ민 다섯 목심 죽일거로구나

내가 당장 나고가라

어멍왕의 간 하직문안 ᄒᆞᆫ 난

아이고 이년아 저년아 ᄒᆞᆫ시(一時)도[214] 보기 싫다

어서 나가라

아방왕에 선신문안 갓더니

서운 애기야

부모ᄒᆞ는 노릇[215] ᄒᆞᆯ 수 있느냐

급ᄒᆞᆫ 일이라도 급ᄒᆞᆯ 일이 나거들랑[216]

---

209) 당부를 하니.
210) 주워 놓아서.
211) 굽혀 들어 싣고.
212) 앉혀 보니.
213) 물동이에 비췬 그림자를 보니 아들 세 쌍둥이가 어머니 뱃속에 소랑소랑 앉아 있구나.
214) 잠시도.
215) 짓.
216) 급할 일이 나거든.

금붕체[217]를 내여주며 이걸로 드리를 노앙

가렌ᄒ난 금붕체 아산 소고소곡 황금산더레-

(악무)

당주전드레 줄이 번나, 당주질도 발루라-

가단 가단 보난

관관 새에[218] 불이 부떰구나[219]

느진덕이정하님아 저건 어떤 넋이가 뒈느냐

아이고 상전님아 흔 일 알고 두 일 몰른 상전님아

아긴 내보내여 부난[220]

아방 어멍 가심에[221] 불부뜨는 넋이우다[222]

다시 올라가단 보난 굴헝[223]에 진 물이

동산더레 출랑출랑 치데겸시난

저건 어떤 넋이가 뒈느냐

부모를 나뒨[224] 즈식(子息)이 문져오기로

거신물 드리가 뒙네다[225]

이 드리도 넘어 산다

가당 보난 청일산(靑日山)이 근당흔다[226]. 청일산을 넘어간다

---

217) 금붕체 : 황금빛 부채.
218) 괄다 : 1. 쇠가 무르지 아니하다. 2. 화력이 세다. 관관 새에 : 괄고 관 억새풀에, 활활 화력이 세게 타오를 듯한 억새에.
219) 붙고 있구나.
220) 아기는 내보내어 버리니, 아길 내쫓아 버리니.
221) 아버지 어머니 가슴에.
222) 불붙는 넋입니다.
223) 굴헝 = 굴헝지 = 굴헝이 : 구렁, 구렁텅이.
224) 놔두고.
225) 먼저 오기로 거슬러 흐르는 물을 건너는 다리가 됩니다.
226) 근당(近當)흔다 : 가까워진다.

청수와당(靑水海) 근당흔다. 청수와당 넘어간다

벡일산(白日산山)이 근당흔다. 벡일산도 넘어간다

벡수와당(白水海) 근당흔다. 벡수와당 넘어산다

건지산[227]을 근당(近當)흔 난

싀갑머리[228] 육갑에[229] 다완에[230]

싀갑머리 등에 지연 아기 벤 거 보기싫구나

육갑에 다와 아산 건지산을 넘어사니

수삼철리(數三千里) 낙수와당(落水海)이 근당흔 난

넘지 못해여 금봉체로 드리를 노아도[231] 못넘어근

비새(悲鳥)긑이 우는 것이 거북ㅅ재(龜使者)가

상전님아 나 등더레 돌아집서[232]

수삼철리(數三千里) 낙수와당(落水海)을 넹겨 안네쿠다[233]

번뜩허게 깨여난 보난

거북이가 욮에[234] 누엇더라

거북이 우터레[235] 팍 올라누어네[236]

수삼철리 낙수와당을 넘엇더라

수삼철리 낙수와당을 넘어산 보난

어- 감은 암쉐가[237] 지장밧디(黍田) 들엇고나

_____

227) 대정읍(大靜邑)에 있는 건지오름.
228) 세 가닥으로 땋은 머리.
229) 여섯 가닥으로.
230) 땋아서.
231) 놓아도.
232) 등에 매달리십시오.
233) 넘겨 드리겠습니다.
234) 옆에.
235) 위로.
236) 올라 누워.
237) 검은 암쇠(黑牝).

아이구 상전님아 가문 암쉐 지장밧디 들엇수다

에끼 이년 본 디 본 말[238] 버리라

들은 디 들은 말[239] 버리라

어- 후욕노욕(厚辱怒辱) 헤여간다

철죽대 フ뭇을 보멍[240] 올라가단 보난

열두 문이 근당ㅎ는구나.

입은 치메 벗언에 북북드리 부툰[241]

열두 문에 인정[242]걸어두고

야- 올라가단 보난 흔 착귀 어신[243] 장삼귀도 걸어지고

흔 착귀 업는 송낙도 둘 아지고[244]

황금산드레 올라간다 소곡소곡-

(악무)

어- 당주전드레 발이 번나, 당주질도 발롸-

(악무)

아기씨 시왕곱은연질로 소곡소곡 내려간다

당주삼시왕질을 밫롸더니마는

어- 황금산의 올라가는구나

---

238) 본 데 본 말 : 목격한 장소에서 본 일을 사실대로 전달하는 말.

239) 들은 데 들은 말 : 들은 것을 그대로 고자질하는 말.

240) 철죽대 금(=자국)을 보면서 : 황금산주접선생이 권제를 받고 가면서, 나를 찾아올 때는 철죽대 'フ뭇(자국)'을 보며 찾아오라 한다.

241) 북북 찢어서.

242) 신에게 간절히 부탁하며 드리는 지전이나 폐백. 그러나 '인정'은 저승돈으로는 지전(紙錢)이나 이승돈은 금전(金錢)이기 때문에 굿판에서는 지전뿐만 아니라 그때그때 돈을 내는 것도 인정이라 한다.

243) 한쪽 귀퉁이 없는.

244) 매달려있고.

야 요거 어떵 절삼베(三拜)를 디렷더니 마는

어떤 일로 후욕(厚辱)홀 때는 어느 때명, 누욕(怒辱)홀 때는 어느

땐고

어떤 일로 춫아 오랏는고[245] 후욕누욕(厚辱怒辱) 헤여간다.

공들이고 아니 들인 줄 알커메[246]

초나록 쇠동일[247] 내여주는구나

이중춘 : 멩두로 두릴 놉네까? 어떵허코 그냥 올라가카?[248]

에- 황금산이 초나록 쇠동이를 네여주난

야, 이거 춤쏠 ᄀᆞᆯ이 깡 오렌ᄒᆞ난[249]

강 까단 손콥 아프난[250] 비새(悲鳥) ᄀᆞᆯ이 우는 게

무정 눈(無情眼)에 줌이 드난

하늘엔 부엉새(鵬鳥) 땅 알엔[251] 도덕새[252]

소리새[253] 만월새[254]

호가 진[255] 연명새[256]

---

245) 찾아 왔는가.
246) '-커메'는 '-겠으니' 또는 '-을 터이므로' 따라서 알커메 : 알겠으니, 알 터이므로.
247) 참나락 세 동이, 참쌀 나락 세 동이.
248) 명도(明刀)로 다리를 놓습니까. 어떻게 할까? 아니면 그냥 올라갈까?
249) 참쌀 같이 까서 오라고 하니.
250) 가서 까다가 손톱이 아프니까.
251) 밑에는.
252) 도둑질하게 하는 사(邪). 〈새ᄃᆞ림〉의 '새'는 사(邪) + ㅣ.
253) 소리 사(邪)(?).
254) 만월(滿月) 사(邪)(?).
255) 긴.
256) 연명(延命) 사(邪).

동윗 ㄱ(邊)에 아잔 오조조조²⁵⁷⁾ 일럼더라²⁵⁸⁾.

후어 저 새—²⁵⁹⁾

아— 나록은 까지고

야, 이거 아상 강²⁶⁰⁾ 주접선생의 디렷더니

공들이고 지디렷저마는²⁶¹⁾

중(僧)은 부부간(夫婦間) 정행²⁶²⁾ 사는 법 어시난²⁶³⁾

시왕곱은연질²⁶⁴⁾ 내여주거들랑

불도땅을 ㄴ려사근²⁶⁵⁾

몸갈르렌 ㅎ난²⁶⁶⁾

시왕곱은연질더레 소곡소곡—

(악무)

당주전드레 발이 번나 당주삼시왕질도 발롸—

(악무)

젯부기 삼형제 과거하러 소곡소곡 올라간다.

불도땅에 ㄴ려산

원구월 초ㅇ드레(陰 9月 8日) 근당(近當)ㅎ연²⁶⁷⁾

---

257) 새 지저귀는 소리.
258) 이르고 있더라.
259) 새를 도리는 소리.
260) 가지고 가서.
261) 공들이고 지(祭)드렸다 마는.
262) 정(定)하여.
263) 없으니.
264) "시왕곱은연질"에서 '곱다'는 '숨다'와 '구부러지다' 두 가지 뜻이 있다. 필자는 '숨다'로 풀이
하고 있음.
265) 내려서서, 내려가서.
266) 해산(解産)하라 하니.
267) 근당(近當)하여, 가까워.

본멩두268)가 낳젠ᄒ난

알로 낳젠 ᄒ난269) 아바지 못내본 ᄀ뭇이로구나270)

노단 져드랭이271) 허우틀어272) 난다

신구월 열ᄋ드레(陰 9月 18日) 근당ᄒ연

신멩두273)가 솟아나켜274) 알로 낳젠ᄒ난

아바지 못내본 ᄀ뭇이여

노단 져드랭이로 성님 나난 딜로275) 낳젠ᄒ난

놀픳내가276) 탕천(撑天)ᄒ다277)

웬 져드랭이로278) 솟아나는구나

상구월 스무ᄋ드레(陰 9月 28日)가 근당ᄒ난

아야 베여 아야 베여279)

노단 져드랭이 웬 져드랭이 놀픳내가 탕천(撑天)ᄒ는구나

오목가심280) 헤천281) 나왓더라

어- 본멩두도 웡이자랑282)

신멩두도 웡이자랑

---

268) 무조(巫祖) 삼형제 중 맏형, 제일멩도 요령(搖鈴)을 뜻함.
269) 아래로 낳으려 하니, 어머니의 자궁을 통하여 나오려 하니.
270) 보지 못한 금(線=여기서는 성기)이로구나.
271) 오른쪽 겨드랑이.
272) 모질게 뜯어. 긁어 뜯어.
273) 무조(巫祖) 삼형제 중 둘째, 第二明刀 신칼(神刀)를 뜻함.
274) 솟아나겠다. 태어나겠다.
275) 낳았던 데로.
276) 날픳내 : 피 냄새.
277) 탱천(撑天)한다 = 충천(衝天)한다.
278) 왼쪽 겨드랑이로.
279) 아이구 배야. 아이구 배야.
280) 명치의 끝 부분. 배 윗쪽 오목한 곳. 방언에서는 '오모소니'라고도 함.
281) 헤쳐서, 뜯어 헤쳐서.
282) 자장가의 후렴구. 육지부의 '자장자장'과 같다.

살아살축삼명두[283]도 웡이자랑

어- 웡이자랑 웡이자랑

이 아기들 삼성제(三兄弟)가 커가는구나

열 다숫은 십오세가 근당허엿더라

야- 이 아기들 일고요돕 술이[284] 오라가가난[285]

삼천서당(山泉書堂)에 물뿌름씨[286] 헤여간다[287]

물뿌름씨 헤여간다

젯부기삼성제[288]로 이름 셍명(姓名) 지왓더라[289]

이 아기들 흐룰 날은[290] 삼천선븨(三千儒生)들이

이논(議論)헤여간다 공논(公論)헤여간다

넘어가멍[291] 귀똥으로[292] 헤뜩흐게[293] 들으난

과거홀 말 헤여가는구나[294]

그날은 어멍신디 오란

---

283) 무조(巫祖) 삼형제 중 셋째. 제삼명도 산판(算盤)을 뜻함. 산판은 '천문과 상잔' 그리고 이를
담는 넙적한 놋쇠 그릇을 통칭한다. 천문은 엽전과 같은 것 2개, 상잔은 놋쇠 술잔과 같은 2
기를 말한다. 이를 가지고 점을 치는데, 이를 '산 받는다'고 한다.

284) 7, 8세.

285) 와 가니, 되어 가니.

286) 물심부름: 물을 떠 나르는 심부름.

287) 하여간다.

288) 무조(巫祖) 삼형제를 '젯부기삼형제'라고 한 것은, 서당에서 글공부하는 선비들이 글 읽는
소리를 귀동냥으로 듣고, 불치(灰) 위에 글을 쓰며 공부하였기 때문에, '젯부기'라는 별명을
얻었기 때문이다. 안사인 본에는 큰형은 삼천선비에게 벼룻물 떠다 놓고, 둘째는 선생 방에
재떨이 비우고, 셋째는 선생 방 온돌 아궁이 불을 때며, 재를 평평하게 고르고는 그 위에 글
을 썼다는 이야기가 구체적으로 나온다.

289) 지었더라.

290) 하루는.

291) 넘어가면서.

292) 귀밑으로.

293) 까마득하게, 어렴풋이.

294) 과거를 보러 갈 말 하여가는구나.

482

어머님아 어머님아 우리도 상시관의[295] 흔번 강[296]

과거를 보쿠다[297]

아이고 늬네들 주제에[298] 무신 과거를 봄광[299]

가젠 ᄒ민[300] 왕내노수(往來路需) 어디 시영 ᄒ느니[301]

어머님 품팔이흔 돈 흔냥썩[302] 갈라주난

그거 아산에[303] 소곡소곡 올라

과거에[304] 소고소곡 올라가는 질이여-

(악무)

당주전드레 발이 번나 삼시왕질도 발롸-

(악무)

젯부기 삼형제 첫째 과거 낙방이여

당주삼시왕질을 발롸더니마는

저- 서울 올라가단 보난

상저중(上座僧)이 ᄂᆞ려오단 굳는[305] 말이로구나

앞의 가는 선븨들은 과거낙방(科擧落榜) 홀 운(運)이 뒈여지고

뒤에 오는 삼형제들은 과거 홀 운이 뒈여진덴 ᄒ난[306]

---

295) 상시관(上試官).
296) 가서.
297) 과거를 보겠습니다.
298) 너희들 주제꼴에 : '주제꼴'은 변변하지 못하게 생긴 꼴이나 몸치장.
299) 보며.
300) 가려면.
301) 있어서 하느냐?
302) 한 냥씩.
303) 가지고.
304) 과거보러.
305) 내려오다가 이르는.
306) 되어진다고 하니, 된다고 하니.

ᄇ름 썹에[307] 구름 썹에 삼천선븨들이 이 말을 들엇고나

요것들을 둘 앙가면[308] 우리가 과거를 못홀 거난

어떤 핑게[309]를 내여그네 요것들을 떼영 내여불고[310]

베남(梨樹) 베좌수(裵座首家)가 근당ᄒ여 가는구나

젯부기삼성제(三兄弟)를 불러다가

너네들 저 베낭[311] 위에 올라가그네[312]

베 삼천 방울을 땅[313] 우리들을 주며는 서울ᄭ지 돌앙 갈거고[314]

경 아니ᄒ면[315] 우리영 ᄀᆞᆮ이 못간댄 ᄒ난[316]

아이고 어떵ᄒᆞ믄 조으코[317]

삼천 선븨들이 엎더진디 엎더지고

굽어진디 굽어지멍 해연에

ᄃ리노안[318] 다 베낭 우트레 올려두언[319]

삼천선븨는 다 서월 간 상시관(上試官)에 들어간에[320]

먹전(墨廛)에 강[321] 먹(墨)을 거두와불고[322]

붓전(筆廛)에 강 붓(筆)을 거두와불고

---

307) 바람결에.
308) 데리고 가면.
309) 구실.
310) 떼어 내버리고.
311) 배나무(梨木).
312) 올라가서.
313) 따서.
314) 서울까지 데리고 갈 것이고.
315) 그렇지 않으면.
316) 우리와 같이 못 간다고 하니.
317) 어찌하면 좋을까.
318) 다리를 놓아서.
319) 올려두고.
320) 들어가서.
321) 가서.
322) 거둬버리고.

종이전(紙廛)에 강 종이(紙)를 거두와비여가는구나[323]

젯부기 삼형제는 베낭 우의 올란 느려오도[324] 못ᄒ고

올라가도[325] 못해여가는구나

그날 ᄌ냑은[326] 꿈빡ᄒ게[327] 새여지어가는구나

베좌수 꿈에 선몽(現夢)을 ᄒ연에

청용황용(靑龍黃龍)이 얽거지고 굽어지엿더라

먼뜩[328] 깨여난보난[329] 꿈에 선몽(現夢)이 뒈여지엇고나[330]

둣날 아척엔[331] 베남 웃트레[332] 바래여보난[333]

무지럭총각[334] 삼형제가 이섯더라[335]

구신(鬼神)이냐 셍인(生人)이냐

구신(鬼神)이거들라근 옥항(玉皇)으로 올르곡

셍인(生人)이거들랑 돌아가랜 ᄒ난[336]

아이구, 젯부기 삼형제롭서 ᄉ실(事實)이 약ᄉ직ᄉ(若何若何) 헤엿

수댄ᄒ난

아이구, 요 야픈 대가리 섯뚜럼들아[337]

---

323) 거둬버려 가는구나.
324) 내려오지도.
325) 올라가지도.
326) 저녁은.
327) 깜빡하고.
328) 문득.
329) 깨어보니.
330) 되었구나.
331) 뒷날 아침에.
332) 배나무 위로.
333) 바라보니.
334) 머리를 풀친 총각을 얕잡아 부르는 말.
335) 있었더라.
336) 돌아가라고 하니.
337) 얕은 머리의 섯부른 바보들아. '뚜럼'은 '두루미'를 말하나 여기서는 '바보'.

저 아래 바지 강알을[338) 클러불렌흐난[339)

완 바짓 강알을 클러부난

베는 알더레[340) 떨어지난 느려오란

아이구 설운 아기덜 중간에 들언 고셍해엿저

식은밥은 물 제미(祭米)를 몰안[341) 주어가는구나

은방울 제미(祭米)를 몰아주언 흐직 듬뿍 먹어 안전[342)

서월 상시관에 올라가니

강 보난 청만주애미[343)가 노다둘러 웨오 갈라간다[344).

웨오 둘러 노다 갈라가는구나[345)

그것 ᄀ라[346) 청비게[347)여 흑비게여

초·이공맞이나 당주연맞이엔

연줄 걷자 신줄 걷자 고비연줄 걷자 영흐는 법이고

대신맞이엔 청비게 걷자 흑비게 걷자 어리비게 비리비게 걷워다가

아무 날 아무가이 신디 감아맞고 뷔여맞아

흐는 법이로구나

수심방 : 이. 방근아 이?

오방근 : 건. 나도 알아지켜

---

338) 사타구니 아래를.
339) 풀어버리라고 하니.
340) 아래로.
341) 물에 제미를 말아서.
342) 한 그릇 듬뿍 먹어 가지고.
343) 푸른빛의 작은 뱀.
344) 오른쪽으로 두르며 왼쪽으로 갈라가는구나.
345) 왼쪽으로 두르며 오른쪽으로 갈라지는구나.
346) 그것을 일러.
347) 청만주애미 = 신줄 = 청비게.

어- 가단 올라 종은 사며

남문 웃측³⁴⁸⁾ 북문도 잡앗더라³⁴⁹⁾

동문 잡앗더라 남문엔 간 보난, 풋죽할망 풋죽 폴 암시난³⁵⁰⁾

풋죽 혼접시 사 먹언 시장기를 멀려두고³⁵¹⁾

풋죽할망신디 모닥모닥³⁵²⁾ 다 골앗더니마는³⁵³⁾

아이고 설운 아기덜이로구나

기영훈 거들랑³⁵⁴⁾

우리 손지(孫子) 애기가 상시관(上試官)의 간 물부름씨후는 아이난

우리 손지신디³⁵⁵⁾ 과거시엄(科擧試驗) 혼번 디려보렌후난³⁵⁶⁾

어허, 젯부기 삼형제가 혼합시 이레 활활 저레 활활³⁵⁷⁾ 지여낸³⁵⁸⁾

손지신디 지어 디렷더니

상시관이 무릅 알드레 노와가는구나³⁵⁹⁾

삼천선뷔는 과거낙방(科擧落榜) 뒈여간다

이 글은 누게가 지엿느냐

아무도 이레 둘르고 저레 둘러 바래여도³⁶⁰⁾

---

348) 위쪽.
349) 북문도 잠궜더라.
350) 팥죽할머니가 팥죽을 팔고 있으니.
351) 멀리하여두고, 가셔두고.
352) 한 무더기씩 한 무더기씩.
353) 일렀더니마는.
354) 그리 하다면.
355) 손자한테.
356) 과거시험지를 한번 들여 보라 하니.
357) 이리 활활 저리 활활 : 거침없이 써내려가는 모양.
358) 지어내어.
359) 놓아 가는구나.
360) 보아도.

아무도 분가름[361]이 엇어진다

젯부기삼성제가 씍게 분명ᄒ구나

어- 젯부기삼성제 춫젠해연에[362]

시왕 청버들낭[363] 아래 간 보난

헷드랑이[364] 다리 벋언[365] 누원 잠드라[366]

이놈들아 혼저 일어나라

너네들 과거 ᄒ 듯 ᄒ는구나

둘아단에[367] 상시관의 들어간

이글은 누가 씌엇느냐

저희들이 씌엿수다

다시 ᄒ번 이글대로 ᄒ번 씌어보면 과걸 준댄ᄒ난[368]

그만썩 ᄒ 것사[369] 씌곡대곡 말곡홀 게 싯수꽈[370]

발가락더레 붓을 젭젼[371] 이레 활활 저레 활활 씌여가난

아이고 천아문장(天下文章)이로구나

그만ᄒ면 과거홀만 ᄒ다

큰 아덜은 문선급제(文選及第) 셋 아덜은 장원급제(壯元及第)

족은 아들 팔도도장원(八道都壯元)

ᄒ꺼번에 삼형제가 과거를 다 해엿구나

---

361) 분간.
362) 찾으려 하여.
363) 수양청버드나무.
364) 헹그랑이 : 무거운 것이 나자빠진 꼴.
365) 다리 뻗고.
366) 누워 자고 있더라.
367) 데려다가.
368) 과거를 준다 하니.
369) 그만씩 한 것이야.
370) 쓰고 대고 말고 할 것 있습니까?
371) 끼워.

비비둥당 어수애(御賜花)도 내여준다 비수애(妃賜花)도 내여준다

삼만관숙(三獻官屬) 육방하인(六房下人) 다 내여주어 가는구나

어- 삼천선뷔들은 옥황(玉皇)에다 등장(等狀)[372]을 디련[373]

어떤 일로 중의 ᄌ식(子息)은 과거를 주고 우리들은 과거를 아니

줍네까

어떵해연 중의 ᄌ식 뒈느냐 제육상(猪肉床)을 꾸며 멕여봅서[374]

돼야지 괴기는 알더레[375] 놓아간다

요거 중의 ᄌ식(子息) 뒈는구나

첫째 과거 낙방이여-

(악무)

어어 당주전드레 발이 번나 당주삼시왕질도 발롸-

(악무)

비비둥당 와라차라 과거하여 소곡소곡 내려온다.

야 삼천선뷔들이 과거보안 떨어지난

경 ᄒ거들랑 연주문(延秋門) 마치는대로[376] 과거를 주멘ᄒ난[377]

삼천선뷔들이 활을 장역해연[378]

연주문을 마치젠해도[379] ᄒ나토 못마치난[380]

---

372) 연명으로 하소연하는 일. 등소(等訴).
373) 들여서.
374) 먹여보십시오.
375) 아래로.
376) 맞히는 대로.
377) 주마고 하니.
378) 겨냥하여.
379) 맞히려 해도.
380) 하나도 못 맞히니.

젯부기 삼형제가 곧는 말이[381]

아이고 상시관 님아 우리 과거랑 아니 주구대나[382]

우리 기술이나 흔번 부려보쿠다[383]

기영ᄒ거들랑 흔번 해여보랜ᄒ난[384]

야하, 젯부기 삼형제가 붕에눈[385]을 ᄇ릅뜨고

동서법(東西法)은 구법(舊法)이라 불도 쥐여 노코

화살대를 쫙ᄒ게 둥겨가는구나[386]

큰아들은 우윌 마좌간다[387]

셋아덜은 아랠 마좌간다[388]

족은 아덜은 붕에눈을 ᄇ릅뜨고 자락자락[389] 마치난에

연주문(延秋門)이 살랑ᄒ게[390] 부서지는구나

아이고 중의 ᄌ식이라도 기뜩ᄒ다[391]

그만ᄒ며는 과거 줄만ᄒ다

요거보라 우리들 도임상(到任床)을 못받은 게 무신말이고

양반의 집의 ᄉ당공ᄉ(祠堂供辭)[392] 나는 법이 바로 그말이로구나

도임상(到任床)을 못받으민 좋은 심방질 나사는 법

심방질 못ᄒ민

_____

381) 이르는 말이.
382) 준다 하나.
383) 부려 보겠습니다.
384) 그렇다면 한번 해 보아라 하니.
385) 거적눈 : 윗눈시울이 늘어진 눈.
386) 당겨가는구나.
387) 위를 맞혀간다.
388) 아래쪽을 맞혀간다.
389) 힘차게 자꾸 밀어.
390) 덜컹하고.
391) 기특하다.
392) 신주를 모신 양반집에 크게 다툴 일.

양반이 문제 아니라도

칼을 들러 도둑질을 ᄒ나

쉐를 잡으나 물을 잡으나 ᄒ는 법이로구나

어허 재추(再次) 그만ᄒ민 중의 ᄌ식도 과거홀만 ᄒ다

비비등당[393] 과거(科擧) 내여준다.

삼만관숙(三獻官屬) 육방하인(六房下人)이여

상도레기[394] 눌개옷에[395]

벌련뒷개(別輦獨轎) 양가매(兩乘轎)를 내여준다

비비등당 와라차라 과거해연 소곡소곡 ᄂ려온다-

(악무)

당주전드레 발이 번나 당주(삼시왕질)질이여-

(악무)

젯부기 삼형제 아버지 찾으러 황금산으로 소곡소곡 올라간다

당주질 발롼더니마는[396]

야, 삼천선븨들은 노가단풍 ᄌ지명왕 아기씨

너미[397] 중의 ᄌ식(子息) 방탕ᄒ게 낳구나

물멩지전대(水禾紬戰帶)로 걸려다가 짚은 궁은 율은 궁[398]

삼시삼궁(三十三宮) 중심충멘(重深層面)의 앚다가 갇혀부나네[399]

---

393) 과거에 급제한 자를 위한 축하연의 북소리.
394) 상도로기, 상바퀴.
395) 날개 달린 옷, 소매가 따로 없이 어깨 위에서부터 내리 드리우게끔 통으로 만든 덧옷. 신선
   이 입는다고 하는 날개가 붙은 상상의 옷.
396) 당주길을 바르게 고쳤더니마는.
397) 너무.
398) 깊은 궁 얕은 궁.
399) 잡아다 갇혀버리니.

느진덕정하님을 불러다가

너의 상전이 과거를 해연 ᄂ려오람시난에[400]

요 분펜지(便紙) 아상 가그네[401] 과거를 낙방(落榜)해여주며는

종문세를 내여주멘 ᄒ난[402]

아이구, 얼씨구나 좋다 걸랑 기영ᄒᆸ서[403]

머리 풀어 두터레[404] 눅져노코[405]

어- 여판떼기(板子) ᄒ나 둘러메고 금전줄에 심어 아산 올라가단 보난

와라차라 과거해연 오람더라[406]

아이고, 상전님네야 흄도 해엿수다[407] 남도 낫수다[408]

과거엔 ᄒ건 무시거멍[409] 둥당이엔 ᄒ건 무시것쫘[410]

그직엣 날[411] 상전 죽언 앞밧디 간[412] 출병[413]해두언

오늘은 분펜지(便紙) 아상 오람수다

젯부기 삼형제가 비새(悲鳥) 긑이 울어가는구나

아이고, 어머님, 아방 어신[414] 우리들 나그네

---

400) 내려오고 있으니.
401) 가지고 가서.
402) 내어주마 하니.
403) 그걸랑 그리하십시오.
404) 뒤로.
405) 눕혀 놓고.
406) 과거하여 오고 있더라.
407) 하기도 하였습니다. 너무하였습니다.
408) 나기도 났습니다. 정말 잘났습니다.
409) 무엇이며.
410) 비비둥당거리는 것은 무엇입니까.
411) 그저께.
412) 앞밭에 가서.
413) 출병막 : 가매장한 무덤. 출병한 무덤. 흙을 조금 덮고 그 위에 이엉을 둘러 덮은 것.
414) 아버지 없는.

재와그네⁴¹⁵⁾ 고생ᄒ고

아이고 어이고, 과걸 ᄒ민 무엇ᄒ멍⁴¹⁶⁾ 등당은 ᄒ민 무엇ᄒ멍

과거ᄒ민 어떵 구별을 보멍⁴¹⁷⁾

등당을 ᄒ민⁴¹⁸⁾ 어느 누게가 조으리야⁴¹⁹⁾

어수애(御賜花)도 돌아가라 비수애(妃賜花)도 돌아가라

삼만관숙(三獻官屬) 돌아가라

육방하인(六房下人) 돌아가라

상도레기 놀개옷에 벌련뒷개(別輦獨轎)도 돌아가라

다 돌려 보내어 두언⁴²⁰⁾

젯부기 삼형제, 설운 어머님, 아방 어시 키웁젠 ᄒ난⁴²¹⁾

줌진 ᄆ심먹언⁴²²⁾ 키웟구나

머구낭⁴²³⁾ 방장대 집더아산⁴²⁴⁾ 지프고

헹경⁴²⁵⁾ 벗언 우퍼진 두건⁴²⁶⁾ 씌고

두루막 벗언에 웃둑지⁴²⁷⁾에 걸천

아이고 대고, 이제랑 어딜 가민 조으코⁴²⁸⁾

비새(悲鳥)ᄀᆝᆯ이 울어간다

---

415) 낳아서 잠을 재우면서.
416) 과거를 하면 무엇하며.
417) 어떤 구별을 보며.
418) 비비등당을 하면.
419) 좋겠는가.
420) 두고.
421) 아버지 없이 우릴 키우려니.
422) 잘잘한 마음먹어서, 아주 작은 일에도 신경을 쓰며.
423) 머쿠실낭 : 멀구슬나무(苦楝).
424) 집어가져.
425) 행전(行纏).
426) 윗부분을 깁지 아니하여 위가 퍼진 통두건 쓰고.
427) 어깨.
428) 어딜 가면 좋을까?

마흔 흔설 쉬설 적의 산 부모님 여여두고[429]

성진 하르바님 웨진 하르바님 멩의포를 씌여된

이와곹이 젯부기 삼형제 곹이 고셍 고셍ᄒᆞ멍

거리 유워[430] 뎅겹수다

서른 두술도 이와곹이 고셍고셍(苦生)ᄒᆞ난에 거리 유워 뎅기단

시께[431] 어멍이 헴젠 ᄒᆞ난[432]

아이고, 아방신디 촟앙 가저[433]

아는 건 웨진 땅 벢이 어시난[434]

웨진 땅을 촟앙가젠 ᄒᆞ연

웨하르방 땅 신디 가젠 ᄒᆞ연

웨진 땅에 갓더니마는

베석자릴[435] 내여준다

절 삼베(三拜)를 디려시난[436]

설운 애기덜아, 아바님 어머님 촟이커들랑[437]

황금산을 촟앙 가사[438] 느네 아방도 촟고[439] 느네 어멍도 촟넨 ᄒᆞ난

황금산더레 소곡소곡 올라간다-

---

429) 이별하고.
430) 욻다 : 부모나 길을 잃다. 유워 : 길을 잃어.
431) 제사(祭祀)를.
432) 어머니 잃은 젯부기 삼형제의 신세와 세살 때 부모와 생이별한 41세의 김윤수, 32세의 이정
자 씨의 형편을 비유함.
433) 찾아가려고.
434) 아는 건 외할아버지가 사는 외가(外家)밖에 없으니.
435) 배석(拜席) 자리 : 절하는 자리.
436) 드려 있자니.
437) 찾으려거든.
438) 찾아가야.
439) 너희 아버지도 찾고.

(악무)

당주전드레 발이 번나 당주삼시왕질도 발롸~

(악무)

울랑국 범천왕 다리, 대제김 소제김 삼동막 설장고 다리여

황금산을 올라갓더니마는

절 삼베(三拜)를 디리난

내 주식(子息)이 아니여

어떵해연 주식이 아니우꽈[440]

중의 주식(子息)은 상통[441] 차는 법이 어신댄 ᄒ난[442]

어떵ᄒ민 주식(子息) 도리(道理)를 다 홀 수 잇수겐 ᄒ난[443]

대공단에 고깔디려[444] 머리 삭발ᄒ라[445]

가사(袈裟) 송낙을 둘러치고 굴장삼을 둘러입언

절 삼베(三拜)를 해여보랜 ᄒ난

가사 송낙 굴장삼을 둘러씌연[446] 절 삼베를 디렷더니

설운 애기덜아 어멍 촛이커들랑[447]

심방질해여사 어멍 촛넨 ᄒ난[448]

어떵ᄒ민 심방질은 홉네까[449]

---

440) 어째서 자식이 아닙니까?
441) 상투.
442) 없었다고 하니.
443) 다할 수 있습니까 하니.
444) '대공단 고칼' 또는 '대공단 고깔' : 중이 머리를 깎는 칼. 대공단에 고깔을 들어.
445) 삭발(削髮)하라.
446) 둘러쓰고.
447) 어머니를 찾으려거든.
448) 심방질을 하여야 어머니를 찾는다고 하니.
449) 어찌하면 심방질을 합니까?

나영 フ쎄⁴⁵⁰⁾ 굴미굴산⁴⁵¹⁾ 노조방산⁴⁵²⁾ 올라글라⁴⁵³⁾

굴미굴산 노조방산 아야산⁴⁵⁴⁾을 올라사

물사오리⁴⁵⁵⁾ 씰사오리⁴⁵⁶⁾ 쫄라간다

쳇차 봉은 끈허다가⁴⁵⁷⁾ 동네북(洞內鼓)을 서련ㅎ고⁴⁵⁸⁾

이쳇 봉은 끈허다가 울랑국⁴⁵⁹⁾을 서련ㅎ고

삼쳇 동은 끈허다가 삼동막이살장귀(杖鼓)⁴⁶⁰⁾를 서련ㅎ고

벡몰래왓더레⁴⁶¹⁾ ㄴ려글라⁴⁶²⁾

벡몰래왓디 ㄴ려사난

옥황(玉皇)에서 정명록이 아들 ㄴ려보내난

동의와당⁴⁶³⁾ 쉐철이 아들⁴⁶⁴⁾ 불러다가

아끈 도간⁴⁶⁵⁾ 무어간다⁴⁶⁶⁾ 한 도간⁴⁶⁷⁾ 무어간다

아끈 직게⁴⁶⁸⁾ 무어간다 한 직게를 무어간다

---

450) 나와 함께.
451) 깊고 깊은 산.
452) 산 이름.
453) 올라가자.
454) 산 이름.
455) 물사오기 : 벗나무.
456) 씰사오기 = 쐬사오기 : 벗나무의 한 가지.
457) 끊어다가.
458) 만들고.
459) 모든 무악기를 일컫는 말.
460) 장고(杖鼓)를 일컫는 말.
461) 백모래밭으로.
462) 내려가자.
463) 동해 바다.
464) 대장장이의 아들 : 야장신(冶匠神).
465) 작은 도가니. '도가니' : 쇠붙이를 녹이는 데 쓰는 흑연으로 만든 그릇. 감과(坩堝).
466) 모아 간다. 만든다.
467) 큰 도가니.
468) 작은 집게.

남천문469)에 남상잔470)에 본메471)를 섹여 가돼472)

하늘 보멍 오랏구나473) 하늘 천자를 씌여 간다

땅을 보며 오랏구나 따지 자를 씌여간다474)

물으멍 촛이멍 들으멍 오랏구나475) 물을 문자를 씌여놓고

남천문에 남상잔에 그걸 섹여476)

일월삼멩두(日月三明刀)를 지여가는구나477).

큰아들아 서월 과거가난 뭿이 좋더냐

도임상(到任床)은 좋긴 조읍데다마는478)

도야지 괴기 알더레 노아부난479) 과거낙방 돼엿수다

초감젯상 받아보라 그것보다 더욱 좋다

셋아덜아 서월 과거갈 때 웬 것이 지일(第一) 좋더냐

야. 어수애(御賜花)여 비수애(妃賜花)여 상도래기 눌개옷이 지일

(第一) 조읍데다

초신맞이480) 헤여그네481)

---

469) 나무로 만든 천문 본.
470) 나무로 만든 상잔 본.
471) 본틀(本型).
472) 새겨가되.
473) 나무로 만든 천문에는 하늘을 보며 왔다고 하늘 천(天) 자를 새긴다.
474) 땅을 보며 왔다고 따 지(地) 자를 써 간다.
475) 물으며, 찾으며, 들으며 왔구나.
476) 새겨.
477) 지어가는구나.
478) 좋습니다마는.
479) 돼지고기 아래쪽에 놓아버리니.
480) 〈초신맞이〉는 초감제가 끝난 뒤 재차 신을 맞아들이는 청신의례(請神儀禮)이다. 〈초신맞이〉는 〈초감제〉와 같이 청신하는 의례이면서, 신을 맞이하는 맞이굿(迎神儀禮)의 형식으로 되어 있다.
481) 하여서.

영기몽기[482] 처스멩기[483] 놀려보라 그것보다 더욱 좋다

족은 아덜아 서월 과거 갈 적의 무엇이 지일(第一) 좋더냐

비비둥당 과거소리 귀경홀만 홉데다[484]

대신맞이[485] 헤여보라

노단 어깨를 지프니 웬어깨를 흔짓 들어

울랑국에 범천왕[486] 삼동막[487]을 서련호여

지픈 궁은 내울리고[488] 야픈 궁은 줄여울령[489]

어머님 신가심을 올려사 흔다[490]

족은 아들은 대신시왕연맞이[491] 삼시왕을 바라들고 바라나는구

나[492]

옥황(玉皇)에 다시 북소리를 울렷더니마는

옥황(玉皇)에서는 천아(天下)를 굽어보난[493]

젯부기삼성제가 나산[494] 시왕을 바라들고[495] 바라나는구나[496]

아이고 요 말은 무슨 말이냐

---

482) 영기(靈旗)와 명기(命旗) : 차사영겟기와 시왕멩감기.
483) 차사명기(差使 · 命監旗) : 차삿기(差使旗)와 멩감기(命監旗).
484) 구경할 만 합디다.
485) 시왕맞이, 시왕연맞이.
486) 모든 무악기(巫樂器)를 '울랑국' 또는 '울랑국 범천왕'이라 함.
487) 삼동막이 살장고, 장고(杖鼓).
488) 깊은 궁엔 내울리고.
489) 얕은 궁에 줄여 울려.
490) 어머님의 가슴을 열어야 한다 : 어머니의 맺힌 한을 풀어야 한다.
491) 시왕맞이를 하여.
492) 삼시왕 즉, 삼천천제석궁(三千天帝釋宮)을.
493) 굽어보니.
494) 나서서.
495) 발다 + 들다. 발다 : 위험한 곳을 조심스럽게 밟아 가다. 발아들다 : 조심스럽게 밟고 들어
    오다.
496) 조심스럽게 밟고 나가는구나.

공시상에 공亽디리렌 ㅎ난497),

신공시상에 번뜻ㅎ게498) 나亽와499) 가는구나

아이고 설운 어머님 덥분에500) 우리덜 전ᄉᆞᆼ팔재 그르쳣수게501)

양반 웬수(怨讐)를 어떵ㅎ민502) 두루 일러503) 다 가풉네까504)

어머님이라그네 이ᄉᆞᆼ 삼 하늘 어주에삼녹거리

펭지셍인 유ᄌᆞ셍인 서강베포땅505)에

신 푹 남506)을 뷔여다가507) 텡자나무508) 유ᄌᆞ(柚子)나무

이거 아니 굴아근 하르방신디 욕들어부난509)

오늘은 잘 굴 암수다510)

텡자남을 뷔여놓고511)

497) 공사(公事) 드리라 하니.
498) 반듯하게, 가지런히, 정성과 성심으로 잘 차려.
499) 내놓아.
500) 덕분에.
501) 전승팔자(前生八字) 그르쳤지요. 어머님을 구하기 위하여 아버지 주접선생의 말을 듣고 심방이 되었다는 이야기.
502) 어떻게 하면.
503) 두루 일러, 낱낱이 다 일러.
504) 갚습니까.
505) 이승 삼하늘은 저승 삼시왕과 인접해 있으며 대치되는 마을이다. 이곳에는 어주에삼녹거리 (세거리)가 있고, 평지생인, 유자생인이 살며, 서강베포땅이라고도 한다. 여기에는 무조 젯부기 삼형제의 어머니 자지명왕아기씨가 천하대궐을 지키고, 너사무너도령이 삼천기덕, 일만제기, 궁전궁납을 지킨다. 그리고 여기에서 최초로 양반의 똘로 일곱살에 육간제비를 주워 67세에 신안을 얻고 77세에 심방이 되어 대천급을 저울여 전승팔자 그르쳐 심방이 된 유씨부인이 산다.
506) 팽나무 : "천년 솔낭(松) 만년 푹낭"라 해서 푹낭(팽나무)은 만년을 산다고 하는 신령한 나무이며, 제주도에서는 당나무, 신목(神木)으로 생각한다.
507) 베어다가.
508) 텡자나무 : 운향과(芸香科)의 낙엽 관목. 열매는 썰어 말려서 한약재로 쓰며, 나무는 흔히 울타리에 심는다.
509) 아니 일러서는 할아버지에게 욕을 들으니까. 이중춘 심방은 텡자나무·유자나무로 악기를 만들었다고 생각하지 않는다. 그러나 제장에는 심방의 웃어른 격인 강봉헌 할아버지가 앉아 있기 때문에 그분의 의사를 존중해서 이 사설을 읊는다.
510) 이르고 있습니다.
511) 베어놓고.

유자낭을 븨여놓고 신폭낭을 븨여다가

이중춘 : 이건 ᄒ지말아 마씸512).
강봉헌 : ᄒ지 말아

게믄 신폭낭은 엇고
텡ᄌ낭513)을 븨여놓고514) 유ᄌ낭515)을 븨여다가
황금산에 간 집을 짓어가는구나
어- 웨진하르방(外祖父) 집더레
(웃음)
(올라가.)
어- 서강베포땅에 강516) 신전집(神殿)을 무어노안517)
어머님이라근 삼천기덕(三千器德)518) 일만제기(一萬祭器)519)
궁전궁납(宮殿宮樂)520) 멩두멩철(明刀明鐵)521) 받고
네사무 삼형제라그네522) 안트레 놉센 ᄒ여두어뒌523)
쳇차 봉은 쫄라다가524) 동네북(洞內鼓)을 서련ᄒ고,

---

512) 이건('신폭낭'이란 말미) 하지 말라는 말입니까?
513) 탱자나무.
514) 베어놓고.
515) 유자나무.
516) 어머니가 계신 서강베포땅에 가서.
517) 매어 놓아, 만들어 놓아.
518) 모든 무악기(巫樂器)란 뜻이나, 여기서는 굿할 때 사용되는 모든 무구(巫具) 전체를 일컬음.
519) 굿에 사용되는 모든 제기(祭器).
520) 굿에 사용되는 모든 무악기(巫樂器).
521) 굿에 사용되는 삼멩두(三明刀) : 요령(搖鈴) · 신칼(神刀) · 산판(算盤).
522) 너사무너도령 삼형제랑.
523) 안으로 놓으십시오 하여 둬 두고.
524) 쫄라다가.

둘쳇 봉은 끊어다가 울랑국[525]을 서련흐고

셋체봉은 쫄라다가 삼동막[526]을 서련흐연

큰 아덜은 초감제를 헤여간다 셋 아덜은 초신맞이 헤여간다

족은 아들은 시왕맞이를 헤엿더니

어- ᄂ려감는구나[527]

어머님 신가슴 풀려

어머님이라근 이싱 삼하늘에 들어삽서

날라근 저싱 삼시왕에 들어사그네

양반 잡는 칼은 ᄋ든 닷단(85尺刀)을 거느리고,

중인 잡으레 오는 칼은 이른 닷단(75尺刀)을 거느리고

팔재동간(八字同間) 유왁성제(幼學兄弟)[528] 잡으레 오는 칼은

흔 닷단(5尺刀)을 마련흐쿠다[529]

이중춘 : 심방잡으레 오는 칼은 흔 닷단(5尺刀) 양? 난 경 베왓
수다.
우리 가시어멍이 양반 잡으레 오는 칼은 ᄋ든닷단(85尺
刀) 칼이여,
중인 잡으레 오는 칼은 이른 닷단(75尺刀) 칼이여
하인 잡으레 오는 칼은.
강봉헌 : 양반은 이른 닷단(75尺刀) 중인은 서른 닷단(35尺刀)
하인은 흔 닷단(5尺刀).

---

525) 울랑국범천왕 : 북과 징 등 울리는 악기를 일컫는 말.
526) 삼동막에살장고 : 장고(杖鼓).
527) 내려감는구나.
528) 벼슬을 하지 않은 형제.
529) 마련하겠습니다.

이중춘 : 난 삼춘안티 들엇수다. 벨방[530] 강호 아방신디,

강봉헌 : 난 양수안티 베왓져

어- 마련ᄒ여두고, 마련삼안 저싱 삼시왕에 올라가부난에[531]

저싱 삼시왕더레 올라 사저

유정싱의 ᄯᆞ님애기 일굽살에 싱근돌에 몰팡돌에서[532] 놀암더라[533]

아이구 요거 정싱에 ᄯᆞᆯ이로구나[534]

파랑공에 육간제빌 언주왓더니마는[535]

이게 췌목췌상[536]이 뒈엿더라

열일곱 살에 눈이 터 간다[537]

스물 일곱살에 눈이 어둑어

서른일곱에 눈이 터

마흔일곱에 눈이 어둑어

예순일곱 나는 해에

아랫녁의 ᄂᆞ려가저 해연[538]

---

530) 구좌읍(舊左邑) 하도리(下道里).
531) 올라가 버리니.
532) 심어놓은 돌, 몰팡돌(下馬石)에서.
533) 놀고 있더라.
534) 정승(政丞)에 ᄯᆞᆯ이로구나.
535) 파란공에 육간제비를 얹어 주었더니마는. 삼시왕(젯부기 삼형제)이 유정승 ᄯᆞ님에게 '파란공'과 '육간제비'를 준 것은 '전싱팔재 그르쳐서 심방이 되라'고 준 것이다. 어머니의 원수를 갚는 것은 양반에 대해 복수하는 것이다. 때문에 유정승 ᄯᆞ님은 양반의 ᄯᆞᆯ로서 최초로 "좋은 전승팔자를 그르쳐" 심방이 된 심방의 시조이다.
536) 죄목죄상(罪目罪狀) : 저지른 죄(罪)의 명목(名目)과 죄에 대한 상황(狀況). 〈보세감상〉은 본주의 굿에 쏟은 정성이 부족하다는 죄목죄상을 낱낱이 고하고 그것을 푸는 놀이이다. 유정승 아기가 '육간제비'를 주운 것이 죄목죄상이 되었다는 것은 〈보세감상〉의 죄목죄상과는 다르다. 여기서는 다만 삼시왕에 걸린 죄책(罪責)이라는 정도의 뜻으로 쓰였다. 그리하여 유정승의 ᄯᆞ님은 일곱 살에 눈이 멀게 되었다.
537) 열일곱 살에는 멀었던 눈이 다시 뜨였다.
538) 아랫녁에 내려가려 하여, 유정승 ᄯᆞ님이 사는 곳은 어주애삼녹거리 서강베포땅이며 삼시왕

아랫녁의 간 보니 자부장재 집의 우념소리가[539] 탕천(撑天) ᄒ 염
더라[540]

아이고, 들어가멍 걷는 말이

원전성에 팔재 궂인 아의 뎅깁네다[541]

팔재고 수주고 우리집의 단똘애기(無男獨女) 죽언에

초신을 메연 노앗젠 ᄒ 난[542]

영흡서 우리 ᄒ번 진맥(診脈)이나 헤여보게

진멕은 해연보난[543]

시왕수레법망[544]에 메왓더라[545]

어허- 이 아기 죽지 아니햇수다

소지(燒紙)ᄇ려 대김을 누울립센 ᄒ 난[546]

어떵ᄒ민 소지대김[547]을 누울립네까

삼선향(三仙香)을 출려놓고[548] 삼주잔(三酒盞)을 출려놉서

굿홀 인정 아상 옵서[549]

그때는 천지혼합 살려옵서 소지 석점 논디,

_____

으로 가는 길목이다. 이곳에서 아래쪽으로 내려가면 자부장자(자복장자)의 집이 있다.
539) 울음소리가.
540) 하고 있더라.
541) 다닙니다.
542) 초신(짚신)을 매어 놓았다고 하니, 짚신과 의복은 죽은 사람을 저승으로 보내는 준비물
    이다. 그러므로 '초신을 매었다'는 것을 장례준비를 다 했다는 말.
543) 해보니.
544) 시왕수레법 망(網) : 차사가 저승으로 잡아가게 되는 수레멸망악심꽃법의 그물에. 수레멸망
    악심꽃은 사람을 저승으로 데려가는 꽃이다.
545) 메웠더라.
546) 소지를 찢어 〈백지알 대김〉을 눌려보십시오 하니.
547) 소지대김 : 〈백지알대김〉이라 한다. 굿하기 전에 간단한 축원을 하고 소지(燒紙) 살라 굿을
    하겠다는 것을 신에게 알리는 무제(巫祭).
548) 차려놓고.
549) 가져오십시오.

이중춘 : 요걸랑 우리 꼭 배왕 넘어갑시다[550].

강봉헌 : ᄒ고말고. 아, 그것도 나도 들을 만한 말이여. 천지혼합을 살려옵서?

이중춘 : 난 경흡주. 엣선생이 유정승 ᄯᅮ님애기가 예순 일곱 나는 해에, 겐디 아니, 삼춘 예? 이게 그때 유정승 ᄯᅩᆯ이 뭐엔 굴안 소질 꺾엇수가

그때. 시왕수레법망에 잡혔댄은 ᄒ는디.

부탁해연 소지대김을 누울립센ᄒ난, 뭐엔 굴앗수가. 소지 꺾을 때.

이제ᄭᅵ지 그걸 어떵해서 소지대김을 누울리냐 ᄒ며는 유정승 ᄯᅩᆯ이 에순일곱 나난 아랫녘의 ᄂᆞ려산 이제 우념소리가 탕천ᄒ니

ᄒᆞᆫ번 들어가보젠 간 보난 단ᄯᅩᆯ애기 죽언 초치검을 해노난 우념소리가 난

이젠 팔재고 ᄉᆞ주고 단ᄯᅩᆯ애기 죽어가지고.

영흡서 진멕이나 해보랜 핸 진맥 핸 시왕수레법망에 갇혓수다.

여기 ᄭᅵ지는 이치가 맞아지는디, 이 아기 죽지 안 ᄒᆞ니까.

굿허쿠댄 소지대김을 눌려보면 알아볼 도리가 잇수다영 햇는디,

그때는 소지를 눌릴 때 무시거엔 굴안 눌렷수가. 유정

---

550) 이 대목에서는 유정승 ᄯᅡ님아기가 팔자를 그르쳐 심방이 되기까지에 대한 진지한 토론이 벌어진다. 여기에는 제주 심방 중에 가장 나이가 드신 강봉헌 영감님과 굿을 집행하는 이중춘, 양창보, 수심방 김씨 할머니 등이 참가하고 있다. 신굿은 이와 같이 굿하는 도중 굿에 대한 원리나 차례를 발르게 함으로써 "차례차례 재차례 굿"이 되도록 한다.

504

승 뚤이?

강봉헌 : 그때는 유정승 뚜님애기 아무 말도 못홀 때거든.

첫 심방날 때, 지금 심방들이 무신 말을 ᄒ는가.

이중춘 : 날이로다.

강봉헌 : 가서야 공서지. 가신 공신ᄒ지.

이중춘 : 가신공신이엔 ᄒ 말이 뭔 말이우꽈?

강봉헌 : 유씨 선생이 진멕을 ᄒ여봐서 육간제비를 놓아서

첫 부즈가 삼시왕에 올라간거라.

젯부기 삼형제가 삼시왕의 조왜로 풍운조화가 돼시니.

벡지알대김을 누울립서. 아기씨 벡지알대김을 눌려주며는,

아기씨가 요 둿날 사오시가 당ᄒ여 살아나건, 저를 아무디로 ᄎᆞᆽ앙 오십서.

경해서 우린 경 베왓주. 게민 그때에 가신공신 ᄒ는디,

가신이엔 ᄒ 대ᄉᆞ를 만나고, 공신이엔 ᄒ 대ᄉᆞ가 넘어가니, 그를 말은 엇고 그 말을 골안.

이중춘 : 그 집이 굿ᄒᆞ레 간 첫번은 무시거엔 골앗수가.

ᄌᆞ부장자[551] 집의 간 때는 무시거엔.

강봉헌 : 그때는 삼시왕에 올라갓다 와서 무당서 삼천질을 통달ᄒᆞ연.

ᄎᆞᆽ는 날 주접선생이 말ᄒ기를 야, 유씨 아미야 남천문 밧 뚤을 나고봐라.

---

551) ᄌᆞ부장자 : ᄌᆞ복장자(長者)라고도 하는데 자부장자, 자복장자 모두 양반 부자(兩班富者)를 뜻함.

주북장즈552) 집의서 기도를 해달라고 오란신가 나고보라.

우리는 그때에 무당서를 24권 가져왔다고 베왔주.

이중춘 : 게난 유정성 뜨님애기가 어느 때 삼시왕에 갔단 말이우꽈.

강봉헌 : 예순 일곱에.

이중춘 : 모레 둣 날 사오시 뒈거들랑 날 촛앙옵센.

모레둣날553) 사오시(巳午時)가 뒈연 간 굿해도랜ᄒ난.

그때 삼시왕에 수레잡힌거라마씸? 넋이 죽어서 올라가니,

강봉헌 : 에순일굽 나난 저울이난 백근이 못차난 삼시왕이 말ᄒ
기를,

이른일굽 나는 해에 들어와라 ᄒ니, 게난 갈 디 어시난,

절에 간 거주게 이른 일굽 나는 해에.

이중춘 : 게믄 십년동안을 기다렷수과

강봉헌 : 옛날은 멫 백년 떨어지지 안해신가.

이중춘 : 주부장재 집의서 예? 단뚤애기가 죽어서 그때 모레 둣
날 3,4일이 지나서

사오시가 뒈여서 이 아기가 살아나서 굿을 해도랜 ᄒ니,

그때 삼시왕에 수레잡히니까 유정승 뜨님애기는 삼시
왕에 가불지안햇수과?

죽어불지 안햇수꽈? 어서져분겁주.

삼시왕에 수레잡혓으니까, 삼시왕에 올라가분 거 아니꽈?

강봉헌 : 아기씨가 삼시왕으로 그 선인(賢人)을 끕게 멘들아분 것
이지.

이중춘 : 삼시왕의서. 그 뚤 애기 살아난 말은 본풀이에 엇지 않

---

552) 주북장즈 : 자부장자 또는 자복장자.
553) 모레 뒷날.

흑우쫘.

강봉헌 : 예순 일굽에 그디가서 입성에 소지눌러뒌

이중춘 : 소지 눌러뒌.

강봉헌 : 어디 갈 데가 엇거든.

이중춘 : 갈 데가 어시난.

강봉헌 : 젯부기 삼형제가 어멍국 위해서 굿을 햇어. 서강베포
땅에서.

굿을 해서. 삼천제기 궁전궁납이 있다ᄒ니,

이제 구신이 아메도 에순일굽에 들어간거라. 게난 탁
엎데해시니,

막 들어갈순 엇고, 엎데해시니, 삼시왕이 아무 날 아무
시며는 너사무안티 우리가 ᄂ려오랑 후레(厚禮)홀 테니,
우리가 ᄂ려사마.

해서 치레해두고 삼시왕에 해복ᄒ거든.

그 시간은 삼시왕이 내려사는 분이

멘신이 어주애삼녹거리에 엎대해 있으니,

이제는 너사무야 저만정에 나고보라. 신이 엎대햇다.

나고보니 잇습네다.

게믄 물멩지전대로 목을 걸려와라. 물멩지전대로 목을
걸려 올리니,

그때 시절 유씨부인이 솜빡 죽음에서 약밥약술을 ᄒ니,

이중춘 : 아니 그거는 아는 말이고 예,

나 말은 유정승 ᄄᆞ님애기가 즈복장재 집의 가 가지고
이 아이 진멕을 ᄒ고, 소지꺾어서 ᄄᆞ 메칠날 오렌 말을
안 해시믄 졸건디.

삼춘 말대로는 사오시(巳午時)가 뒈여서 야이가 소왕꿈 물어서 흐성을 흐거들랑 굿을 해도렌 흐라.

나를 춫아오라. 유정성 뜨님애기가.

그때 춫앙 간 거 아니꽈.

강봉헌 : 암만 굿을 해도 이, 추릴 품가[554] 부족흐거든.

게난 그때는 그 시절에는 일만팔천석을 흐게 뒈니까[555].

한 도(神)에 흔 석씩 이.

이중춘 : 알아먹엇수다. 경흐며는 그때에 살아나니깐, 이제 소지를 꺾어 노니까.

소지는 꺾어노코. 살아나기 때문에 굿흐게 뒌.

출리는 것이 10년 동안은 걸렷다 그말 아니우꽈. 출린게.

옛날을 일만 팔천 번을 굿을 해시난. 겐 우리 보세감상 홀 때에,

굿을 허젠흐면 일만팔천 번을 해다노랜 흐니까,

(본주 이정자에게) 이 집의도 그자 뭐 조상 설연 해다난 그자 굿을 흐는디.

일만팔천 상을 해다 낫다?

이정자 : 거보단 더 해다 낫수다.

양창보 : 더 해논 거 틀린거우다. 나도 보난, 경헌디.

이중춘 : 경흐민 ᄀ만서 봐. 십년 동안에 걸 다 출렷다.

경흐니깐 아픈 병에 소질 꺾으며는 십년이고 이십년도 간다.

---

554) 차릴 물건이.

555) 일만팔천석(一萬八千席) : 신이 모두 일만 팔천 神이니까, 각 신위마다 상을 차리고 굿을 하려면 일만팔천 석(席)에 일만팔천 번 굿을 해야 한다.

그 말도 맞긴 맞는 말이우다.

강봉헌 : 그러기 덕분에[556] 스가칩(私家)의도 삼년 흐는 사름도 잇고,
5년도 흐는 사름도 잇고.

이중춘 : 경흐믄 예, 유정승 뚜님애기가 그때는 그자 갈 디 올 디
엇이난에
주부장재 집의 간 소지만 꺾어뒌 절드레 가부럿구나 마씸.
황금산에. 황금산에 간 거우꽈 어디로 간 거우꽈.

강봉헌 : 갈 디 엇이니까 이, 그 젯부기 삼형제 이,
기도(祈禱)해난 그 자리를 촛앙 간거주.

이중춘 : 유정승 뚜님애기가 신안(神眼)이기 떠분에 물론 엇뜩 생
각흐는 것이,
젯부기 삼형제가 어머니 공을 갚으기 위해서 삼시왕에
들어갓시니깐,
이 거를 촛아보자 해서 서강베포땅에 가서 엎대흔 거
아니우꽈?
게믄 삼시왕이 너사무 삼형제를 거닐어서 느려올 때,
뭧허레 느려왓수가.
삼시왕이. 너사무는 서강베포땅에 잇고, 삼시왕은 올
라가고.
유정승 뚜님애기는 서강베포땅에 가서 엎대하고.

강봉헌 : 우리가 굿흘 적의 삼시왕의 아무 연분이면, 멘식이 잇
거니, 그때는 우리도 느려사마.

이중춘 : 그러면 예,

---

556) 때문에.

(양창보 심방에게) 아신 어떵 생각햄서. 흔번 뽈롸봐.

유씨부인 심방 멘든 거는 삼시왕의 올라갈 때에.

양창보: 유 부인이 예순일곱 나는 해에 삼시왕에 도올랏젠 안홉
니까?

이중춘: 무조건 올라간거라

양창보: 아니 팔자전싱을 그르치니까. 느려와가지고 서강베포
땅에 들어샀단, 소지꺾언지 이후에 말고.
그 전에 올라가야 뒐거주.

이중춘: 그 전의.

양창보: 벡근이 부족ᄒ니까 나가라.

이중춘: 아니 그거 드리가 안 뒈지 안ᄒ여.

양창보: 경ᄒ니까 예순일곱에 올라갈 꺼 아니우꽈.
올라가가지고 벡근이 부족ᄒ니까 나가라.

이중춘: 어디 서강베포 땅에.

양창보: 예. 삼시왕에 오르니까.

이중춘: 유씨 부인이

강봉헌: 올라비엿구나.

양창보: 옥황에.

오방근: 옥황엔 죽은 말입주게.

양창보: 경해야 올른 일 아니우꽈게
올라사야 이제는 벡근이 부족ᄒ니까 ᄯ시 나가라.
나오라가지고 십년 동안은 도를 닦은 거주게.
게서 십년 동안을 심방을 베와서 올라간 모양이라.

이중춘: 베완.

양창보: 베완 올라가니깐 이만ᄒ민 심방이 뒐만ᄒ다 하니

그때에 어인타인 맞게 뒌거주게.

이중춘 : 게민 안씨 말이나 삼춘말이나 나말이나 비등비등 ᄒ디,

양창보 : 경핸 뜨시 심방뒈연 내려오라그네 그때는 어인(御印) 맞
천게.

내려온 게, 후에 ᄌ복장재집의 이제는 이른 일곱에 굿
을 ᄒ레 들어간 거주.

이중춘 : 들어가가지고 공신을 봤다 가신을 봤다 ᄒ는 건디.

이건 옛날 어른들 말입주. 원래 받은 공서는 둘러받으
난 고ᄉ(告祀)주기.

강봉헌 : 예순 일곱에 저 땅에 올라가서 이,

저 서강베포땅에 간 도를 어떵 닦으냐.

이중춘 : 우리 서울 공연갈 때, 장박사가 ᄀ르는 말이

공심이엔 ᄒ 사름이 옛날 정반왕, 그 뜰의 이름이 공심
인디, 그 뜰이 심방을 헷다는거라.

장박사가 경 ᄀ니까 나는 그걸 어떻게 생각ᄒ느냐 ᄒ며는
유정싱 뜰이 정싱 뜰이거든. 틀림없이 양반의 뜰이단
말이여.

그러니까 그 유정싱 뜰 이름이 공심이다. 그렇게도 생
각ᄒ거든.

양창보 : 그말 들어가지고 혼나부럿수다.

이중춘 : 그 사름이 그렇게 연구를 헌 사름이란 말이여.

양창보 : 중국 역사엔 아왕이 잇고.

이중춘 : 아왕이 잇고, 아왕의 뜰이 공심이고,

그러니까 당신네들이 빌 때에 쳇번 쳇 심방이 공심
이다.

공선이 아니고 공심이다. 쳇번 말홀 때 공심 가심 이렇
게 얘기를 ᄒ라.

제주도 간 보니까 공선 가선 ᄒ드라 그것은 틀렷다.

아왕의 양 똘이 심방을 햇다. 그러니 당신네들이 입는
입성이 관복이다.

요것을 요렇게 통일ᄒ는 건 어떵ᄒ코.

유정싱 뜨님애기가 가서 ᄀ를 말은 엇고 무뚱드레 상은
출려놔가지고 거기간 방에간 ᄀ만이 아잣거든.

아지니 공신이엔 흔 대사가 넘어가더라. 가신이엔 흔
대사가 넘어가더라.

ᄀ를 말은 엇고 저기 공신이 넘어감구나 가신이 넘어감
구나.

공신 가신 이 아기덜 삼시왕에 걸렷수다.

살려줍서 해서 그말도 이치법이 맞긴 맞는 법인디,

그러면 유정싱 뜨님애기가 예순일곱 나는 해에 눈이 더
퍼져 가지고 하도 답답ᄒ니까 어디 갈 디 올 디가 엇거든.

갈디 올디가 없으니깐, 아래로 ᄂ려산 거란 말아여.

그 당시는 그 사름이 삼시왕에 갈 생각이 없지.

아랫녁의 ᄂ려가 가지고 유정싱을 나니깐, 무조건ᄒ고
소지만 물려두고,

그 새에 어디 또 갈 디가 어시니깐,

이제는 생각나는게 저싱 삼시왕에간 젯부기 삼형제에
생각이 미쳐서.

어멍궁에 원수를 갚기 위해서 삼시왕이 일곱살에 육간
제비를 채왓구나.

경해서 서강베포땅을 이제 춫아간 거란 말이여.

찾아가서 10년 도를 딲은거주. 그때야.

그러면 유정성 뚜님애기가 경행 말을 부찌며는 말이 맞

아져가는디,

대번에 춫아갓젠해도 말이 뒈지.

하도 답답ᄒ난 예순일곱이여 쉰일곱이여 ᄒ는 것이

삼시왕의 췌책이 분명ᄒ다. 이것이 췌책이 아니냐.

그러니 이 불휘공은 어디냐. 삼시왕이지. 삼시왕을 춫

젠해가지고,

서강베포땅에 가서 엎대해시니깐. 삼시왕이 너사무 삼

형제ㄱ라 이건 삼시왕은 서강베포땅에 있는거라.

딴 디 간 잇는 것이 아니고.

그게 바로 서강베포땅이라. 난 경 셍각해.

서강베포땅에 어멍도 잇고, 아들도 잇고,

삼시왕이 옥황에 올라서 저싕에 갓다 ᄒ주마는

삼시왕이 거기 있어가지고 먼정에 뵈려보니깐 지애가

엇거든.

너사무 삼형제가 주재해서 삼시왕에 춫아간 것이 바로

그 사연이란 말이여.

먼정을 나가 누구냐 문답을 ᄒ니까 난 유정성뚜님애기

노라.

그러니 수정을 쭉 굴아실테지게. 게난 물멩지전대로

걸려 올리라.

유정성 뚤인디. 나가 유씨 어멍 대선생인엔 나가 굴아.

초공에 거느릴 때는 유정성 뚜님애기 노은 연질이

우다. 이렇게 곧고

그 다음에 당주연맞이가 뒈며는 유씨 엄마 대선생이라
굴아도 무방흔 말이라. 겐디 이 삼춘은 뭔디 유씨 엄마
대선생이냐 허는디,

초다음에[557] 파랑공에 육간제비 체울 때는 유정싱 뜨님
애기고,

강봉헌 : 어이 굿허는 심방

이중춘 : 예.

강봉헌 : 우리는 유씨엄마 대선생이라는 건 좀 문제로 봐.

엣날은 이른 난 노총각도 이섯주. 여든이 나도 총각이
이서.

에순 일곱에 삼시왕에 들어가서 이른 일곱나든 해에 들
어오드렌 흐니까 어디서 간 도를 닦아신고.

이중춘 : 서강베포땅에 간 닦아십주. 황금산에 간.

강봉헌 : 황금산 욮이.

이중춘 : 게니까 서강베포땅이나 황금산이나 다 곹은 땅이라.

강봉헌 : 그디 그디. 부뜬디난.

양창보 : 우·알 동네우다게.

이중춘 : 웃상실 알상실.

강봉헌 : 유ᄌ셍인 금ᄌ셍인 어주애삼녹거리 위를 올라사니까
그것이 황금산이주게.

수심방 김 : 저 삼선왕 서녁편이 싯주.

---

557) 초다음에. 초담에 : 처음부터.

서강베포땅 내 간 중 아나

유정승이 뜨님애기 제미(祭米) 서말지기(三斗量)를 ㅎㅕ여노코

족은굿을 ㅎㅕ여가는구나

궁(宮)의 곳을 촟아가는 법이롭서[558]

어머님 신가심헤처[559] 울랑국[560] ᄃ리 범천왕[561] ᄃ리

대제김[562] 소제김[563] 삼동막이설장고[564] ᄃ리여-

(악무)

당주전에 발이 번나 당주삼시왕질도 발롸-

(악무)

당주삼시왕ᄃ리를 발롸더니마는

이젠 상신충이 뒈엇십네다[565].

---

558) 궁 있는 곳을 찾아가는 법으로서, 무조 삼형제가 어머니를 찾기 위하여, 모든 악기를 설연
    하여 악기 소리를 울려, 삼천천제성궁에 갇혀있는 어머니의 가슴을 풀리게 했다는 법으로,
    유정승 따님아기도 굿을 하게 되었다.
559) 어머님의 애달픈 가슴을 풀어헤쳐.
560) 울북(鼓), 모든 타악기.
561) 울정(鉦).
562) 대북(大鼓).
563) 소북(小鼓).
564) 장고(杖鼓).
565) 이젠 상신충이 되었습니다. 신굿을 하여 벌어먹은 역가(役價)를 바치고, 삼시왕에서 내려주
    는 약밥약술을 타 먹고 심방으로 다시 태어나, 심방으로서의 자격을 주는 어인(御印)을 맞
    고, 당주연맞이를 하여 신길을 바르게 하면, 비로소 심방으로서 자격을 인정받게 된다. 신
    굿을 할 때마다 심방의 계급인 하신충에서 중신충으로, 중신충에서 상신충으로 지위가 올
    라간다. 상신충이 되었다는 것은 심방으로서는 제일 높은 지위인 큰심방임을 인정받게 되
    었다는 것이다.

[상신충이 된 김윤수 심방의 무계(巫系)]

성은 김씨 상아신충[566] 마흔 흔 술

성은 이씨 상신충 서른 두 술

어허- 육대조(六代祖) 하르바님 삼대독자(三代獨子)로[567] 내려오란에

진도 하르바님 이울언[568]

이 하르바님 죽으난

묻으난 정시가 곧는 말이[569]

이 땅에 묻으면, 주순(子孫)들은 번성(繁盛)허나 흐뒈

심방 주순(子孫) 낳겐 흐 난[570]

심방이 라도 좋수다

자손들만 번성흐민 좋수댄 흐 난[571]

이 하르바님 묻으난

증조 하르바님은 전싱팔재(前生八字)를 그르쳣수다

당진(當親) 부모 큰 하르바님(伯祖父)은 전싱을 아니 그르치고

당진(當親) 부모 족은 하르바님(叔祖父)은 전싱을 그르쳐그네

이 조상 할마니 받드는 조상

큰 아바지(伯父) 전싱팔자 그르치고

셋 아바지(仲父) 전싱 그르치고

말젯 아바지(季父)도 전싱 팔재 그르치고

말젯 어머니(季母)도 전싱팔재 그르치고

---

566) 상신충.
567) 삼대(三代)째 계속 독자(獨子)로.
568) 유울어, 이울어 : 쇠약하여지다, 점점 시들어가다.
569) 풍수(風水)보는 지관(地官)이 하는 말이.
570) 낳겠다고 하니.
571) 좋습니다 하니.

어허- 말젯 亽춘 셩님⁵⁷²⁾도 전성팔재를 그르쳐 잇읍는데

상아신충⁵⁷³⁾ 마흔 흔 술이 양친 부모에 떨어지난

네 술 나난 어머님 생 이별ᄒ고

아버지도 그저그저해여⁵⁷⁴⁾ 생 이별ᄒ여

이리저리 뎅기는 것이⁵⁷⁵⁾ 하르바님 손에서 장성(長成)ᄒ고

웨진(外親) 할마님(祖母) 손에서 장성ᄒ고

큰 아바님 밑에서 있단

웨삼춘(外三寸) 덥분에⁵⁷⁶⁾ 북 뚜디레 뎅경⁵⁷⁷⁾

설쉐 뚜드림을 배완 좋은 전승 그르쳐

열다섯 십오세가 넘언 열일곱 술이 나난

남문통 시방 살아잇수다 문씨 큰어머니 연줄로 헤연에⁵⁷⁸⁾

요왕맞이⁵⁷⁹⁾ 간 밥 흔그릇 주난 먹으난

이 전성을 그르쳔 굿ᄒ레 다녕 끝이 안체포⁵⁸⁰⁾를 지영 갓수다⁵⁸¹⁾.

글지이후에⁵⁸²⁾ 군인 갔단 돌아오란

이 전성을 그르치지 아니ᄒ젠 ᄒ난⁵⁸³⁾

어느 부모조상이 유래전득(遺來傳得)홀 남단북답(南田北畓)

너른밧은 주게 못뒈난

---

572) 季父에 난 사촌 형님.
573) 상신충.
574) 그리저리하여.
575) 다니는 것이.
576) 덕분에.
577) 북 두드리러 다니고.
578) 하여서.
579) 요왕맞이굿.
580) 굿하러 갈 때 쓰는 무구를 싼 포.
581) 지고 갔습니다.
582) 그 이후에.
583) 전생을 그르치지 않으려 하니, 심방이 되지 않으려고 하니.

전싱팔자 그르치난

이 신촌 오기는 고씨 어머니 연줄 신줄로 발이 벋고

줄이 벋언 오랏수다

고씨 어머님은 양반의 집안으롭서[584]

엣날 고전적(高典籍) 장연고을 장연선감(縣監) 한양고을 한양일월
(漢陽日月)

짐씨(金氏) 할마님 발이 벋어

양씨 아미 발이 벋어

이씨 할마님 발이 벋던 오던 조상

어허- 스물 흔 술 나던 해에

이 멩둘 지져놓고[585]

스물 아홉 술에 자작 삼멩두 지엿수다[586].

이 조상 발이 벋어

상통천문(相通天文)ᄒᆞ고 지리혁신(地理革新) ᄒᆞ단

작년 재작년 예순 아홉 나던 해에 삼시왕에 종명(終命)ᄒᆞ난에[587]

부모 공을 갚으젠 허연[588]

마흔 흔 설, 서른 두 술이 이 불공을 올리는 이 가운데

그 뿐만 아니라 이제ᄭᆞ장 벌어먹고, 벌어씌고 헹동발신(行動發身)
해여지난

삼시왕에 초역례(初役禮)를 올려그네

---

584) 집안으로서.
585) 이 명도를 녹여 만들어 놓고.
586) 지었습니다. 만들었습니다.
587) 삼시왕에 종명하다 : 심방이 죽으면 삼시왕(三千天帝釋宮)에 올라가고, 보통 사람이 죽으면 시왕에 간다고 한다. 고씨 어머니가 죽어서 삼시왕에 도올랐다는 것을 '삼시왕에 종명하다' 라고 표현한다.
588) 갚으려 하여.

당당훈 심방청에 올라가그네

상신충으로 도올르고

이 아기덜 헹복(幸福) 펜안(便安)시켜주멍

궁(宮)의 덕으로 먹을련 입을련 나수와줍센[589] 영 헴시난[590]

관서(官序) 메는대로

......

(청취 불능)

발이 번습네다

성은 김씨 신유생(辛酉生) 예순 여섯

성은 김씨 아주마니

신유생(辛酉生) 예순 ᄋ숫 님이 상모 당굿ᄒ게 당ᄒ난

예순 요숫님도 아바님이 훈 일 아니고

어머님이 훈 일 아니곡

어느 부모조상이 훈 일 아니우다

성진(姓親) 부모 아바지 저 몸받은 영급(靈驗) 조은

... 서강베포

단수육갑(單數六甲) 오용팔괄(五行八卦) 아자

천리를 보고 사 만릴보고 영급 조은 조상 원진 일로[591] 제사(祭祀)

흘 일

책불일월(册佛日月) 짝으로 해연[592]

이싱굴[593] 짐동지 영감 몸받은 양씨 훈 방(房)에 놔둬그네

___

589) 생겨나게 해 주십사 하여.

590) 이리하고 있으니.

591) 원액 된 일로.

592) 쪽으로 하여.

593) 애월읍 광령2리.

이씨 선생의 물려받안 뎅기단[594]

에순 ♀숫이 마흔 늬설 나던 해에

전성팔잴 그르치난

멩두멩신도

(쉰 둘에?)

(신칼점)

쉬흔 두 술 나든 해에 멩두물련[595] 오라라[596] ㅎ젠허여[597]

(무시거 아져완디? 나가 헨다)

얻어 구어 멩도(明刀)야

성은 양씨로 갓끈 ......

둥기는[598] 체ᄉᆞ(差使)님

당주 서련(設宴)ㅎ연 이 멩두 지언 오랏수다[599]

영 ᄒᆞ난에 이 멩두 줄이 벋고 발이 벋으난

저성질 먼질을 초신질로 발루난

......

(청취 불능)

그 뒤으로 신의 아이 굽이 오랏수다.

양씨 동생도 가끔 뎅기는 성진성편(姓親姓便) 엇고,

낳아준 웨진웨편(外親外便) 엇수다.

난 날 난시 팔재ᄉᆞ주가 경ᄒᆞ난[600]

---

594) 물려받아 다니다가.
595) 명도를 물려받고.
596) 오더라.
597) 하려하여.
598) 갓끈 당기던.
599) 멩두 지어 왔습니다.
600) 팔자사주가 그러니.

펀찍흔[601] 눈 어둑어[602] 조은 전성팔잴 그르쳐 뎅기는

이 당주질 발롸

강씨 족은 삼춘(三寸) 이거 엣 선성(先生)으로 핸 오란에 아잔[603]

당줏질 치는디 아잔 보암수다[604]

(신칼점)

신질 연질 발롸줍서

한씨(韓氏) 조캐 내외간(內外間)[605] 몸받은 부모조상 당주일월 조상들

일분(日本)서 오랏수다 짐씨 아주마니 몸받은 부모조상들토 신질 발롸줍서

신(神)의 성방(刑房)도 성진성펜(姓親姓便) 엇수다[606]

웨진웨편(外親外便) 발이 벋고 줄이 벋으난[607]

할마님 발이 벋는 조상이여 선씨(玄氏) 부모 조상, 벡씨(白氏) 부모 조상이영

아바지네 어머님네도 고씨 부모 어머님네

종달리[608] 시왕 박씨(朴氏) 할마님네[609]

……

신질 연질 발롸주저[610] 위굽흡서[611]

---

601) 깨끗한, 얼음이 없는.
602) 어두워, 멀어.
603) 해서 와 앉아.
604) 앉아서 보고 있습니다.
605) 부부(夫婦).
606) 없습니다.
607) 뻗으니.
608) 구좌읍(舊左邑) 종달리(終達里).
609) 수양 박씨 할머니, '시왕'은 '수양' 그러니까 양녀로 든 박씨 할머니.
610) 바르게 하여주러.
611) 위(位)를 굽으십시오.

어허- 웨진(外家) 편에 몸받은 조상님들

혼(魂) 든 인정 이레 유래전득(遺來傳得)ᄒᆞ난

송동방울 김씨 할마님네 역개(役價) 나순[612] 평대[613] 문씨 영감

조존조존 질보울 조만호(趙萬戶)는 조찰방(趙찰방),

원당[614] 오면 늙은 조칩(趙宅)

나뮈육판 이른ᄒᆞ나

열룬이[615] 그등애[616] 명오안전 명오부인 문씨 도령[617]

모사온 박씨 하르바님 무신 박사

박씨 하르방 개죽은밧[618] 김씨 하르방

오천두기[619] 박씨 할망 몸받던 조상은

굴 막[620]은 제사ᄆᆞ를[621] 천아월축 십이개천문에 메와오난[622]

증고조 큰 하르방 셋 하르방 족은 하르바님네 질머리[623] 웨진 하르바님네

또 밧끄레[624] 웨진 하르바님네

웨진 할마님 김씨 하르바님네

손당[625] 하르바님네 영급 조은 신장님네

---

612) 나오게 한.
613) 구좌읍(舊左邑) 평대리(坪岱里).
614) 제주시 삼양 1동 원당봉.
615) 성산읍(城山邑) 온평리(溫坪里).
616) 지명.
617) 온평리의 당신(堂神).
618) 지명.
619) 지명.
620) 구좌읍(舊左邑) 동복리(東福里).
621) 지명.
622) 모아 오니, 맺어 오니.
623) 지명.
624) 밖거리, 바깥채.
625) 구좌읍(舊左邑) 송당리(松堂里).

마흔 ᄒ나 그눌르던[626] 조상 신질 발롸줍서 연질 발롸 줍서

어허- 이 신 메와 드립네다.

그 뒤로 초신 질(初神路)은 이신 질(二神路) 삼신 질(三神路) 발롸주던

이씨 부모 몸받은 조상 중신전님들 우굽흡서[627]

그 뒤로는

......

(청취 불능)

조상

이 ᄆ을에 난 정씨 선생, 정씨 삼춘님네 정씨 성님네 우굽흡서

잊혓수다[628]

또 김씨 쪽더레[629] 위굽흡서.

함덕가민 김씨 선생 김씨 하르바님네들이영 내외간들이영

이씨 삼춘 내와간들이영

......

(청취 불능)

위굽흡서.

......

위굽흡서

굴막[630]은 가며는 고씨 선성님네 정씨 선성님네 위(位) 굽흡서

굴막 가민 정씨 오씨 원씨 위(位) 굽흡서

......

---

626) 그늘이던, 보호하여 보살펴주던.
627) 위(位)를 굽으십시오.
628) 차례를 잊었습니다.
629) 쪽으로.
630) 구좌읍 동복리.

월정행원 한동 평대 벨방 종달 시흥 소섬
동남 표선 남원 신촌 삼양 성안
......

(이렇게 계속 옛 선생들의 이름을 부르고 '위굽홉서' '자리를 굽
어 서십시오' 등의 사설을 이어가며 굿을 진행한다.)

엿날 곽곽선생, 주육선생,
(기영 거느려붑서. 추례 거닐어붑서. 못거느노랜 허멍 잘도 거
닐엄신게)
제 선생님네들 곽곽서생 주육선생 이승굴은 ......
화산지옥 ...... 북선성(鼓先生)은 조막손이
장귀선성(杖鼓先生) 멩철광대
대영선성(鉦先生) 와랑쟁이
설쉐선생 니저왕에 나저왕에 전문 주ᄌᆞ까리.
당장 신칼 시왕대반지 니저왕에 나저왕에 임춘경에
화산주육(火山地獄) 메고 올라 월일석(月日刻) 굴려오던 어진 선성님.
굿잘하는 선성님네들
언강 조은[631] 선생님네 수덕(修德) 조은 선생님네
얼굴 좋고 백지기상(氣魄) 조코 수덕 조은 선성님네라근
마흔 훈설 서른 둘
신질 발롸주저 연질 발롸주저 당주삼시왕질 발롸주저
단상연질 발롸주저

---

631) 언강 : 남을 달래는 말, 언강 좋은 : 남을 잘 달래는.

말명다리 젯ᄃ리 나수읍저

큰굿 전새남[632] 육마을(六里)로 오늘 내올려

전새남 육마을 올려

금동안체[633] 지여 나가 절간 밖에

덩더렁포나 나숩고 지여받던 백근장대[634]가 휘여지게

부전(富錢)으로 성(城)을 싸게 헤여근[635]

이걸랑[636] 확ᄒ게 틀어동이네[637] 삼층(三層) 올리곡

성안(城內)[638]이랑 가그네 오칭(五層)만 올리곡

해여그네 후제랑[639] 나가이 시겨주고

김윤수 굿잘햄져

이정자 굿잘햄져

소문(所聞) 내와주고[640]

ᄒ나에 두갓(夫婦) 심방이난에[641]

울 어머님 살 때

후제라도 거 "네미들[642] 나 올리렌 햄샤게 너 올리렌 햄주[643]."

행세를 ᄒ는 식으로

---

632) 병든 환자를 살려 주기를 기원하는 굿.
633) 안체포. 굿을 하기 위하여 무구를 담아 지는 것.
634) 백근을 저울이는 장대. 정성이 족·부족 유무를 저울질 하는 도구.
635) 쌓게 하여서.
636) 김윤수 씨가 지금 살고 있는 단층 슬레이트집.
637) 뜯어두고서.
638) 제주시(濟州市).
639) 뒤에랑, 나중에랑.
640) 내어주고, 나게 해주고.
641) 심방이니까.
642) 늬애미들 : 너 어미들, 욕하는 소리.
643) 나한테 올리라 하였나 네가 오리라고 했지. 부부가 같이 일을 가면 서로 미룬다는 말.

각시고라[644] 나오랜 햄샤 ᄒ 민[645] 오렌햄젠[646]

영 ᄃ투지 말아그네[647]

철가리[648] 당굿 판 나가 들렁[649]

뒷밭의[650] 낭[651] 나가 해여두고[652]

쉐밧이라그네 나오게 ᄒ곡

어- 큰굿허거들라그네 <초감제>라그네 각시ᄒ게 ᄒ고

시왕맞이ᄒ고 질치는굿이랑 서방ᄒ게 ᄒ곡

해여 돈을 나수와 줍센 ᄒ난[653]

[본멩두 신멩두 다리 신질 연질 바르게 함(합산받음)]

본멩두 ᄃ리 신멩두 ᄃ리 올라온다.

본멩두 신멩두 ᄃ리 노커들랑[654]

마흔 ᄒ나 서른 두 술 몸받은 조상(祖上)이랑 아주 아주 앞사고[655]

예순 ᄋ숫 조상(祖上)이랑 뒷터레[656] 싹허게 떨어지라

(산을 받는다.)

---

644) 각시한테.
645) 나 오라고 했느냐 하면.
646) 오라고 하고 있다 하면.
647) 그리 다투지 말아서.
648) 문전철가리. 집안에서 정월에 하는 안택굿.
649) 내가 들어.
650) 뒷밭에.
651) 놓고.
652) 내가 하여두고.
653) 일어나게 하여주십사 하니.
654) 놓거든.
655) 앞서고.
656) 뒤쪽으로.

신질 연질 발롸줍서-

(악무)

(굉장히 빠른 박자. 심방은 큰 양푼에 산들을 모두 넣고 던져 점
을 친다.)

(점괘에 대한 많은 의견이 오간다.)

어- 개천문(開天門) 난[657] 만수(萬數) 풀러 이릅네다

마흔 흔설 서른 두설

시왕 부모[658] 고씨 어머니

몸받은 조상이 나오랏수다마는[659]

이제 미안ᄒ난에 다시 이 멩두를 지웁니다[660]

(산을 받는다.)

하다 조상님 영기신령(靈氣神靈)대로

마흔 ᄒ나 서를 두 살 몸받은 멩두(明刀)[661]라그네

시왕부모[662] 어머니 멩두랑[663]

---

657) 놓아서, 지어서.
658) 수양부모.
659) 나왔습니다마는.
660) 명도를 짓습니다. 다시 신칼 점괘를 묻습니다.
661) 마흔한 살 김윤수 씨, 서른두 살 이정자 씨가 물려받은 멩두는.
662) 양부모 고씨 어머니.
663) 그리고 김윤수 씨를 양자로 삼고 물려준 고씨 어머니의 멩두는.

군문⁶⁶⁴⁾이영 상잔⁶⁶⁵⁾이영 모딱⁶⁶⁶⁾ 앞사고⁶⁶⁷⁾

에순 오숫 몸받은 조상이랑⁶⁶⁸⁾ 아주 뒤떨어지곡

시군문연ᄃ리⁶⁶⁹⁾로 내여다가

어시럭이 멩두빨 더시럭이 멩듯빨⁶⁷⁰⁾

멩도안질 진도안질 꼬부랑에 살장에⁶⁷¹⁾ 멩두빨들이 하다

이 어지리지들 맙서⁶⁷²⁾

살장 아래 얼룩이 업는 멩듯빨들이영,

뭇아 멩두⁶⁷³⁾, 파 멩두⁶⁷⁴⁾, 부솨 멩두⁶⁷⁵⁾,

---

664) 군문은 저승문을 뜻한다. 신칼점에서 〈군문〉은 '애산ᄃ리'라 하는 칼날이 안으로 서로 보고 있는 형태다.

665) '상잔'은 '모욕상잔'이라하며, 무조 삼형제가 태어날 때, 목욕을 시켰던 그릇을 본떠 만들었기 때문에 "목욕을 시켰던 상잔"이란 뜻에서 붙여진 이름이다. 그러나 실제로는 상잔(算盞) 직경 4cm 내외 깊이 1cm 내외의 놋제품으로 술잔과 같은 것이다. '상'은 '算'의 변음으로 占의 의미가 있고, '잔(盞)'은 술잔의 의미로 곧 '占치는 잔'이라는 의미의 말이다. 이 '상잔(算盞)'과 함께 천문, 산대(算臺)를 합쳐 〈산판〉이라 한다. '산대'에 '천문'과 '상잔'을 담아 넣고, 흘들다가 던져 점치는 것을 '산을 받는다'고 하며, 이와 같이 산을 받아 점치는 것을 〈산판점〉이라 한다.

666) 모두.

667) 앞서고.

668) 밧공시로서 불휘공 멩두(신길을 바르게 고쳐온 멩두)인, 수심방 김씨 할머니(66세)의 멩두. 안공시로서 본주와 고씨 어머니 멩두는 앞서고, 이 집에 굿을 하러 온 심방의 명도는 뒷서야 '신질 발롸진(신길이 바르게 고쳐진)' 것이다.

669) 칼날이 모두 안으로 서는 '애산ᄃ리', 심방 집에서는 '애산ᄃ리'는 '군문'이며, '군문'은 '저승문'이므로 '저승문이 열리는 쾌'이다. '저승문'이 열려야 굿을 할 수가 있으므로 길(吉)하다 한다. 그러나 사가(私家)집에서는 슬픈 일, 가련한 일, 걱정할 일이 생길 쾌이므로 흉(凶)하다 한다.

670) 어시럭 더시럭 = 어시렁 더시렁 : 남몰래 슬쩍슬쩍 음흉하게 숨어다니는 모양. '멩두빨'은 제대로의 심방이 못되고 숨어다니며 몰래 무업(巫業)을 하는 무당. 그러므로 '어시럭이 멩두빨'이나 더시럭이 멩두빨'은 남몰래 심방질을 하는 가짜 심방 또는 본메(=뿌리; 本)가 없는 명도.

671) 꼬부랑 살창에 : 굽은 살창(箭窓), 살장은 살창(箭窓)인데, 큰상(祭床) 위에 종이를 장막(帳幕) 모양으로 오려 줄줄이 매달아 놓은 장식. 무조신화에서 아기씨가 갇혔던 '모람장 · 빗골장 · 고무살장'이 모두 이 살장의 일종이다.

672) 어지럽히지 마십시오. 훼방을 놓지 마십시오.

673) 무수어버린 명도. '뭇다'는 '무수다' : 사정 없이 때리고 부수다.

674) 묻힌 것을 파낸 명도.

675) 부서진 명도.

한사코덜 연당(筵堂)에 업어오던 멩두빨들이영

꿈에 선몽(現夢)해영[676] 새(邪)로도 시꾸곡[677], 골(骨)로도 시꾸와근

이러한 살아옵던 멩두빨이영

쉐를 잡아먹고[678] 물을 잡아먹던[679] 멩둣빨들라근

지사비여[680]

(산을 던진다.)

(매우 빨리 말해 알아들을 수 없다.)

지여그네 말째 삼관장 연드리도 하영 안네쿠다[681].

다들 내올리멍[682]

관장님네들라근 많이들 먹어가며 아까 굴은대로 해여근[683]

어- 마흔 ᄒ나 서른 두 술

몸받은 조상이라근 아주 앞사고

에순 ᄋ슷 몸 받은 조상의 영기(靈氣)가 잇거들랑[684]

뒷터레 짝더레[685] 오(伍)지영 신춤집(參集)헙서-

(빠른 악무)

이중춘 : 잘 져신게[686]. 건, 불휘공.

---

676) 꿈에 나타나서.
677) 시꾸다 : 꿈에 나타나다.
678) 소를 잡아먹고.
679) 말을 잡아먹던.
680) 지사비다 : 사귀다, 달래다.
681) 많이 드리겠습니다.
682) 내어 올리며.
683) 일러준 대로 해서.
684) 있다면.
685) 뒤로 짝으로. 뒤쪽으로 짝지어서.
686) 지었네.

이정자 : 그 다음은 시왕 어머니 꺼[687].

이중춘 : 저 상잔(算盞)

이중춘 : 양짝 다 불휘공이 앞사불믄[688] 섭섭치 안ㅎ나[689].

너는 신질 발루라 어멍이랑 앞사쿠댄 핸[690].

그 멩두는 무시것고[691]. 고씨 어멍 멩두가 요거 아니라게.

요건 누게 꺼라

이정자 : 이건 우리꺼.

김윤수 : 이것도 시왕 어멍 꺼.

이중춘 : 날라그네[692] 뒤떨어지커메[693]

이정자 : 군문도 우리 꺼.

이중춘 : 영영 집지않아[694] 다섯개로

이중춘 : 앞사고 뒷사고 앞사고 뒷사고. 멩두 이 이상(以上)사 더

지와지느냐.

이정자 : 게난 영 뒷수다 돈만 놔붑서.

이중춘 : 존거라 좋댄해서[695]. 어떵 지믄 뒐꺼라. 뒈서?

아니 이싱이 아방 굴아부러[696].

김윤수 : 뒷수다.

---

687) 수양어머니의 것.
688) 앞서버리면.
689) 않니?
690) 앞서겠습니다 라고 해서.
691) 무엇이냐. 무엇고?
692) 날랑은, 나는.
693) 뒤떨어지겠으니, 뒤떨어질 테니.
694) 지우지 않아, 짓지 않아, 만들지 않아.
695) 좋은 거라, 좋다고 했어.
696) 말해버려.

이중춘 : 이건 어떵ᄒ믄 조커니[697]? 군문을 잡으면 조크냐[698]?

김윤수 : 군문도 좋고 ᄌ부ᄃ리도 좋고.

시왕대반지로

경ᄒ거들랑 이왕(已往)에들라그네[699] 군문잡고

마흔 ᄒ나영 서른 두 술 몸받은 조상이랑 다 군문들 잡고

에순 ᄋᄉ 몸받은 조상이랑 신가심을 활짝 풀려그네 ᄌ부연ᄃ리

[700]로

(신칼점)

집서. 이시민[701] 무사 걱정사 어십네까[702]

아직도 어리고 미혹(迷惑)ᄒ 애기 시난[703]

걱정사 어십네까. 아직도 어리고 미혹ᄒ 애기덜

시름이사 어십네까마는[704]

신질을 발롸주고[705] 아니 발롸주는 거 싯뎬 ᄒ 염수다[706].

발롸준댄 ᄒ건

ᄌ부 ᄌ부연ᄃ리 주나ᄒ서[707].

고씨 어머님 몸받은 삼멩두에서

---

697) 좋겠니?
698) 좋겠나?
699) 이왕에들랑은, 이왕이라면.
700) 신칼의 날이 같은 방향으로 누운 것.
701) 있으면.
702) 왜 걱정이야 없습니까?. 있어도 걱정은 있습니다.
703) 있으니.
704) 없습니까마는.
705) 신길을 바르게 하여주고.
706) 있다 하고 있습니다.
707) 주든지 하십시오.

이중춘 : 굳는대로 멩두들 잘 졈싱게

강봉헌 : 게난 이제 불휘공은 저 소상칩의 가부난,

이젠 불휘공이 시왕어멍[708]이 불휘공 뒏다말야. 멩두는.

이정자 : 어머니 껏이 먼져 져십주게 그 다음엔 우리꺼.

잘 져신디 무사 또 지엄수가?

이중춘 : 대주님에 미안ᄒ니깐, 다시 지왐거든.

양창보 : 게난 구신 앞의서 이러고 저러고 홀 게 아니라,

난 이거 첨 구신(鬼神)의 사오 벡이[709] 안니 뒏 사름이주

마는,

뜻밖에 미국서 와가지고 부모간에 각 성 마련 못해가지고

임시 나가 모사 이시니까, 임시사 모사질런지 장구(長

久)이 모사질런지

또 구신이 저승에 오랑 불휘공이난 어차피 내주어야만

뒐 입장이고.

ᄒ난, 내가 모상 간다고 해도 야네들이 부떠살 것도 아

니고

야네가 뭐 가지맙서 해가지고 모시쿠다 헐 땐 내가 섭

섭홀 것도 아니고.

이정자 : 고모부 거가 잇수다. 원래 우리 김칩의 조상 아니 모상

멀리 똘 ᄌ순(子孫)신디 가분 거믄 이거 우리가 잘 모십

주게.

경ᄒ주마는 설개 아지바님신디 모사 잇는 거를 ᄂ려 촛

아가부러서마씀.

---

708) 양어머니.
709) 사위(壻) 밖에.

촛아가불고. 우리 성님이 맡아와십주게. 맡았단,
흔 1년 그 똘이 이녁 하르방 몸받은 조상이니까 심방이
돼니까
그걸 촛아가부러서 마씀. 촛아가부럿단
또 돌리니까 우리 성님이 안받으켄 흔거라.
늄이 조상 물리는 것보다 낫지 안흐우꽈게......

이중춘 : 조상(祖上) 앞의서 그런 논단은 하지말고,

어디 감히, 멩두는 일단 그거라.

어- 고씨 어머님 원전싱 팔재를 그르치난에 이 멩두 불휘공은
고전적(高典籍) 장현고을 장현 현감
한양 고을 한양일월
이씨 할마님, 양씨 할마님
짐씨(金氏) 할마님 놓은 연줄로
고씨 부모 어머님 좋은 전싱 그르쳐
(산을 받는다.)
이 멩두 지연 흐단, 재작년 에순 아홉 나던 해에 삼시왕에 종명
(終命)흐난
이 부모 공을 갚으저
흐는 주잔(酒盞)이고
마흔 흐나 서른 두 술 신질도 발루고[710] 연줄도 발루고,
당베 절베 매인 공소(公事) 아산 신베(神布) 매영흐곡

---

710) 바르게 하고.

아기덜 펜안ᄒ게 해줍센 ᄒ연 이 지장[711])을 눌른 지장[712])이우다.

당주삼시왕연맞이로 해연 신굿ᄒ난 질서(秩序)는 발롸 잇십네다[713]).

고씨 부모 어머님 몸받던 조상

마흔 ᄒ설광 서른 두설 신질을 발릅고 연질을 발롸

앞으로 이 굿 해여나근 시름될 일이나 걱정뒐 일을 업시 헤불고

검은 일을[714]) 다 막아주어그네[715])

동서(東西)로 먹을 련(緣) 입을 련(緣) 나수와 준다 영ᄒ건[716])

삼시왕군문으로 분간(分間)홉 서

(산을 던진다.)

이중춘 : 좋지. 이상. 이젠 그만.

지장[717])을 마흔 ᄒ설 서른 두 설이 전싱팔자 그르치기는

싀설 늬설 나난[718]) 당부모에 여의두고[719])

일천고생(一千苦生) 다해여근

열다섯 넘어근 좋은 저싱 그르쳔 군인(軍人) 강 오란[720])

ᄒ건 말젠 ᄒ당도[721]) 팔재ᄉ주(八字四柱)를 이기지 못해연

---

711) 어려서부터 고생 고생하던 〈지장본풀이〉에 나오는 지장 아기씨와 같은 사연을.

712) 지장 : 지장 아기와 같은 본주.

713) 바르게 고쳐 있습니다.

714) 좋지 않은 일, 흉한 일.

715) 막아주어서.

716) 나게 해 준다고 하면.

717) 지장아기씨와 같이 어렸을 때부터 고생한 일을.

718) 세 살 네 살 나니.

719) 이별하고.

720) 군대 갔다 와서.

721) 하면 하고 말면 말아야지 하다가도.

남문통[722] 이씨 어머님광 ᄀ찌 뎅기는 게[723]

큰심방질 배완 시방ᄭ장 잇단[724]

이 신촌 고씨 어머니 연줄로 핸 오란에 시왕 부모 ᄌ식 삼아근

살아가는 이 가운데

오렌ᄒ면 가자ᄒ고 가렌허면 오저 ᄒ는게

조상 엇어지난[725] 어머님 멩두 빌리고 본메본장 노완에[726]

동과양[727] 한(韓氏) 대장[728] 신디 간 이 멩두 지연[729]

스물 아홉 술에 이 멩두 지엿수다[730].

이 멩두로 해여근 이번 참에 신질을 봴롸주고 연질을 발롸주고

당베 절베 메인 공스 아산신베를 메여그네

한이 금박남 걱정뒐 일을 다 막아주고

이 애기덜 이 ᄌ순(子孫)덜 소원성취(所願成就)대로

이루어준덴 ᄒ거들랑[731]

좋은 군문으로

(산을 받는다.)

잡읍서.

이중춘 : 어떵? 더 지와? 굴아?

---

722) 제주시(濟州市) 남문로(南門路).
723) 같이 다니는 게.
724) 시방까지 있다가, 여태까지 있다가.
725) 물려받을 멩두(祖上) 없으니까.
726) 놓아서.
727) 제주시(濟州市) 이도 1동 동광양(東廣壤).
728) 대장장이.
729) 지어서.
730) 지었습니다.
731) 이루어준다고 하면.

김윤수 : 예.

영ᄒ고 요건 불휘공
불휘공 이 멩두 이 조상은 마흔 ᄒ설
육대조(六代祖) 하르바님꼬지 내려오단 증조(曾祖) 하르바님 대엔 나난
육대조 하르바님 인간 하직ᄒ 난에[732]
산터는 보는데, 정시[733]가 곧는 말이
이 터에 묻으민, 자손은 번성ᄒ나 심방 ᄌ순(子孫)을 낳겐ᄒ 난
그때엔 하도 혈혈단신(子子單身)ᄒ고 서처고단(棲處孤單)ᄒ 난
심방이 나도 좋고, 정시가 나도 좋수다
ᄌ손만 벌어지민 좋댄 영ᄒ연
6대조 하르바님 묻은 이후, 증조 하르바님 좋은 전싱 그르치고
당진(當親) 하르바님은 아니 그르쳐도
족은 하르바님 전싱팔재 그르쳔
이 멩두 ᄎᄎ 내려오단[734]
큰 아바지도 셋 아바지도 말잿 아바지도
말잿 어머님도 말잿 ᄉ춘(四寸)으로 전싱 그르쳤수다마는 ᄒ뒈
이 멩두 잠시 잠간 미국꼬지 갓단 돌아오난
박물관더레 아사가키엔 ᄒ 난[735]
셋 ᄄᆯ 쉬흔 다섯(55세)광 사위(胥) 쉰 ᄉ설(53세)이 조상을
어찌 그리 능멸(凌蔑)홀 수이 있겠느냐 영해연

---

732) 인간세상 하직(下直)하니까, 인간 세상을 떠나니.
733) 풍수(風水)를 보는 지관(地官).
734) 차차 내려오다가.
735) 가져가겠다고 하니.

아무 것도 셋 고모(仲姑母)도 성제간(兄弟間) 부모라

셋 고모 모산 뎅기던 남원이[736] 모산[737] 잇습니다마는 영ᄒ뒈

이번 참 굿은 허젠ᄒ난

질을 갈르젠 ᄒ난

불휘 업는 송애가[738] 어디 잇습네까

기초(基礎)가 뒈면 불휘로 걷는 격으로[739]

불휘공 조상 모산 오란에 이번참에 신질을 봘롸수다.

이 신질 발롸주어근

셋 ᄯᆞᆯ신디 조상이 가도 걱정엇고

이 신질을 발롸주고 연질을 발롸준다 ᄒ거들랑

영 ᄒ거들라근 삼시왕군문으로 분간(分間)홉서

외상잔막음[740]도 좋수다.

신의 아이 ᄀᆞᆸ갈르는대로[741] 똑히 군문 잡읍서

초점ᄉ(占事)는 가문공소 뒘네다.

여러번 들언 줴송홉니다마는

조상의 연걸에서 똑히 군문잡아그네

이 아이들 이 ᄌᆞ순들 아까들 입으로 씨부렁ᄒ난들[742]

조상의 좀 애돌룹고[743]

---

736) 남제주군 남원면 남원리.
737) 모시고.
738) 뿌리 없는 송이. 송이 : 꽃이나 열매 따위가 모여 달린 한 꼭지.
739) 거두는 격으로.
740) 상잔 하나가 엎어지고 나머지 상잔 하나와 천문 두 개가 모두 자빠진 형태를 〈가문공사〉라 하는데, 이를 〈외상잔막음〉이라고도 한다. 이것은 기자(祈者)의 운수 판단에는 最吉, 신(神)들이나 사령(死靈)을 청해들일 때는 즐거이 내림한 것을 의미하지만, 돌려보낼 때는 그 반대이다.
741) 분간하는 대로. ᄀᆞᆸ가르다 : 구분하다. 분간하다. 경계를 짓다.
742) 입다툼, 말다툼이 나서.
743) 애돌다 : 애닲아하다. 애돌룹다 : 애닲게되다.

섭섭ᄒ고 영ᄒ나 ᄒ뒈

ᄌ순 부몰 보멍 개를 봅네까[744)]

신고산이 들락켜도[745)] 잔(盞)잡은 산(算)은 안터레 휘는 법[746)]

〈당주맞이 질치기〉에서
자주명왕 아기씨의 몸단장

〈쇠놀림굿〉

---

744) 자손이 부모를 보며 개를 보듯 하겠습니까?

745) 들락(럭)퀴어도 : 날뛰어도.

746) "팔은 안으로 휘는 법" 즉, 아전인수(我田引水)라는 말.

〈공시풀이〉

　– 정공철

　〈공시풀이〉는 멩두(명도) 요령, 신칼, 산판 등 굿할 때 모시는 명도를 모신 공싯상 앞에 앉아 본주 심방이 심방 선생들, 즉 유씨 대선생 이후 모든 심방 조상인 옛 선생들을 청하여 축원하고 대접하면서 "독두전에 게알안주 상받읍서.(닭고기에 계란안주로 상을 받으십시오)하며 공싯상의 내력, 심방이 된 내력을 풀어나가는 제차다.

〈당주다리 나수움〉

　– 11:08～11:25

　모든 맞이굿은 마당에 젯상을 따로 차려 진행하는데 특히 심방집 굿은 안팎 공싯상이 있으므로 굿의 진행도 마당과 마루를 오가며 진행하며 맞이굿의 끝에는 대상신의 다리를 당주방으로 모셔 들인다. 이를 "메어든다" 또는 "～다리 나수운다"고 한다. "마흔여둡 상청다리, 서른여둡 중청다리, 스물여둡 하청다리 나숩고 나수자" 하면서 심방은 할망다리를 밖으로 당기고 본주는 당주 방으로 당겨 결국은 방안으로 메어들이게 된다.

11) 열 첫째 날 : 〈당주메어듦〉《고분멩두》〈고분멩두질침〉 〈물놀이〉〈세경놀이〉〈잔잡힘〉

(10월 23일 일요일, 음력 9. 27.)

〈당주맞이〉에서 수심방이 하는 굿이 모두 끝나면, 마지막에 신입무가 마당의 제상(祭床)에서 집 안의 당주(堂主) 제상(祭床)까지 무조신(巫祖神)을 업어 들이는 순서가 있다. 마당의 제상으로부터 집안의 제상까지 무조신이 지나갈 길을 치워 닦는 일은 이미 수심방이 해 두었으므로, 이제 정식 심방이 된 신입무가 그 신(神)을 인계받아 자기의 당주 제상에 업어 인도해 가서 모시는 것이다.

그러므로 '당주다리 메어듦'은 삼시왕의 신통(神統)이 새로 심방의 길로 들어선 신입무(新入巫)에게로 이어졌음을 신과 인간을 이어주는 다리로 상징되는 무명천을 삼시왕 당클에서 당주 당클로 끌어들이는 모의적인 행위를 통해 구체적으로 보여주는 제차라 할 수 있다

'곱은 명도'에서 '곱은'은 '숨은'의 뜻이고, '명도(明刀)'는 무조신(巫祖神)의 신체를 상징하는 무점구(巫占具)이므로, '곱은 명도'는 '숨은 명도'라는 뜻이 된다. 이 제차는 당주(堂主) 심방의 명도(明刀)를 당클(祭棚) 속에 숨겨 두고 여러 가지 복잡한 과정을 거쳐 찾아낸 다음, 명도의 주인에게 돌려주는 의식으로 일종의 '신물(神物) 찾기'라 할 수 있는 것이다.

이 제차는 아주 복잡하고도 길게 진행되는데 이를 크게 명도 내력 밝히기, 문점(問占) 하기, 명도 찾기의 세 단락으로 정리할 수 있다.

'명도 내력 밝히기' 부분은 굿을 하는 데 사용되는 무구(巫具), 무악기(巫樂器), 무복(巫服)의 내력을 〈초공본풀이〉에 근거하여 제시하고, 명도의 길을 바르게 하는 내용으로 시작된다. 그런 다음 명도 중 하나를 당클에 숨

기는데, 실제 굿의 내용에서는 명도를 도둑맞은 것으로 이야기한다. 그리고 잃어버린 명도를 찾아다니는 심방과 굿에 참여한 소미들이 수수께끼 문답을 통해 잃어버린 명도의 정체가 무엇인지 밝혀낸 후, 명도를 잃어버렸으니 새로 하나를 만들자고 하면서 해학적인 내용으로 명도 만드는 과정을 보여준다. 이를 다시 정리하면 ①〈초공본풀이〉 구송 → ②길치기 → ③명도 숨기기 → ④명도 탐색 수수께끼 → ⑤명도 확인 → ⑥새로운 명도 만들기와 같이 된다. 이와 같은 순서로 한 가지 명도의 내력을 밝히고 나면 동일한 방법으로 다음 명도의 내력을 밝히는 과정이 반복되는데, '요령 → 북채 → 천문 → 무악기 → 신칼 → 무복'의 순서로 진행된다.

'문점 하기'는 점쟁이를 찾아가서 잃어버린 명도가 어디에 묻혀 있는지를 알아내는 부분으로, ①점쟁이 내력 소개 → ②문점 하러 온 사연 → ③문점 결과의 순서로 진행된다. 먼저 점쟁이가 어떻게 하여 이 일을 하게 되었는지의 내력을 소개한 다음 그 결과를 알려주는데, "잃어버린 명도가 세경 땅에 묻혀 있다"는 것이 핵심 내용이 된다.

복잡하게 진행된 '곱은 명도'의 내용을 정리하면, 신체(神體)로 관념되는 무구(巫具)인 명도(明刀)를 수수께끼 과정을 거쳐 찾아냄으로써 신의 영력(靈力)을 획득하게 되는, 일종의 '신물찾기'의 과정을 연극적으로 보여주는 것이라 할 수 있다. 이는 심방이 사용하는 명도의 내력을 밝힘으로써 해서 명도의 영력을 보장받는 동시에, 신이 행했던 법대로 무구를 사용해야 함을 보여줌으로써 정통성을 확보하는 의미를 가진 것으로 볼 수 있다.

'곱은 명도' 제차에서 신입무의 잃어버린 명도(明刀)를 모두 찾고 나면, 수심방은 그릇에 수심방의 명도, 소미들의 명도, 신입무의 명도를 모두 넣고 요란하게 춤을 추며 뛰어다닌다. 춤을 추며 안팎으로 뛰어다니던 수심방이 당주상(堂主床) 앞에 와서 그릇 속의 명도를 한꺼번에 뿌린다. 그래서 뿌려진 신칼의 날의 방향, 상잔들의 엎어지고 자빠진 모습들을 보고 큰심

방이 될 수 있을지를 판단한다. 이처럼 '안팎 명도'를 모두 모아 놀리는 과
정을 통해 신입무의 신길을 바로 잡는 굿을 '쇠놀림굿'이라 한다.

　　이러한 일련의 과정들은 모두 삼시왕에서 입무의 허가를 받은 신입무에
게 정통성을 부여해 주는 것으로, 〈당주맞이〉에서 중요한 의미를 가지는
대목이라 할 수 있는 것들이다.

〈당주 메어듦〉

　－ 8:35∼9:10
　－ 서순실, 정공철

당주다리를 당주방으로 메어드는 굿으로 "나숩고 나수자"하며 신길을

〈당주 메어듦〉

놓았던 다리를 밖에는 심방이 잡고 안방에는 본주가 잡아 서로 당긴다. 심방은 인정을 받으며 조금씩 양보하고, 본주는 사력을 다하여 안방으로 다리를 당기어 차곡차곡 개어 놓는다. 이를 '메어 든다'고 한다. 다리를 안방으로 당겨 차곡차곡 개어 놓은 다음은 심방이 집안의 조상을 놀리는 〈석시〉 또는 〈군웅석시〉라는 석살림굿을 한다. 이 과정을 '메어들여 석살린다'고 한다.

〈고분멩두〉
– 양창보

〈곱은멩두〉란 제차는 당클 속에 본주 심방의 멩두(明刀)를 숨겨두고, 문점하고 굿을 하면서, 어렵게 멩두 찾는 방법을 공론하고, 간신히 명도를 찾아 본주에게 내어주는 의식이다. 여기서도 〈곱은멩두질〉의 '곱은'은 '구부러진'보다는 '숨은'의 뜻이 강하다. 〈곱은멩두〉는 일종의 '신물(神物)찾기'이다.

〈새ᄃ림〉
– 이승순

〈군문열림〉을 하여 신궁의 문을 연 뒤, 하늘의 은하 봉천수 맑은 물을 떠다가 제장의 부정을 씻고, 신이 하강하는 길의 모든 사(邪)를 쫓아, 굿판[祭場]의 부정을 씻어내는 동시에 아픈 환자의 몸을 아프게 하는 병(病), 마음의 부정까지 쫓아내어 새[邪]를 도리는 의식을 〈새ᄃ림〉이라 한다.

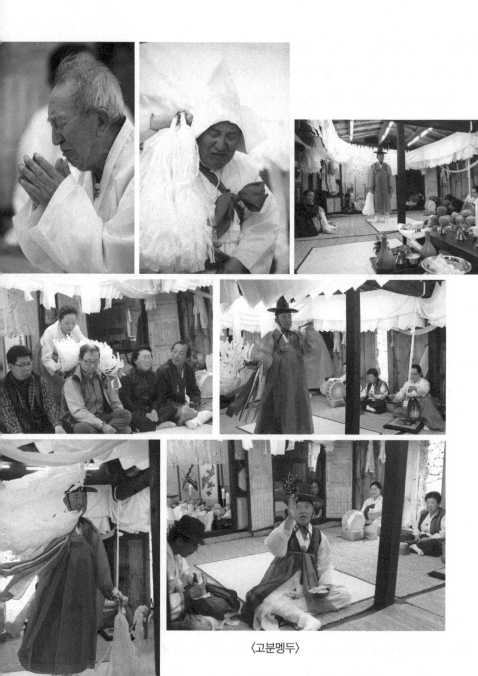

〈고분멩두〉

〈군문열림〉

– 양창보

'군문'은 하늘 신궁의 문이고, 신들이 굿판에 들어오는 '굿문'이다. 심방이 도랑춤[回轉舞]를 추어 빙글빙글 돌며 신들과 감응하여 하늘 신궁의 문이 모두 열리고, 신궁의 문이 열리면 신들은 이 세상에 하강(下降)하여 내린다. 〈군문열림〉은 하늘 신궁의 문을 여는 것이며, 열린 하늘 신궁의 문을 통해 신들이 하강[下降]하여 지상에 내려오게 하는 강신의식[降神儀式]이다.

〈고분멩두 질치기〉

– 양창보

'시왕곱은연질'에서 '곱다'는 '숨다'와 '구부러지다' 두 가지 뜻이 있다. 그러므로 '곱은연질'은 '숨은 길'과 '구부러진 길'로 해석될 수 있다. 주접선생이 불도땅으로 가는 '시왕곱은연질'을 내어주었다고 했을 때, 젯부기 삼형제 무조신을 잉태하기 위하여 불도땅으로 찾아가는 시험이며 시련이다. 그러기 때문에 단순하게 구부러진 길이라고만 해석할 수 없다. '숨어 있는 길'을 찾는 시련이 따른다고 할 수 있다.

> (감상기와 신칼을 든 군복차림)
> 시왕곱은연질로
> 초군문에 이군문 삼시도군문

당주삼시왕 도군문 열렸습니다.

멩두멩감 삼처서관장 오는 시군문도

열렸습니다.

어 어 어-

옛날 선생님 오는 시군문도 열렸습니다.

시왕곱은연질이 어찌되며 몰라옵네다.

안감상 밧감상 압송하며,

어어

시왕곱은연질도 돌아보자.

(악무)

곱은연질을 돌아보난,

어멍은 아길보저,

아긴 어멍보저,

부모자식이 일배 한 잔 때가 당하여,

내려오단 보난,

심산은 험루한 질이 되었구나.

이 길을 비라 닦으라 헙네다.

면을 접히라 무난허고 도장을 잡히라

불려가난 부족하고, 신 제청을 맡기난

저 동김녕 김녕초등학교 뒤에 사는

성은 서씨로 51 집사관을 신도청을 맡기난

맽겼더니마는

아이고 초감제 하고,

불도맞이 하고, 시왕맞이 하고,
영해나난 나 쇠잡안 멕입데가?
어하, 곱은일까지 나를 맡기젠 허영구나 경해연,
대제 분업을 마련허는 것이
저 서촌 사는 성은 양씨로
나이는 조그만허우다.
이제 겨우 이른여둡밖에 아니나난
이른여둡은 열흘간을 맡견,
시왕곱은멩두를 맞아주켄 허난
못할 놈이 헐 듯이
구젱기 좀벵이에 똥담안 정낭에 걸처동
대들었덴 허영게
하도 못할 게 출삭거런 나산
허켄은 하여놓고 동산드레 베려보난
여기도 불이 펠록 저기도 불이 펠록
아이고 아이고 저기도 펠록 여기도 펠록허멍
사름 얼굴만 보젠들 핸 못 쓸로구나.
이만하면 어찌하리오.
경하여도 물림 물림이 있는 법이라
옛날 성생님네 비다 남은 질은

〈언월도로 베기〉

에에 제석궁 언월도 날 세워 맞으며
동서드레 곱곱드리 베어-
(신칼로 벤다)

(악무)

연양당주삼시왕이 줄이 번나 발이 번나
어허 당주질도 발루라–

(악무)
신칼점

〈작대기로 치우기〉
　　동서러레 비연 보난,
　　건삼밧디 노용삼 쓰러지듯
　　동서러레 미끈허게
　　쓰러지어 못 쓸로구나.
　　어찌하면 좋으리오.
　　어어,
　　할라산 만썩 그 알러레 들어가면
　　어깨오름 만썩, 노꼬메 만썩
　　바리메 만썩, 칠오름 만썩, 둔오름 만썩,
　　녹산장에 내려사면,
　　웃바메기 알바메기 만썩,
　　동산이 지었구나.
　　글로 동드레 가면,
　　웃다랑쉬 알다랑쉬 같이
　　어어 안개오름같이 덤덤이 지겨지었구나.

이만허면 어떠허리오,
여기에서 선흘곳 가젠허면
조금 먼다마는 할 수가 없다.
선흘곳 도올라
들급낭 작대기 하여다
동서러레 치와.
(감상기를 작대기로 치우는 시늉)

(악무)
연양당주삼시왕에 줄이 번나, 발이 번나,
어허, 당주질도 발롸—

(악무)
(신칼점)

〈은따비로 파기〉
치왔더니마는,
아니나 치왔다면, 우로나 사령 들어보컬,
치우난, 그루코지 갓코지여
왕대 비여난 그루코지같이 원체 삐죽삐죽해서
못 쓸 듯 험네다. 이만하면 어찌 하리요.
제석궁 들어가
어허, 목꿩이여 벤질레여,
은따비 목꿩이 들러 받아
동서드레 곱곱드리 파—

(신칼채 잡고 발로 파는 시늉)

(악무)

연양당주삼시왕에 줄이빈나 발이 빈나
당주질도 빨루자.
(신칼점)

(악무)

⟨좀삼태로 치우기⟩
동서러레 불휘불휘 들러가난
큰 벙에 작은 벙에 어뜩어뜩 일어난다.
그걸 해연
어허, 물매 아사들언 조근조근 밟아가난
벙애 쏘곱에 큰 돌도 일어나고,
작은 돌도 담아지고,
와글와글와글와글허였구나.
큰돌랑 치와 나르고
작은 돌 마세등돌랑 좀삼태 바지게로
(과일을 등에 지고)

(악무)
연양당주 삼시왕에 줄이 빈나 발이 빈나
당주질도 빨루자,

550

(신칼점)

(악무)

〈발로 고르기〉
　　큰돌 누워난 덴 움푹하고데
　　작은돌 누워난 덴 조목하였구나.
　　옛날 삼멩두 지어주던 모렛뎅이 같은 발로
　　평준히 밟으라.
　　(신칼과 신칼채 등뒤로 잡고 밟는 시늉)

(악무)

　　연양당주 삼시왕에 줄이 벋고 발이 벋나.
　　당주질도 발루롸.
　　(신칼점)

(악무)

〈미레깃대로 고르기〉
　　아이고 아이구,
　　요놈의 새끼가 발이라도 컹 놔둘걸
　　중국년 발만한 게 소나이가 250미리도 안되십주.
　　물론 조근조근 발로 밟았더니마는
　　이거이거, 평준 질을 못해어 옵네다.

미레깃대로 동서러레 문짝 밀어가난,
모인 구둠 한 구둠이 일어옵니다.
제석궁 촘비 타당 동서드레 쓸어.
(신칼채로 쓴다)

(악무)

연양당주 삼시왕에
줄이 벋어 갑니다. 발이 벋어 갑니다.
당주질도 발롸.
(신칼점)

〈마른다리〉
어―
동서러레 쓸었더니마는
칠년 한질 질이 되었는지
모인 구둠이 재차 일어옵니다.
이달 이달 천황 이슬로 잠재웠더니마는
본향 소로길이 되았구나.
어어어, 마른다리 놓자.

〈청소세 다리〉
어첨,
백소세 다리 놓자.
잎이 너븐 청소세다리 놓으난,

아이구, 전생은 굿이믄 동간 알로
소렴소렴 발자국 소리도 안뎅겨 나게 다녀야 할건데
거창스러워 못쓸 듯 허는구나.
청소세 밧에 청나비 날아든다.
백소세 밧에 백나비 날아든다.

〈나비다리〉

나비나비 줄전 연나비 다리를 놓았더니
나비야, 나비야, 네 날개 돋은 나비야,
두 날개랑 네가 갖고, 두 날개는
어어, 이 집안에 정공철이 주어 보라.
나비 날 듯 새 날 듯 뎅기멍
동서러레 뎅기멍
술집이란 곳은 다 가고,
경허난 이제부터는
술집에 갔다간 난장머리 부수와불거난
아이구 이젠, 술집에 안 갑니다. 게,
알아집네까, 화가낭 앉으면 달릴지도
어어,
동으로 돋는 새남,
서으로 돋도 새남,
대 세운 거 송낙헐 거우다.
앚인제, 벌풀이, 일월부터
시왕맞이, 요왕맞이, 선왕풀이 내세와 줍센
경허연 나비다리 놓고,

불 본 나비는 불드레 날아들고,
꽃 본 나비는 꽃드레 날아들고,
어멍 본 나비는 어멍품으로 날아들어
나비다리 하올지어 못 쓸로구나.
물명주 강명주로
당주다리 몸주다리 놓자.
(신칼점)

(악무)

〈당주다리 놓기〉

당주다리 몸주다리 놓으난,
너비도 맞다 길이도 맞다.
하도 좋다좋다좋다 그만허라게
지방까지만,
이것도 못쓸 질이라 헙네다.
올정 실정 좌동시 인세정을 알안 보난
셋행 맞춘 미녕이여 광목이여 시렁목이여 헙네다.
느 궤 나 궤 느진 궤 보든 궤, 궤만 나고,
올 궁기는 베롱베롱 허난,
박남아 말쩍 아니라도
웃궁기 바요바요바요 허난
일년을 먹고 천년을 살 금강머들
쌀정미 들러받으며

어어, 궁기 궁기 궁기 궁기 메우레 가자.

(제비쌀점)

몇 방울고?

−여둡 방울

(악무)

⟨올궁기 메우기⟩

어허−

금강머들 쌀정미로

궁기궁기 다 메와보난

이 다리도 못 쓰키여.

대왕기 대전상 소왕기 소전상

어디 강 큰굿 하여나면,

열두 징검씰이 도전허여

도전 해여다 먹고 살아나고

보시 실루 받아당 팔아나고

삼성 외성 소로송편 해여당 벌어먹어나고,

열두 싱검 시루 이건 복싹했져.(시루떡을 보며)

삼성 외성 송편 다리도 놓자.

에에헤,

설운 내 아들아.

아방은 무신,

(본주 아버지한테 인정을 건다.)

아들을 살렌 허느냐?

-아방이영 아들이영
어떵 헙니까?
-큰심방도 되야고.
그건 당연한 거 아닙니까.
이리 옵서 보저. 공철이가 살아나서,
동서러레 활활 뎅겨가야주.
나 아들 그디간, 그래도 굿해난 보람이 있구나.
(서심방 인정건다.)
어이구, 고맙다. 이,
고맙다, 고맙다.
아이구, 문박사도 이레 놉서 보저.
아이구, 놔 둡주게. 아이구 고맙수다.
고맙수다. 고맙수다. 고맙수다.
대원이 어디레 가니.
아이구, 이거 어떵허믄 조코.
고맙수다. 고맙수다.
저 사름도 인정 걸어불자.
말허영 무시거 헐거라게.
이거 어떵헌 일?
-언제면 이승순이 이름을 불러주코.
경 말행게. 가 불건 게.
-오심방은 안 받을 거.
손님으로 착각해부런.
오춘옥이도 심방이엔.

〈홍마음 다리〉

    어허,
    인정, 역가, 과다히 받았습니다.
    보난, 아래로는 정공철이 52살이
    나서며는 국궁 사배 종사관이로구나.
    4배를 올렸더니마는
    어허, 와라 처라 닫는 말에
    호패도둑 만주아미가 가서
    오호 오호 홍마음 다리도 놓자.
    (요령을 흔들며)

(악무)

    홍마음 다리를 놓았더니마는,
    실물도 허연, 오춘옥씨.
    어떵허민 좋코?
    도도도도도둑 맞고
    시시시시시실물도 허고
    -이디 갔단 잃어부런?
    어디 뎅긴 디도 어신디게.
    -어디 움직여 다닌데는
    아, 이제 보난, 거 누게 껀 줄 알암댜?
    -누게꺼라.
    저, 초등학교 뒤에 가며는
    서순실이엔 한 심방이 있는데,

근디 그년이 몹쓸년이라.

잃어불엉 가시문 손콥은 오셍틴 키왕

경행 질롹당 놈의 거 잃어부는거,

이리 와. 얼굴 강, 확 허울려볼민,

막 밭고랑이 뒈주.

이리 와, 손콥으로, 거 놔둥게, 어떵 안허여.

―서순실꺼만 잃어부런.

아니, 또 있주게.

거 북촌 우의 간 사누렌 허는게

성은 정씨고 이름은 공철이

정공철이. 그놈 거, 안성방은 어시난 웬갓

술만 먹으면 밤만 넘어가면, 어떵하는지 알암댜?

눈이 똥글랑 헌다게.

"이 개쌍년들, 다 죽인다. 이 망할년들."허멍,

경허난, 용순인 참다가, 그 집에 큰 잿떠리로 맞쳐부난

막 고부난, 안 맞고 문짝만 맞안, 그거 맞아시민 죽을 거.

큰 사고가 날 걸,

그디 꺼 잃어부런.

―그건 어떵 생긴거라?

어떵 생긴 거냐고?

똥글랑허고 이?

종기 보단은 크고, 사발 보단은 작고,

―큰 장손집 가면 그건가.

아니여 게. 극, 작은거 있주게.

바당에 강, 솜 하나 잡앙,

그걸 꺼내영,

-칼로 반 잘랑,

들렁, 가운디껀 호르륵 먹어불고,

안에 껀 고망 영 터져시민, 거기 가며는

둠북이나 감테나 허영, 들렁 영해그네,

흔드러봥 소리 안나면, 강 이거 맡읍서.

안 맡으켄 하면,

(정공철 맞아 운다)

박박 허우영 이거 우트레 푹푹 어허

이도 좋지를 못허여 웁네다. 그 뿐만 아니라,

노가단풍 아기씨가 그만

상다락에 중다락에 하다락에 노념을 하다보니,

얼굴이 백지장보다 더 하양허였구나.

정하님을 심어단 어떵허민 좋느니.

웁서. 연서답 가게, 갔다와도 시원칠 않아

방안에 앉아시난

아버님은 천하공사 어머님은 지하공사

살렌 영이 나난,

소나이 놈 자지나 돋았으면 책실로나 데려갈 걸,

아, 다 된게 아니주게,

그 놈의 자식 행실머리가

이건 우스개 굿도 되난

오젱이가 아니고 조젱이

경허난, 계집애라 데려가지 못하니,

방안에 앉아 웃따지여 알따지여

미닫이여 바로다지 엽다지,
어허,
마흔여둡 모람장,
서른여둡 비꼴장,
스물여둡 고무살장,
살장을 쳐 간다.
아버지가 잠근 문은 어머니가 맡아두고
어머니가 잠근 문은 아버지가 맡아두고
하늘공사 지하공사 살러 올라가불고
동게남 은중절 대사님은
보름달도 고요한날에
사름들 모아놓고
아하, 저달은 곱기는 고운디
오메 우리 절간 아이 수륙들여 난 아이
노가단풍 아이만은 못한게
아이고 어떻허문 좋으리요,
어느 누구 앞에 노가단풍 아기씨 앞에
권제를 받고 본메를 주는 자가 있으면
소사를 맡기고 대사를
아이고 지나가던 주접선생이 내가 갔다오겠습니다.
오, 갔다오라.
한짐질러 굴송낙을 미더리닥닥 씌고
지아골른 굴장삼은 둘러입고,
그 우에는 가사쓰고
백파염주는 목에 걸고,

단주는 팔에 끼고 손에는 목탁 들고,

집도잘린 등에 지고,

소곡소곡소곡 내려온다. 내려온다.

소승은 절이 뵙네다. 절같이 뵈영 뭣허여.

소승은 뵈요.

−어린이집에 가면, 뵈요.

나 정공철이우다.

우리 절간 수륙들여 낳은

노가단풍 아기가

열다섯 15세 넘기지 못할 것 같아

권제 받아당 수륙을 드리젠 오랏습니다.

아, 이 집안은

아버지는 천하공사

어머니는 지하공사 살레 올라가시난

나 손으로 권제를 주면은 받앙

시권제 받앙 갑서, 받앙 가.

아이고, 아니 받겠습니다.

아하, 정하님 손으로 닷되에 줄것은

아기씨 상전님 손으로 한줌 주는 거에

뭣사지 못헙네.

우리 아기씨 상전님 궁안에 갇혔수다.

어허.

닫이 닫이 알닫이, 웃닫이, 엽닫이, 미닫이,

마흔ᄋ돕 모람장,

서른ᄋ돕 비꼴장,

스물ㅇ돕 고무살장을 설연을 하고,

아버님이 잠근 열쇠 어머님이 수레두고

어머님이 종근 열쇠 아버님이 수레두어

천하공사 지하공사 살레 올라가부난,

경허거들랑 강,

아기씨한테 분부를 여쭙서.

여쭈왕, 분부는 여쭈와도 눈은 못뜨크라.

죽으믄 죽어도 눈은 못뜨켄.

어어허, 아기씨 안티 강 분부를 사뢰난,

어서 가까이 들어오라.

천앙낙해들러받아 지었구나

먼저 가져오라. 안내도 좋다.

쌀은 안줘도 좋다. 돈은 줘도.

천황역걸리, 그만 냅서게.

(제비점)

열싯, 열요숫, 열아홉,

먹을연이나, 입을연이나,

(본주인정봉투)

큰걸랑 말라게.

(제비점)

신의 상방, 가난한,

-고맙수다.

사름은 귀인을 만나야 사는 법이요.

-예, 예.

이러나, 저러나, 이 집에 굿을 해 가지고 , 왜 그런 지 알아?

심방은 소띠고, 본가는 쥐띠여.
살림을 살아도 망하는 법이 없어.
정공철이네 할아버지들이 도웨연
북촌강 살라. 북촌 강 살며는
너 직장에 가며는
김녕 사는 서심방이 도와 줄 것이다.
경허난
어허,
천상합의가 되었습니다.
기영협서 분부문안은 드려두고,
권제를 받아 법당으로 도올르난,
그날부터 유태를 가져
한달 두달 세달 되가난,
밥에는 밥내, 물에는 물내,
장에는 장칼내, 세금세금 정갈내,
오미자도 먹구정허다,
전갈래도 먹구정허다,
경 안해도 정하님이, 상전님 먹을 것사
못허여 드립니까.
신산곳 도올라 높은 낭에 열매난
건들건들 바람이나 불어줍서.
바람이 불어가난
오미저 젓갈래 아, 떨어지난
치마통에 담아단 방울 방울 섞어지난
한방울 두방울 먹단보난

낭내 남저, 이것도 아니 먹켜.
아이고, 영 아기들 설어가면
먹고싶은 건 무사 경도 많음도
에에, 에에
배는 보난 부룽배가 되난,
정하니가 이것사 어떵허민 좋코.
아이고 어떵허민 조코.
아버님아 어머님아,
삼년 살 공사랑 일년에 마쳥옵서.
일년에 마칠 공사랑 단 사흘에 마쳥옵서.
올레에 원앙소리가 살랑살랑 나난
아버님이 오는구나.
아버님은 안 사랑에 간 좌정을 하고,
아버님안테 하는 말이
아아 거울 삼식헙서
해거울도 헙서 달거울도 헙서.
물거울도 헙서.
경허연 아버님은 여자 행실을 모르난
아바님은 넘어가고
어머님은 그거 경험이 있는 일이라
얼굴에 기미가 껴 시난
아이구 이년아. 이레 오라 보저,
이거 어떵헌 일이고.
어허, 가심을 클르라. 고름을 클르난,
가심을 확허게 헤싼 보난,

아이구 여기 저기 거멍허였구나.

경헌디 젖고고리까지 거멍허였구나.

요년아 저년아, 죽일년아, 잡을 년아,

대동강에 목맬 년아.

멍애 씌와 밭갈 년아.

−욕도 하주게.

십단지좃단지동대단지어염에서점에도시럭

저녀석소곱으로팥죽이모냥태어난거(청취불능).

−어, 이게 나와랴 돼.

ᄀ르카 말카?

어허.

(청취불능)

−창보삼춘이 내 얼굴을 봐야 그 소리가 나올거주

어, 바당에 가며는 문어가 모른 밧에 올라오라 가면

아이고 창통에 고만이 놓으면 좋은디 옆드레 쓰러정

에 에 에

경허영 올라와 심젠 허며는 하브작허게 물드레 들어가불민

아, 문어가 하르방이로고.

안 허크라.

할 줄 몰라. 이젠.

−(웃음) 하하하

요 백정놈, 다심 성제, 신폭낭 아래 물페기 닮은 놈

오동장 좃으로 몽근 놈 저놈의 자식, 꺽꿀로 담고망에

찔렁 살리면 거시러진다 허여, 어허.

안해.

어허-

어머니에 현신을 드리난,

아이고 이년, 이년,

아이고, 죽일 년아, 잡을 년아.

기여나라, 기여나라.

아버님안테 아니 말할 수 없언 사실이우다 허난.

양반의 집에 잘 뒈였저.

어허, 내어 보내저

나가젠 허난, 아바님은 경허여도,

자식 상의 일이라,

가당 길막히면 이영허면 길 나리라

금봉체 다리도 놓자.

(악무)

연양당주 삼시왕에 줄이 벋고 발이 벋나

어허 당주다리도 올리자.

고망으로 질질질질 흘령 다녀.

또 잃어부렀주게.

또 잃어부런.

이리 와.

아이구, 저거 똥구멍으로 흘리멍 뎅견.

저, 초저녁엔 놓안 자렌허연

스물여둡 탕탕탕

아침엔 일어나렌 허영

서른세번 탕탕탕

-정월 초하루에 서른 세 번 올리주

그게 아니고 정공철이 세상에 태어나젠 허난

그 종을 두드려야 할거 아니.

이만하면 어찌 하리요.

척 차련 내려보난,

(공철에게 가서 때리며)

여기 아는 사름 있구나.

-아이고 잘 알암저.

아이고, 잘 알암저.

아, 아,

도올렸습니다.

정신을 차련 베려보난

철죽대 그믓이 봐지난 일로 가게.

가단보난 건지산에 불이 붙엄구나.

오른 저드렝이 트던 난 것이

왼착 저드렝이 트던 난 것이

아들이로구나.

탯줄 끊언 목욕시키고

진베구덕에 눕혀 웡이자랑 허단 보난

성님들 나온디로 안나완 오목가심 헤천

나오는 건 보니 또 아들이로구나.

탯줄 끊언 목욕시키고

진베구덕에 눕혀 웡이자랑 하며
세아들 이름이나 지어보자.
초 ᄋ 드레는 본멩두,
열 ᄋ 드레는 신멩두,
스무 ᄋ 드레는 살아살축 삼멩두가 솟아나
이 아기들 일곱 살이 나난
삼천서당에 글공부를 시키젠허난
삼천선비들이 애비없는 호로자식이 오면
삼천 양반하고 공부를 할 수가 없덴허난
아기씨가 돌아아전 들어간
아이구 선생님아.
큰아들은 선생님 눕는 방 굴묵짓게 해줍서.
셋아들은선비들 벼룻물 심부름이라도 시켜줍서.
작은아들은 선생님 담뱃불 심부름 시켜줍서.
경허연 들어간 삼형제가
넘어가고 넘어오멍 글 한 자를 듣고
쉴 덴 없으니 굴묵에 간
불치를 톤톤헤게 깔아노안
손으로 눌르멍 글을 써 나난
젯부기 삼형제엔 헙네다.
영해연 이 아이들
열다섯 십오세 나난
상시관에 과거를 보렌 영이 납데다.
큰아들은 무선급제
셋아들은 장원급제

작은 아들은 팔도도장원

와라처라

내려오젠허난,

투서가 들어간

양반에 자식은 과거를 안주고

중의 자식은 과거를 줍네까?

어찌하면 알 도리가 있겠느냐?

한번 도임상을 차려주어 봅서.

도임상을 차려주난 미나리 청근채나 먹고,

청감주나 먹고 고기나 자소주는 먹지않으니

저거 보십시오.

중의 아들이 분명 안합니까.

족은 아들은 억지로 먹는게

4당클 매어 제오상계 하며는

아공이를 먹넨 헙디다.

경허여, 과거에 낙방이 되난,

아이구대고 내려오젠 허난

삼천선비가 하는 말이

너희들 삼형제랑 연주문을 부수면

다시 과거를 준덴허난,

그것사 연추문에 날려들언,

삼형제가 화다다닥 쏘았더니,

연추문을 부수와두고 내려오라가난

삼천선비는 앞에와서

다들 연추문을 쏘은 죄로

어머니 노가단풍 아기씨를 잡아다
삼시왕에 하옥을 시켰구나.
시켜놓고 정하님을 불런
올라가단 보난 상제님이
과거 급제하여 내려왐시난
비보를 전하라.
경하되 머리를 풀어놓고
짚으로 머리를 잘라매난
영허고 저고리는
혼착 소매는 빼고 혼착 소매는 끼우고
소매는 잘라 매는둥 마는둥
가정 올라가라,
올라가단 보난
삼형제가 과거하연 올라왐구나.
아이구, 이 어른들아.
과거가 무엇이며 등당이 무업니까.
벌써 어머님은 죽언 앞밧디 출병막을 하였수다.
거, 이것사 무신 말이고.
출병막을 하면 과거를 못 보는 법이요.
아이구 요걸랑, 돌아가라. 돌아가라.
다, 관속들 돌려보내연,
우선 상이 우선이난 우퍼진 두건쓰고
머구낭 꺾건 삼형제가 짚고
아이고 대고 내려와서
어머니의 행상을 모셔보저

다섯천판을 때어 보난

어머니 신체는 하나도 없고,

물멩지 단소곳 하나 있었구나.

그걸 가슴에 품고 느진덕정하님을 불러다

닦달허난, 외가땅에 살았으니,

외가 땅을 가르키라

어허, 외가땅에 도내려

어허, 외가집드레 들어가젠 허난

너넨 중의 집안의 아이 들어올 수 없다.

백보 밖에서 절허젠 허난,

불쌍은 했는지, 초석울 내어주난,

거기서 절을 하니, 외하르방 하는 말이

아방을 찾아가지 왜 나를 찾았느냐.

우리 아방은 어디 있습니까.

황금산 주접선생이 너희 아버지다.

아이구, 게메 찾아가쿠다.

나오젠 해가난 너네 엎어졌던 초석은

우리 들어오면 그거라도 가정가라.

경해여, 배석자리 말아아전 둘러매어

가불어나난,

큰굿허영 끝에는 신자리 거뒁 간덴헙디다.

불붙은덴 헙디다.

아아, 이것 깔아 심방이 춤추당 내버려동 가면

그집에 불붙는덴 헙디다.

……

아방 찾아가쿠다.
나오젠 허여가난
너네 엎더저난 초석을
우리 들어오면 불붙든다. 그거라도 가정가라.
영해여, 배석자리 말아아전 둘러매연
가부러나난,
어디 큰굿 해서 마지막엔
신자리 거뒁 심방은 가정 가분덴헙디다.
불 붙든덴 헙디다. 요거 빨앙,
심방이 춤추당 이걸 내부러둥 가면,
그 집에 불 붙든덴허영 가져가렌 허영
심방집이 보내여붑네다.

어어허—
황금산에 도올랐습네다.
아이구 어머님아, 죄 폴리젠 허건,
삼시당 어주애삼녹거리
서강배포땅 삼녹거리를 내려서라
내려산 보난,
너사무너도령 삼형제 그디서 울엄시난,
느네 팔자나 우리 팔자나
같은 팔자 복력이난
어허, 우리 육항렬이나 맺어보게.
육항렬을 맺어
우리 유자낭 펭자낭 벌목허여 신전집을 무어

어머니 죄풀령 나오거든 가젠 헐 때,
어궁또로 좌정할 때, 삼시왕도 설연하게
어허, 너사무너도령 연당 알도 마련허게
경허연, 신산곳을 도올라,
옥사오기 쉐사오기 베어다 울랑국을 마련허고
첫체 울려 초공하늘,
이체 울려 이공하늘,
삼체 울려 삼공하늘,
드리 울리고 내어 울려났습네다.
어허, 오늘, 시왕고분연질로 들자허난
울랑국범천왕, 대제김, 소제김 다리여−

(악무)

거느릴게 엇주게.
다릴 놓았구나.
본멩두도 다리놓자.
신멩두도 다리놓자.
삼멩두 다리놓안
어허, 시왕전에 도올립네다.
(삼멩두를 시왕당클에 감긴다.)

홍포관대 조심띠, 남비단 접두쾌지,
(몸에 걸친 모든 무복을 시왕전에 올린다.)

(양창보 심방이 잃어버린 멩두를 찾는 굿
'고분멩두 질치기'를 하기 위해 굿할 소미들을 소집하는 내용의
'굿중 굿'으로부터 굿이 이어진다.)

아, 위미리 가면, 심방(오춘옥)하고,
또 성안 가면은 사라빌라 가면은 심방(정태진 이승순)하고,
정심방하고, 또 있지?
용담 가면은 강대원이 하고, 시켠 놔두난,
이거 시간이 다 됐고. 소미는 알아봐야 알주.
야네들 멋 햄시니 빨리 오라.
제게 오라 보저. 제기 오라.
강, 촐리라. 문전으로 강 차리라. 경 놔두라.
오 심방, 어디로 가니.
그레 아집서.
이거 하도 몇 날 몇 일 굿허레 뎅겨불고 해부난,
-게난, 막 조라완,
훈장도 묵직 허메. 그자 둑 울어가거든, 재와 이,
-경해영 나도 데령가야주, 어떵허쿠가.
할 수 엇주게. (웃음) 나, 녕 자크라.
(잠자는 시늉) 둑 울어가민 일려 이.
으허, 한 시간만 자라했으면 좋겠네.
(꼭끼요 꺽기요) 아이구, 이거.
(꼬고호, 꼬곡) 그것, 참,
(졸린 눈으로 일어나) 야, 거기, 양지 씻을 물이나 떠 놓아라.
(대야를 갖다놓고 세수하는 시늉을 하다 밀어버린다.)

차려 놓으라 게. 차려 놓았구나.

장귀 줘라 보저. 내불라 게.

어디 가신고.

-올라 간.

큰굿허젠 허민,

(초감제 말명 시늉)

천지가, 혼합으로,

(팔벌려 장귀치는 시늉) 제이르자, 탁탁, 아이구,

아이구 졸려, 아이구 성이여.

아이구. 잃러부럿구나.

아이구 이걸 어디가문 좋으리오.

어디강 찾으코게. 가게 우리.

잃어분거 찾앙, 찾아봐도 못쓰고.

몽둥이 가정 이레 오라 보게.

이레 오라. 이레 오라 보저.

(오심방 가는 막대기 들고 섰다)

저거 들르라게.

그거 점젱이집 가면,

막, 개들이 많아. 찾아보저,

어디로 가느니 문점은

-하귀가면, 애월읍 하귀가민, 봉사 점젱이 있뎅헙니다.

아이구, 아이구

-벡장동티도 찾아내고.

벡장동티도?

-잘 찾아.

아고, 가보게. 글라, 가게.

-막뎅인 개 때릴 거.

겐디, 그 동네, 정심방도 잘 안뎅.

-정심방네 점 잘헌뎅 찾았수게.

(심방과 소미 정심방를 찾아간다)

주인 있수가? (개소리)

(막대기로 때리면 괴성) 아이고, 아이고.

-매만 맞아. 달아나진 않고.

엄살치곤. 이건 몰람저. 다시 가게.

-제주시 가면, 문무벵이엔 거기 점은 치지 않는데, 일은

잘 안데 해라.

일 아는 어른이꽈?

그 집의 개가 월월 월월, 요 개, 요 개

(하며 문 아무개를 때린다.)

이것도 못쓰켜.

사라봉에 가면 정심방네 집이,

일 안 어른이꽈?

-예.

우리, 이름은 해또롱씨고, 예. 성은 몸팔 성,

나이는 스물스물 삼스물 보뜬 다섯 참열

나도 세지 못하는 연세이우다.

-겨난, 할 수가 어서.

할 수가 없어. 아이구 이것도 몰람저.

(막대기로 때린다) 이것도 몰람저.

내불어. 내불어. 우리집의 사름이 잘 한다.

저, 저기 찾아감서 게.(정태진 부인 이승순 심방에게 와서)

우리 이, 나이는 스무 스물 삼스물,

이름은 헤또롱 씨. 성은 복판 성,

-아이구, 잘 왔수다. 꿈에 시꿉다.

시시시시시시 실물헤십주.

-실물 했수가?

도도도도도도 도둑맞아십주.

게난 그거 어디 가신고 야?

-그거 양, 점을 해보난, 막 큰굿 해서, 저기.

아이구, 잘 몰람저.아이구 이거 잘 몰람저.

(하며 막 때린다.)

뚜드리라 이년.

-갸갸갸갸갸갸갸

아야아야, 용담으로 가게,

(강대원 심방에게 와서)

이 마을, 쌍놈의 새끼,

김녕드레 가게.

(서순실 심방에게)

-이디 김녕 심방을 찾아가면 애기라부난, 어른을 찾아사주. 아이는 아멩해도,

-새심방이 잘 알아.

(정공철 본주)문전으로 나간 시왕으로 갔수다.

아이구, 너 잘 알암저. 너 잘 알암저.

아이구 아이구 시왕드레 문전으로 나갔젠.

문전으로 나갔젠.

찾아가젠허민 해만국 둘만국
비행기 타고, 히꼬끼 타고, 전차 타고 마차 타고,
버스타고 해서 가렌.
가게. 가젠 하면,
버스 값도 들어야 되고,
비행기 값도 들어야 되고,
저 할망 말처럼 택시값도 들어야 되고,
가젠하면, 정전기 값도 들어야 되고,
정전기 알아져.
－정전기 몰라.
게난, 차비 줍서. 우와우와우와
－저 통장에 다섯개 해다 놓았는데, 저 통장보멍, 통장 숫자 보멍,
해만국 둘만국 가젠허민 차비 주라.
아이구 그 심방에 그 본주로구나.
드는 집에 들어.
해만국 둘만국 가난,
야이 이레 오랑 서라. 옥아 가는 아이가,
이제이제 허당 보민,
문전이우꽈?
기여. 어떵 핸 들엄서.
나, 나이는 스물 스물 삼스물이우다.
성은 복판 성이고,
이름은 헤또롱 씨우다.
저 우리가 실실실물을 핸 왓수다.
어디 간 들으난 문전으로 나갔다 하니,

문전으로 나갔으면 어딜 가신고 예?

아이구, 요녀석. 문전으로 나가는 건 틀림엇다마는

나가면, 세경땅에 가그네 파서 묻어진다.

어딜 가도 세경땅에 간다.

계난 세경신에 가서 잘 들어 보고 오라.

오라. 가불게.

(시왕당클을 가리키며)

이거, 세경신중마누라.

영 앉으라.

(세경신 서심방 앞에 양심방과 오소미 앉는다.)

저 세경신중마누라님, 신중마누라님이엔 골앙은 안되주게,

세경 신전 마누라님. 웃어불라게.

－호호호호

세경 신전 마누라 님이엔. 경 곧이 마랑,

세경신중마누라님. 영 오라시난, 말이나 골아보게.

누님 있수가?

거, 누게고?

양창보 아뉴꽈게?

경허지 맙서. 괄세허는게 아뉴다 예?

누님하고 나 사이가 그게 아닙주.

계난 어떵헨 오란디?

영 세벽에 진눈노루 맞으멍 어떵헨 오란디?

그런게 아니라 저 북촌 저 우에 무신 동넨지는 몰르쿠다.

그디 사는 정공철이엔 허는 심방이 삼천기덕 일만제기

다 잃러부럿덴 나신디 골안게 문점을 허난

문전으로 나갔젠 허연, 어디 간 들으난 세경땅에 간

잠잠젠 허난, 세경땅은 어디로 갑니까? 세경신중마누라님.

경허난 좌청룡우백호 어디 있수가. 영 나오라시난, 누님. 잘 굴아줍서.

아이고, 게메. 경허난 오라졌주. 어느 생후생전에 촛아오도 않다가

이거 이거 예순여둡 남시난 경해도 생각난, 오랏구나.

경허난 먼디서 온 걸 그냥 보낼 수도 없고,

아이고 경허민, 어떵허민 좋느니?

영 앉아 곰곰이 생각허난, 아이고 옷은 벗언 이불 속에 누워싱게.

게난 이, (젖을 보며) 이디 것을 뭐엔 헌다마는.

—브라자.

브란다? 그때는 부란당은 엇고,

—젖마게.

젖막이.

—젖마게.

젖통마게. 경허고, 빤수는 어서. 소곳. 소중기.

그것만 입엉 누워싱게. 아이구, 저놈이 올줄 알아시믄,

옷이라도 입엉 앉았을걸. 저 바깥에 강 있으라 나 옷 갈아입게.

아아아아 바깥에 강 돌돌 털멍 아아아아 시난

일어났저. 일어낭 영 쳐다보난, 아이고 입으난,

아이고 바쁘덴 헌디. 오라 바쁘디,

아이구, 오줌은 바싹 마렵고, 요강이나 가져오라 보저.

요강도 그때는 놋요강. 오줌단지 이리 주라.

경핸 이젠, 아이고, 소곳을 옆으로 거뒨 허영헌 엉뎅이

조롬페기 내놘, 단지레 올라 앉암져. 처녀난 이,

세게 나오란, 요강단지가 벌러지게, 싸르릉 싸르릉허단.

소랑소랑소랑 "어떵 놋요강이 벌러져?"

−소리만 꽐꽐허주.

엇쉬이, 허당 졸랑졸랑 아이고 어멍신디 가젠허믄 그냥 가도 못허고,

아이구, 정지에 강 불이나 솜아사주.

솜안 이, 방에 간 메밀 한줌 하연 솥에 놘

죽 쒐져게. 이젠 그걸 사발에 거련 내련

식어불카부뎅, 구덕에 조복조복 놘, 구덕에 놘,

들러 아젼, 글라 가게.

−어디 갈거라.

어멍신디 가사주.

어멍신디 가난, 아이구 어머님. 나 오랏수다.

저년, 몽근년, 무신 핑계가 션, 진농노릇에 아침에 오랏주.

어머니 어머니 어머니 괴로왐시카부뎅 나 이거 참,

저 오장 풀리게 죽 쒄 와시메 미움이나 먹어봅서.

경허는 거 보난 요샛말로 용건이 시난, 무신 궁텡이가 시난

나신디 돗돗한 죽 들런 오랏구나.

요년, 여기 가져드리라 보저. 아이구 못가지난

ㄱ르라. 어떵헌 일이고 허난, 아이고, 그게 아니라.

아 저 에. 정공철이엔 허는 심방이 있수다.

일 뎅기단 삼만제기 다 잃어불고

또 악살젱이 순실이 이년 몽근년

벡정년, 어멍 난 거,

−어멍 난 거.

어멍 난 거. 삼만제기 잃어부렀뎅 허난,

그걸 못 찾으면, 원래 이 서가들이 어진게 하나도 없지.

몬딱 몹쓸주게. 에이구 에이구, 경해영,

그거 둘이서, 날 심어낭 못허게 굴거난,

어멍 찾안 왓수다 영허난,

아이구 경허난 오랏주. 경허난 오랏주. 경 안허민

어떵 해연 오라저. 아이구 요년 몽근년,

어멍 심부름 시키젠 허난, 새벽 진동노릇에 오랏구나.

영허나 정하나, 행실이 괘씸허난,

아멩해도 삼시왕에서 거두와분 것 닮다.

야, 필 가져오라. 먹이영, 붓이영,

종이영, 가져들이라.

(북을 종이로 갖다놓고)

글을 써 보자. 글을 안트레 쓰는 건

훼훼 연습 안해도 좋다. 훼훼훼훼 훼훼

글을 못 봣서. 나 밖에 모르는 글이우다.

−명필이네.

명필, 명필이 죽었어.

동필이도 죽고.

정필인 살고, 글을 썼저.

종이 한 장 가정 오라.

(소미 종이 가져 온다. 북 위에 종이를 놓고)

글을 썬, 봉하연, 이걸 잘 보내사주.

이건 우리가 가져갈 게 아니고,

하, 이걸 쓰난, 야, 체부야.

−예.

편지 부쳐가라. 예. 어디 갑니까?

우리 아들신디 전하라.

예. 가겠습니다. 정말로 가겠습니다.

똑똑히 강 전허쿠다. 잘 전허쿠다.

아, 틀림어시 전허쿠다.

경 골아봐게.

−골아봐게.

똑똑히 강 전허쿠다.

막뎅이 두 개 꺾엉 온거보난, 똑똑헌디. 날 주쿠다.

야, 품에 체왕. 거긴 무엇이 있을 거라.

거 봉글락헌 거. 지왕, 가게.

전하레 가쿠다.

있수가? 누게고?

나, 성은 양가요, 이름은 창보엔 합니다.

겨고 예명은 성은 복판 성이고, 이름은 헤또롱씨우다.

나이는 스물스물 삼스물 보뜬 다섯 참 열이우다.

이거 어머니께 페페페페 펜지 전하레 왓수다.

이레 가져오라.

(편지를 가져온다)

−페페 펜지 가져왓수다.

페페 편지를 꺼내보난, 아이고 우리 어멍도 이거 무싱거.

아무 집에도 똘에 휘어진 건 망허여.

−옛날이나 지금이나

이제나 똘에 휘어진 집, 똘 말이엔 허며는

아장 일어서도 못하여. 아이고 우리 어멍, 에구에구

엽서 엽서로구나

날은 금년은 심방 말이라 이, 아아아

신묘년 달은 팔월 다음달이면 구월이로구나.

오늘은 몇일이라.

-사흘 있으면 그믐이렌.

오늘 스무일뤠라?

스무일뤳날이엔 햄수다.

아아 연양당주 삼시왕 명부 시왕에서

아아 아아 어딘고 하니

조천읍은 북촌리 한질 우에 벵벵벵벵

돌아간 집에 살암수다.

또 한 놈은 어디 사는고 허니,

김녕이렌 가면 동김녕에서 알러레 내려가면

옛날은 중학교영 초등학교, 고등학교도 알아야 합니다.

초등학교 뒷길로 허영 쭈욱 가당 보면,

거기가 남드레 들어앉은 집이 하나 있수다.

그집이 살암수다.

소나이 성은 정씨고 이름은 헤또롱씨고 나이는 52살이고

심방 하나는 성은 서씨고 나이는 51 남자 아니믄 여자우다.

여자 아니믄 남자우다. 어느 날부터 잃어부런는지

굿머쳐 굿을 하기는 에헤 에헤 신묘년 신구월

열엿셋날부터 오란 삼석을 두두리렌허난

삼석은 아니 두두리고, 대도 세우렌 했는데 대도 안 세우고,

그날 저녁의 기메고사만 허고,

어허 둑녁날 대세우고 삼석을 실르렌 허난

일만기덕 삼만제기 잃러부런 노시 오늘까지

삼만제기는 아니 나오란,

아이고 날 심어단 절로 돌암시난 상전님 날 살려줍서.

경허난 그냥 내어주지도 못하고 자, 이제랑

(편지를 시왕당클에 올리고)

이걸랑 저 웃트레 올려불고, 고리동반드레 올라가신가

대원아, 대원아.

─대원아.

아이구, 망할 자식, 그것이 오라사 바꿔 줄 건디,

─바꾸지 안 혈거

송낙 하나 주라. 아직은 있땅

(송낙을 쓴다)

신거는 거두라. 내려불라게

(소미들 다리를 거둔다)

내뤄불어. 자 걸머지우라. 소리가 심방소리 같이 올라.

(거둔 다리를 양심방 어깨에 맨다)

많이 거뒀수다.

아가, 다 줍서게.

(초불 감고, 걸치고)

들전 날전 신거무 연줄 거둬다

신의 아시 양단 어깨에 매어 맞으멍

어어 장귀들 갔더 두드리라.

애기마을 애기마을 불러다

니나노 노념하며

각 당에 어어 일배 한잔하자

니나난니 난니나, 니나난니 난니나,

니나난니 난니나, 니나난니 난니나,

니나난니 난니나, 니나난니 난니나,

니나난니 난니나, 니나난니 난니나,

니나난니 난니나, 니나난니 난니나,

니나난니 난니나, 니나난니 난니나,

니나난니 난니나, 니나난니 난니나,

니나난니 난니나, 니나난니 난니나,

니나난니 난니나, 니나난니 난니나.

니나난니 난니나, 니나난니 난니나,

고리동반 고리동반 니나난니 난니나,

고리동반 아사내라 보저.

니나난니 난니나, 니나난니 난니나

니나난니 난니나, 니나난니 난니나,

(심방은 고리동반 전상떡을 송낙 위에 얹은다.)

니나난니 난니나, 니나난니 난니나,

(머리에 얹었던 고리동반을 당클에 올린다)

실명반들 올리렌 허난, 당주에만 올리라.

니나난니 난니나, 니나난니 난니나,

니나난니 난니나, 니나난니 난니나,

(머리에 올렸던 고리동반을 당클에 올린다.)

잔, 잔, 잔, 니나난니 난니나, 니나난니 난니나,

(다른 당클에 고리동반 머리에 얹고 다시)

니나난니 난니나, 니나난니 난니나,

(술잔은 시왕에 올릴 거, 당주에도 올려야지)

(술을 올리며 뒷걸음 춤을 추기도 한다.)

〈쇠놀림굿〉

(악무)

전대 어서. 그냥 들어봐.
(엽전 꾸러미가 든 전대를 어깨에 맨다.)
어어 일천기덕 삼만제기 궁전궁납은
삼시왕전에 도올려 들어가며
삼시왕에 도올려두고 이룬 역가는
고리안동벽 신동벽 기메전지
아래 받은 쌀은 우트레 올리고
위에 담은 건 알러레 놓았습네다.
강 짐으로 아래는 우엣드레 올리고
우의는 아랫드레 내리고
경허난 정성이 기특허다 헙네다.
어허 일월삼멩두도 도았습네다.
오늘은 시왕고분연질로
안멩두 밧멩두 둘러 동굴동굴
놀판굿이여.

(악무)
요령을 흔들며

에-
성은 정씨로 정공철이 신아이도

이번 초신연질을 발루면
이제부터는 신이 되겠습니다 영허연
당주 삼시왕에 역가를 올리고
일천기덕 삼만제기 무루왔습니다.
오늘 몸 받은 조상은
이젠 초신연줄 발뢌으니 몸받은 조상님이랑
앞으로 날려들며 52살 신질을 발롸줍서,
성은 서씨로 51 신의 아이 몸받은 조상님은
오늘까지 52살 정공철이 신질을 발롸시난
그만하며는 신질을 발롸줄만하다 하영허난
아무도 이번 안팟을 ᄀᆞ갈라줍센 영해여
안멩두 밧멩두 불러 맡아다
동굴동굴 쇠놀림굿이여.

(악무)
자루를 풀어 흔들며 춤

자루를 던져 점을 침(쇠놀림굿)
-천문이 앞섰수다.
그렇거든. 이젠 짝멩두를 찾아봐.
좋다. 이 멩두도 군문, 저 멩두도 군문,
시왕대반지에서도(신칼점)
군문을 잡으멍 안으로 들어섭서.
경허나 정허나 현재 원수는 아니지켜.
군문을 잡읍서.

삼시왕군문 줍서.

하다 섭섭해싱가 허지맙서.

정공철이 이젠 당당한 심방이 되엇수다.

나중에도 옳은 마음으로, 산은 잘 촘싱게.

산은 잘 지워젼 좋구나.

어허

당에는 당베로구나.

절에는 절베로구나.

궁에는 궁베로구나.

매인공사 아신신베로구나.

청비개 흑비개 감아비개 얼어비개

팔만금사진 양단어깨에 매어 맞고 감아 맞으난

당베는 당드레 풀고

절베는 절드레 풀고

궁베는 궁드레 풀자.

매인공사 아산신베랑

삼공 삼신베 청비개 백비개

어러비개 감아비개 팔만금사진베랑

풀어-

(베를 풀어 놀린다)

(악무)

아끈 돈지 올라온다. 한돈지 올라온다.

아끈돈지 한돈지도 감아올려.

(악무)

아끈가메 올라온다. 한가메 올라온다.
아끈가메 한가메도 감어맞아.

(악무)

사고연당 만사당에도
동글동글 도지마을굿이여
(돈지를 감은채 앉는다.)

(악무)

아이구. 아이고
제주년 서방질허면 세 번은 배었다는게
너의 집에 쇠뿔이 아니면 축담에
외문은 아이구 아이구 아끈가메 한가메
아끈돈지 한돈지 풀어.
청ᄉ록 흑ᄉ록
이집안에 당주ᄉ럭 몸주ᄉ록
신영간주ᄉ록 불도ᄉ록
옛날 이달춘 ᄉ록이여 김녕할망 ᄉ록이여
어, 월정할망 ᄉ록이여, 양정녀ᄉ록이여,
강대진이 부부간 ᄉ록이여,

질투는 더, 안으로 바깥드레
실어 방송이여.
아끈돈지 한돈지는 연양당주
삼시왕 알로 도공헙네다.

〈고분멩두 질치기〉

〈물놀이〉

  - 양창보, 강대원

〈세경놀이〉

  - 양창보, 강대원, 오춘옥

〈세경놀이〉는 풍농굿의 일종으로 성행위와 임신·출산의 생활 과정을 자연의 질서 속에 대입하여 획득한 유감주술적(類感呪術的)인 놀이굿이다.

〈세경놀이〉는 소미 한 사람이 여인으로 분장하고, 3자 5치 세경자치로 술병의 모가지를 묶어 치마 속으로 배에다 감아 볼록하게 하고 나온다. 사생아를 낳아 팽돌이라 이름을 짓고, 한문서당에 글공부를 시켜보아도 별로 신통치 않아 결국 농사일을 시킨다. 이로부터 세경놀이는 농사짓는 전 과정을 일과 노래로 보여준다. 그리하여 덩더럭마께(큰 방망이)처럼 익은 조를 거두어 묶고, 그것을 마소에 실어 운반해 타작하고, 키질하고 체질하여 낟알을 만드는 과정을 실연한다. 그리고 남은 곡식을 운반해서 광에 저장하는 과정을 보여 준다.

〈물놀이 · 세경놀이〉

〈잔잡힘〉

- 서순실

〈잔잡힘〉은 수심방이 당주방 앞에 공싯상을 놓고 앉은제로 진행한다. 지금까지의 큰굿이 무사히 잘 된 것은 본주 심방의 멩두조상인 안공시와 서심방의 멩두 조상인 밧공시의 덕, 즉 모든 게 멩두 조상의 덕으로 이루어진 것이라고 하면서 안팟공시상에 모신 고 옛선생을 한 분 한 분 거느리며 "독두전(닭고기)에 일부(一杯) 한잔 하고 가시라"고 하며 안팟공싯상에 모신 멩두조상을 대접하는 제차다.

〈삼시왕 메어듦〉

수심방과 당배, 절배, 아신신베를 멘 새 심방은 마당에 차린 삼시왕상 앞에 나란히 서서 절을 하고, 소미는 연물을 친다. 새 심방이 감상기를 들고 춤을 추고 나면 삼시왕상을 거두고 심방과 소미는 신베, 아산신베를 멘 새 심방을 따라 당주방으로 메어 들어간다. 당주방으로 들어가면 먼저 〈쇠놀림굿〉을 하여 산을 받고, 수심방은 손에 '돈지(광목천)'를 감아 〈도지마을굿〉을 하여 인정을 받고 '돈지'를 푼다.

12) 열둘째 날 : 《삼공맞이》〈삼공본풀이〉〈전상놀이〉 〈공시풀이〉〈석살림〉

(10월 24일 월요일, 음력 9. 28.)

삼공본풀이를 근거로 이루어진 굿이 〈삼공맞이〉이며 〈전상놀이〉라고
도 한다. 그러므로 〈전상놀이〉는 삼공신 가믄장아기를 맞이하여 '전상을
놀리는 굿'이다. 전상은 팔자(八字), 직업(職業), 버릇 등의 의미로 사용되
고 있는데, 거기에는 운명적인, 타고난 업보라는 느낌을 강하게 준다. 〈전
상놀이〉의 내용을 보면, 가난이라는 나쁜 전상을 쫓고 부라는 좋은 전상
을 집안으로 끌어들이는 놀이라 할 수 있다.

나쁜 전상이란 평상시와는 달리 마구 술을 먹거나 해괴한 행위를 일으
키게 하는 마음을 일컫는다. 이 전상이 붙으면 그 행위를 버리려고 해도
버릴 수가 없다. 도둑질을 하여 몇 번이고 감옥에 출입해도 역시 도둑질
할 마음을 일으키고, 놀음을 시작하면 떨칠 수 없는 것과 같은 것이 다 전
상 때문이다. 또 나아가 농업, 공업, 상업 등 갖가지 직업을 택하고 거기
에 집착하는 것도 역시 전상 때문이라고 풀이하고 있다.

〈전상놀이〉는 〈삼공주년국연맞이〉 또는 〈삼공맞이〉라고 하는데, 이
는 놀이굿 자체가 〈맞이〉와 〈놀이〉의 복합 형식으로 이루어져 있기 때문
이다. 〈전상놀이〉는 〈삼공본풀이〉를 극화하여 대화 형식으로 엮어 가는
데, 먼저 다른 맞이굿과 똑같이 초감제로 시작된다. 이때 오리정신청궤가
끝날 때쯤 심방이 "금정옥술발 둘러 받아 오리정 전송처로-"라고 창하면,
삼공신인 장님 거지가 등장한다. 웃상실에 사는 '강이영성이서불'과 알상
실에 사는 '홍은소천'이 흉년이 들자 서로 위아래 마을로 동냥을 가다 도중
에 만나 부부 인연을 맺는다.

거지 부부는 가난하고 배가 고파도 부부 인연은 좋아 은장아기, 놋장아기, 가믄장아기를 낳게 되고, 그러자 갑자기 천하거부가 된다. 하루는 세 딸을 불러 누구 덕에 사느냐고 묻는다. 은장아기와 놋장아기는 하느님, 지하님, 부모님 덕에 산다 했지만, 가믄장아기는 "하느님도 덕이외다, 지하님도 덕이외다, 부모님도 덕이외다마는 나 뱃또롱 아래 선그뭇 덕에 삽니다."라고 대답한다. 부부는 노발대발하며 불효한 자식이라고 그녀를 내쫓는다. 그녀를 내쫓자 부부는 문에 부딪혀 장님이 되고, 장님이 되자 삽시에 다시 가난하게 되고 만다.

쫓겨난 가믄장아기는 마퉁이 삼형제를 만난다. 가믄장아기는 마퉁이 삼형제를 유혹한다. 큰마퉁이, 셋마퉁이는 거절하지만, 작은마퉁이는 허락한다. 가믄장아기는 작은마퉁이와 부부 인연을 맺고, 마를 파던 구덩이에서 금덩이 은덩이를 주워 삽시에 천하거부가 된다. 부모님을 만나기 위해 석달 열흘 장님들을 불러 백일잔치를 한다. 거지부부를 모시고 가믄장아기가 "이 술잔 드십서. 나 가믄장아기우다"하면, 똘자식임을 알고 어디 보자고 깜짝 놀라서 들었던 술잔을 떨어뜨리며 눈을 뜬다. 눈을 뜬 거지 부부가 지팡이를 짚고 두드리며, 모든 전상을 집 밖으로 쫓는 것으로 〈전상놀이〉는 끝이 난다.

〈삼공맞이〉

– 정태진

　〈삼공맞이〉는 〈삼공본풀이〉를 근거로 이루어진 굿이다. 〈삼공맞이〉는 삼공신 가믄장아기를 맞이하여 '전상을 놀리는 굿'이기 때문에 〈전상놀이〉라고도 한다. 〈전상놀이〉를 〈삼공주년국연맞이〉 또는 〈삼공맞이〉라 하는데, 이는 놀이굿 자체가 〈맞이〉와 〈놀이〉의 복합 형식으로 이루어져 있기 때문이다.

〈초감제〉

〈삼공맞이 초감제〉

〈새ᄃ림〉

– 이승순

〈군문열림〉을 하여 신궁의 문을 연 뒤, 하늘의 은하 봉천수 맑은 물을 떠다가 제장의 부정을 씻고, 신이 하강하는 길의 모든 사(邪)를 쫓아, 굿판[祭場]의 부정을 씻어내는 동시에 아픈 환자의 몸을 아프게 하는 병(病), 마음의 부정까지 쫓아내어 새[邪]를 도리는 의식을 〈새ᄃ림〉이라 한다.

〈군문열림〉

– 정태진

'군문'은 하늘 신궁의 문이고, 신들이 굿판에 들어오는 '굿문'이다. 심방이 도랑춤[回轉舞]를 추어 빙글빙글 돌며 신들과 감응하여 하늘 신궁의 문이 모두 열리고, 신궁의 문이 열리면, 신들은 이 세상에 하강(下降)하여 내린다. 〈군문열림〉은 하늘 신궁의 문을 여는 것이며, 열린 하늘 신궁의 문을 통해 신들이 하강[下降]하여 지상에 내려오게 하는 강신의식[降神儀式]이다.

〈삼공맞이 군문열림〉

〈신청궤〉

〈군문열림〉을 하여 하늘에서 내려온 신들을 굿판으로 안내하는 신을 감상관이라 하며, 당신이 감상관의 역할을 한다. 그러나 실제 굿에서는 당신을 대신하여 심방이 감상관의 역할을 하게 되므로 심방이 하늘에서 내려온 신들을 굿판[祭場]으로 모시는 것이다. 〈오리정신청궤〉는 심방이 하늘에서 내려온 신들을 오리 밖에까지 나가 굿판[祭場]으로 안내하여 모셔오는 청신의례이다.

〈삼공맞이 신청궤〉

〈추물공연〉

– 서순실

〈삼공맞이 추물공연〉

〈추물공연(出物供宴)〉은 신들을 모시기 위하여 내어놓은 제물, 출물(出物)을 갖추어 대접하는 공연의례를 말한다. 〈추물공연〉은 각 당클에 모신 신들 별로 안팎 공시상을 차려 앉아서 장고를 치면서 "ᄌ소주에 게알안주 상받읍서" 즉 술과 계란 안주를 잡숫고 가시라며 옥황상제부터 하위신까지 젯ᄃ리에 따라 신들을 불러 대접해 나간다.

〈삼공본풀이〉

─ 정태진

〈삼공본풀이〉는 전상신 삼공신화를 노래하고 기원하는 제차 이름인 동시에 그 신의 신화이름이다. 우주론적 관념론이 아닌 하늘과 땅 사이에 사람의 냄새가 물씬 나는 이야기, '제 3의 이야기'가 있다. 사람은 시간과 공간의 무대 위에 삶과 죽음의 이야기를 펼친다. 삶의 무대는 '삼(三)의 원리'를 풀이하는 〈삼공본풀이〉의 세계다. 〈삼공본풀이〉는 이승의 생활이야기이며, 현실의 이야기다. 이 때문에 하늘과 땅은 인간 가까이 내려와서 존재한다. 하늘(天)은 윗마을이고, 땅(地)은 아랫마을이다. 윗마을과 아랫마을에 흉년이 들었다. 하늘과 땅의 흉년, 배고픔과 가난이라는 현실의 문제로 전개되는 것이 전상신 신화인 〈삼공본풀이〉이다. 삼공본풀이는 사람의 생활[職業], 삶의 원리를 이야기하는 본풀이다.

〈전상놀이〉

─ 강대원, 이승순

〈삼공맞이〉를 〈전상놀이〉라고 한다. 그러므로 전상놀이는 삼공신 가믄장아기를 맞이하여 '전상을 놀리는 굿'이다. 〈전상놀이〉는 〈삼공본풀이〉를 극화하여 대화형식으로 엮어 나가는데 먼저 다른 맞이굿과 똑같이 〈초감제〉를 한다. 오리정신청궤가 끝날 때 쯤 심방이 "금정옥술발 둘러받아 오리정 전송처로─"하고 창하면, 삼공신인 장님 거지가 등장한다. 거지 부부가 세 똘을 낳고 부자가 된 후 가믄장아기를 내쫒은 뒤 다시 거지가 되었다가, 봉사잔치에 가서 가믄장아기를 만나 눈을 뜨게 된다는 내용을 극으로 표현한다. 그다음으로 좋은 전상은 집안으로 들이고 나쁜 전상은 집밖으로 내놀리는 '전상내놀림'을 한 뒤에 거지 부부가 퇴장하면 전상놀이가 끝난다.

3:07 삼공맞이 끝

〈전상놀이〉

〈공시풀이〉

 — 정공철

　〈공시풀이〉는 멩두(명도) 요령, 신칼, 산판 등 굿할 때 모시는 명도를 모신 공싯상 앞에 앉아 본주 심방이 심방 선생들, 즉 유씨 대선생 이후 모든 심방 조상인 옛 선생들을 청하여 축원하고 대접하면서 "독두전에 게알 안주 상받읍서.(닭고기에 계란안주로 상을 받으십시오.)"하며 공싯상의 내력, 심방이 된 내력을 풀어나가는 제차다.

〈공시풀이〉

〈석살림〉

－ 이승순

〈방울풂〉

〈아기놀림〉

〈상단숙임〉은 〈양궁숙임〉 또는 〈만당숙임〉이라고도 한다. 하늘의 두 신궁인 삼천천제석궁과 시왕의 신들에게 이제 굿이 모두 끝났으니 돌아갈 준비를 하시라고 고하는 것이다. 삼천천제석궁과 시왕 두 개의 당클을 '어궁'이라고도 하는데, 이 두 개의 궁을 숙인다는 의미를 가지고 있다. 이후에 진행되는 굿들은 땅의 신들을 위한 것으로 문전본향당클과 마을영신당클에서의 간단한 의례가 진행된다.

〈만당숙임〉이 끝나갈 무렵이 되면 당클에 붙어 있는 책지를 듬성듬성 떼어내고 다리를 걷어내기 시작한다. 이제 신들이 떠나가야 하기 때문에 신궁의 문을 여는 것이다. 이어서 〈지장본풀이〉를 구송하는데, 마지막에 푸는 지장본이라 하여 〈만당숙여 만지장본풀이〉라고도 한다. 본풀이를 마치고 나면 신들을 따라온 군졸들을 대접한다. "상당도숙어 삼천도군병질이여. 밥 술 괴기 많이많이 지사겨가며, 삼천군명 지사겨 디리가며 군문잡아. 잘 먹고 잘살아 어서 가라 허는구나."라는 사설 뒤에 닭을 들고 서서, "타는 말 대령하고. 각 신전님이 타고 갈 말이 그만하면 신전님네가 타고 갈만하구나. 각도 각당드레 신전님들 타고갑서."라며 말을 타고 어서 돌아가라고 한다. 이어서 "나쁜 것들 다 소멸시켜 줍서."라는 기원과 함께 닭을 밖으로 던진다. 마지막으로 닭털을 뽑아서 공중에 던지며 "털 타고 가실 임신님들 털 타고 갑서."라고 말하고는 마친다.

〈문전본풀이〉는 문신(門神)과 조왕신(竈王) 신화를 노래하고 기원하는 의례이다. 집안에서 일어나는 모든 일은 문전신의 허락이 필요하다. 집안으로 들어올 때도 집 밖으로 나갈 때도 문전신의 허락이 필요한 것이다. 그러므로 하늘신들에게 돌아갈 때가 되었음을 알리고 타고 가실 말과 병사를 준비해 두었으니, 문전신에게 신전님네들이 떠날 것이니 집안의 문을 열어 달라고 부탁할 차례인 것이다. 청신의례에서 〈초상계〉까지의 과정이 끝난 뒤에 '오방각기'를 붙여서 신들이 굿청을 떠나지 못하도록 했기에, 신들이 떠나기 위해서는 '오방각기'를 떼어내야만 한다. 〈문전본풀이〉가 끝나고 나면 심방이 "오방각기 시군문도 떼어 맞자."라고 하는데, 이때 각 문에 붙여두었던 오방각기를 떼어낸다. 이어서 집안을 지키는 수호신들을 위한 의례가 진행되는데 이것이 〈각도비념〉이다.

다음으로 마을의 수호신에게 굿이 끝났음을 알리고, 무사히 굿을 끝낼 수 있도록 도와주신 것에 대한 감사를 전할 차례이다. 〈본향ᄃ리〉에서는 먼저 굿의 첫날부터 지금까지의 굿의 구체적인 진행사항을 하나하나 자세하게 아뢴 다음, 수심방이 풀찌거리를 매고 본향당신을 청해 들인 뒤에 "한집님 덕으로 입고 먹고 행동발신하는 자손 아닙니까. 이 마을 한집님께서도 한집님아 발라줍서. 조상에서 곱게 곱게 발라줍서."라고 기원을 하고, "돍두전 게알안주로 일부한잔 받읍서."라는 사설과 함께 술잔을 올린다. 다음에는 "본향한집을 풀어맞자."라고 하며 맺힌 고를 풀어간다. 굿이 끝나면 영가상과 당줏방의 제물만 약간 남기고 모두 정리한다.

정공철 심방이 신굿을 할 것이라는 얘기는 몇 년 전부터 흘러나왔다. 하지만 그 말은 흘러다니기만 할 뿐 실체가 되어 진행되지는 못했다. 단순하게 비용의 문제만은 아니었다. 물려받을 명도도 없었고, 이렇게 큰굿을 주관할 수 있는 큰심방들을 모시는 일도 쉽지 않았기 때문이다. 그렇게 몇 년의 시간이 흐르는 동안 여러 우여곡절을 겪고야 정공철 심방의 신굿이 열렸다. 준비과정에서는 물론이고 굿을 하는 내내 본주와 심방은 물론이고, 촬영팀과 연구자, 이 많은 인원의 식사를 담당했던 조왕할망과 마을 주민들 모두가 함께 웃고 함께 울었다.

저녁 식사 자리에서 누군가 농담처럼 굿 때문에 마음고생 한 이야기를 꺼내며, 자기도 푸다시를 한 번 받아야겠다고 했다. 그러자 정공철 심방이 그럴 게 아니라 굿이 끝날 즈음에 모두 한꺼번에 마당에 앉혀놓고 푸다시를 해주자고 제안했고, 수심방도 흔쾌히 그러자고 했다. 바로 오늘이 그날이었다. 수심방은 굿이 끝난 다음, 조왕할망들과 연구자, 촬영팀을 포함해서 굿에 관계된 모든 사람들을 마당에 앉혔다. 몇십 명은 족히 되는 인원이었다. 심방들도 최대 인원이었고, 참가자도 최대 인원인 '집단 푸다시'가 시작된 것이다. 이 굿을 마치고 돌아가서는 모두 좋은 일들만 있도록 몸에 붙어 있는 나쁜 것들을 신칼로 찔러서 떨쳐 냈다.

《관청할망인사》

성읍리 본향 광청할망당은 일관헌 서쪽에 있다. 소미 오춘옥 심방이 간단한 제물을 차리고 가서 비념을 하고 돌아왔다.

〈관청할망인사〉

《상단숙임》

– 정태진

　〈상단숙임〉은 삼천천제석궁과 시왕 이상의 신들에게 돌아갈 채비를 하도록 하는 과정으로 몇 마디의 창으로 끝이 난다. 이를 〈상단숙임〉 또는 〈양궁숙임〉이라고 하는데, 이후에 진행되는 굿은 땅의 신을 위한 의례로 문전본향당클과 마을영신당클에서의 간단한 의례가 진행된다.

〈상단숙임〉

《만지장본풀이》

- 정태진

　〈만지장본풀이〉는 일찍 부모님을 잃고 사고무친(四顧無親)한 '지장아기씨'가 그녀의 기구한 운명을 딛고 고난의 삶을 헤쳐나간다는 이야기다. 그녀는 절에 가서 정성스레 불공을 드려 그 공력으로 마지막에는 새의 몸으로 환생한다.

〈만지장본풀이〉

《문전본풀이》

〈문전본풀이〉는 문신(門神) · 조왕신(竈王) 신화를 노래하고 기원하는 제차 이름임과 동시에 신화의 이름이기도 하다. 이 신화는 남편인 문신(門神) 남선비와 그의 처인 조왕신(竈王神) 여산부인, 집안의 정주목과 5방 토신이 된 아들 7형제, 그의 첩신인 노일저대귀일의 뚤이 등장하는 신화다.

옛날이라 옛적에
문전하르바님 혜만국
할마님은 둘만국,
아버지는 남선ㄱ을 남선비
어머니는 여산고을 여산국 부인
일문전 일곱째 녹두셍인 ᄎ집디다.
옛날이라 옛적에 남선고을 남선비
여산고을 여산국 부인님이 살읍데다.
부부간은 맺어근 살림 사난
아덜이사 낳는 게 일곱 성제 낳읍데다
살젠 허난 농선 지난
그 해에 흉년이 들엇구나.
먹고 구명도식 허젠 허난
'어떵 살코' 남선비 허는 말이
"설운 아기덜아, 나 아기덜아,
굴미굴산 아야산 신산곳을 올라강
올곧은 남 실 곧은 남 비어당

배나 ᄒ나 멘들민

아바지 육짓 장서 강 오마.

"어서 기영 협서"

일곱 성제 굴미굴산 아야산 신산곳을 도올라

올 곧은 남 실 곧은 남 비어단 배를 멘들은다.

전베독선 실른다. 장젓맞이 벨ㅋ서 방고삼체 덩덩 올려갑데다.

멩지와당은 실ᄇ름 불어간다

파도 치엉 절 치엉

뱃머리 돌리는 데로 가멍 가멍

가단 보난 오동나라 오동고을 당햇구나.

성창에 닻을 묶어간다.

삼버릿줄을 줄싸메난

오동나라 오동고을

노일제데 귀일이 뚤이 소식을 들엇구나

앞치매 끊어 앚언

아끈성창 한성창에 내려오랏구나

"선주님아 선주님아 선주집은 정헙디까?"

"아직 아니 정헷수다."

"경허건 옵서 우리집이, 선주집을 무어봅서에."

노일제데 귀일이 뚤 집이 선주집을 정허엿구나.

장서할 생각도 아니 난다.

일어나민 바둑 노념놀이 헌다. 어둑으민 좀을 잔다.

노일제데귀일이 뚤 첩을 삼아 먹는 게, 갖엉 간 거 몬딱 먹어간다.

먹을 거 엇이난, 탄 배도 풀앙 먹어간다.

남선빈 화가 나난 앞눈 봉사 되어간다.

남선비 갈 디 올 디 어서저 간다.

피조리 초막살이 돌쩌귀 거적문을 둘앙

지나가는 개라도 오랑 겨죽이라도 먹어불카부덴

주어 저 개, 주어 저 개

다우리멍 살아가는구나

남방국에서는

남선비 가건디 연삼년 되어가도

소식 기별 엇이난 서룬 아기덜 초신 삼아아전

여산국이 부인님, 상동낭 용얼레기 춤실 일곱 발을 묶었구나.

저 바당에 내려근 바당더레 던진다.

낭군님아, 낭군님아,

가다근 배 파산 되어근 죽엇걸랑

상동낭 용얼레기 들이첨시난에

용얼레기더러 머리카락 혼정 올랑 오고

살앗건 소식 기별 들케 헙서.

ᄒᆞ를 이틀은

사을 나을 닷세, 엿세 일뤠체 되는 날 건전 보난

머리카락 혼정이 아니 올랏구나.

아이고, 낭군님 살앗구나.

그 법으로 바당에 강 빠졍 죽엉 혼을 못 촛이민

머리카락 혼정이라도 건지젠

혼벡상에 용얼레기 무껑 혼벡을 건지는 법입네다.

여산국 부인님이

서룬 아기덜 니네 아바지 촛아근 오크메

아방 탄 거ᄀᆞ찌

배나 ᄒ나 멘들라.
굴미굴산을 아야산 신산곳을 도올라
올 곧은 남 실 곧은 남 비어단
배를 ᄒ나 멘든다.
배에 돗을 둘앗구나.
다른 애기덜안틴 아니 ᄀ고
일곱체 아덜안티 ᄀ는 말이
나 아덜아 어멍 갈 땐 요 돗을 둘앙 가고
어멍 올땐 떼느네 어멍 아닌 줄 알젠 허민
나가 다른 돗을 둘앙 들어올거여
이 돗을 둘앙 오민 니네 어멍 아니고
다른 돗을 둘앙 오민 니네 어멍이 된다.
일곱체 아들안티 굴앗구나.
장젓맞이 방구삼체 덩덩 울령
멩지와당 실ᄇ름 부난에, 파도 치어 간다.
절 지어 간다. 너울 파도를 넘어간다.
뱃머리를 돌려근 가멍 가멍 가는 게,
오동나라 오동 ᄀ을 당허난,
아끈 성창 한 성창 닷을 묶어 넘어간다.
넘어가단 보난에 기장밧디 당허엿구나.
기장밧디서 꽃 ᄭ뜬 아기덜이 ᄀ는 말이
이 새 저 새 너무 욕은 체 허지 말라.
밥주리 참새ᄀ찌 욕은 새도
아이 놓은 그물에 들고
남선비가 욕아도 노일제데 귀일이 ᄯ 호탕 넘엉

전배독선을 ᄆᆞᆯ딱 풀아먹어근

체죽단지 옆이 끼언 앚눈 어둑언 앚앗구나.

주어 저 새. 주어 저 새.

여산국이 부인님은 넘어가단

ᄇᆞᄅᆞᆷ쎌에 구름쎌에 들으난,

이 아기덜이 이 놀렐 불르난 기장밧디 들어간

아이고 아기덜아 ᄀᆞᆺ싸 무슨 노래 불런디

우리 아무 노래도 아니 불럿수다.

느네덜 ᄀᆞᆺ싸 불러난 노래 ᄒᆞᆫ번만 더 불러주민

느네 머리에 곱닥헌 갑사뎅기 드려주마.

그 노랠 불럿구나.

아이고 아기덜아 그딜 가젠 허민 어디로 가느니?

요 재 넘고 저 재 넘어 갑서

요 재 넘어갑데다 저 재 넘어갑데다

가단 보난 피주리 초막살이

돌쩌귀는 거적문 둘아놓고

남선비 체죽단지 옆이 끼언 앚안 잇어구나.

여산국 부인님이 들어가멍

주인 아지버님아 주인 잇건 나그네 멋칩서.

아이고 아주머님아 이레 바레여봅서.

어디랑 나그네 자곡 어디랑 주인 잡네까?

아지바님아 난 디 나뎅기는 사람

집을 지엉 나 뎅깁네까.

정젯 구석이라도 호썰 빌려줍서.

기영헙서.

정제에 들어간 보난에

밥이라도 흔 직 혜영 먹어보젠

외말치 서말치 솥뚜겡이 열언 보난

체죽만 쑤언 먹엇구나.

솥디 체죽 눌어시난

여산국 부인님이 앞밧디 뒷밧디 늘려들언

삼수세기 걷어단 북북허게 닦아두고

갖언 간 쌀 놓아근 밥 흔 상을 출렷구나.

남선비 아피 놓아그네

주인 모른 공서 잇입네까. 주인 모른 음식을 먹읍네까.

주인 아지바님아 이 밥이나 먹읍서.

남선비가 첫 수꾸락을 먹으난 목이 탁 메엇구나.

아지바님아. 어떵허연 목이 탁 멤이꽈

나 옛날 먹던 밥이우다.

아지바님아 옛말이나 골아봅서.

난 옛말도 모릅니다.

본 말이나 골아봅서.

난 본 말도 엇수다.

아지밧님아 살아온 정릴 생각허영 살아온 애기난 헤여줍서.

나는야 남방국에 살앗수다.

나는 남선비 우리집이 부인 여산국이고

아덜 일곱 성제 난 살젠 허난 흉년 들언

육짓 장서 오랏단, 노일제데 귀일이 뚤 만나근 호탕 넘언

전배독선도 ᄆᆞᆫ딱 풀아먹곡 갈 디 올 디 엇어근

화가 들언 앞 눈 어둑언 앚앗수다.

서룬 낭군님 낭군님아.

나가 여산국이 부인이우다.

낭군님 나가건디가 연삼년이 되어도

소식 기별도 엇고 농서 지으난 풍년 들언

낭군님 춫아오젠 물으멍 물으멍 춫아오랏수다.

부베간이 홀목 심엉 만단소식 헤여간다.

한창 만당소식 허노레 허난

노일제데 귀일이 똘은 동네 잔치 집이 간 일헤연

체죽 ᄒ 족박 주난 깍치메에 싼

먼 올레에 들어오단 보난 난데어신

여자가 말을 주고 받암시난

아이고 요놈의 ᄌ식아 저놈의 ᄌ식아

난 놈이 집이 강 눈칫밥이라도 먹으멍

체죽이라도 빌어당 ᄒ를 세끼니 멕이멘 허난,

넌 ᄀ만이 앚아둠서 지나가는

술깟나이 놓아 노념놀이 헤염느냐.

죽일 놈아 잡을 놈아 후욕 누욕 허여가는구나.

남선비 ᄀ는 말이

남방국에서 우리집 부인이 나를 춫안 오랏구나.

아이고 나 성님아 나 성님아 나가 성님인 줄 알아시민

나가 무사 후욕헙네까. 아이고 나 노일제데귀일이 똘이우다.

아이고 서룬 성님 잘 오랏수다.

성님아 오젠 허난 몸에 ᄄ낸들 안납데까

옵서 우리 주천강 연내못디 몸 모욕이나 허영오게.

주천강 연내못디 몸모욕 내렷구나.

물팡돌에 둘이 옷을 벗언 앚아간다.
여산국이 부인님이 아이고 우리 낭군님 데령 살멍 속 썩엇구나.
나 동생아 영허라. 나 니 등 밀어주마.
아이고 성님아 거 무신 말씸이꽈.
우으로 비운 물이 발등더레 떨어지주
알로 비운 물이 우터레 넘어갑네까.
설운 성님 먼저 등 밀어나건 나 등 밀어줍서.
그 말을 들언 여산국이 부인님은 꿰어 넘엇구나.
뒤터레 간 앚이난 물박으로 물을 떤 등더레 비와간다.
ᄒᆞᆫ 번 비와간다. 두 번 비와간다.
세 번을 비완 등을 미는 첵 허멍,
물더레 가락허게 걸이밀렷구나.
여산국이 부인님은 감테 ᄁᆞ뜬 저 머리 골골 산산이 허터놓아근
얼음산에 구름 녹아가듯 구름산에 얼음 녹아가듯
물 알더레 ᄀᆞ라앚앗구나.
노일제데귀일이 ᄄᆞᆯ은 지꺼지엇구나.
이녁 옷은 벗언 던져두고
여산국이 부인님 옷으로 횟홧 입어아전 집이 오란,
아이고 낭군님아 낭군님아 노일제데귀일이 ᄄᆞᆯ 그년 셍깃년
헹실이 괴씸허연 나 물더레 가락 걸이밀련 죽여 두고 오랏수다.
아이고 잘 죽엿져. 나 이거 앞눈 어둔 거 누게 덕이고
다 그년 덕분에 나 앞눈이 어둑엇구나.
아이고 잘 죽엿져
거짓말을 헤여간다.
낭군님아 옵서 이제랑 우리덜 아기덜 ᄎᆞᆽ앙

남방국더레 어서 들어가게

성창더레 오라근 닷을 걸어간다.

파도 치어간다. 절치어 간다.

제줏 바당더레 들어오라 간다.

물머리에 산 보난 어멍 탕 간 배가 오람구나.

아덜덜 일곱 성제 나와간다.

어머님 가건 아바지 춫안 오람시난

큰아덜은 망건 벗어 디릴 논다.

둘째아덜 저고리 벗언 디릴 논다.

셋째아덜 바지 벗엉 디릴 논다.

넷째아덜 행경 벗언 디릴 논다

다섯째아덜 보선 벗언 디리 놓아간다.

여섯째아덜 두루막 벗어근 디릴 놓앗구나.

일곱째 녹디셍인 ᄀᆞ는 말이

설운 성님덜아 어멍 탕 간 배가 분명허우다.

아바님도 분명헐 거우다. 어멍은 우리 어멍이 아니우다.

나 동생아 무사 그 말을 ᄀᆞᆯ암시니.

어머님이 떠날 때 저 돗을 돌앙오민

어멍 아니곡, 다른 돗을 안돌민 어멍이엔

나안티 분명이 ᄀᆞ아뒌가난

저 돗 ᄃᆞᆫ 건 보난 우리 어멍 아닙네다.

성창에 내렷구나.

아바님이 내린다. 어머님이 내린다.

어머님아 어떵허연 그 전 얼굴이 아니우꽈.

아이고 나 아덜덜아 니네 아바지 간 데령오젠 헌 게

배멀미가 나시네 수질끼가 나시네.

가가난 이 골목으로 들어 그릅서. 들어간다.

올레가 당허엿구나. 올레더레 들어사젠 헤가난

이 올레도 주악 저 올레도 주악허난

어떵핸 우리 올렐 못 춫임이꽈

아이고 나 아기덜아 안 굴아냐.

니네 아방 데령 오젠 허난 배 수질끼가 나시녜.

요 집더레 걸읍서. 들어가난

어머님아 밥이나 지어봅서.

쑬 거려단 밥 허난

큰아덜 밥상 족은아덜 받아간다.

족은아덜 밥상 큰아덜 받아간다.

서로 오착이 되엇구나. 사발도 바꾸곡 수꾸락도 바꾸곡

밥상도 바꽈가난 서로 눈만 뚜릿뚜릿

녹디셍인 나 동싱 말이 맞다. 어멍은 우리 어멍 아니고

아방은 우리 아방 맞아지다.

그날 밤을 새와근

남선빈 날 밝으난 동녓 집더레 인사를 나가간다.

아덜 일곱 성제 초신 삼으레 나고간다.

노일제데 귀일이 뚤이 앗안 생각을 허난

이 아덜 일곱 성제 알민 난 죽는거 아이고 금방이로구나.

어떵허민 조코. 앗안 곰곰이 생각허엿구나.

남선비가 들어올만 허난 올레로 들어오랏구나.

들어오라가난 바당 마당 네 구석 동글동글 둥글어간다.

발이 마루 네 구석 빙빙 둥글어 가는구나.

아이고 부인님아 이거 어떵헌 일이라.

아이고 낭군님아 낭군님아 나 몸에 병이 난 듯 협네다.

어떵허민 조코.

아이고 낭군님아 옆집이 김정시안티 강 문복이나 지엉 옵셴 허난

어성 기영헙서.

남선비는 지펭이에 지퍼근 울담 의지허멍

먼 올레에 나가난 노일제데귀일이 똘 셋담 튀언 먼저 간다.

김정싱 데감님아 우리집 낭군님이 오랏건들라근

나 몸 병은 약 먹어도 아니 조켄 굴아줍서.

뭣이엔 ᄀ릅네까.

아덜 일곱 성제 죽영 간네엉 먹어사 조켄 굴아줍서.

어서 약속헤여뒌 방문을 열언 나오난 남선비가 들어온다.

아이고 어떵헤연 옵데가.

우리집이 부인이 아판 오랏수다. 단수육갑을 지펑 ᄀ는 말이

이 병은 약 먹어도 안 조쿠다.

어떵허민 조쿠과.

아덜 일곱 성제 죽여근 애 네영 먹어사 좋을 듯 허십네다.

이 말을 들으난 남선비는 애가 느착헌다.

먼 올레 지펭이 지퍼근 울담 축담에 손을 지퍼근

들엉오라가난에

청방 구석 빙빙빙빙 아고 배여 자라 배여 아이고 배여

남선비 오는 거 닮으난 무뚱더레 나앗앗구나.

남선빈 난간더레 걸쳐 앚안

아이고 가난 뭣이엔 ᄀ릅데까. 남선비 속숨헌다.

가난 뭣이엔 ᄀ릅데까. ᄀ릅서.

가난 약 먹어도 아니 조코, 아덜 일곱 성제 죽영 애 내영 먹어사 조켄.

아이고 낭군님아 낭군님아

어떵 난 애기덜이랑 애 네어근 삽네까. 안됩네다. 안됩네다.

거짓치 아녀게 골아간다.

노일제데 귀일이 똘이 다시 아덜 일곱 성제 죽영

애 네엉 먹엉 나 살아나걸랑

한 배에 세 쌍둥이씩 세 번 나민

일곱 성제에서 이짜 두 개 부찌민 아홉 성제 될 거 아니우꽈

그 말도 들어보난 맞앗구나.

아이고 낭군님아 요래 나강 봅서.

삼도전 세커리에 망태기 쓴 점쟁이가 싯젠 헙데다.

그디 강 문복지엉 옵서.

남선비 어둑은 눈에 올레더레 나가가는구나.

노일제데 귀일이 똘은 굴묵에 간 망태기 하나 앚어그네

셋담으로 셋질로 와랑치랑 와랑치랑 나가간다.

삼도전 세커리에 가근 망태기를 썬 앚앗구나.

남선비 어둑은 눈 삼도전 세 커리에 오랏구나.

노일제데 귀일이 똘이 어디레 가는 아지바님이꽈

아이고 문복단점 지젠 허난

망텡이 쓴 점쟁이 춫안 오랏수다.

아지바님 요래 옵서. 어떵허연 옵데강

우리집 부인님이 아파근 오랏수다.

아덜 일곱 성제 싯수과

잇수다. 아이고 약 먹어도 아니 조쿠다.

어떵허민 조쿠과.

아덜 일곱 성제 애 네엉 먹어사 조쿠다. 허여간다.

남선비 그 말 들어근 어둑은 눈에 지펭이 들러근 집더레 오라간다.

노일제데 귀일이 똘 망텡인 들런 데껴두고

셋질로 울담 넘언 먼저 오란 앚앗구나.

무뚱에 앚아심드루 남선비 들어오라가난

아이고 낭군님아 가난 뭣이엔 굽데가

혼 말에 지어렌 허난

아이고 경허건 혼저 애 네엉 나 살려줍서예

남선비 장도칼을 내어논다. 고운 7세 신돌을 내어논다.

슬금슬짝 칼을 フ랏구나.

옆집이 청마고할마님은 저녁 밥 허젠 불 빌레 오난에

남선비야 아덜덜 잇인디 어둑은 눈에 칼은 무사 フ람시냐.

아이고 할마님아 모른 소리 맙서.

사실은 영 헤연 이 칼을 フ람수덴 허난

할마님이 가심이 금착 털어지엇구나.

청부채도 들러데껴두고 남선비 아덜덜 초신 삼는 디 강 보난

웃음벨탁덜 허멍 초신을 삼암구나.

아이고 이애기덜아 무신 분시덜을 몰란 영 이 웃음이 남시니

니네 집이 니네 어멍 아판 문복 지언

니네덜 죽영 애 네영 먹어사 존데 허난

니네 아방 칼을 フ람서라.

이 아기덜 일곱 성제 비세7치 운다.

녹두셍인 곧는 말이

설운 나 성님아 오널 울엇덴 살 일이 아닙네다.

나가 뭐센 굽데가.

아방은 우리 아방이고 어멍은 우리 어멍 아니엔 아니 굽데가.

우리 어멍 ᄀ뜨민

죽으민 죽어도 우리 죽이젠 애 네젠은 안 헐 거우다.

이레 옵서 ᄀ찌 가게. 먼 올레 오랏구나.

설운 성님덜랑 요기 사십서.

나가 강 무슨 수를 써도 아바지 손에 든 칼을 나가 갖엉 오쿠다.

안으로 들어강 아바님아 우리덜안티 칼 굴렌 허주

어둑은 눈에 아바님데로 칼을 굴암수까.

설운 아기야. 사실은 영 헤연 칼을 굴암구나.

생각 잘 허엿수다. 부모는 ᄒᆞᆫ 번 가불민

못 오는 게 부뭅니다. 아긴 다시 나민 아기난

생각을 잘 헷수다만은

아바님 속으로 낳은 아기덜 일곱 성제 가슴더레

칼을 일곱 번을 어떵 대고

묻어주젠 헤여도 어둑은 눈에

일곱 구뎅이 파사고 흙 ᄒᆞᆫ 삽이라도 더퍼주젠 허민

일곱 삽을 더퍼살 거 아바지 앞눈 어둑으난 못 헙네다.

경허난 그 칼을 나를 주엉 성님덜 죽영 오라근 애 먹어근

어멍 배 안 낫건 그때랑 아바지 나 혼자 죽영 애를 네는 게 어떵허꽈.

남선비 그 말 드난 슬금슬짝 칼을 내어주난

그 칼 갖언 아덜은 먼 올레 나사근

설운 성님덜 어서 걸읍서.

건삼 ᄀ튼 지레에 노용삼 ᄀ튼 얼굴 서산베옥 ᄀ튼 양지에

비세ᄀ치 울멍 굴미굴산 아야산 신산곳을 올라간다.

설운 어머님 어머님아

혼정 잇거들랑 우리덜 일곱 성제 살려줍서.

가멍 가멍 가는 게 해는 일락서산에 다 지어갓구나.

어욱폐기 의지헌다. 서로서로 등 어깨 부딪치멍 이슬을 피허멍

그 밤을 지세와 가난 꿈에 선몽을 헤엿구나.

설운 아기덜아 흔저 일어나라 먼동금동 대명천지가 붉암시난

올라가당 보민 산신령 노리 강록이 내려올 거난

느네덜 활 받으멍 죽이젠 허민 알아볼 도리가 이실거여.

선몽받고 와들렝이 일어난 일곱 형제가 フ뜬 꿈을 꾸엇구나.

먼동금동 대명천지가 붉앗구나.

일곱 성제가 굴미굴산더레 올라가는구나.

노리 강록 사슴이 내려오는구나.

활 받으난에 말을 フ라간다.

나는 산신령이난 나 뒤에 산톳 일곱 모리 내려오람시메

흔 마리랑 씨전중 넹겨두고, 애 뺑 가라. 허염구나.

거짓말 아니꽈. 난 거짓말 아니허여.

난 산신령이난 거짓말 아니 흔다.

경허거덜랑 본메본짱을 뭇쳐 노리 강록 꽁지를 쫄랏구나.

그 법으로 노리덜 보민 꽁진 엇입네다.

꽁지에 옷 베려근 딱허게 본메본짱을 부찌난

노리 강록 사슴에는 검은 점 흰 점이 잇는 법이로구나예.

올라가단 보난 산톳이 일곱 모리 내린다.

흔 모리랑 씨전중으로 넹겨두고

ᄋ섯 모리 애 낸다. 궤긴 구워 먹어근 배가 뽕끄랑허게 시장끼를 멀린다.

애를 상 내려오라간다. 왕대죽대 밧디 들어간다.

천 근 들어 활 ᄒ 대, 백 근 들어 쌀 ᄒ 대 대창 죽창 맹근다.

집이 오랏구나.

설운 성님덜이랑 올레에 사십서. 나가 들어가쿠다.

나 소릴 들으멍 동서남북 활 받으곡 살 받으곡

창 들르곡 기 들렁

와라치라 놀려듭서.

성님덜 올레레 세와두고 안네 들어가근

어머님아 성님덜 죽여근 애를 내영 오란

요거 먹엉 살아납서. 허난

설운 나 아기야. 약 먹는 디 사람 보민 아니 된다.

녹두셍인도 ᄋ망지난 손가락에 춤 ᄇᆞ란

나오멍 문 여는체

창고냥을 뿡허게 똘라근 나오랏구나.

벳긋디서 안터레 바려보난 노일제데귀일이 똘은 그걸 먹지 아니영
입바위만 불긋불긋허게 ᄇᆞ라그네 베개 알러레 놓앗구나.

아이고 배여 아이고 배여.

아이고 배여 하나만 더 먹어시민 나 살암직허다.

녹디셍인 들어간 어머님아 어머님아 이부자리나 게어보쿠다.

방안이나 쓸어보쿠다. 어머님 머리라도 ᄒ 번 벗어보쿠다. 허난

설운 아기야 신병 든 디 방에 아니 치운다.

이부자리 아니 겐다. 머리도 아니 비슨덴 허난

감태ᄀᆞ뜬 절방머리 허운데기 심어간다.

이 년 저 년 죽일 년아 잡을 년아

대동통편에 청댓섭에 목 걸령 죽일 년이여.

너가 우리 어멍 ᄀᆞ뜨민 우리덜 죽일 수가 엇져.

이레착 저레착 메어부쩌간다.

베개 알에 요섯 애 갖언 지붕 상ᄆ루레 올라간다.

아이고 이 동네 어룬덜 이레 바립서.

우리집이 보앙 정다십서.

다심어멍 다심애기 데령 사는 사람덜랑

우리 보앙 정다십서. 아기가 다심티가 아니고 어멍이 다심티우다.

설운 성님덜 살앗걸랑 동서남북으로 와라치라 눌려듭서.

설운 성님덜 활 받으멍 눌려든다. 쌀 받으멍 눌려든다.

대창 죽창을 가져근, 와라치라 와라치라 눌려들어가근

남선빈 어둑은 눈에 이 말 들어지난 요게 무신 일인고

올레더레 넘어가다근

정살남에 발을 걸련 머리 다쳔 죽어간다.

노일제데귀일이 똘은 방 바꼇더레 못 나오난

백장을 틀어 굴묵 어귀 나오라근

통세에 간 지들팡에 쉬은 뎃 자 목 메연 죽어간다.

노일제데 귀일이 똘 촛단 보난에 통세에 잇구나.

끄서다 놓안 이 년 저 년 폼포시나 헤여보저.

머린 비어다가 저 바당에 던져부난 듬북으로 설련ᄒ다.

머리빡은 깨어당 통세에 돗도고리 설련헤여간다.

눈은야 똘라다 왕방울로 설련헤여간다.

귀는야 들으렌 귀에 전화기로 설련헤여간다.

코는야 똘라다근 의원덜 주난 침통으로 마련ᄒ다.

입은야 똘라단 던지난, 멀리 알아들으렌 마이크로 설련ᄒ여간다.

니빨은 끊어다근 데우살로 설련헤여간다.

젖통은 똘라다그네 가지껭이 설련헤여간다.

갈비뻬는 똘라다 상동낭 용얼레기 설련헤여간다.

벳도롱은 똘라다 먹보말로 설련흔다.

또꼬냥은 똘라단 던져부난 말미잘로 설련헤엇구나.

남선비 좋아허단 거는 대전복 소전복도 설련헤여간다.

손은야 끊어단 던져부난 쉐시렁을 설련헌다.

허벅지는 똘라단 던져부난 통세에 지들팡을 설련헤여간다.

발은야 똘라단 뎃껴부난

곰베로 벙에 벙에 지에 흙 뿌시렌 곰베로 설련헤엇구나.

손콥 발콥은 끊어단 저 바당에 뎃껴부난 굼벗으로 설련흔다.

벳부기는 똘라돤 던져부난 물망시리로 설련을 헤여간다.

아이고 굵은 배설 좀진 배설은 작작 훑어단,

저 바당에 뎃껴부난

배 허는 ᄌ순덜 닷줄로 설련헤엇구나.

이 년 저 년 헤여도 폼포시를 못 헤키여.

도에남 방에 득득허게 뺏어 허공 ᄇ름에 불린다.

너는 산 사람 죽여근 피 뺄아먹엉 살아시난

여름은 나거들랑 산 사람 몸에 눌려들엉 모기 몸에 ᄀ다귀 몸으로

환싱 시겨근 피 뺄아먹엉 살렌 허난

이녁대로 이녁 매 맞는 거우다.

여름 나그네 몸에 부떵 잇이민 귀차지도 맞고 영 험네다.

설운 성님덜 옵서 이제랑 우리덜 어머님 춫앙 가게

어머님 춫아근 오동나라 오동ᄀ을 갓구나. 연네못디 간 보난

설운 성님덜아 함박이여 족박이여 가졍 이 물을 펌십서.

날랑 서천꼿밧디 강 어머님 살릴 꼿 꺾엉 오쿠다.

녹디셍인이 서천꼿밧 도올라근

피 오를 꽃 술 오를 꽃 오장육부 살아날 꽃 꺾어아전 오란 보난
설운 성님덜 물을 아니 퍼엇구나.
아이고 요 물이나 뺏다줍서. 우리 어머님은 죽은 시체라도 춫이쿠뎅
한강 바당을 홍남체로 탁탁 뚜드려가난 한강 바당이 바짝 몰란
저 바당에 들물도 잇는 법이우다. 썰물도 잇는 법입네다.
가운디 간 보난에 뻬만 솔그랑 헤엿구나.
어머님 뻬를 모다단 한 가운디 놓앗구나.
술 올를 꽃 피 올를 꽃 오장육부 살아날 꽃 놓안
요 메는 어머님 때리는 메가 아니고 살리는 메우다.
홍남체로 삼세번을 뚜드리난
어머님 술 올라간다. 피 올라간다. 오장육부 살아간다.
아이고 나 아기덜아 봄줌이라 너미 늦게 자 졋져.
어머님 살렷구나.
나 어머님 누워난 자리에 흙인들 내부리랴.
♀섯 성제가 가운더레 모닷구나.
가운데 오름만이 높으난
녹디셍인님은 왕주먹을 가운디를 멜싸근 시리 구멍 설련허엿구나.
옛날은 식게 멩질 때에 첫 시리 치어나민
상고냥 똘랑 일문전에 올리는 법입네다.
어머님아 옵서. 집이 오랏구나.
나 어머님 바당에서 추윗수다.
돌을 주워다근 화덕 멘들어간다.
웨말치도 앚진다. 서말치도 앚진다.
큰 솟 족은 솟 앚진다.
어머님 모른 음식 먹읍네까

모든 음식이라근 정제에서 멘듭서.

어머님 조왕에서 아침 정심 저녁 불 숨으멍 불을 춤센 헤연

설운 아바지 올레에 정살남에 발을 걸련 죽으난

아바지랑 올레에 정살지기 주목지신 마련헙서.

설운 큰성님이랑 동방은 청대장군

둘째 성님이라근 서방은 백대장군으로

셋째 성님이라근 남방은 적대장군

넷째 성님이라근 북은 흑대장군

다섯 번째 성님은 중앙 황대장군

오섯 번째 성님이라근에 일 년에 혼 번 막은 방수로 뎅기멍 좌정헙서.

날라근 일문전 녹두셍인 앞문전은 열오돕 밧문전은 스물오돕

이른오돕 대법천왕 하나님 일문전을 추지허영

어머님 제서 멩질 때에

일문전 상을 출령 보냅서.

상 출령 보내민 제반 삼 술 걷어근 어멍국에 보내쿠다.

노일제데 귀일이 똘은 저 통세 추지헤여근

통세에서 쌀이쌀성 불러중어 얻어먹으렌 헤영

옛날은 정제에 궂인 물이고

나쁜 거고 몬딱 통세더레 던져도 아무상토 안 헤고

통세에선 보리찌께기라도 정제 안터레 들어오민

두 씨앗이엔 헤영 동티쌀이 나는 법이고

노일제데 귀일이 똘 통세에 추지허난에

옛날은 애기덜이나 어른덜이나 통세에 강 지들팡에 앚앙

똥도 누곡 오줌 누다그네

지들팡에 니끄려경 자빠지민 똥떡을 백 개 헤영

백 사름을 멕여사 멩을 잇엉 사는 법이로다.

《각도비념》

큰굿을 할 때 집안의 각처를 관장(管掌) 수호(守護)하는 신(神)에게 기원
하는 제차이다. 가내(家內)의 신에는 성주(家室의 신), 문전(상방[마루방]의
門神), 조왕(부엌의 신), 안칠성(고팡의 쌀독을 지키는 富神), 밧칠성(집 뒤에
모셔지고 집안의 부(副)를 수호하는 신), 칙도부인(변소의 신), 주목–정살지신
(집의 出入路를 지켜 주는 신), 눌굽지신(눌굽 곧 露積場의신), 울담–내담지신
(울타리의 신), 오방토신(집터의 각 방위를 지켜 주는 신) 등이 있다. 이들 각
신에게 기원하는 제차가 각도비념이다. 그런데 이번 굿에서는 〈할망상비
념〉과 〈조왕비념〉만 하였다.

〈할망상비념〉

– 오춘옥

〈조왕비념〉

– 이승순

〈각도비념〉

《본향ᄃ리》

〈본향ᄃ리〉는 마을 수호신인 〈본향당신〉을 대접하여 보내는 제차(祭次)다. 본향이란 마을의 토지는 물론 마을 주민의 생사, 호적 등 일체를 차지하여 수호해 주는 신이다. 따라서 마을마다 그 신이 다르고 그 내력담인 본풀이도 다르다.

〈본향ᄃ리〉

큰대는 굿의 시작과 끝을 알리는 중요한 상징물이 된다. 큰대가 세워짐
으로써 하늘의 신들이 땅으로 하강할 수 있듯이, 큰대를 지운다는 것은 하
늘의 신들이 모두 자신의 원래 좌정처로 돌아갔음을 의미한다. 그러니 이
제 남은 의례는 땅에 남아 있는 신들을 각자의 자리로 돌려보내고, 굿에
따라든 각종 잡귀잡신까지도 모두 떠나보내는 의례들이 반복적으로 행해
질 것이다.

굿은 죽은 사람을 위한 것이면서 동시에 살아남은 자들을 위한 것이다.
죽음은 산 자와 죽은 자 사이의 가장 큰 장애물이다. 잘못한 일이 있어도
사과할 수 없고, 가슴속 깊이 묻어 두었던 말을 전할 수도 없다. 그렇기에
심방이라는 사제가 필요한 것이다. 일반적으로 우리나라 무(巫)를 분류할
때, 한강 이북의 강신무와 한강 이남의 세습무로 크게 나눈다. 그렇다면
제주도의 심방은 어디에 포함시킬 수 있을까? 강신무가 신병을 앓고 난
뒤에 내림굿을 받고 스승에게 굿을 배워간다면, 세습무들은 무당 집안에
서 태어나 어려서부터 굿판을 따라다니며 굿을 배우게 된다. 이렇게 보면
제주도 심방은 강신무적인 요소와 세습무적인 요소를 두루 갖추고 있다.
세습무처럼 부계나 모계 전승을 원칙으로 하지는 않지만 명도물림이라는
분명한 사제권의 인수인계가 필요하고, 신이 접신하여 무의 입을 통해 직
접 공수를 내리는 것이 아니라, 반드시 산판이나 신칼, 쌀 등의 무점구를
통해 신의 뜻을 전달한다는 점에서 세습무적인 특징이 분명하다. 하지만
심방의 대부분이 신병 경험을 가지고 있으며, 빠른 음악과 도랑춤을 통한

접신과 도무(蹈舞) 등은 분명 강신무적인 요소라 할 수 있다. 그래서 어떤 학자들은 강신무냐 세습무냐 따지기가 곤란하니 그냥 심방이라는 하나의 항목을 따로 두어버렸다.

〈영개돌려세움〉은 죽은 조상의 사령인 영개를 잘 대접하여 보내는 것이다. 이때 옷 한 벌씩을 준비해서 함께 태워준다. 하얀색 옷들 사이로 색이 고운 한복들이 섞여 있어서 심방에게 물어보았더니, 젊어서 죽은 사람들은 고운 물색의 옷을 태워준다고 했다. 고운 옷 한 벌로 서러운 마음을 달래고, 그래도 풀지 못한 설움과 한이 있다면 이것은 저승과 이승의 중간지점에 있는 '미여지벵뒤' 가시나무에 걸쳐두고 저승으로 떠나가기를 기원하는 것이다.

신굿에서는 본주의 조상인 안공시와 굿을 하러 오는 수심방의 조상인 밧공시가 따로 있다. 굿이 끝나고 하늘과 땅의 신들이 모두 돌아갔으니, 이제 공시상의 조상들도 자신의 집으로 돌아가야 한다. 〈안팟공시 신갈림〉은 안팟공싯상에 모셨던 멩두(조상)들을 대접하여 돌려보내는 것이라 할 수 있다.

열나흘째 굿은 일찍 끝났다. 이제 큰굿이 거의 마무리 되었으니 목욕탕도 다녀오고 집에 가서 푹 쉬었다가 내일 아침에 다시 오라는 수심방의 말대로, 우리들은 그날 처음으로 성읍을 떠나 짧은 휴식을 취할 수 있었다.

《영개돌려세움》

– 서순실

〈영개돌려세움〉은 영개는 죽은 조상의 사령인데, 큰굿의 마지막 날 집안 혈연 조상의 영개를 잘 대접하고 특별히 위하는 영개 몫으로는 옷 한 벌 장만해 극진히 대접하여 보내는 송신굿이다. 이때 이승의 사람들과 이별한 영개는 저승과 이승의 중간 지점에 있는 '미여지벵뒤' 가시나무에 이승에서 쓰던 것들을 허풍 바람에 불려두고 저승으로 떠난다.

큰심방 : 절헙서.

정공철 : (본주 절한다.)

큰심방 : 문박사님도 절헙서.(절한다.)

[문전에 저승으로 떠나는 집안의 '영개'(靈駕) 수만큼 영개상이 차려지고, '영개상'에는 영혼의 수만큼 '영개지'(호상옷과 짚신)을 싼 포대와 '원미그릇'을 올린다.]

[서순실 큰 심방은 '징'을 들고 서서 '방광을 친다'(저승으로 보낼 때 치는 징을 '방광'이라 한다).

(방광)

날로 달로 월로 일로
십오방광 일격은 사낭갑서. 이–

(방광)

사나우난
국은 갈라 갑니다.
날은 어느 날이오며,
돌은 갈라갑니다.
금년은 해는 갈르난
신묘년이 옵고,
달은 갈라갑진
원전생 팔자궂은 신구월 열일뤳 날
삼대 틀언 옵서옵서 허난
오늘은 그믐날이 되엇수다.
상당에 도올라 도숙어 하전 때가 되난
상청가면 상 마을,
중청가면 중 마을,
하청가면 하 마을,
선대선조 선망조상 후망부모
형제일신 영혼영신님네 옵센허난
선진방광 이 굿 허멍 사남하여
선진방광 울리난
오늘은 저세상드레 기러기 연줄같이
가게 되난,
하직 방광을 올렴수다. 이―

(방광)

불상한 영혼님네,
이 세상에 오란
살다 살다 멩이 부족허난
이 세상에 자손 후손 아기들 나두고
형제일신 부자일신 일가방상 좋은 친구
놓아두고
살다 살다 멩이 부족허연
백발노인 젊어 청춘
총각머리 등에 지고 열다섯 15세 안에
어린 아기들 생초목에 물을 주던
이 세상을 떠나난 좋은 호상 차려근
설베 질베 동견 북망산천 간 구낭지기 땅에
흔질 아니되는 저 진토 테역단풍 집을 삼고
고사리 의지허고 밤인 누면 두견새 벗을 삼안
저 좋은 신체 묻엉,
비오는 양 더운 볕 나가는 양
ᄇᆞ름 불어가는 대로 백눈 우이서
좋은 얼굴 좋은 살은 시내방천 물이 되고
고운 뻬는 썩엉 저 진토에 묻혀
해가 가고 달이 가고 날이 넘어가난
삼혼정은 선대선조 부모조상 의지해영
조상에 천년만년 의지허고
혼 한정은 조의에 안동하고

혼 한정은 이 세상에 기일제사 받으레 오고,

설달 그뭄날 저승문 열려

정월 초하룻날 이 세상 오랑 가고

오월 초나흘 날 저승문 열려

오월 초파일 날 이 세상 오랑 가고

팔월 보름되영 소분검질 매고

열나흘날 저싱문 열려

추석날 오랑 간 선대부모 조상영혼

불상헌 정댁의 고운 얼굴 고운 몸천

어디서 납네까?

청주 정칩의 선대선조 부모조상도

나 낳준 아버지 낳준 어머니 혈속에

고운 몸천 큰아들로 이 세상에 태어나

아무 것도 없지만 부모공은 다 갚을 수가 있습니까.

52살 수폐머리 끊엉 짚신을 삼앙 족뎅길 감아근

저승드레 보낸들 부모은공 다 갚을 수 있습니까.

만리장성을 둘러 이고산에 올라 두손 합장한들

무릅이 벗어지도록 허배헌들 부모공을

다 갚을 수 있습니까.

옛날은 부모죽어 삼년 사이 부모 저승가민

시묘살이도 허고 부모님 저승가민

아들로 며느리로 똘도래로 잘 한 건 생각이 엇고

못한 건 생각이 낭

아버지 저승 가면, 왕대모작 짚엉 삼년상 공 갚으고,

어머님 저승가면, 동드레 벋은 머구낭 방장대 짚엉

모디 모진 가심 먹장같이 모진가슴 풀립센
삼년상 허멍 공을 갚아근 살았수다.
52살이 큰굿허멍 우리들만 좋은 집 짓엉
또똣한 밥 먹고 좋은 옷 입고
좋은 돈 씨엉 살 수 이십네까.
조상 없는 몸이 어디서 털어집네까.
청주 정팩에 증조부님들 먼저 아버지 형제간들이
모두 지제 시켜불고 당주하르바님네 초부체
남평 문씨 할머님 신역오란 일부종사 허단
아기들 놓아뒹 살차 살림허단 저승가난
성씨 할마니 오란 어멍기린 아기들 데령 살멍
고생허단 이 세상 떠나부난
이씨 할마님 오란 살젠허난
할마님도 이 아기들 걱정뒈연
끝까지 못키완 저승가분 초부체 영혼님,
이제 사남허고, 큰 아버진 일본 주년국땅 간
저승 가난 일본 이서부난 기일제사도
모릅네다. 나 아버지 셋아버지는 이팔청춘에
장개 간 살젠 허난 스물 한 살에 저승가난
처가속은 산 이별을 행 가부난
얼굴 모른 김씨 셋어머니 환속허난
저승사남 허였수다.
작은 아버지 9월 열일뤳날 이 세상 떠나도
이 조캐 큰굿허젠 날 받아놓안 삼일 안에 들언
죽어부난 못갔수다. 섭섭허게 생각맙서.

큰 고모 영혼님 큰고모부 군위 오씨 뒙네다.

족은 고모 행원이고 족은 고모부 지성천 생원님

하르바님네영 모두 시왕 앞으로 사남허난

이 세상에서 고모들도 궤를 보면

오라방도 불상허고 조캐들도 불상허고

아지망 보민 불상허고 호강허당 가시면

아깝게 허던 고모님네 고모부님네

호상 출려시난 인정받앙 갑서.

큰 고모할마님 정칩이서 난 시집가도

아기후손 하나 엇고 시집간 디 일부종사 못허연

어디 강 자꾸 들으민 고모할마님 영 입질에 나난

호상옷 한 벌 곱닥허게 출려놓고

큰고모님은 아홉 살에 저싱가던 서러운 고모님도

불도맞이 앞으로도 서천꽃 연질에 인정걸고

오늘 아버지 어머니 형제간들 홀목심언

아버님 어머님이랑 똘아기 쿰에 쿰엉

가당 서천꽃밭들에 놓아두고

인도해 두엉 갑센허고,

나 나준 아버지 어머니

아, 이제 아버님아 이굿 열나흘동안 굿허멍

아들 소원 들었수게, 아기들 오란 질칠 때

인정 걸고 해여시난 아버지도 이제랑 안심허영

저승갑서. 아들이 정신차령 잘 모실거우다.

이 전생 그르쳥 다니멍도 조상 산에

소분 검질도 잘허고 어린 동생들 조캐들이영

홀목심엉 아버님 아들로
거느리왕상 안허게 허영 살크매
아버지도 누님광 이 동생들 어머님 기일장사
잘허고 누님을 어머니 보듯 의지허영 가크매
가젠허난 먼디 이선 오멍가멍 살갑게 못살암수다마는
목이사 어딜 감네까. 영혼님, 맺힌 간장
다 풀리고, 나 나준 부모 설운 어머님,
윤칩이 똘로 난 이 남편네 관덕정 대들보로 의지허던
어멍기린 아기 오랑 쿰에 품엉
이 아들 네성제 낭 고생헌 생각허민
영청바당 고이없는 일입니다.
아버지 어머니 몇 년만 기다리면 호상 츨령
천주교 공동묘지에서 나왕
양왈치기허영 안네쿠다.
아들 천징같이 밤이 누면 기침으로 날을 세고
어께가 쑤시면 손가락이 마비같이 오는 징,
어머님아 혼정으로 아들 아프는 거
복복허게 씰엉 치매깍드레
아버님이랑 도포자락드레 복복 쓸어놓앙
내리 사랑은 있고 치사랑은 없는 법 아닙니까.
아들이 건강해여사 뚤 손자라도 잘 키웁고,
셋아들 작은 아들도 의지헐꺼난, 어머님아,
저 아기 아프는 거, 거뎅 가당
미여지벵뒤 가시낭에 걸쳐두고,
허공바람에 불려동 갑서.

불상헌 설운 동생도 이 세상 오란

22년 살젠허난 마음고생도 하영 허고

울음도 하영 울고,

군생활 3년동안 힘들고 고달프고

아방 상에 어멍 상에 성 상에

애돌른 거 이제랑 다 풀려근

만신을 풀려근 형님이 장개보네주는 몫으로

좋은 옷허영 안냅시난 공부시켜 주는 몫으로

인정걸어 안내엄시메 저세상에 갈 때랑

청년이난 와랑치랑 돌아가멍

형님 아프는 건 머리부터 발끝까지 복복 쓸어내리고

밤이 누면 홍삼 새우는 거 한 잔 먹으면

두잔먹젠 허는 거, 술잔이랑 더 받지 안허게

동생 혼정으로 질발루엉 아멩이나 성도

이세상에서 심방질을 해여도

나라에 녹을 태워 우품나게 허여주면

성님의 동생을 넘습니까.

호상출령 사남도 허여주고, 잘허크메,

원혼풀리고, 우리 조상들만 사남허민 어떵허리,

어머님 생각허난 구미 오칩이 하르방 설운 탐라 고칩이

외하르바님이여, 오씨 할마님은 100이 되도록 살안

이 손자들 가면 아까왕 하고, 하던 설운 할머니,

설운 외삼촌 30살에 저승간 삼촌 사남하고,

양할머니, 불상하던 이모부, 이모님네,

외사촌동생, 빙이로구나. 군인간 전사한 영혼님도

성님의 곱닥헌 옷츨려 사남하여 있습니다.
양사돈 육마을은 궁에 앉는 법이난,
갈 때들 되엇수다.
영혼님네 다들 신발 단속 의복 단속,
저세상 갈 준비들 헙서.
52살에 제주시 오란 어느 누게 의지할 데 어시난
문씨 형님 62살, 형아 동생허난
이번참 이 굿허난 형수님 고경희 영가님입네다.
가장 남편도 오란 굿하는 데 오란
굿 시작하는 날부터 오늘까지 인정도 걸고,
52살도 형님을 잘 따르니 형님이 오시면
형수님은 아니 따라오냐며 형님이 오시면 살아서도 오셨는데
오늘도 오셨다 해 영가님 당도 같이 모셨습니다.
52살 궂인 일 좋은 일 햄시믄 걱정말라 내가 해주크라
좋은 일 궂은 일 다해줄 걸, 저승 간 한 정이라도
이젠 갈 때가 되엇수다.
형수님도 옷 한 벌 츨려 놓았수다.
가장 남편도 인정 하영 걸었습니다.
고찌 아장 밥먹고 고찌 안장 말글던
남편 친구 좋은 친구 다 인정 걸엄수다,
고씨 영혼님아.
저 남편네. 외롭고 고달프 힘들어도
아들 성제 이시난 굿을 연구허난
비온 날 눈온 날 ㅂ름분 날 어시
아픈 몸이라도 악착같이 열심히 갈으멍

살암시난 갈때랑 이 남편네

몸아프는 거, 복복 쓸엉 가당

미여지벵뒤 가시낭에 걸쳐두고

허공 바람에 불려두고 저세상에 가건

남편도 오래오래 살게 허고

이굿허거들랑 성공하여근 명나게 하고

아까운 애기들 좋은 인연 만낭

산천좋으면 들어오난

영혼님아, 아들들토 좋은 인연 만낭

장개가건 옛말 굴앙살게

정씨로 52살도 이굿하건 인정 하영하영 걸엄수다.

형수님. 고맙수다, 인정받앙 갑젠허고

연극단원으로 한라산 놀이패로 뎅겨근

힘든 일도 굴이 싸우멍 틀으멍 술훈잔 먹으멍

밤새곡 돈 어시민 어신대로

배고프면 배고픈 대로 같이 힘든 하던 친구들

살아있는 친구들은 오라근 술 훈잔도 먹고

밥도 고찌 먹고 아이구 공철아.

굿햄구나. 잘허염저. 부주도 허영 좋고

저승간 영혼들은 연극허고 마당극허단

심방질허염구나. 우리들토 강 보게.

오늘은 친구가 옷 한 벌씩 출려놓았수다.

이야성 영가님,

양용찬 영가님.

김경률 영가님.

최정환 영가님.

양동철 영가님,

황주호 영가님.

이 요솟 영가님 고씨 형수님 홀목 심엉

이제 열나흘 동안 사나완 갈 때들 되엇수다.

가저, 어서 가저.

올 때에는 저승문 열리난 기러기 연줄 같이

백발노인은 은주랑철죽대 짚으고

젊어 청춘은 나이든 부모조상님 이레 옵서.

손심고 엎으고 아기 영혼들은 앞에 상 영활 지고

건삼같은 지레에 노용삼같은 고운 얼굴

서산백옥같은 양지에 관디청에 눈물

주홍여반에 연주지듯 비새같이 울멍 오라도

이굿 시작허난 심방 우전에 앉안

다들 의논 헙데가 공론헙데가. 전갈들 냅데가.

정칩의 영혼들은 문중을 매웁디가.

이 아기가 정말 힘들고 힘든 세상 살았수가 영허여도

호상 출련 인정걸언 질 첨시난

오늘은 갈 데 되난 똠수건도

저승 흔패지전 이 세상에서 싫피싫피 못씬 돈

인정걸었습니다. 이것들 모두 받앙

영혼님네, 호상이랑 벗어두고

곱덕헌 새옷 상으로 곱게 입어근

저세상드레 멀고먼 삼천칠백리 질을

홀목심엉 기러기 연줄같이 높은 산도 넘엉 갑서.

644

낮인 굴헝질도 넘엉 갑서. 강을 건너 갑서.
물을 건너 갑서.
이제랑 이 세상에 한이 맺히지 맙서.
이 세상에 오랑 열나흘동안 살멍
석 벡같이 쌓인 원한 돌담같이 체인 가슴
먹장같이 이열실패 모든 걸랑 다 풀어두고
주전 날 참실 같은 마음
이수농장 법이로구나.
저승도 먹엉 갈데랑은 52살 사는 집
풍파도 걷워줍서.
이 굿허여 나건 좋은 인연 만낭
백년해로할 여자 만낭 조상들 기일제사례
갈대랑 홀목심엉 갈 자손 만나게
어둑운 세상에서 도와줍서.
몸아프는 걸랑 영혼님네 형제간들
친구들 복복쓸엉 갑서.
밤의 누웡 꿈사리 어둡는 징이영
머리 아프는 증이영 두통증이영
목에 고는증 폐에 폐증 기관지가 나쁘고
천증이 이성 3시 4시 되어가면 천징 올랑
깊은 잠을 깨는 이런 천증을 잔질롸 줍서.
기관지 나쁜 것도 내리와 줍서.
술먹어낭 위 나쁜 거, 간도 재생시키고,
먹으면 화쫑같이 살증같이 하는 증
절립선에라도 나쁜 거 뒷목이 뻐근하민

어깨가 쑤시고, 어깨가 쑤시면

손가락이 피를 못굴리난 열 손가락드레

혈을 고르고 열 발가락에 혈을 고루고

뽄는데 쑤시는데 고개 실렁 가당

미여지벵뒤 가시낭에 걸쳐두엉

저 세상에 강 열두 문에

열시왕에 등수들엉 다시 칠년 돈벌엉

다시 굿허젠 마음을 먹엄시난,

저 세상에서 신길도 발루웁고

아기들도 육지 강 어멍 똘랑 강 사는 것도

발롸주고 동싱들도 발롸주고

영혼님 따라간 차사님아,

안동하던 차사님아, 차사님아.

아무 죄도 어신 영혼들이우다.

이 세상에 오란 고생하던 영혼들이난

차사님아,

목에 큰칼도 벗겨주난 고맙수다.

손에 사주도 풀어줍서.

발에 족쇄도 풀어줍서.

영혼들 안동하여 저승가멍 멀고 먼 길에

피곤허게 하지맙서.

고달프게 굴지맙서.

차사님아.

가당가당 목마르덴 하건 물전에 들어

오뉴월 찬 냉수로 타는 가슴 잔질루왕 가게 하여줍서.

가당 가당 질고 먼 질

시장하면 차사님에서

밥전에 들어 시장기도 멀령가게

시겨줍사.

흔 잔 술을 먹엉 시름 싣끄던 영혼님네

가당 고웃고웃 흔 잔 술 먹고프건

차사님아,

흔 잔 술 먹엉 가게 허여줍서.

멀고 먼 길 걷당보면

신발 떨어지걸랑 신발전에 들령

신발도 신엉가게 인도해 줍서.

가멍 영혼님, 나이든 영혼님,

못벌어가건 내불지 맙서.

처사님아, 이 영혼님들

저승 초군문에 강 저승문 열령

저 세상드레 기러기 연줄같이

모두 가게끔 안동하고

52살도 차사님 덕에

먹고 입고 자고 행공발신 허연 뎅겸수다.

팔자궂인 유학형제간들 차사님 덕에

행공발신 허염수다.

이 제주 한라산 중심두어 동회선 서회선

동부산업 서부산업 오일육 도로

신제주 구제주 공항마다 터미널마다

KBS 직원들은 어느 촬영장마다

밤에 밤중에라도 다니멍 차사님 값싸게 맙서.
사진 찍는 자손들도 사진찍으레 밤에 밤중
새벽도 뎅기고 보호자들도 비행기 타멍
자동차 타멍 뎅기는데 차사님 앞살 일을
차사님한테 인정걸었습니다.
이제랑 영혼님네,
수월미도 받앙 갑서. 청감주도 받앙 갑서.
맺혔구나. 감겼구나.
날로 달로 일로 월로

(방광)

일방광 받으며 영혼영신 님이랑
소리좋은 울랑국으로
천하 일격을 사나 올립니다.
사나사나 사낭 옵서.
날로 달로 일로 시부방광
사나사나 사납니다.

(방광)

야하,
가갑소저 추사참봉도–
죽엉가난 가난 질
일정승 이정승–

삼정승 육판서도-
죽엉가난 가는 질
천석궁이 만석궁이
얻어먹는 게와시도
죽엉 가난 가는 질
백발노인 젊어 청춘
아이노세 죽엉가난
가는 질이로다.
대궐같은 집도 놓아두고
남전북답 너른 전답
멍애진 밧이 이서도
놓아두고
금이하도 국락에도 못가고
은이하도 은까게도 못가는 일
돈아돈아 말모른 돈아
통장속에 하영이신들
죽엉갈전엔 관속에 못담아근
이세상에 불담으레 온 인생이
ᄇᆞ름 분 날 촛불과 같은 인생
이세상에 오라근
정이월 칼날같은 ᄇᆞ름살에
이삼사월 진진 봄에
오뉴월 한 더위에
등으로 더운 똠이 나고
동지 섣달 설한풍에

손발 실루멍 살다 저승가면
궁드레 가는 인생
호상옷 한 벌 입고
저 관에 몸을 담아
구낭지기 땅에 못오민
비가오는 양손 노는양
더운 볕나오는 양 소렴소렴
시내방천 우리 배는
영혼영신님아.
맺혀구나 감겼구나.
이 세상에 한이 맺힌 일
막방광 하불법 서볼로
사나사나

(방광)

사낭갑서
신발단속협서 에-
의복단속 협서 에-
배고픈 가슴일앙
수월미도 받앙갑서
목마른 영혼님이랑
찬 냉수 받으고
술 한잔 기린 영혼들이랑
청주로 청감주로 탁베기로

잔질룹고
돈어신 영혼님네
눈물수건 뚬수건
일천먹은 삼만냥 인정 걸엄수다.
영혼영신님네 다 인정받앙 갑서.

(신칼점)

이승과 저승 굽 가르는 길이꽈?
고맙습니다. 차사님도
고맙습니다.

〈영개돌려세움〉

〈불천수(소각)〉

《군웅만판》

〈군웅만판〉은 굿판의 마지막 날 마지막 굿판의 석살림굿이다. 군웅은 군웅제석, 군웅일월, 일월, 일월제석 등 여러 가지 이름으로 불리며, 가문이나 씨족의 수호신을 말한다. 군웅만판은 그 굿에서 마지막으로 이 신을 즐겁게 놀리고 돌려보내는 제차이다.

〈군웅만판〉

《큰대지움》

〈큰대지움〉은 큰대를 지워 기를 내리고 기에 달아매었던 기메들을 '잉여 매어살리는' 또는 '메어듦'의 과정이므로 〈기 내리고 잉어매살림〉이라 부르기도 한다.

마당에 세운 큰대를 지운 다음, 내린 큰대를 큰대가 있었던 쪽에는 굿을 하러온 심방들 '밧공시팀'이 당기고 당주방 쪽으로는 새 심방인 당주 정공철과 당주의 친척, 친구들이 '안공시팀'이 되어 방으로 잉여매어 들인다. 큰대를 안으로 당기는 패와 밖으로 당기는 패가 연물에 맞춰 서로 당기는 것은 줄다리기 같은 양파경축희를 생각하게 한다. 우돗기와 좌돗기도 내린다. 신줄 연줄을 당주방 앞 상에 놓고 새 심방과 본주가 절한다.

〈큰대지움〉

《안팟공시 신갈림》

- 서순실

〈안팟공시 신갈림〉은 큰굿을 하면서 사용되었던 무구들을 거두는 굿
이다. 심방집 큰굿은 본주 심방이 큰심방과 소미를 데리고 굿을 하는 것
이지만, 결국 굿을 하는 심방의 멩두 '밧공시'와 본주 심방의 멩두 '안공시'
가 합쳐서 "신질을 발루는(신길을 바로 잡는) 것"이라 할 수 있다. 그러므로
이제 굿이 끝났으니, 굿하러 왔던 큰심방도 멩두를 안채포에 담아 돌아가
고 본주심방의 멩도는 당주상 제자리로 갈려가야 한다. 그러므로 〈안팟공
시 신갈림〉의 굿은 안팟공싯상에 모셨던 멩두(조상)들을 돌려보내며 대접
하여 송신하는 굿이다. 안팟공시상에 안팟멩두들을 나란히 놓고 큰심방은
"독도전(닭고기)에 일부(一拜)한 잔 헙서" "일부(一拜) 한잔 신갈림헙서"하며
옛선생(멩두조상)을 대접해 나간다.

〈안팟공시 신갈림〉

〈배방선〉에 쓸 짚배 제작

15) 열다섯째 날 : 《가수리 · 뒤맞이》《요왕맞이》 〈요왕질치기〉《영감놀이》

(10월 27일 목요일, 음력 10. 1.)

제주도에는 '당 오백 절 오백'이 있다고 한다. 그저 신당의 숫자나 절의 숫자나 비슷하다는 정도의 뜻이겠거니 생각했다. 하지만 제주도 신당 조사를 하면서, 그 숫자가 근거 없이 붙여진 것이 아니라는 생각이 들었다. 사라진 신당들의 수까지 고려한다면 실제로 제주도 내의 신당이 오백 개 정도가 되었기 때문이다. 그렇게 본다면 제주도의 신들을 얘기할 때 '일만 팔천 신'이라고 하는데, 이 또한 실제 신의 숫자에 근당하는 숫자가 아닐까 하는 생각을 해 보았다.

큰굿에서는 청해야 할 신들의 수가 많기도 많지만, 혹시라도 빠진 신전 님네가 있을까 염려하여 모든 것을 반복해서 행한다. 모든 신을 한꺼번에 청해 들이는 종합 청신의례도 〈초감제〉〈초신맞이〉〈초상계〉로 며칠에 걸쳐서 거행하고, 개별 제의가 진행될 때마다 당클에 앉아 계신 신들을 다시 한 번 제장으로 모셔 들이는 〈초감제〉를 하는 것이다. 이는 신들을 보낼 때도 마찬가지다. 개별 제의가 끝날 때마다 신이 원래 좌정해 계시던 그곳으로 다시 돌아가시라고 고해야 하고, 굿의 마지막에 하는 종합 송신 의례도 며칠에 걸쳐서 반복적으로 진행된다. 〈가수리〉와 〈뒤맞이〉는 모든 신들을 돌려보낸 후, 마지막으로 그 신들을 따라온 하위 잡신(下位雜神)들을 대접하여 보내는 굿이다. 원래는 굿이 끝나고 한 달 정도 뒤에 따로 하루를 잡아 하는 굿이다. 그런데 이번 굿에서는 본주의 사정과 여러 가지 상황을 고려하여 이어서 했다. 열다섯 째 날의 의례들은 이러한 종합송신 의례의 일부라 할 수 있다.

〈요왕맞이〉는 일반적으로 두 가지 성격을 가지고 있다. 영등굿에서 〈요왕맞이〉는 해녀들이 경작하는 바다밭의 풍농을 기원하는 의미를 가진다. 하지만 큰굿에서의 〈요왕맞이〉는 집안에 바다에서 죽은 사름이 있을 때 행해진다. 그 과정은 일반적인 길치기와 크게 다르지 않다.

낮 동안의 굿이 끝나고 저녁이 찾아 왔다. 갈옷을 입고 얼굴에는 흰 천으로 만든 탈을 쓴 도깨비들이 횃불을 들고 마당 안으로 들어섰다. 걸쭉한 입담과 게걸스러운 식욕, 고기와 술을 좋아하고 여자를 좋아하는 도깨비 신들이 등장하자 마당이 시끌벅적하게 소란스러워졌다. 제주도의 도깨비신앙은 뱀신앙과 마찬가지로 이를 조상으로 모시고 신앙하는 경우, 결혼을 꺼릴 만큼 외경의 대상이 되기도 하지만, 해신당에서는 무역, 풍어의 신으로 선왕신 도깨비로 모시고 초하루와 보름에 당에 가서 당제를 지내고 뱃전에서 〈연신맞이〉나 〈뱃고사〉를 지냄으로써 해상의 안전을 기원하기도 한다. 〈영감놀이〉의 도깨비는 무서운 신이라기보다는 해학적이고 귀여운 모습의 신이라 할 수 있다. 잘못했다가는 오뉴월에도 서리를 내릴 것 같은 처녀귀신의 원한과는 다른 개구쟁이의 모습이다. 먹고 싶은 것도 많고 하고 싶은 것도 많은 건강한 생명력이 느껴진다.

《가수리 · 뒤맞이》

— 서순실

〈가수리 · 뒤맞이〉는 26일(신구월 그믐날) 굿을 끝마치고, 27일(10월 1일) 계속 되었다. 그런데 〈가수리〉나 〈뒤맞이〉라는 송신굿은 모든 신들을 돌려보낸 후, 마지막으로 그 신들을 따라온 하위 잡신(下位雜神)들을 대접하여 보내는 굿이다. 신을 보내는 것도 신을 청하여 들일 때처럼 가수리, 뒤맞이 순으로 며칠에 걸쳐 이루어진다. 남아 있는 잡귀잡신을 말끔히 보내야 하기 때문이다. 그래서 〈가수리〉와 〈뒤맞이〉는 택일하여 하는 또 하나의 '하루굿'이라는 번거로움이 있다. 그러나 굿이 끝나고 이레 전에는 택일하지 않아도 되기 때문에 본주 심방의 여건을 고려해서 이어서 진행하게 되었다.

〈가수리 · 뒤맞이〉

《요왕맞이》
― 정태진

　〈요왕맞이〉는 해녀들의 작업장이라 할 수 있는 1종공동어장인 여(礖)
(바다 큰 바위)에 자라는 해초, 미역, 전복, 해삼 등 해초와 해산물을 캐는
바다 밭에 요왕질치기를 하는 맞이굿이다. 먼저 용왕신이 오는 길, 곧 '요
왕질'을 만들어놓는다. 요왕질(용왕길)이란 1m쯤 되는 잎이 붙은 대나무
가지 8개씩을 제장 중앙에 2열로 나란히 꽂아놓은 것이다. 이 댓가지에
는 백지, 지전, 돈 등을 걸어놓는데, 이 댓가지 하나하나가 바로 용왕신이
오시는 문(門)이고, 그 댓가지 사이의 길이 신들이 제장으로 오는 길인 셈
이다. 이와 같이 제장의 '요왕질' 설치가 끝나면 군복차림의 심방이 험하고
거친 용왕길을 닦아 나간다.
　〈요왕맞이〉는 (가) 초감제 ①베포도업침 ― ②날과국 섬김 ― ③연유닦
음 ― 제청신도업 ― ④군문열림 ― ⑤산받아 분부사룀 ― ⑥새두림 ― ⑦신
청궤 ― ⑧정대우 ― ⑨자손들 절시킴, (나) 방광침(기원), (다) 추물공연(공
연), (라) 요왕질침, (마) 요왕문 열림의 순거로 진행된다.

〈추물공연〉
― 정공철

　〈추물공연(出物供宴)〉은 신들을 모시기 위하여 내어놓은 제물, 출물(出
物)을 갖추어 대접하는 공연의례를 말한다. 〈추물공연〉은 각 당클에 모신
신들 별로 안팎 공시상을 차려 앉아서 장고를 치면서 "ᄌ소주에 게알안주
상받읍서" 즉 술과 계란 안주를 잡숫고 가시라며 옥황상제부터 하위신까
지 젯ᄃ리에 따라 신들을 불러 대접해 나간다.

662

〈요왕맞이〉

〈요왕질치기〉

〈요왕질치기〉는 다음과 같은 순서로 차례대로 진행된다. ①사신요왕 수정국길 돌아봄 : 요왕(龍王)과 영등신이 가시려는데 요왕길이 어찌되었는지 돌아보자"는 노래를 부르고, 요왕문 사이를 돌아보는 춤을 춘다. ② 언월도로 베기 : "요왕길을 돌아보았더니 여러 가지 해초가 무성하여 신들이 도저히 올 수가 없다고 하니 수정국에 들어가 언월도를 타다가 베어버리자"는 노래를 부르고, 신칼을 들어 해초를 베는 시늉의 춤을 추며 요왕문(龍王門)을 돈다. ③작대기로 치우기 : "무성한 해초를 베어놓았으니, 이것을 작대기로 치워버리자"는 노래를 부르고, 댓가지를 들어서 치우는 시늉의 춤을 추며 요왕문을 돈다. ④은따비로 파기 : "치우고 보니 그루터기가 우둘투둘해서 신들이 못 들어올 듯하다. 이 그루터기를 은따비로 파버리자"는 노래를 부르고 따비로 파는 시늉의 춤을 춘다. ⑤발로 고르기 : "구루터기를 파고 보니 파인 데는 너무 깊이 파이고, 그렇지 못한 데는 그대로니 불편해서 못쓰겠다. 평평하게 고르자"는 노래를 하며 발로 밟아 고르는 시늉의 춤을 춘다. ⑥물메로 깨기 : "바닥을 고르다 보니 돌멩이들이 나타나서, 이 돌들을 깨버려야겠다"고 노래하고 요령을 흔들며 돌을 깨는 시늉의 춤을 춘다. ⑦삼태기로 치우기 : 요왕문 다리 사이로 과일을 굴려놓고 "돌을 깨어놓고 보니 굴러다녀 이 길도 못쓸 길이다. 삼태기로 치워버리자" 하면 해녀들이 나와서 돌을 치우는 동작을 재현한다. ⑧미레깃대로 고르기 : "돌멩이를 치우고 보니, 땅이 움푹움푹 패어져 못쓰겠으니 미레깃대로 고르자"하고 신칼을 들어 평평하게 밀어 닦는 시늉의 춤을 춘다. ⑨이슬다리 놓기 : "길을 밀어놓고 보니 크게 먼지가 일어나(한구둠이 일어나) 못 쓰겠다. 이슬다리 놓자"고 노래하고 술을 뿜어 이슬다리를 놓는다. ⑩마른다리 놓기 : "일을 게을리 하는 소무를 시켰더니, 뿌린

데는 많이 뿌려 미끄러지고 안 뿌린 데는 먼지가 나서 못 쓰겠다. 그리 말고 마른다리도 놓으러 가자"하며 띠를 한줌 뿌려 놓는다. ⑪나비다리 놓기 : "띠를 뿌려 놓았더니 밟을 적마다 버석버석 소리가 나서 못쓰겠으니 나비다리도 놓으러 가자"하며 종이조각을 요왕다리를 중심으로 사방 공중에 뿌린다. ⑫요왕다리 놓기 : "요왕님 오실 다리를 놓자"고 하면 소무들이 요왕길 사이로 길게 무명을 깔아 놓는다. ⑬차사다리 놓기 : "요왕님의 차사다리도 놓자"고 하면 무명을 요왕다리 옆으로 깔아 놓는다. ⑭올구멍 메우기, 시루다리 놓기, 홍마음다리 놓기 : "다리로 놓은 무명마다 올 구멍이 송송하여 보기에 좋지 않다"하여 무명 위에 쌀을 뿌리고, "쌀을 뿌려 올 구멍을 메웠더니 밟을 적마다 무드득 무드득 소리가 나서 못 쓰겠다"하고. "시루다리를 놓으러 가자"하여 시루떡 조각을 뿌린다. 그런 뒤 "홍마음 다리를 놓자"고하여 요령을 흔들면 홍마음 다리를 놓은 것이 된다.

〈요왕문 열림〉

요왕문을 연다는 것은 요왕문으로 꽂아놓은 댓가지를 하나씩 뽑아나가는 것을 말한다. 심방이 요왕문의 한쪽 끝에 징을 들고 서서 "동해바다 광덕왕길 서해바다 광신요왕길 열어 줍서. 어느 문엔 감옥형방 옥나장(獄羅長) 없으리까…"하는 노래를 불러 가면, 본주가 요왕문 앞에 놓인 데령상(신을 모시는 술상) 앞에 꿇어앉아 절을 하고 문을 곱게 열어달라는 뜻에서 돈(인정)을 올린다. 심방은 문을 열어주십사 노래하고 신칼점을 쳐 문이 잘 열린다는 점괘가 나오면, "열려맞자(열게 하여 맞이하자)"고 외치며 징을 친다. 그러면 소무(小巫)가 요왕문(댓가지)을 하나 뽑고 다음 문으로 나아간다. 이런 식으로 하나하나 뽑아나가서 전부 뽑아지면 요왕문이 모두 열

〈요왕질침〉

린 셈이 된다. 요왕문이 다 열리면, 요왕문으로 썼던 댓가지와 요왕길로 쓰였던 무명천을 "불천수한다"하며 가져다 태워 버린다.

《영감놀이》

〈영감본풀이〉에 의하면, 영감신은 영감, 참봉, 야채, 도깨비 등으로 불리는 신으로, 제주에서는 주로 '도채비' 또는 '영감'이라 부른다. 이 신은 본래 7형제로 서울 먹자고을 허정승의 아들이다. 허정승의 아들들은 성장하여 각각 국내의 유명한 명산들을 차지하였는데, 큰아들은 서울 삼각산(三角山) 일대를, 둘째는 백두산(白頭山) 일대를, 셋째는 금강산(金剛山) 일대를, 넷째는 계룡산(鷄龍山) 일대를, 다섯째는 태백산(太白山) 일대를, 여섯째는 지리산(智異山) 일대를, 막내인 일곱째 아들은 제주 한라산(漢拏山)을 차지하였다. 이 신들은 갓양태만 붙은 파립을 쓰고, 깃만 붙은 베도포를 입고, 총만 붙은 떨어진 미투리를 신고, 한 뼘 못되는 곰방대를 물고 다니는 우스꽝스러운 모양의 신인데, 한 손에는 연불(煙火), 한 손에는 신불(神火)을 들고 천리만리를 순식간에 날아다닌다. 또, 이 신은 돼지고기와 수수범벅, 그리고 소주를 즐겨 먹고, 술이 취한 채로 해변, 산중 어디에나 돌아다니기 일쑤인데, 특히 비가 오려는 침침한 밤이나 안개 낀 음산한 날을 좋아해 그때 잘 나타난다.

성읍리 마방집의 특별 출연한 도채비들은 심방들 이외에 굿을 기획했던 김상철, 박경훈, 구경꾼 오순희, 고영자가 참여하여 영감놀이의 해학적 분위기를 보탰다. 먼저 〈영감청함(영감신 오리정 신청궤)〉을 한다. "영감님이 한라산으로 하여 제주삼읍(濟州三邑) 방방곡곡을 돌면서 놀다가 이제 제청(祭廳)으로 들어서려고 한다. 영감님은 부르면 들어오자, 외치면 들어오고 있으니, 삼선향(三仙香)을 피워들고 모셔 들이자."하는 내용의 노래를 부르고 향로와 요령을 들고 바깥을 향하여 신을 맞이하는 춤을 춘다. 이때 멀리 나가 밖에 대기하고 있던 영감(분장한 소무)들이 서로 횃불을 내두르며 펄쩍펄쩍 뛰어다니다가 굿청 가까이 걸어온다. 수심방이 바깥을 향해 큰소리로 영감을 부른다.

이렇게 영감을 맞아들이고, 수심방과 영감은 대화를 계속해 나간다. 좋아하는 곳이 어떤 곳이냐? 어떤 날씨가 좋으냐? 좋아하는 음식은 무엇이냐? 해녀나 과부를 좋아하지 않느냐? 이런 해학적인 대화가 오가는 것이다. 이런 대화는 영감신을 확인하는데 의미가 있으며, 대화에 나타나는 해학과 영감의 경망스런 행동은 구경꾼들의 웃음을 자아낸다. 영감신임이 틀림없음을 확인한 수심방은 이어서 "당신의 막냇동생이 이곳에서 흉험을 주고 있으니, 얼굴이라도 보는 게 어떠냐?"고 제의하면, 영감은 "어서 빨리 얼굴이나 보자"고 환영한다. 막내로 분장한 영감이 앞으로 나서면, "하하, 내 동생이 절실하구나. 너 이놈아, 널 찾으려고 아닌 고생을 다 하며 찾아왔는데, 어찌 그리 무심하냐?" 하면서 같이 가자고 동생을 달랜다. 수심방은 제상의 음식을 가리키며 "당신들이 좋아하는 음식이 아니냐?"고 음식을 권하고, 영감들은 "잇몸이 벗겨지게 먹다 남은 음식이라"고 좋아하며 실컷 먹고 놀고 떠나가자고 한다. 여기에 술과 고기와 떡을 내놓으면 영감들은 수전증이 심해 덜덜 떨리는 손으로 서로 권하여 술을 마신다. 소주도 동이로, 탁주도 동이로 먹어가니 수전증이 저절로 낫는다고 하며 실컷 마신 영감들은 이 집안 자손과도 이별잔 작별잔을 나누자고 하며 가족들에게도 술을 권한다. 마지막으로 한판 실컷 놀고 가자고 하여 '서우젯소리'에 맞추어 짚으로 만든 배를 들고 춤을 춘다. 이때 구경꾼들도 함께 어울려 한참 동안 춤을 추며 즐겁게 논다.

〈영감놀이〉

16) 열여섯째 날 : 《본향인사》《돗제》《배방선》

(10월 28일 금요일, 음력 10. 2.)

큰굿을 이야기할 때 '낮도 이레 밤도 이레, 두이레 열나흘 굿'이라고 한다. 그만큼 많은 시간이 걸리는 굿이라는 의미이다. 누구나 보름 동안 큰굿의 전 과정을 놓치지 않고 보리라 마음먹었을 때는 나름대로 각오가 있었을 것이다. 명도물림과 앞뒤의 준비와 정리 과정을 포함해서 거의 한 달을 일상에서 비워야 하기 때문이다. 하지만 큰굿의 긴 여정을 지나오면서 이런 각오가 얼마나 우스운 것인지 깨닫게 되었다. 굿에 참여하는 심방과 본주의 준비과정과 굿이 진행되는 동안의 노동량은 상상을 초월할 정도였다. 그리고 굿이 끝나갈 무렵에야 분명하게 진짜 '두이레 열나흘 굿'의 의미가 무엇인지 알게 되었다. 그것도 머리가 아닌 몸으로 말이다. 그 냥 보름이라는 시간을 채우기만 하는 것이 아니라, 모든 의례들을 빠짐없이 다 차려서 하는 '차례차례 재차례굿'이기 때문에 최소한 이 정도의 시간이 필요하다는 것을 말이다.

열여섯째 날의 굿은 성읍 마을 본향신께 그동안 굿이 무사히 끝나게 도와주셔서 감사하다는 인사를 하는 것으로 시작해서 〈돗제〉와 〈배방선〉으로 이어졌다. 이날 아침, 굿청에서는 〈돗제〉를 위한 준비가 한창이었고 부엌에서는 오늘 잔치에 사용될 돼지고기를 준비하느라 바빴다. 보름 동안 돼지고기 구경을 못 한 사람들은 굿 구경만큼이나 나중에 먹을 고기에도 관심이 많았다.

〈돗제〉는 김녕과 세화 등 일부 지역에서만 하는 것이기 때문에 처음 보는 사람들이 많았다. 굿 기간 내내 돼지고기를 금기로 하다가 갑자기 돼지 온마리를 올리고 제를 지낸다는 것도 이상하게 느껴졌고, 상도 없이 바닥에 신자리를 깔고 그 위에 각종 제물과 돼지의 각 부위를 올리는 장면도 색다른 분위기를 느끼게 했다. 돗제에 사용되는 돼지는 내장 하나, 피 한 방울도 빠뜨리지 않고 모두 올려졌다.

〈돗제〉가 끝나고 서순실 심방과 강대원 심방이 〈배방선〉을 위해 표선리 바닷가로 향했다. 하늘은 맑았지만 바다에는 바람이 조금 불었다. 물이 들어와서 길은 보이지 않았지만, 서 심방은 잠시의 망설임도 없이 버선발로 바다로 성큼성큼 걸어 들어갔다. 짚배는 푸른 하늘과 새파란 바다 사이를 가르며 조금씩 멀어져 갔다.

큰굿의 모든 제차가 끝난 뒤에 마을 잔치가 벌어졌다. 음식을 준비하는 사이에 〈세경놀이〉와 〈말놀이〉로 구경꾼들의 흥을 돋우고 한 판 춤판을 벌였다. 돗제에 올렸던 돼지고기와 함께 여러 음식들을 장만하여 마을사람과 굿에 참여한 사람 모두가 함께 먹고 즐기는 시간이었다.

《안할망당(본향당) 인사》

- 오춘옥, 마을 어른

조선시대 정의현 현청 일관헌 경내 서쪽에 자리 잡은 성읍리 본향당 〈안할망당〉에 오춘옥 심방이 마을 어른과 관객을 데리고 가서 당제를 지내는 몫으로 신당에 제물을 진설하고 간단한 비념을 했다.

《돗제(豚肉祭)》

－ 서순실

〈돗제〉는 큰굿이나 당굿에서 김녕, 세화 등지의 사람들이 하는 돼지고기 먹는 굿이다. 이번의 돗제(豚肉祭)는 김녕 궤뇌기당신을 대접하는 돗제였다. 옛날 김녕리 사람들은 궤뇌귀당 당제에서 막판에 돼지를 잡아 열두 뼈와 각 부위를 올렸지만, 지금은 바뀌어 큰굿 맨 막석에서나 당굿을 대신해서는 집집마다 3년에 한 번 돌아가며 〈돗제〉를 하여 고기를 마을 사람 모두 분육하여 먹는 가제로 바뀌었다. 이번의 돗제는 본주 정공철의 맹두 조상이 김녕이기 때문에 큰굿의 막판에는 돗제를 하여 마을 사람 전부가 분육하여 먹을 수 있게 된 것이다. 돗제는 문전본향 당클 앞에 상을 차리고 돼지 한 마리의 열두 부위를 부위마다 따로 올리고 심방은 앉아서 궤뇌기당 본풀이를 창하여 당신을 찬양한다.

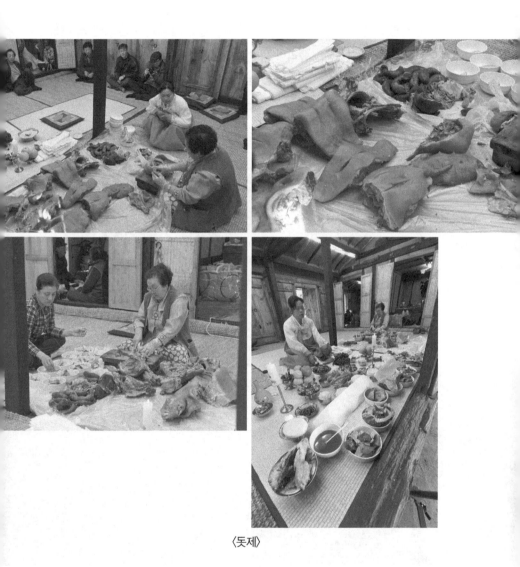

〈돗제〉

《배방선》

　　- 서순실, 강대원

　　수심방 서순실은 직접 소미(小巫) 강대원 등을 데리고 표선 당케 포구에 가서 배를 띄웠다. 징을 울리며 영감신과 제주 명산물들을 가득 실어 보내는 사설을 하며 짚배를 바다 멀리 띄워 보냈다. 배를 띄우는 표선 당케의 새벽 바다는 정말 아름다운 감동을 주었다.

〈배방선〉

4. 큰굿의 정리

1) 성읍리 마방집 큰굿의 시작

심방집 큰굿은 무조신(巫祖神) 삼시왕[=초공(初公)=젯부기 삼형제=본멩
두·신멩두·살아살축삼멩두]이 과거에 급제했으나 벼슬을 반납하고 팔자를
그르쳐 심방의 길을 택했던 것처럼 심방 일을 선택했기 때문에 신(神)을
의지하여 살아, 신의 덕에 먹고 입고 행동발신(行動發身)하게 되었으니 심
방 일(神役)을 하게 해 주어 고맙다고 무조신에게 바치는 '역가올림(役價)'
이라는 〈초역례(役禮)〉였다.

2011년 10월(무조 젯부기 삼형제가 태어난 신구월)에 성사된 정공철 심방
의 초역례를 바치는 큰굿은 많은 사람들의 노력으로 이루어진, 30여년 만
에 어렵게 이루어진 심방집 큰굿, 큰굿 중의 큰굿이었다. 3년 전부터 기회
있을 때마다 언제나 제주전통문화연구소가 큰굿을 준비한다 했지만, 그때
마다 못하는 이유는 있었다. 도의회에서 운을 때면 굿을 해줄 심방을 모으
지 못했고, 굿을 할 예산이나 재정이 확보되는 듯하다 흐지부지되면 언제
그런 일이 있었느냐는 듯 다시 원점에서 시작해야 했다. 그러던 차 2011
년, KBS가 그 어려운 재정을 만들고 촬영계획까지 척척 세워서 하자고 달

려들었으니 큰굿을 만들기에 부족함이 없었다. 정말 난리가 났다. 2011년은 기적이 일어난 것만 같았다. 그리고 기적은 현실이 되었고, 오늘의 결과를 이루게 되었다. 그리하여 힘을 얻은 제주전통문화연구소는 오랫동안 (30여년-1980년부터 2011년) 축적해온 연구의 결과를 바탕으로, 원로 양창보 심방이 전승해온 〈심방굿놀이〉와 서순실 심방이 스승 안사인, 이중춘 심방으로부터 전승해온 〈큰굿〉의 역량을 모으면 부족하면 부족한대로 어렵지만, 큰굿의 얼개를 완성할 수 있겠다는 자신을 갖게 되었고, 즉각 뜻을 세우고 추진하여 무사히 큰굿을 완성할 수 있었다.

그러므로 2011년 10월에 있었던 성읍리 마방집에서 17일 동안 실연된 〈정공철 심방 초역례 바치는 큰굿〉은 우리 제주도가 쌓아온 큰굿 실연의 꿈이 30여년 만에 이루어 낸 성과물임을 자랑스럽게 생각한다. 오늘 정공철 심방의 초역례를 바치는 큰굿은 나날이 발전하여 미래에는 제주도가 해마다 하는 큰굿 축제로 발전해 나갈 수 있을 것이며, 이를 계기로 큰굿 박물관, 큰굿 연구소, 큰굿 보존회가 만들어지고, 결국 큰굿의 세계화, 유네스코 무형문화재로 등재될 수 있을 것을 우리는 기대한다.

2) 정공철 심방의 초역례

(1) 정공철 심방이 아버지로부터 멩두를 물려받는 〈멩두물림〉

성읍리 마방집 큰굿은 정공철 심방이 양창보 심방의 멩두를 물려받는 〈멩두물림〉 굿이었다. 멩두(明刀)는 무조신(巫祖神) '젯부기 삼형제'의 이름이 '본멩두' '신멩두' '삼멩두'인 것처럼 심방이 조상으로 모시는 신이다. 그리고 이 멩두는 '본멩두는 요령(搖鈴)' '신멩두는 신칼[神刀]' '삼멩두는 산판(算盤)'으로 무구(巫具)인 '요령' '신칼' '산판'을 가리킨다. 실제로 심방이 집안에서 조상으로 모시고 당주상(堂主床)에 보관하고 있는 멩두는 바로 이 무구를 말한다. 그러므로 멩두는 심방의 조상이며, 무조신의 영험이 담겨 있는 증거물로서 '본메'라 하며, 이 멩두를 지님으로써 비로소 심방의 자격을 얻는 것이다.

제주도의 심방을 세습무의 전형으로 보는 것은 〈멩두물림〉을 통하여 대를 잇기 때문이다. 〈멩두물림〉은 조상 때부터 사용하던 무구를 대를 이은 자손에게 물려주는 의식이다. 부모에게서 자식에게, 스승으로부터 제자에게 무업의 기능을 전수하는 것이다. 대를 이을 자손이 없는 경우, 양자를 구하여 부모와 자녀 관계를 맺고, 심방의 기량을 전수시킨 연후에 멩두를 물려준다. 그러므로 심방이 지닌 '조상'으로서 멩두는 내력을 가지게 된다.

심방집 큰굿 중에서도 성읍리 마방집을 빌어서 한 정공철 심방이 초역례를 올려 초신길을 바로잡는 2011년 10월 12일부터 28일까지 17일간 이루어진 〈정공철 심방이 초역례를 바치는 큰굿〉은 여러 가지 의미를 지닌 어렵게 이루어진 신굿이었다. 이 굿이 이루어지기 전까지 정공철 심방은 족보가 없었다. 심방이 족보처럼 가지고 다니는 '심방의 징표'인 멩두가 없었다. 그러므로 멩두가 없는 심방, 당주방에 멩두를 모시지 않은 심방은 무허가 심방이며, 남의 멩두를 가지고 굿하는 심방, 아무리 굿을 잘해도 인정받지 못하는 심방이다. 이런 심방은 '선 심방' '어시럭 더시럭 멩두빨'이라 욕을 듣게 된다. '어시럭이 더시럭이 멩두빨'이란 부러진 멩두, 꼬부라진 멩두의 패악이란 뜻이니, 멩두를 바르게 사용하지 않았기 때문에 생기는 패악이며, 이런 패악을 바로잡는 굿이 '신질을 발루는(신길을 바로잡는)' 심방집 큰굿이다. 그러므로 족보 있는 멩두 조상을 만나는 것은 팔자 그르친 사람들의 운명과 같은 것이다. 그런 의미에서 정공철 심방의 초역 례를 바치는 큰굿엔 〈멩두물림〉이라는 중요한 굿이 있었다.

이번 굿에서 정공철 심방은 양창보 심방과 부자의 연을 맺어 수양아버 지로 모시게 되었고, 그 결과 아버지의 족보 있는 멩두를 물려받는 〈멩두 물림〉이 큰굿의 준비와 함께 이루어졌다. 그러므로 성읍리 마방집 큰굿은 정공철 심방이 아버지로부터 멩두를 물려받아 이름 없는 심방이 진짜 심 방의 길로 들어서게 된 멩두 조상에 대한 〈공시풀이〉, 멩두의 내력이 만 드는 역사까지 포함하고 있다. 그러므로 성읍리 마방집에서 있었던 정공 철 심방이 초역례를 바치는 신굿은 양창보 원로 심방과 정공철 심방의 부 자의 연을 맺고, 멩두를 물려주어 심방의 족보를 갖게 하는 〈멩두물림〉, 쇠놀림굿이라는 멩두놀림굿을 통해 심방으로서 가야할 길, 신길을 바로 잡아주는 굿, '신질 발루는 굿'이었다.

(2) 서순실 큰 심방(밧공시)이 새 심방의 초신길을 열어주는 신굿

서순실 심방은 정공철 심방의 '초신길(처음 하는 신굿)을 발루는 굿(신길 바로 잡는 굿)'을 위해 소미들을 데리고 굿을 하러 왔다. 그러므로 심방집 큰굿에서 본주 심방(=안공시)은 역가(심방일하여 벌어먹은 대가)를 바쳐 굿을 마련하고, 굿을 하러온 심방(=밧공시)은 배운 대로 굿을 해 본주 심방(안공 시)의 신길을 바로잡아 준다. 이때 본주 심방은 역가를 바쳐 굿을 하는 만 큼 굿하러 온 큰심방과 소미들이 보여주는 '차례차례 재차례굿(차례를 어기 지 않고 원래대로 하는 굿)'을 배우고 익히는 기회를 얻는 것이며, '초신질을 발롸 준(초신길을 바르게 배워준)' 큰심방과 이를 마련하고 배운 본주심방은 이 굿을 끝낸 뒤로는 새로운 스승과 제자의 관계가 이루어지게 되는 것이 심방집 큰굿이다.

"초신질을 발룬다." "초역례를 바친다."는 말에는 심방의 바른 길을 안내한 스승을 얻는 뜻과 심방으로서 최초의 자격을 얻어 '하신충'에 오른다는 의미를 지닌다. 그러므로 정공철 심방이 초역례를 바치는 성읍리 마방집 큰굿은 정공철 심방이 처음으로 삼시왕(=본멩두·신멩두·삼멩두)에게 '역가 올려(役禮)', 초신질 발루는 초역례였으며, 이 굿을 마치면서 하신충의 자격을 얻은 자격심사제의 의미를 지닌다. 심방사회에서 공인 큰심방으로 '하신충'이 되는 것이다. 본주 심방 정심방은 지금까지 정식으로 삼시왕에 역례를 바친 적이 없었다. 그러므로 이 굿은 정공철 심방이 초역례를 바치고 초신길을 닦아 심방사회에서 공인하는 큰 심방으로 성장해 나갈수 있도록 마련된 굿이었다.

굿을 맡기는 사람도 심방이고 굿을 하는 사람도 심방이기 때문에 심방집 큰굿은 굿의 규모가 두 배로 늘어나 '큰굿 중의 큰굿'이기도 하지만, 정공철 심방의 신굿은 멩두로 보면 정공철 심방이 새로 얻은 양아버지 양창보 심방으로부터 물려받은 본주 심방의 멩두(=안공시)와 굿을 맡아 신길을 바로잡아 주기 위해 굿하러 온 큰심방 서순실 심방의 멩두(=밧공시)가 함께 참여하는 큰굿이기도 하다. 서순실 심방의 멩두는 큰굿 보유자 이중춘 심방으로부터 대를 잇는 멩두로, 이때 굿을 통해 질서를 바로잡는 큰심방 서순실의 멩두를 '불휘공 멩두'라 한다. 심방집 큰굿은 굿을 하는 멩두(밧멩두)가 신길을 안내하고 굿을 배우는 본주의 멩두(안멩두), 이 안팟멩두를 한꺼번에 흔들다 던져 산(算)을 받는 〈쒜놀림굿〉을 통해 안공시와 밧공시가 질서를 잡아가는 '신질 발루는 굿'의 의미를 지닌다.

(3) 신창 할망 걸렛배 벗기는 굿 〈걸레배 베낌〉

이번의 큰굿은 정공철 심방이 어렸을 때 심방집에 양자로 가 매었던 걸렛배를 벗겨주는 굿이었다. 정공철 심방은 어렸을 때 몸이 약해 하루에도 수없이 넋이 나가 죽었다 살았다 했다. 하다못해 어머니는 아이의 넋을 들여 주는 한경면 신창 사는 삼싱할망인 신창할망 집에 아이를 맡겼다. 아이가 죽지 않고 살면 심방일이라도 배워서 제 밥벌이라도 하라고 아이를 주었던 것이다. 그러면 나약한 아이의 명이라도 이어줄 수 있을까 해서였다. 신창할망에게 "아이를 맡겼다." "아들로 주었다."는 말은 심방으로 키우면 아기를 살릴 수 있겠다 생각했기 때문이고, 신창할망도 그렇게 알고 그때부터 아이를 삼시왕에 녹을 먹는 심방으로 키우려 하였던 것이다. 그렇게 보면 아이는 그때부터 심방의 길을 걷고 있었던 것이다.

그리고 그 후 정공철 심방은 건강을 찾아 집으로 돌아오게 되었다. 심방집에 맡겼던 아이를 찾아올 때는 굿을 하여 걸렛배를 벗겨주어야 한다. 그것도 초걸레, 이걸레, 삼걸레하여 15세가 되기 전에 세 번 걸렛배를 벗겨야 하는데 그 걸렛배 벗기는 굿을 하지 않고 아이만 데려왔기 때문에 삼싱할망 걸렛배에 묶여 병을 주는 것인지, 아이를 저승으로 데려가는 구삼싱할망 '당주ㅅ록'이 들어 어지럽히는 것인지 정공철 심방의 아이가 아프고, 정공철 심방도 좋지 않다는 괘가 자꾸 나왔다. 그러므로 정공철 심방의 신굿에서는 '당주ㅅ록'이 들어 아이를 아프게 하는 액을 막기 위해 〈불도맞이〉에서 아이를 저승으로 데려가는 〈구삼싱할망 질치기〉를 할 때는 액을 막고, 구삼싱할망의 당주ㅅ록, 악심꽃을 꺾어 재초하고, 신창할망 걸렛배를 벗겨주는 굿이 끼어들게 되었다. 〈걸렛배 벗김〉은 어렸을 때 벗겨주지 못한 걸레를 벗겨 당주 액(당주ㅅ록)을 막는 〈액막이〉를 할 때, 신창 할망 몫으로 옷 한 벌을 준비해 놓고 역가도 올려 신창할망의 몸 받은 조상들을 대접하는 굿이다.

3) 굿중의 굿, 심방집 큰굿

(1) 큰굿은 저승법 〈무당서 3000권〉의 학습장[道場]이다.

큰굿을 통해 전해오는 굿의 원리, 최초의 심방선생 유씨 대선생이라 칭송되는 유씨부인이 전해준 맑고 맑은 저승법, '무당서 3000권'으로 전해오는 저승법을 15일동안 풀어내는 신굿을 심방집 큰굿이라 한다.

〈초공본풀이〉에서 유씨부인 이야기는 제주도 무속사회에서의 심방의 세습과 굿법의 시작을 말해 준다. 그리고 양반의 뜰을 심방으로 만들어 팔자를 그르치게 함으로써 양반에 대한 복수를 하였다는 무조 삼형제 '삼시왕'의 신의(神意)를 그리고 있다. 그리고 심방이 되는 의식으로 심방이 될 사람에게 〈약밥약술〉을 먹이고, 수심방이 삼시왕을 대신하여 심방의 자격을 인정하는 〈어인타인〉을 찍어 주는 의식(儀式)이 자세히 나타나고 있다.

(2) 큰굿은 굿을 하여 벌어먹은 대가를 바치는 역례(役禮)다.

신굿은 신에게 신역(神役)을 하여 벌어먹은 역가(役價)를 바치는 역례(役禮)다. 심방을 빌어 굿을 하는 것은 신의 덕에 먹고 입고 활동하여 벌어먹었던 역가(役價)를 바치는 것이다. 이를 〈역가올림[役禮]〉이라 한다. 신굿의 제차(祭次)에서 〈역가올림〉이라 하는 역례는 심방이 살아가는 동안 세 번을 지내게 된다. 역례를 올릴 때마다 지위와 계급이 하신충, 중신충, 상신충의 단계로 올라가 심방사회의 공인으로 능력을 인정받아 나가는 의식, 학위수여식과 같은 것이다.

(3) 큰굿은 신이 주는 임명장을 받는 의식으로 〈약밥약술〉을 먹고, 〈어인타인〉을 맞고, 〈고분멩두〉를 찾는 과정이다.

심방이 되면 신이 내리는 약밥약술(藥飯藥酒)을 먹는다. 심방이 될 사람이 삼시왕[巫祖神]에게 역가(役價)를 올리고, 신으로부터 그 정성을 인정받으면, 삼시왕(巫祖神)에서 심방이 되는 사람에게 신약(神藥)으로 내린다. 이 신약 '약밥약술'을 타 먹고, 그다음에는 심방이 되는 징표로써 삼시왕[巫祖神]이 임명장을 주듯이 등에 찍어주는 어인(御印)으로 '어인타인(御印打印)'을 맞는다. 이리하여 신이 인정하는 심방으로 다시 태어나는 입무의례(入巫儀禮)를 〈약밥약술〉이라 한다.

(4) 그리하여 처음으로 신베(당주다리)를 메고 하는 입무굿이다.

초역례(初役禮)를 올리고 하신충에 오르는 정공철 심방의 굿은 당베·절베·아산신베(신줄)를 매고 처음 하는 〈입무굿〉이다. 약밥약술을 먹고, 어인타인을 맞아 심방으로 다시 태어난 새 심방은 몸에 새로운 무복(巫服)인 관복을 입고, 팔자를 그르쳐 심방이 되었음을 상징하는 고깔을 쓰고, 심방의 천직을 매었음을 상징하는 당베, 절베, 아산신베를 몸에 매고, 신들을 안내할 감상기를 들고 최초의 입무 춤을 추는 굿이다. 〈예게마을굿〉은 잃어버린 멩두를 찾고, 찾은 멩두를 '안채포'에 싸고 소무들을 소집하여 굿할 심방들을 데리고 '예게마을'에 가 굿을 맡아 성공적으로 마치고 돌아와 굿을 한 소무들에게 역할과 능력에 따라 굿하여 번 돈을 나누는 새 심방이 큰심방이 되어 처음 하는 굿이다.

(5) 큰굿은 팔자 그르친 심방이 '신길을 바로잡는(신질을 발루는)' 당주연맞이(또는 삼시왕맞이)다.

〈당주연맞이〉는 큰 신방으로부터 굿법을 전승·전수하는 의식이며 심방으로서 가야할 길, 신길을 바로잡는 굿이다. 이 굿은 심방집에서 하는 신굿으로 본주인 당주의 입무 의례 절차와 함께 당주가 몸 받은 조상, 즉 심방의 업을 물려준 조상의 길을 치워 닦고 삼시왕으로 보내는 굿이다. 이 때 삼시왕 길을 바르게 닦아 가는 과정은 '신 길을 바르게 하는 것'이며, 이를 〈당주질침〉 또는 〈삼시왕질침〉이라 한다.

(6) 큰굿의 중요한 제차인 〈고분멩두〉는 잃어버린 신물(神物) 찾기이다.

시왕 당클(祭棚) 속에 본주 심방의 멩두(明刀)를 숨겨 두고, 문점하고 굿을 하면서, 어렵게 멩두를 찾는 방법을 공론하고, 간신히 명도를 찾아 본주에게 내어 주는 〈고분멩두〉가 있다. 여기서도 〈고분멩두질〉의 '고분'은 '곱은(숨은)'의 뜻이므로, 〈고분멩두〉는 일종의 '신물 찾기'이다. 굿의 내용을 보면, 심방은 〈초공본풀이〉를 창(唱)해 나가다가, 명도(明刀)와 관련된 부분이 나오면, "연양당주 삼시왕길도 바르게 하자"하고, 그 명도를 "시왕전에 도올리자"하며, 안팎으로 춤을 추며, 신길을 쳐 나간다. 그러면 명도는 '시왕당클'에 숨겨지고, 심방은 소무와 함께 수수께끼 문답으로 잃어버린 명도를 그려 나가고, 결국은 잃어버린 명도가 무엇인가를 알아낸다. 명도 찾기는 ①금정옥술발(搖鈴) → ②금봉채(큰북채) → ③개천문(開天門) → ④북·장고·징·설쉐 → ⑤신칼 → ⑥무복(巫服)을 찾는 순으로 진행된다.

4) 큰굿의 심방, 안공시와 밧공시

(1) 서순실 심방

1961년 1월 28일 전라남도 고흥군 금산면에서 태어났다. 4세 때부터 제주도로 돌아와 김녕리에서 살았다. 이후 어머니는 고향에서 무업을 하게 되었고, 그것이 똘에게까지 이어지고 있다. 오랜 세월 동안 어머니의 성을 따라 '문순실'로 살아오다가 2004년에 아버지 호적을 다시 찾아 성을 서씨로 바꾸었다. 결혼은 25세 때인 1985년에 했고 슬하에 1남 1녀를 두고 있다.

성가와 외가 양쪽 모두 조상 때부터 책을 보고 어린아이들 넋들이고 체를 내리던 불도 일을 했고, 그 조상줄로 어머니 문충성 씨가 마흔한 살에 심방 일을 시작해서 큰심방으로 이름을 날렸다. 서순실 씨 역시 어려서부터 특별한 이유도 없이 몸이 매우 아파서 어머니가 점을 봤더니 심방 일을 안 하면 열일곱을 넘길 수 없다고 해서 그때부터 어머니를 따라서 굿을 하러 다녔다. 그때 나이가 열네 살이었다. 그때부터 어머니를 따라 다니면서 굿하는 법을 배웠는데 어머니와 함께 다녔기 때문에 그리 서러운 기억은 없다고 한다. 어려서부터 굿을 했기 때문에 선배들의 귀여움과 보살핌을 많이 받았고 팔자라서 그런지 배우는 속도도 빨랐다고 한다.

서순실이 심방으로서 자리를 잡기 시작한 것은 1980년부터였다. 당시에 전국민속예술경연대회를 위해 제주도에서 용놀이를 준비했는데, 이때 제주도에 있는 심방들은 모두 불렀다고 한다. 이때 고 안사인 심방의 권유로 영감놀이를 했고, 이것이 인연이 되어 칠머리당 전수생으로 들어갔다. 전수생으로 들어가기 전에는 본격적으로 굿을 배운 것이 아니고, 어머니를 따라 다니면서 간단하게 연물을 두드리는 정도였다. 그런데 민속예술

경연대회에 나가면서부터는 의욕을 가지고 배우기 시작했다. 전수생으로 들어가서는 안사인 심방에게 굿을 배웠다. 안사인은 자신을 보고 당차고 영리하다고 여겼고, 늘 기운을 북돋아 주었다. 그래서 안사인을 쫓아다니며 굿을 했다. 안사인이 자신에게 굿을 할 수 있다는 자신감을 준 것 같아서 지금도 고마운 스승으로 여기고 있다.

서순실은 21세 때 첫 신굿을 했다. 첫 신굿은 양창보 심방이 수신방이 되어 이중춘, 한생소, 강순선, 한일춘, 홍순여 심방 등과 함께 했다. 당시에 양창보 심방이 어머니와 의형제를 맺고 있어서 수심방을 맡아 굿을 해준 것이다. 신굿이 끝나고 굿을 배우게 되는 과정에서 어머니는 심방을 하더라도 여러 가지 뒷말이 나면 안 된다고 강조했다고 한다. 그래서 당시에는 안사인과 자신의 일에만 다녔다. 그리고 두 번째 신굿은 정주병이 수심방을 맡아서 안사인, 오방건 등과 함께 7일가량 했다. 그때가 약 23세 무렵이었다.

결혼하고 둘째 아이를 뱄을 때, 마침 하도리 고복자 심방의 어머니가 돌아가셨다. 그래서 고복자 심방이 자신의 어머니를 위해 큰굿을 했는데 그때 소미로 참여했다. 그곳에서 이중춘 심방과 깊은 인연을 맺게 된다. 이중춘은 그 굿에서 서순실에게 당주에 공연을 하라고 했다. 이후 서순실은 이중춘이 하는 굿을 보고 그에게 배우고 싶어서 자기를 데리고 다니면서 좀 가르쳐달라고 부탁했다. 이중춘은 부탁을 받아들이고 그 이후로 이중춘 심방과 수양관계를 맺어 스승으로 모셨다.

세 번째 신굿은 1994년에 자신의 집을 짓고 나서 조상들에게 고맙다고 정성을 들이기 위해서 했다. 이중춘이 수심방, 소미로 한생소, 강순선, 홍순여, 김영수 등이 왔다. 그리고 최근 2006년에도 이중춘이 맡아서 네 번째 신굿을 했다.

서순실은 어머니가 그랬듯이 현재 김녕리의 당맨심방이다. 김녕리 마을 내의 잠수들이 주축이 되어서 하는 잠수굿을 22세부터 맡아서 하고 있다.

현재 모시고 다니는 명도는 친정어머니의 것이다. 어머니의 명도는 조천 정주병 씨에게서 물려온 것이다. 특이한 점이 있다면 신굿을 받은 스무 살 때부터 매일 꿈을 꿨다는 것이다. 꿈에 어떤 할아버지가 나와서 다음날 생길 일을 가르쳐주기도 하고 어떤 때는 산꼭대기에서 명도를 들고 자신을 부르곤 하는 것이다. 그러다 언제부턴가 이런 꿈을 꾸지 않게 되었는데, 이제 심방으로서 부끄러운 정도는 아니라는 뜻으로 받아들였다고 한다. 자신이 하는 일에 대한 긍지를 가지고 있어 특별한 설움은 없고 너무 어릴 때부터 굿판을 다니느라고 또래의 아이들과 같은 추억이 적다는 게 아쉽고, 초등학교를 졸업하고 중학교에 진학하지 못한 데 대한 아쉬움을 가지고 있다.

(2) 양창보 심방

1934년 북제주군 한림에서 어머니 이두창 씨와 아버지 양용운 씨 사이에서 태어났다. 외할아버지가 귀덕 이성용 심방이다. 그는 어렸을 때부터 병에 시달려 학교도 다닐 수 없었다고 한다. 그의 아버지가 그를 집에서 내쫓아서 밖으로 떠돌다가 4 · 3사건이 있던 1948년, 15살 되던 해에 병이라도 나아질까 해서 집에 들어가 17살 1950년에 군대에 지원 입대하였다. 그리고 1955년 1월 15일 23살에 제대하여 일 년 동안은 집에서 편하게 쉬었다.

25세 되던 해 음력 5월 9일 김윤수 심방의 사촌 형인 윤주가 오도롱에 장가를 들었는데, 그곳에 갔다가 남문 한짓골 옥생이네 살던 곳에 가서 윷을 노는데 난데없이 눈이 까칠까칠 이상해서 거울을 보니 열십자로 핏줄이 서 있었다. 너무 아파서 윷놀이를 그만두고 집으로 돌아왔다. 그때 곽지에 살고 있었는데, 뒷날 아침 통증을 참을 수가 없어 귀덕 김미생 의원을 찾아가 눈을 소독하고 병원 문밖에 나오자 쓰러져 버렸다. 눈은 위아래가 다 붙어버려 세상이 깜깜해졌다. 병원에 가서 수술하면 다시 붙고, 수술하면 또 붙어 버렸다. 가족들은 외아들이 봉사가 될까 안절부절못 했다. 그때 그의 아버지가 그를 봉성리의 도노미오름에 있는 도립사에 데리고 갔는데, 스님이 이 아이가 머리를 깎으면 집안의 대가 끊어질 것이니 심방을 시키라고 했다고 한다.

어느 날 월산 이씨 댁에 시집가 사는 큰누님이 집에서 굿을 한다고 오라는 연락이 왔다. 그는 누님 집에 가서 마을 청년들과 함께 어울려 춤추고 놀았다. 그 모습을 본 누님이 "아우는 심방을 해서 내 명도를 물려서 심방하며 살라."고 하며 돈을 모아 굿을 해 주었다. 그 굿이 끝나고 난 뒤부터 마을마다 심방집을 찾아다니며 심방 수업을 시작했는데 그때가 스물다섯 살이었다. 굿을 배우기 위해 제주도 일대를 세 바퀴는 걸어서 돌았을 것이라고 한다. 오도롱 김제도 심방이 굿의 기초를 가르쳤고, 쾌자를 입히고 진짜 심방을 만든 이는 양태옥 심방이었다. 처음에는 서쪽 지역 굿을 많이 배웠다고 한다. 구좌읍의 큰 심방들, 서귀포 박생옥, 박기식 심방, 남원읍의 김용주, 신금년, 신명근, 신명옥 심방 등 많은 심방들에게 다양한 굿을 배웠다. 그러다 30대 초반부터 제주시에 와서 동쪽 굿을 많이 배우게 되었다. 서촌에서 배우기 시작했지만 종합적인 굿은 제주시에 살면서 다 배웠다고 한다.

(3) 정태진 심방

1946년 10월 15일생으로 같은 일을 하는 부인 이승순씨 와의 사이에 아들 둘을 두고 있다. 정태진 씨가 열한 살이 되던 해 어머니가 돌아가셨는데 그때부터 이유 없이 몸이 아프기 시작해 학교도 다닐 수가 없었다. 집안 형편이 어려워 열다섯 살 때부터 4년 동안 남의집 살이를 했는데 남의 집살이를 하는 동안은 몸이 안 아팠다고 한다. 그런데 남의집 살이를 그만둔 열아홉 살 때부터 다시 몸이 아프기 시작해 어디 가서 물었더니 팔자를 그르쳐야 산다는 점괘를 들었다고 한다. 마침 귀덕으로 시집간 누나가 있었는데 그 시아버지가 심방 일을 하고 있어 겸사겸사 누나네 집에를 찾아갔다. 사돈어른이 외출을 하면서 자고 있는 조카가 깨어나면 자장가를 불러달라고 부탁을 하고 나갔다. 자고 있던 아이가 깨어나 울자 자장가를 불렀는데 외출에서 돌아온 사돈할아버지가 그 소리를 듣고 목청이 꼭 심방이 노래하는 것 같다고 함께 일 다니기를 권유했다. 그 일이 있었던 사돈을 따라 굿판을 다니기 시작했는데 그때 나이가 스물세 살이었다. 그때부터 4,5년 동안 사돈할아버지를 따라 다니면서 연물 치는 법이며 본풀이며 굿하는 법들을 배웠다.

그 후 스물아홉 살 되던 해부터 굿을 맡아 하게 되었다. 집안에 심방은 없었지만 어머니가 살아생전에 아이들을 보는 불도 일을 했다고 한다. 열한 살에 어머니를 여의고 스물한 살에 아버지를 여읜 정태진 씨는 하귀의 심방 강종규 씨를 수양아버지로 모시고 있는데 현재 그가 모시고 있는 명도는 수양아버지인 강종규 씨에게서 물려온 명도다.

공부하면서 어려운 거야 남들도 다 겪는 것이고 예전에는 모두가 함께 어려웠기 때문에 특별히 자신만 어렵다고 생각하지 않았다고 한다. 예전에는 차도 없었고 집들도 다 허름해 굿을 하러 가면 추운 한겨울에 눈을 맞으며 밖에서 자기도 하고 참 고생스러웠는데 지금은 시대가 참 좋아졌다고 한다. 하지만 심방에 대한 인식도 많이 바뀌고 시대도 좋아졌는데 제대로 굿을 배우는 사람들이 드물어 안타깝다고 한다. 가장 힘든 점은 심방으로서 남의 한을 풀어주고 아픈 사람을 낫게 하는 일이라서 애를 많이

태운다고 한다. 굿을 하고 나면 좋은 결과가 나올 때까지 단골들보다 더 애가 타고 결과가 좋으면 심방이라는 직업에 애착과 자긍심을 갖게 된다고 한다.

(4) 강대원 심방

제주시 애월읍 유수암리 거문데기에서 태어났다. 2세 되던 해에 가족과 함께 고향을 떠나 수산리에서 살기 시작했다. 아버지는 강인봉이고 어머니는 김신출이다. 작은어머니는 양신출이다. 강대원 심방은 정규교육으로는 초등교육을 받은 것이 전부이다. 1952년에 입학하여 1957년에 졸업하였다. 초등학교를 마치고 서당교육을 받은 바 있다.

강대원 심방의 집안은 조부 때부터 심방 일을 해왔다. 증조부가 두 번 장가 들어 아들을 둘 얻었다. 백조부는 원래 큰 부자였지만 젊어서 노름으로 가산을 탕진하였다. 해안동 양씨 할망에게 돈을 빌리러 갔더니 심방일을 도우면 돈을 주겠다고 했다. 어쩔 수 없이 심방일을 도우며 생계를 유지하다가 보니 결국 심방이 되고 말았다. 조부도 지관 일을 하다가 37세 때 할머니가 돌아가시자 술을 마시며 방황하기 시작하였다. 그러다가 거문데기 고씨 심방이 일하는데 가서 장난삼아 연물을 쳤는데, 그 모습을 본 고씨 심방이 심방 일을 하라고 해서 심방이 되었다. 작은어머니는 4·3 때 홀로 되어 절에 들어가 수양을 하다가 심방이 되었다. 아버지를 만나 함께 살게 되었다. 이처럼 강대원 심방은 심방 집안 출신이기는 해도 어려서 굿을 익힌 것은 아니었다.

처음 신기를 경험한 것은 15세 때쯤이었다. 당시 서당에서 한문을 배우던 시기였는데, '춘향아가씨'놀이를 하다가 신들리는 경험을 하였다. 춘향아가씨를 해서 정신이 없는 상태로 혼례를 준비하던 신부의 옷을 훔쳐간

도둑이 언제쯤 붙잡힐 것인가를 알아내었다. 이외에는 장성할 때까지 평범한 삶을 살았다. 1960년 20세 되던 해 겨울부터 몸이 아프기 시작했다. 알 수 없는 종기가 사타구니 사이에 나서 도무지 아물지 않고 번지기만 했다. 외할머니댁에 가서 고약을 붙이고 송진으로 피를 빼도 낫지 않았다. 지금도 걸음걸이가 어기적어기적하는 모양새인데 다 그 시절에 앓았던 허물 때문이다.

1960년 21세 되던 해에 다시 한 번 신기를 경험했다. 트럭 조수 노릇을 하던 시기였다. 그해 1월 5일 애월읍 애월리에 가게 되었다. 산지부두에서 비료를 싣고 애월협동조합으로 가서 내려주는 일이었다. 도착해서 짐 내려줄 사람을 구하지 못하자 어쩔 수 없이 직접 짐을 내려야 했다. 처음에는 비료가 무겁기 그지없었다. 그러다가 어디선가 연물 소리가 들리는듯 하더니 갑자기 힘이 불끈 솟아 순식간에 짐을 모두 내려놓을 수 있었다. 트럭을 그냥 보내어 두고 연물 소리를 좇아 굿하는 집으로 찾아 들어갔다. 그곳에 들어가니 마침 아는 심방이 굿을 하고 있었는데, 그가 바로 뒤에 스승이 된 홍창삼 심방이었다. 마침 찾아간 시간은 점심시간이어서 굿을 하지 않고 밥을 먹고 있었다. 그런데도 연물 소리를 듣고 찾아 들어간 것이었다. 이것이 심방일을 하게 된 결정적인 계기가 되었다. 그곳에서 연물을 쳐주고 있었는데 어찌어찌 해서 아버지가 찾아왔다. 부친이 오는 것을 알고 얼른 숨었다. 그러나 큰심방이 부친을 설득하니 부친도 어쩔 수 없이 아들이 심방이 되어야 할 운명임을 받아들였다. 이때부터 굿판에 참여하기 시작하였으니, 바로 이틀 뒤인 1월 7일 애월 본향에서 강종규 심방이 당굿을 할 때 부친의 소개로 참여하기도 하였다.

22세 되던 해인 1966년 4월에 스승인 홍창삼 심방을 빌어 신굿을 하여 초신질을 바로 잡았다. 양태옥 심방이 당주삼시왕맞이를 하고 옷을 입혀주었다. 허물 병을 치료하기 위해서 어쩔 수 없이 벌인 굿이었다. 신굿을 하고 나자 허물이 말끔하게 사라졌다. 그러나 병이 낫자 심방일을 하지 않고 다시 차 타는 일을 시작하였다. 그러다가 외삼촌이 병이 났다. 외삼촌은 굳이 강대원 심방에게 비념을 해달라고 부탁하여 비념을 해주었다. 이렇게 하다 보니 다시 심방일을 하게 되었다.

22세 되던 해인 1966년 12월에 혼인하였다. 그 이듬해인 1967년에 입대를 하고 1970년에 제대하였다. 같은 해 2월에 제주시로 이사하였다. 고향에서 이미 택시사업, 마이크로버스 사업을 한 경험이 있어서 제주시에서는 트럭 조수, 한일여객 시내버스 조수 노릇을 했다. 이때 아내가 임신을 했는데 자꾸 아팠다. 철학관을 하는 고모부에게 가서 점을 보니 반드시 심방일을 해야 한다고 하였다. 어쩔 수 없음을 알고 심방일을 하기로 했다. 그러나 큰 형이 심방일을 막았다. 하는 수 없이 사업을 했다. 집을 팔고 셋집을 살면서 택시를 사서 운전을 하면서 심방일을 하였다. 뚤을 낳던 해인 1972년부터 1979년까지만 해도 뭐가 뭔지도 모르면서도 심방일을 하기는 하였다. 그러나 심방일과 운전을 함께하는 것이 쉬운 일이 아니었다. 결국 사업도 망하게 되고 택시도 팔리게 되었다. 어쩔 수 없이 일본행을 택할 수밖에 없었다. 이 당시에 심방일에 달려들 수 없었던 것은 일정한 단골도 없고 다른 심방들과 어울리기도 싫었기 때문이다.

젊은 시절에는 일본에서 주로 활동하였다. 처음 일본으로 건너간 것은 38세 되던 해인 1980년 1월 13일이었다. 일본에서는 주로 나라현 이꼬마시의 보덕사에서 흔히 '도꼬야마'라고 하는 홍수일 심방과 함께 일하면서 배웠다. 지금도 홍수일 심방을 아버지라고 부른다. 남원읍 의귀리 출신 교포들을 단골로 삼아 활동하였으니 남군 굿을 한 셈이다. 일본에서 활동하면서 굿도 많이 배웠고 돈도 많이 벌었다. 지금의 재산을 일군 것도 일본에서 일한 덕분이다. 1984년 불법체류 사실이 발각되어 강제 귀국하였다.

일본에서 귀향한 뒤인 41세 때에 두 번째 신굿을 하여 이신질을 바로잡았다. 이때는 처고모부인 김종숙 심방이 맡아 굿을 하였다. 아직 세 번째 신질 바로잡는 굿은 하지 못했다. 물론 그 뒤로도 여러 차례 역가를 바치기는 하였다. 48세 때에는 고이자 심방에게 맡겨 굿을 하였다. 그러나 이때의 굿은 집안에 안 좋은 일이 있어 굿을 한 것이지 대를 세우고 당클을 매어 벌인 본격적인 신굿은 아니었다. 52세, 58세 때, 그리고 2005년에도 굿을 하여 역가를 바쳤다.

귀국한 뒤에는 주로 제주시와 서부지역을 중심으로 활동하였다. 그러면서도 기회가 닿으면 자주 일본으로 가서 굿을 하였다. 현재 동복 본향당의 매인심방을 맡고 있다. 동복 본향당을 맡은 것은 1997년부터의 일이다. 동복 본향당에서는 매년 정월 초이렛날에 당굿을 크게 벌인다. 특히 따로 제단을 마련해두고 대신맞이를 함께 하는 점이 특징이다.

(5) 강순선 심방

1941년 5월 21일 행원에서 출생했다. 슬하에 3남 6녀를 두고 있다. 강순선 씨는 어려서부터 정말 고생을 많이 했다고 한다. 두 살 때 아버지가 돌아가시고 그 후에 어머니가 개가를 하셨기 때문에 어려서부터 큰아버지 댁, 고모 댁, 이모 댁 등 친척집을 전전하면서 자랐고 남의집 살이를 해야 했다. 큰아버지가 하도에 살고 있어서 열다섯 살 때부터 하도에서 물질을 시작했는데 열일곱 나던 해 남자를 만나서 식도 안올리고 아이를 낳고 살았다. 남편이 직업도 없이 술만 먹으면 구타를 하곤 해서 끝내 가출을 했다. 그 후 울산 방어진으로 가서 물질을 하며 살다가 얼마 못 가 아이들 때문에 다시 살림을 합쳤다. 하지만 남편의 폭력이 계속돼 끝내 헤어졌다고 한다.

강순선 씨의 경우 특별한 신병의 증세는 없었지만 젊어서부터 항상 몸이 아팠다고 한다. 그때는 워낙 일을 많이 하고 사는 게 힘들어서 그렇다고만 생각했는데 서른 살 무렵부터 잠결에 항상 굿하는 소리가 귓가에 들여오기 시작했다. 강순선 씨의 경우 집안에 심방의 역사가 시작된 것은 할아버지가 심방 일을 하던 분을 작은 부인으로 얻어오면서부터였다. 작은할머니가 돌아가신 후 할아버지가 명도를 간직하고 있었는데 굿에 대해 아무것도 모르던 할아버지는 단골들의 요청에 못 이겨 할머니의 명도를 들고 굿판에 가곤 하셨는데 결국 큰아버지가 그 조상을 물려받아 심방 일을 하게 됐다. 어머니가 개가한 의붓아버지 역시 심방 일을 하던 분이었다고 한다.

어린 마음에 절대로 심방 일은 안 하겠노라고 굿판에서 나온 음식에는 손도 안 대고 굿하는 데는 일부러 가지도 않았다. 그러나 서른 무렵부터 굿하는 소리가 환청으로 들리자 신병인 걸 짐작하고 일부러 교회나 성당을 다니기도 했다. 그러다 서른한 살에 월정에 사는 심방을 따라 처음으로 굿을 하러 갔는데 처음 간 굿판에서 한 번도 만져본 적도 없는 설쉐를 다른 소미들의 연물 소리에 맞춰 두드렸다고 한다. 그렇게 2년쯤 보내고 난 후 굿을 안 하려고 다시 방어진으로 물질을 하러 나갔는데 물질을 해도 안 되고 몸도 다시 아프기 시작해 다시 제주도로 돌아올 수밖에 없었다. 결국 서른아홉 되던 해부터는 본격적으로 굿을 하기 시작했다. 현재 모시고 있는 명도는 큰아버지에게서 물려온 명도와 남편이 모시던 명도 두 벌이다.

강순선 씨의 경우 학교에 다니지 못해 아직도 한글을 다 모른다고 한다. 처음 심방 공부를 할 때도 글자를 몰랐기 때문에 책으로 배운다거나 적어서 외운다는 건 생각도 못했고 그만큼 고생스럽게 공부를 했다고 한다. 그런데 신기한 것은 굿판에서 들은 건 한 번만 들으면 잊어버리지를 않는다고 한다. 지금도 평상시에는 굿에 대한 체계적인 말 한마디 못하지만 굿판에만 서면 본풀이며 모든 게 술술 나온다는 것이다. 강순선 씨 역시 심방 일을 본격적으로 하고 나서는 오히려 고생스러운 기억이 없다고 하는데 아직도 가슴 속에 한으로 남아 있는 기억이 하나 있다고 한다. 큰 아들의 결혼 이야기가 나왔을 때 단지 부모의 직업이 심방이라는 이유로 혼사가 깨진 적이 있는데 그게 가장 미안하다고 한다.

(6) 이승순 심방

1950년 2월 9일생으로 같은 일을 하는 남편 정태진 씨와의 사이에 두 아들을 두고 있다. 이승순 씨의 경우는 집안에 심방 일을 하신 분이 많다. 친할아버지부터 시작을 해서 큰아버지와 작은아버지도 모두 심방일 했고 외가 쪽으로는 이모들과 외삼촌이 심방 일을 하셨다.

이승순 씨는 9살에 어머니가 돌아가시고 열아홉 살에 아버지마저 돌아가셨기 때문에 어려서부터 고생을 많이 했다고 한다. 열여덟 살 때부터 몸이 아프기 시작했는데 누우면 어디선가 굿하는 소리가 들려오곤 했다. 굿판을 따라 다니면 몸이 안 아프다는 소리를 듣고 심방 일을 하는 오촌 이모를 따라 몇 번 굿판에를 따라갔는데 큰오빠한테 들켜서 정말 죽지 않을 만큼 매를 맞고 두 번 다시 굿하는 데는 가지 않겠다는 약속을 해야 했다.

젊어서부터 안 해 본 일이 없고 안 해 본 장사가 없는데 하는 일마다 모두 실패를 했다고 한다. 80년대에 제주의 전통 민요를 발굴해서 보급하는 일을 하기도 했는데 전국민요대회에서 최우수상을 받을 만큼 목청도 좋다. 그러다 정태진 씨와 인연이 맺어져 결혼을 했는데 서른세 살 나던 해, 3월 13일에 선몽을 받았다고 한다. 큰아버지가 꿈에 나타나 큰어머니댁에 가면 큰어머니 궤에 빨간 주머니가 있는데 그 안에 육간제비가 있으니 가져오라는 얘기였다. 큰아버지가 일본에 가면서 두고 간 육간제비였다. 그 일은 큰아버지와 큰어머니 외에는 아무도 모르는 비밀이었다고 하는데 그 육간제비를 가져온 후로 어떻게 알았는지 사람들이 찾아오기 시작해 점을 보기 시작했다. 하지만 아이들이 자꾸만 따라 해서 얼마 안 가 점 보는 일을 그만두었다. 그리고 남편에게 심방 일을 배우겠노라고 말을 했는데 친정 형제들이 워낙 싫어하는 걸 알기 때문에 남편도 반대했다고 한다. 하지만 이승순 씨의 결심이 너무 확고해 결국 허락을 했고 그때부터 남편 정태진 씨와 함께 다니면서 굿하는 법을 배우기 시작했다.

처음 심방일을 하겠다고 결심하면서 이승순 씨는 일 년 내내 신복을 입겠다는 결심을 하고 시작했다고 한다. 남편에게 배웠기 때문에 특별히 서럽다거나 고통스럽지는 않았지만 늦게 시작한 만큼 남들보다 몇 배의 노력이 필요했다. 본풀이를 모두 공책에 적어 외우고 테이프에 녹음을 해 노래 듣듯이 매일 들었다고 한다. 초공본 하나를 들어도 동쪽, 서쪽, 남쪽의 것을 모두 적어서 차이점을 배워가며 공부를 했다고 한다. 그렇게 노력한 덕분인지 처음 결심대로 일 년이 안 돼 굿을 맡았다고 한다. 명도는 남편이 수양아버지에게 물려온 명도와 큰아버지에게 현몽을 받아 가져온 육간제비를 함께 모시고 있다.

(7) 오춘옥 심방

1953년 9월 9일 온평리에서 태어났다. 아버지 쪽이나 어머니 쪽 모두 심방 일을 한 내력은 없다. 오춘옥 심방은 10살 무렵부터 몸이 아파 10년 동안 죽고 살기를 반복했다. 계속 그러한 상태가 계속되었다. 어디 가서 물어보면 팔자를 그르쳐야 한다는 점괘가 나왔지만, 부모님은 어린 딸에게 그런 길을 걷게 할 수가 없었다. 아버지는 절간에라도 보낼까 하는 생각도 했지만 결혼도 하지 못한 딸이 마음 아파서 그럴 수가 없어서, 정 그렇다면 심방일이라도 시키겠다고 마음먹었다. 아버지의 친구 중 안봉

호 씨라는 분이 계셨는데, 이 분이 갑자기 심방일을 하게 되었다고 한다. 그래서 이분께 보내서 굿을 배우게 했지만, 두 달이 지난 뒤에 집으로 돌아오고 말았다. 이후 여러 번 죽으려 해서 어머니는 목매는 것 데려오고 바다에 빠진 것 데려오고 하면서 속을 썩여야 했다.

그러다 19살이 되던 해에 난산리에 사는 현씨 심방이 집으로 찾아왔다. 이 아이를 데려가서 수양딸로 삼겠다고 했다. 오춘옥 심방은 가기 싫다고 했지만, 친정어머니가 딸을 죽일 수는 없어서 딸을 달래서 딸려 보냈다. 그때만 해도 심방일을 좋지 않게 여길 때여서 '처녀 심방, 애기심방' 소리 듣는 것도 싫었다고 한다. 신에 연결된 운명의 병이었든지 그곳에 간 이후로는 몸이 좋아졌다고 한다. 현씨 수양어머니에게 가기 전에 여러 군데서 이런 길을 걸어야 한다고 했지만, 아버지 어머니는 집안으로 이런 연결도 없고 어린 아기에게 뭐 그런 일이 있겠냐고 생각하고 그 말을 따르지 않았다. 하지만 이것저것 하다가 마지막 길에 그 길로 보낼 수밖에 없었던 것이다. 오춘옥 심방은 19살에 수양어머니께 보내지게 되면서 본격적으로 굿을 배우기 시작한 것이다. 1년 정도는 수양어머니 집에서 같이 살았다. 21살이 되던 해부터는 더 이상 몸이 아프지 않았다.

23살에 결혼을 하고 24살에 아기를 낳았다. 23살부터는 큰굿에 대한 깊은 문서는 없어도 4당클굿도 대세우는 굿해달라고 하면 사가집 큰굿도 맡아 다녔다. 난산리 수양어머니 하고 첫길을 걷기 시작하다가, 서귀포로 서홍리로 시집을 오면서 시아버지의 멩두를 22살에 맡아서 다녔다. 본향도 그곳의 본향을 매고, 시아버지 연결로 23살부터 단골집에서 큰굿 해 달라 작은 굿도 해 달라 요청이 왔고 당에도 다녔다. 그러다가 시아버지가 갑자기 혈압으로 돌아가시자 10년 동안은 신효 강씨 할머니하고 같이 다니면서 굿을 배웠다. 그 후로는 혼자 여기저기 다니다가 이중춘 선생님한테 굿을 배웠다. 46,7세부터 쉰 몇 살까지 몇 년간을 함께 다니며 많이 배웠다. 51살에 대흘리 굿당을 빌어 신굿을 했는데, 이중춘 심방이 수심방을 맡고 서순실 심방 등이 소미로 참여했다.

난산리 어머니하고 굿하러 다니면서 세상을 몰라서 아프면서 다니면서도 그저 심방은 이런가 보다 하며 기초적인 것을 잡아가다가, 서귀포 쪽으로 오니까 서귀포 쪽으로 다 풍속이 달라서 또 모든 게 달라졌다. 서귀포 쪽으로는 시왕맞이도 오리정맞이라고 따로 있기 때문에 서귀포 쪽으로 오면 제주시 쪽 사람들 굿 잘한다 해도 서귀포 단골들의 눈에 안 들었다고 한다. 그래서 풍속이 달라서 또 헷갈리고, 또 이중춘 선생님을 만나니까 또 헷갈리고 여러모로 힘들었다. 누구 하나 친척이 있어서 신경 써주는 이도 없었다. 그래도 중간에 이중춘 선생님이 조금 신경 써주고 도와주어서 질서를 잡았다. 19세부터 굿을 하기 시작해서 현재 59세이므로 굿을 한지 40년이 된다.

현재 서홍리, 난산리, 시흥리 당을 매고 있다. 서홍리의 단골은 30명밖에 안 되지만 본향에 일 년에 두 번, 크게 당제일은 안 해도 가서 아진비념으로 굿을 한다. 난산리도 한 열 명 정도밖에 찾아가는 사름은 없지만 필요할 때마다 찾는다. 거기도 앉아서 비념으로 하는 당으로 6월 초일레와 동짓달 초이레 일 년에 2번 당에 간다. 시흥리는 정월 14일을 본향제일로 치고, 이월 보름날은 영등 배 놓는 영등손맞이를 한다. 옛날에는 7월 14일 백중에도 했는데 현재는 마불림은 하지 않는다. 단골들의 요청에 따라 매달 초나흘 열나흘에 본향에 다닌다.

(8) 정공철 심방(안공시)

1960년 5월 8일 서귀포시 대정읍 상모리에서 4남 1녀 중 장남으로 태어났다. 그의 집안은 무업과는 전혀 관련이 없는 집안이다. 중2때 천주교에 입교하자 부모 형제들이 모두 장남을 따라 천주교에 입교하게 된다. 어렸을 때 몸이 아주 약해서 7세 경 '신창할망'이라는 심방에게 양자로 갔던 적이 있다. 1979년 제주대학교 사범대학 국어교육과에 입학했고, 1980년 군대에 가기 위해 휴학 중 목재소에서 일을 하다 손가락을 다쳐 군대를 면제받는다.

그가 처음으로 굿을 접하게 된 것은 1981년 대학생 때 극단 '수눌음'에 가입하면서부터이다. '수눌음'에 입단하여 마당극활동을 시작하면서 굿을 처음 접하게 되었다. 마당극에 나오는 굿하는 장면을 위해서 굿 구경을 가게 되었는데, 처음 보는 굿이 매우 재미있었고, 남 달리 사설과 소리, 굿춤 등에 재능을 보였다. 그때부터 그는 마당 판에서 단골로 심방 역을 맡게 되었다. 안사인, 박인주, 양창보, 강신숙, 오방건, 서순실 심방 등과 교류하면서 굿 연구 활동을 하기 시작했다.

그러던 그가 처음 공개적으로 굿을 하게 된 것은 1989년 제1회 4 · 3 추모제를 하면서부터이다. 당시 인간문화재이던 고 안사인 선생이 추모 굿을 하기로 되어 있었는데, 1주일 전쯤 안 선생이 행방불명되는 사건이 발생했다. 그때 어쩔 수 없이 안 선생 대신 추모 굿을 하게 되었는데, 그 때 그 굿판에 모였던 천 여 명의 관객을 울음바다로 몰아넣었다. 그래서 그 후부터 그에게는 '민중심방'이라는 애칭이 붙게 되었다.

1993년 중요무형문화재 제71호 칠머리당영등굿보존회 사무장으로 들어가면서 김윤수 선생에게서 굿을 사사 받기 시작했다. 그때부터 지금의 인간문화재인 김윤수 선생으로부터 간단한 굿을 전수받게 되는데, 2년 후 본격적으로 심방이 되기로 결심하고 무업에 뛰어 들었다. 1999년 북제주군 조천읍 와산리 고씨 댁에서 처음으로 석살림 굿을 하였고 그 후 김윤수 선생으로부터 길침 굿, 용왕맞이, 불도맞이 굿 등을 사사하였고, 지금은 보존회의 전수생으로 굿을 배우고 있으며, 운영위원장 직을 맡아 활동하고 있다. 2001년 칠머리당영등굿의 이수자가 되었다.

2011년 음력 9월 8일 양창보 수양아버지로부터 명도를 물림받았고, 2011년 음력 9월 17일부터 보름 간 성읍리에서 신굿을 해서 서순실 심방에게서 초신질을 발루었다.

제주큰굿 연구

초판발행일 | 2018년 12월 31일

지은이 | 문무병
펴낸곳 | 도서출판 황금알
펴낸이 | 金永馥

주간 | 김영탁
편집실장 | 조경숙
인쇄제작 | 칼라박스
주소 | 03088 서울시 종로구 이화장2길 29-3, 104호(동숭동)
전화 | 02) 2275-9171
팩스 | 02) 2275-9172
이메일 | tibet21@hanmail.net
홈페이지 | http://goldegg21.com
출판등록 | 2003년 03월 26일 (제300-2003-230호)

ⓒ2018 문무병 & Gold Egg Publishing Company. Printed in Korea

값은 뒤표지에 있습니다.

ISBN 979-11-89205-28-7-03380

*이 책 내용의 전부 또는 일부를 재사용하려면 반드시 저작권자와 황금알 양측의
  서면 동의를 받아야 합니다.
*잘못된 책은 바꾸어 드립니다.
*저자와 협의하여 인지를 붙이지 않습니다.
*이 책은 문화체육관광부, 제주특별자치도, 제주문화예술재단의 기금을 지원받아
  발간되었습니다.
*이 도서의 국립중앙도서관 출판예정도서목록(CIP)은 서지정보유통지원시스템
  홈페이지(http://seoji.nl.go.kr)와 국가자료종합목록시스템(http://www.nl.
  go.kr/kolisnet)에서 이용하실 수 있습니다. (CIP제어번호 : CIP2018039555)